# 应用型高校本科专业
# 产教融合型课程体系改革与实践
# 广播电视编导专业

王进军　刘灼　汤涛　编著

清华大学出版社

北京

## 内 容 简 介

本书是一部全面阐述广播电视编导专业改革与实践的著作,从广播电视编导专业概况入手,深入剖析专业内涵、发展历程及未来趋势,为读者勾勒出一幅清晰的专业认知图。

本书重点探讨了广播电视编导专业课程体系的构建,从课程目标、课程设置、课程内容等多个方面对其进行了详细的解读,展示了专业教育的系统性和科学性。同时,本书创新性地构建了广播电视编导专业课程知识建模,以可视化形式呈现专业知识之间的内在联系和逻辑关系,有助于学生形成完整的知识体系。以基于学习产出的教育模式(outcome based education,OBE)为理念的教学设计是本书的一大亮点,贯彻以学生为中心、以成果为导向的教育理念,通过优化教学方法与评价体系,显著提升教学质量和人才培养成效。

本书为广播电视编导专业的改革与实践提供了理论支持和实践指导,对于推动应用型高校本科专业产教融合具有重要意义。本书适合相关专业教育者和学习者阅读参考。

**图书在版编目(CIP)数据**

应用型高校本科专业产教融合型课程体系改革与实践.
广播电视编导专业/王进军,刘灼,汤涛编著.
北京:清华大学出版社,2025.5. --ISBN 978-7-302-68855-6

Ⅰ. G649.21

中国国家版本馆 CIP 数据核字第 2025JF3788 号


责任编辑:陈凌云
封面设计:常雪影
责任校对:刘  静
责任印制:杨  艳

出版发行:清华大学出版社
　　　网　　　址:https://www.tup. com. cn,https://www. wqxuetang. com
　　　地　　　址:北京清华大学学研大厦 A 座　　　邮　　编:100084
　　　社 总 机:010-83470000　　　邮　　购:010-62786544
　　　投稿与读者服务:010-62776969,c-service@tup. tsinghua. edu. cn
　　　质量反馈:010-62772015,zhiliang@tup. tsinghua. edu. cn
　　　课件下载:https://www. tup. com. cn,010-83470410

印 装 者:天津鑫丰华印务有限公司
经　　销:全国新华书店
开　　本:185mm×260mm　　　印　　张:19　　　字　　数:368 千字
版　　次:2025 年 6 月第 1 版　　　印　　次:2025 年 6 月第 1 次印刷
定　　价:69.00 元

产品编号:109539-01

　　课程是教育教学活动的基本依据,是实现教育目标的基本保证,是学校一切活动的中介。课程教学是师生共存的精神生活过程,自我发现和探索真理的过程,生命活动和自我实现的方式。具体而言,课程的重要性体现在 4 个结合点:第一,课程是学生和学校的结合点,学校提供课程,学生学习课程;第二,课程是学校和社会的结合点,社会对人才(学生)的不同要求通过课程结构和内容的改变来实现;第三,课程是教学和科研的结合点,科研促进教学,载体是课程;第四,课程是学生个体文化和社会文化的结合点,是学生社会化的重要渠道。课程是学校最重要的事,同时也是最容易被忽视的事。学校领导往往认为,课程教学是教师们的事;教师则容易将自己的研究、关注点放在学术上,忽视对课程的研究。实则,课程是一个开放体系,与政治、文化、经济、民族、语言、性别、制度、学科等紧密相连;课程教学是一项合作的事业,需要政府、社会、大学、领导、教师、学生、职员广泛参与。

　　黄河科技学院是一所高度重视课程建设的大学。我与该校董事长胡大白先生、执行董事兼校长杨保成教授有过多次交流。2024 年 10 月,我和我们院校研究团队师生到该校进行了为期两天的考察学习。同年 11 月,我指导的一位博士生又到该校进行了为期一周的调研学习。黄河科技学院的课程建设给我留下了极为深刻的印象。

　　黄河科技学院遵从党中央"全面提高人才自主培养质量"的要求,从"让每个学生都享有公平而有质量的教育,使具有不同禀赋和潜能的每一个人都得到充分发展"出发,积极开展课程改革。在课程改革中,学校立足为地方和产业发展培育应用型人才的人才培养目标,开展大样本、全覆盖的专业岗位需求调研。通过调研,抓住在应用型人才培养中存在的"产教融合不够深入、师资实践应用能力不够、课程体系与市场需求无法紧密衔接"等问题,探索能够满足中国式现代化发展需求,以提升学生的岗位胜任力、就业适应力和职业发展力为目标的应用型本科教育模式。在这一课程改革过程中,影响深远、成效显著的当属创造性地提出并推进项目化教学体系改革。

　　项目化教学以能力目标为导向,以企业岗位任务为课程载体,通过真实的项目来促进学生主动学习。项目化教学具有真实性、实践性、探究性和创新性。实施项目化教学有利于增强学生知识整合和应用能力,有利于提升学生综合能力,有利于培养学生职业能力。从我们的考察中了解到,黄河科技学院从 2018 年开始推动项目化教学体系改革。在改革的过程中,学校做了大量工作。

(1)营造课程建设和改革的制度环境。学校积极营造有利于课程建设和改革的制度环境,出台相关支持政策。首先,开展覆盖全校的课程立项工作,制定各类课程建设标准,每门课给予相应的立项经费支持,累计投入了 3 000 多万元支持全校 1 300 多门课程的建设和改革。其次,实行优课优酬的制度,根据课程评估结果,给予教师们最高五倍课酬的课时费。再次,给予学校教师横向项目 20% 的配套经费,支持教师们将科研成果、横向项目转化落地、公司化、市场化,落地后给予 10 万~15 万元的经费支持,并鼓励教师们将这些成果积极转化,反哺到课程教学中。

(2)构建课程建设和改革的组织机构。大学产教融合课程体系的改革需要联合各个教学单位、职能管理部门和一线教师进行互动合作,逐步构建一个有利于产教融合课程体系建设的组织机制。首先,学校进行了体制机制改革,在学校职能部门层面进行“大部制”改革,将原来的 13 个处级单位整合成教师中心、教育教学中心、学生中心三大中心,以及思政工作部、科技发展部、资源保障部等五个大部,实现了职能部门的扁平化管理,大幅提高了职能部门服务课程建设和改革的效率。在教学单位进行“学部制”改革,将 12 个学院整合成工学部、艺体学部、商学部、医学部四个学部,打通了院系壁垒,整合了学科、专业、师资和平台等各类资源,为课程改革提供了有力支持。其次,学校创建了上下协同的组织机制。自上而下,主管校领导、教育教学中心组织项目化和产教融合课程体系建设研讨会,激发和启蒙教师对于课程建设的热情和想法,鼓励教师投入课程改革实践,并通过咨询和课程指导推进课程改革的进行和完善。首批试点课程建设完成后,引导优秀教师利用教学学术思维进行研讨、反思和改进,并作为导师培训其他教师开展课程改革,起到了自下而上的效果。上下协同,推进产教融合课程体系建设的良好发展。

(3)提供课程建设和改革的资源条件。资源条件包括软件条件和硬件条件。其中,软件条件是指利于课程建设和改革的“人”的资源,主要关注产教融合课程教学团队师资建设。聘请国家教育行政学院刘亚荣教授牵头的专家团队,主管校长亲自带队,通过多种方式对学校管理人员和教师进行培训,制定各类课程评估标准,掌握课程知识建模方法;定期组织课程改革交流工作坊,供教师们学习、研讨和互动;鼓励和动员教师到企业挂职锻炼,提高教师们的实践能力,更好地服务产教融合课程改革。硬件条件是指利于课程建设和改革的基础资源,主要包括项目实践场所、项目设计和实施物资以及产业和企业资源的支持。学校主动协调联系校内资源和企业资源,创办大学科技园、创客工厂、众创空间、各类工程实训中心等场所,并保证各类工具和物资的供应,为课程设计和实施提供条件。学校层面和学部层面都设有产教融合办公室,积极联系和对接企业,进行沟通合作,帮助教师们开拓更广泛的企业资源,保证课程植根于产业并最终走向社会。此外,学校还自主研发了集智能管理、智慧教学和数智评价于一体的数字化课程建设平台,为课程建设和改革提供了优质高效的数字化资源保障。

在实施项目化教学的同时,学校倒推整个课程体系的调整和改革,最终构建了"2+1+1"(基础+实践+应用)的产教融合型课程体系。在学校构建的产教融合型课程体系中,前两年的基础课阶段聚焦学生基本能力的养成,设置基础性课程,通过一些综合性项目,让学生"见过"和"做过";大三的实践阶段,通过项目化教学课程对接企业实践工作岗位的真实项目,培养学生实践创新能力,让学生能够"做成";大四的应用阶段,设置应用型课程,教师直接带领学生进入企业生产一线,通过企业委托项目,让学生能够"做好"。

黄河科技学院课程体系改革已经取得了丰硕成果,产生了广泛的社会影响。学校在教育教学改革后的师生满意度调查中,总体满意度高于 98%。在改革的过程中,全校师生积极参与,共同创造,凝聚改革共识,产教融合走向深入,教师、学生能力显著提升,人才培养与行业企业岗位需求的对接愈发紧密,课程教学质量有了明显提升。改革成果受到省内外高校和社会的广泛关注,130 多所高校、240 多家企事业单位到校交流;课程改革总体设计者、负责人杨保成教授,应邀在国内各类教育学术研讨会及多所高校介绍改革的做法和经验。

现在,学校以"应用型高校本科专业产教融合型课程体系改革与实践"为题,在清华大学出版社结集出版系列图书,十分有意义。一方面,为应用型高校深化教育教学改革、创新人才培养模式、优化课堂教学方式方法、开展常态化课程评价、全面提升育人水平提供了参考。另一方面,为专业负责人、任课教师如何改革课程结构、改进教学方法,特别是在项目化教学中如何将企业的真实任务或者项目与专业课知识真正融合,以构建一门与人才培养目标相匹配、内容适度的课程等提供了借鉴。综上,我十分高兴地向高校同人们推荐该系列图书。

黄河科技学院的"应用型高校本科专业产教融合型课程体系改革与实践"属于规范的院校研究。他们在立足本校课程体系改革的院校研究中,体现出了热心教育、关爱学生的奉献精神;学习教育理论、探索教育规律的科学精神;"勇立潮头,敢于破局",在突破难点、痛点中不断奋进的坚韧不拔的精神,值得我们学习。期望高校同人像黄河科技学院那样开展院校研究,通过院校研究推进学校的建设和发展。

是为序。

华中科技大学原党委副书记
中国高等教育学会院校研究分会创会会长

刘献君

2024 年 12 月 8 日

# 序　二

　　党的二十大报告明确提出了"全面提高人才自主培养质量"的要求,党的二十届三中全会在此基础上审议通过的《中共中央关于进一步全面深化改革　推进中国式现代化的决定》提出了"分类推进高校改革"的要求。为构建高质量的人才自主培养体系,教育部提出了具体的技术路径,包括编制学科专业知识图谱、能力图谱,推动项目式、情景式和研究式教学等深度探索,实现从"知识中心"到"能力中心"的转变。河南省教育厅出台的《河南省本科高等学校深化产教融合促进高质量发展行动计划》,紧密结合本省传统产业提质发展、新兴产业培育壮大、未来产业谋篇布局,全力推动人才培养供给侧和产业需求侧结构要素全方位融合,为加快构建河南现代产业体系,确保高质量建设现代化河南、确保高水平实现现代化河南提供强有力的人才和智力支撑。

　　作为高等教育体系的重要组成部分,应用型本科高校是形成产教良性互动、校企优势互补的产教深度融合发展格局的高等教育主要生力军,为全面建设社会主义现代化国家提供强大人力资源支撑,在推进中国式现代化进程中扮演着至关重要的角色。然而,当前应用型本科人才培养体系改革存在很多堵点、痛点和难点,其中以下三个方面尤为关键。

　　其一,产教融合不够深入。高校与企业合作存在合作浅层化、利益差异化、供需不对接等问题,高校难以准确把握产业需求和企业的实际需求,服务产业发展和行业企业技术升级的能力不够,企业参与高校人才培养过程的积极性、主动性不够。

　　其二,师资实践应用能力不足。大部分教师毕业后直接到高校授课,理论知识丰富扎实,但缺乏行业经验和企业实践经验,难以紧跟行业最新发展趋势,在解决企业实际问题方面的实践应用能力不足。

　　其三,课程体系与市场需求无法紧密衔接。现有课程体系没有从市场导向出发进行系统设计,与市场需求衔接不紧密,课程教学目标、内容、测试方法不能有效促进应用型人才培养目标的实现,导致课程体系对人才培养目标的支撑力不够,学生能力与企业岗位任务要求出现脱节。

　　习近平总书记在2024年9月召开的全国教育大会上的重要讲话,向全党全社会发出了"建成教育强国"的动员令,系统部署了全面推进教育强国建设的战略任务和重大举措。习近平总书记指出,建设教育强国是一项复杂的系统工程。中共教育部党组在《人民日报》发表文章强调,面对新一轮科技革命和产业变革对全球秩序和发展格局带来的深远影响,能不能建成教育强国、为加快实现高水平科技自立自强提供支撑,能不能培养出世界一流人才和经济社会发展所需的大批高素质建设者,是摆在我们面前的重大课题。如何让每个学生都享有公平而有质量的教育,使具有不同禀赋和潜能的每一个人都能得到充分发展,是每一个教育工作者长期努力、不断改革的方向。

黄河科技学院作为全国第一所民办普通本科高校,肩负着为地方和产业发展培育应用型人才的使命。在新时代全面推进教育强国建设的背景下,学校清醒地认识到,要想真正实现面向未来培养人才,必须勇立潮头,敢于破局,重新规划未来学校发展定位,重构全新的产教融合人才培养体系,并且在专业层面、课程层面、课堂教学层面层层深入、彻底落实。教学改革改到深处是课程,改到痛处是教师。办学理念再好,体系设计再先进,没有教师的落地实施,人才培养成效是无法见真章的。为此,黄河科技学院从2018年开始,以英语课程和体育课程为破局起点,通过创新探索,让教师们初试初尝"以学生学习成长为中心"的课程和教学模式改革小成功的喜悦和红利;继而通过体制机制重构,全面触发和激励更深层次的人才培养体系创新和方法论创新;通过构建思想引路、问题导向、自我学习探索以及专家咨询等一系列行动学习式的有组织学习,推动全校所有专业所有教师,共同构建和实施了全新的人才培养体系。

人才培养是一个系统复杂的工程,体现在目的—目标体系多层复杂。具体而言,宏观层面必须以党和国家的意志和要求为根本遵循,即落实立德树人根本任务,培养德智体美劳全面发展的社会主义建设者和接班人;中观层面要体现区域需要,即精准对接国家战略和河南省"7+28+N"产业链群,深度聚焦发展新质生产力要求;微观层面,学校明确提出,要以学生的成长发展,提升学生的岗位胜任力、就业适应力和职业发展力为目标。

为实现上述目的—目标体系,学校以支撑目标实现的课程体系改革为突破口,构建了以能力逐级进阶提升为导向的"2+1+1"(基础+实践+应用)人才培养新体系(见图1)。其中,立德树人的课程思政点作为每一门课的育人目标,纳入教学设计要求。课程体系中的"2"代表本科阶段的大一、大二聚焦学生"基本能力"养成,设置基础性课程。学生通过基础性课程学习专业基础知识和技能,实现"见过"和"部分做过",为后续学习与实践筑牢坚实的理论基础和技能基础。中间的"1"代表大三基于企业真实项目和市场评价标准,创设基于培养实践和创新能力的项目化教学课程,设置就业、创业、应用型研究三个方向,实施分类培养。学生可根据职业发展方向自由选择,实现个性化发展。学生在参与项目化教学课程的学习与实践中,将理论知识与实际项目紧密结合,有效提高实践能力和创新能力,实现"做成"。最后一个"1"代表大四开设应用型课程,教师带领学生直接进入企业生产一线,直接参与工作实践,在获取工作报酬的同时接受职业应用性评价,更深入地了解职业需求,为未来职业发展做好充分准备,进一步提升职业发展力,实现"做好",同时为即将步入职场的学生增强信心与竞争力,铺就应用型人才成长之路。学校创新课程体系的最终目的是实现应用型人才的高质量培养,助力学生实现高质量就业。

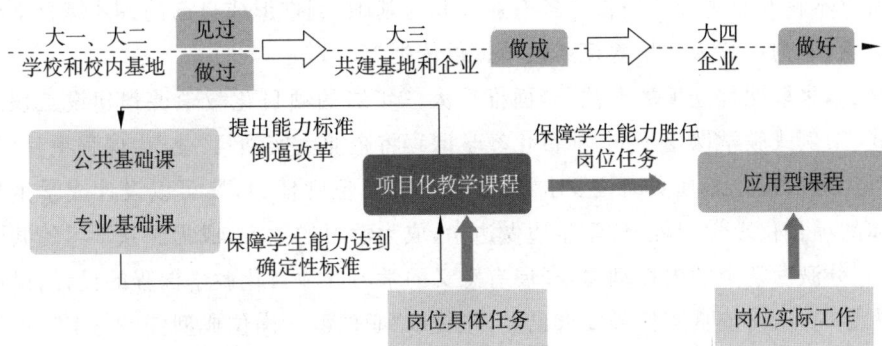

图 1　黄河科技学院"2＋1＋1"(基础＋实践＋应用)人才培养新体系

　　之所以进行这样的课程体系设计,是基于学校在多年产教融合的探索实践中发现,教师按照基于学习产出的教育(outcomes-based education,OBE)理念构建课程和课程模块,将能力作为课程目标,其背后的假设是"课程直接可以支撑能力目标",实际上在操作层面较难实现;而把行业企业的真实岗位任务或工程项目、技术研发项目转化为项目化的课程,其背后的假设是"能力内含在操作真实任务的过程中"。因此,将项目化教学课程作为能力培养的真实载体,教师更容易操作。教师可将自己做过的项目转化为课程,用任务承载真实能力训练,学生完成任务即受能力训练,且培养的能力可在任务结果中体现并进行评价。当然,其难点在于如何将企业的真实任务或者项目与专业课程知识真正融合,以构建一门与人才培养目标相匹配、内容适度的课程。在此实践逻辑基础上,学校以此类课程为起点,倒推整个课程体系的改革、调整和融合。人才培养新体系构建涉及学校及教职工的办学理念层面、工作系统方法层面、落实行为层面和办学效果评价反馈等,是一个复杂的系统工程。为构建这套全新的人才培养新体系,学校做了以下基础性改革工作。

## 一、抓住关键环节,重构人才培养体系

　　其一,大样本、全覆盖的专业岗位需求调研。由学校商学部人力资源专业团队牵头,专业设计调研方案,培训所有参与调研的专业负责人和教师。学校所有的专业负责人组队深入到学生就业的主要用人单位,开展产业、企业、岗位调研,利用调研数据进行工作分析,最终建立就业数据库:产业—行业—企业分类标准、产业链人才需求标

准、专业人才培养质量标准。学校编制了人才需求能力标签,构建了职位标签等,以便更精准地匹配人才与市场需求。学校紧跟产业需求,将这些标签全部纳入自主研发的数字化平台,形成产业、行业、用人单位就业信息数据库。这些标签都是企业人力资源部门熟悉的用人标签,用人单位后续能够在平台上更新和组合自己的就业数据标签,进而发布就业信息。开放的就业信息数据库能够吸引越来越多的用人单位进驻,逐步覆盖所有本科专业对应的岗位。各专业以此为基础,倒推形成自己的人才综合素质能力评价模型,为后续人才培养模式改革提供依据。

其二,采取课程立项的办法,全面推行大三年级的项目化教学课程建设工程。与项目式、案例式教学课程不同,项目化教学课程将企业真实项目"化"为课程项目任务,既可以无缝对接企业真实岗位要求,提升学生的岗位胜任力;又可以设计成学生是学习主体的项目化教学课程,让学生边做边学,成为学习的主人,成为课堂学习的共同设计者,充分激发学生的内在动力,开展有意义的学习。项目化教学课程的设计,以市场需求为导向,从岗位真实任务要求出发,先提取"职位群—岗位典型任务—工作项目",然后优化这些项目所需要的专业知识图谱,将专业知识图谱与工作项目融合,形成一种新型的项目化教学课程的知识图谱。在此基础上,确定课程教学目标、项目任务、教学内容、课上课下学习任务等。学校制定了项目化教学课程的建设标准:一是强调项目"真实性",必须是来源于企业的实际项目,可以是即时性项目或延时性项目,按照岗位任务逻辑,将项目任务、项目流程、项目能力、常见错误和解决办法编排成学习任务单元;二是建立对接企业行业的项目资源库,及时更新,确保项目的延续性和内容的有效性;三是制定以成果为导向、市场直接评价或仿真评价的三级评价标准,学生考核合格即能达到课程对应的岗位任务要求,胜任岗位工作。项目化教学课程是"2+1+1"人才培养新体系中的核心环节,具有承上启下的关键作用。这个环节不进行改革,其他课程改革都只是理念,无法真正落地实施。因此,学校将大三的项目化教学课程的改革作为整个课程改革的切入点,以分批立项的方式,完成了大三所有的课程改革。

其三,依托数字化学习平台,基于知识建模、课程教学设计的技术方法全面重构课程体系。作为课程改革的突破口,学校在全面实施项目化教学课程后,开始倒逼前修基础课程改革,支撑大四的应用型课程建设。前修基础课程需在目标制定、内容选择、教学模式和评价考核等方面提供有力支撑,以确保知识的系统性和连贯性。同时,项目化教学课程也为大四学生直接参与用人单位的真实项目和工作,提供更具技术性和实用性的知识,以及解决实际问题能力和创新能力的基础。为此,学校邀请国家教育行政学院刘亚荣专家团队,以课程知识建模为基础,全面重构公共基础课和专业基础课。一是绘制所有课程的知识建模图。本科专业的全部课程绘制知识建模图,为新型人才培养体搭建坚实的知识体系基础。二是重构基础课程。从支撑项目化教学课程或后续专业基础课程的需要入手,倒推专业基础课和公共基础课的知识容量和结构,全面梳理项目化教学课程所需的知识、能力和素质,将知识点进行详细分解、重新组合,重塑现有的知识体系,对前修专业基础课程的知识、能力、素质主模块进行组合,形成新的专业基础课和公共基础课。三是明确课程建设标准,推动新版教学设计和课程大纲的制定。基于课程知识建模图,重新制定 1206 门本科课程的教学设计和课程大纲,每门课的教学设计都重新设计和匹配了"以学生学习为中心"的各种教学、学习资源,包括线上课程、作业练习、各种学习评价工具等。四是建设数字化学习平台系统。所有课程的教学、学习资源都实现了线上师生共享,有效满足了教师教学和学生学习对各种学习资源和工具即时性、便利性的需求;解决了公共基础课学生基数大、师生互动难等问题;也解决了教考分离、多维评价、客观证据翔实的教学和学习评价真实难题;真正实现了学生随时可学,不受限于学期和专业,学完即可结业的泛在学习理念。

其四,基于市场真实评价的应用型课程建设。作为学校"2+1+1"人才培养新体系的最后环节,应用型课程是对应用型人才培养效果的有效检验和直接体现。学校指导各本科专业开展高质量充分就业调研分析,通过定性定量相结合,从知识能力素质要求、工作岗位经验、职业资格证书考取等维度对毕业生高质量充分就业的本质属性进行画像,提出高质量充分就业标准,并落实到应用型课程目标中。应用型课程的设计基于实际的产业发展和市场需求,由教师承接研发创新类等高质量真实市场项目,通过相应的教学设计(如学分、教学安排、课程考核等)赋予其课程要素,从而转换为课程。教师带领学生承接真实的市场项目,接受市场评价,产生经济与社会效益。在此过程中,教师的实践教学能力得以显著提高,逐步向"双师型"教师队伍转型。学生通过岗位任务从合格的入职者变成优秀的入职者,实现从"做成"到"做好",直接实现高质量充分就业。

其五,建立优秀本科生荣誉体系。为引领学生积极进取、全面发展,持续提升学生德智体美劳综合素养,进而激励学生追求卓越、奋发向上,营造"逢一必争,逢金必夺"的优良校园氛围,学校以德智体美劳全面发展为导向重构本科生荣誉体系,促进学生成长成才。一方面,学校表彰在学习、创新创业等方面表现突出的学生。他们或项目成果获企业采纳,实现高质量充分就业目标;或创新创业能力强,勇启创业征程;或勤奋好学,有一定学术成果。学校为他们颁发"全能英才奖""创新创业奖""学业卓越奖",激发学生的内在潜能和创新精神,促进学生更加积极主动地投入到学习和实践中,不断挑战自我,追求更高的目标。另一方面,学校表彰积极参与学校产教融合工作并做出努力和贡献的优秀毕业生。他们或积极牵线搭桥,为学校与企业搭建合作桥梁,不断拓展合作渠道;或参与学校课程设计,将企业实际需求与行业最新动态有机融入教学内容,助力学校构建贴合市场需求的人才培养模式;或为在校生创造大量实习与实践机会,促使学生在实践中茁壮成长。学校为他们颁发"杰出校友奖",对其做出的贡献和取得的成就给予充分肯定。同时,学校激励在校学生努力提升自己,力争成长为创新引领型人才。

　　黄河科技学院新的人才培养体系不同于传统学科逻辑下的本科人才培养体系,也不同于当前很多应用型大学倡导的校企合作的本科人才培养体系。三种人才培养体系对比分析见图2。传统高校人才培养体系根植于学科逻辑,偏重知识传授,为学生筑牢坚实的理论基础。然而,在对接企业实际工作所需的应用技能培养方面却极为薄弱,使得传统本科教育的毕业生大多呈现出"眼高手低"的特点,必须经过培训试用期后才能适应岗位任务要求。在知识匮乏、缺乏信息技术传播知识的时代,这种培养方式是大学的不二选择。但在信息技术时代,知识可以泛在索取,这种人才培养体系已经不能再作为任何大学人才培养的基本方式。

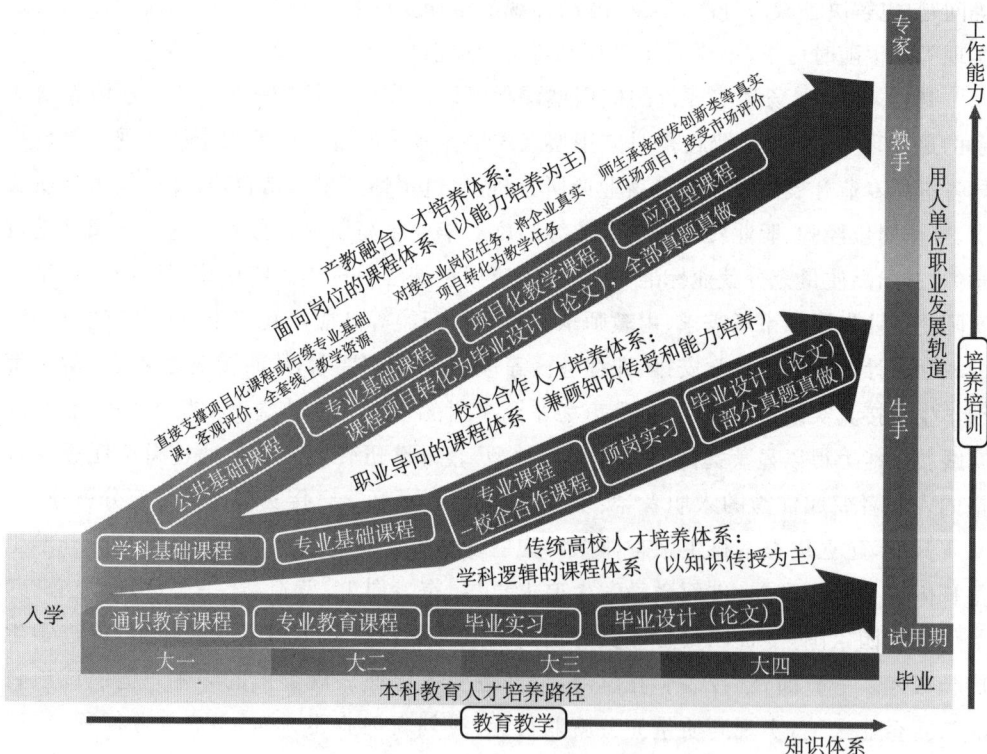

图2　三种人才培养体系对比分析

　　校企合作人才培养体系以职业为导向,设置校企合作课程、顶岗实习及毕业论文真题真做等实践类课程和环节,既注重知识传授,又兼顾能力培养,尤其强调实践与应用,对提高学生实践能力和职业技能有较大帮助。但是也存在四方面的主要问题:一是课程体系内容衔接度不够。校企合作课程与前端的基础课程以及与企业真实岗位要求之间都缺乏有效衔接,导致课程体系连贯性欠佳,人才培养与市场需求不匹配。二是师资队伍实践应用能力不足。教师因缺乏行业经验与企业实践经验,难以有效解决企业实际问题。三是校企合作课程个性化程度不高。课程多由企业研发,雷同性强,与学校办学特色联系不紧密,无法满足学生的个性化发展需要和市场的多样化需求。四是校企合作课程覆盖领域不广泛。合作项目往往依托"订单式"人才培养开设,局限于企业所需的特定岗位,未能全面覆盖专业面向的所有岗位。

我校的产教融合人才培养体系,从锚定岗位需求出发,重新梳理了人才培养的学习逻辑。在未来的人才培养中,一旦产业中的工程师和学校的教师都具备课程领导力,便能够突破产业和学校的界限,随时将岗位的需求转化为培养的课程。届时,学校将成为任何产业人才随时获取学习机会的场所,也将成为产业孕育未来科技产品的场所。

## 二、强化支持保障,全面推进综合改革

人才培养体系改革是牵一发而动全身的系统工程,外部需要全社会方方面面的配合与支持,内部也涉及体制机制、数字化平台、课程建设、教学质量评价与持续改进等全要素多维度的支撑和保障。为此,学校主要从以下几方面进行了衔接配套改革。

其一,自主研发数字化平台,实现评价与建设全流程智能化。搭建集智能管理、智慧教学、数智评价于一体的课程建设数字化平台,统筹全校课程资源,对外实现各高校课程资源共建共享,对内实现课程数据与教师数据、学生数据互联互通,协同推进课程建设与评价、学生服务和师资培养;构建基于质量标准、全量化采集、大模型分析的智能化课程评价支持体系,通过统一规划、统一建设、统一管理、统一评价,优化课程结构、明确课程规格、分析课程目标达成度、智能化提供课程画像、过程性规范课程准入与退出,保障一流应用型课程的优质、高效、充足供给。

其二,评价牵引,推进课程高质量建设。学校与国家教育行政学院共同研创课程评价指标体系。分类研创教学设计、教学实施、教学产出评价标准,重点关注课程知识建模的完整性、教学活动目标与任务的一致性、师生交互过程的有效性、教学评价的客观性。聚焦教学设计、教学实施、教学产出三个关键环节,实现课程评估精准化。一是聚焦教学设计。考察 OBE 理念在每个任务和活动设计中的体现,强调选取活动的目标、交互、成果及评价标准的一致性,课程知识建模的完整性等。二是聚焦教学实施。评价教学过程与教学设计的一致性,重点考查学生是否进行高阶思考、是否积极参与各项学习活动、知识能力是否达到预期目标。三是聚焦教学产出。将课程考核评价标准、企业评价标准、企业采纳证明等纳入课程成果重点考察,将教师教学能力提升、课改论文发表等作为教师成果进行评价,将学生考核结果、学生作品、创作等作为学生成果重点考察评价。学校充分利用大数据技术,将日常教学动态数据与专家评估相结合,建立线上线下相互支持,专业、学部、学校三级进阶式评价机制,实现常态化全覆盖

"课程＋教师团队"评价。通过线上审阅课程资源和评审材料、深入课堂随机听课、组织课程答辩汇报、强化反馈改进四步骤,构建评价闭环,促进课程评价"反哺"课堂教学,推动全部课程锻优提质。评价结果打破职称定课酬惯例,实行优课优酬,最高给予5倍工作量奖励。

其三,深化体制机制改革,推动教学改革落地生根。学校充分利用体制机制灵活、行动决策迅速等优势,深入开展"大部制""学部制"体制机制改革,推动高校与产业、行业、企业资源共享、深度融合、协同发力、共同育人。在职能部门推行"大部制"改革,通过整合 13 个处级单位,成立教师中心、教育教学中心、学生中心三大中心,以及思政工作部、科技发展部、资源保障部等五个大部,提高职能部门服务教育教学工作的效能度和协同性。在教学单位积极推动"学部制"改革,打破原有的"校—院—系—教研室"多层级结构,将 12 个学院整合为工学部、艺体学部、商学部、医学部四个学部,依据专业集群下设科教中心,赋予其资源配置的自主权力。通过体制机制改革,充分汇聚学科、专业、师资、平台等各类优势资源,实现了以下三方面的提升。一是教师中心的成立,为教师提供了更专业的发展平台。鼓励教师深入企业实践,提升实践教学能力与专业素养,提供更多职业发展机会和激励机制,打造高素质、专业化、创新型教师队伍。二是教育教学中心的成立,有利于整合教育教学资源,推动产教深度融合。通过搭建教学平台,教师与企业专家共同设计与实施课程、共同制定并修订人才培养方案,促使专业设置紧密贴合产业需求,大幅提升专业与市场对接的精准度与紧密性。同时,引导教师将行业最新动态和技术及时引入课堂,促进教学方法创新,增强教学的针对性和实效性,为培养具有扎实专业知识和较强实践能力的应用型人才筑牢坚实基础。三是学生中心的成立,为学生提供了更多实践机会和职业发展指导。开展职业规划、职业咨询服务、优秀本科生表彰以及行业专家和成功校友经验分享等丰富多彩的活动,为学生在职业选择和发展中遇到的困惑提供个性化指导和建议,进而提升学生的就业竞争力和职业适应能力。

## 三、发挥改革效能,凸显人才培养成效

学校始终秉持"办一所对学生最负责任的大学"的办学愿景,全心全意为教师服务,全心全意为学生服务,人才培养新体系改革得到广大师生的高度认可和肯定。

学校采用调查问卷、访谈等多种形式开展了教育教学改革后的师生满意度调查。结果显示,总满意度高于 98%。教师董菲菲分享村庄规划授课感悟时谈道:"当学生真正成为课堂的主人时,他们便不再是学习的被动承受者,而是积极投身于教学活动之中,化身为学习的主动探索者与协同合作者。他们的学习热情空前高涨,思维也更加活跃。"教师杨颖分享道:"投身于学校课程改革实践,我深切认识到,卓越的教学绝非因循守旧,而在于大胆创新、勇于实践。身为一线教育工作者,我们不只是知识的传

播者,更是变革的推进者。课改给予我宽广的舞台,使我能尝试新教学理念与方法。我将项目化、合作学习等理念融入课堂,激发学生兴趣与创造力,实现师生平等互动、共同发展。"学生崔锴洁分享了自己在服装与品牌设计课程中的体验:"在这门课程里,同学们模拟不同岗位,大家分工协作,展现出极强的团队协作精神和学习热情,我能深切地感受到有一股强大的力量推动着我在交叉创新的道路上不断向前。"学生司双颖谈道:"项目化教学课程风景园林规划与设计具有很强的实践性、应用性和挑战性。在一次次的项目构思与创作过程中,我被激发出全身心投入学习的热情,对这门课程产生了浓厚的兴趣。特别是当自己设计的园林方案被采纳并且最终得以建成的时候,之前所有的辛苦付出都转化为满满的成就感,那种激动和自豪难以用言语来表达,感觉所有的努力都是非常值得的!"

回顾 6 年的改革历程,学校聚焦人才培养模式改革、课程体系构建、课程开发、课程设计以及课程评价等关键环节,先后召开了主管教学部(院)长、科教中心主任、骨干教师等不同层面人员参与的研讨会 300 余场,投入 3000 余万元用于 1300 多门课程的建设。在此过程中,教师们对于人才培养模式改革理念、思路及步骤等有了更清晰、更深刻的认知。在全体师生的充分认可与深度参与下,全校上下已然凝聚起改革共识,产教融合持续走向深入,教师队伍的能力得到显著提升,人才培养与行业企业岗位需求的对接愈发紧密,课程教学质量有了明显提升。改革成果受到省内外高校和社会的广泛关注,130 余所高校、240 余家企事业单位等到校交流;受邀在中国高等教育学会、国家教育行政学院等举办的院校研究高端论坛,郑州大学、成都大学等高校做主题报告 28 次;成果在第 61 届、第 62 届中国高等教育博览会上展出,获得省内外高校教学管理人员和一线教师的高度好评;办学成效被中央电视台《新闻联播》、新华社、《光明日报》《中国教育报》等广泛报道。

斗转星移,岁月如梭,黄河科技学院在时光的长河中稳健前行。2024 年 5 月,学校迎来了辉煌的四十华诞。值此之际,我们集结学校人才培养新体系改革成果,分专业出版"应用型高校本科专业产教融合型课程体系改革与实践"系列图书,为应用型高校深化教育教学改革、创新人才培养模式、优化课堂教学方式方法、开展常态化课程评价、全面提升育人水平提供有效借鉴和参考。这一本本沉甸甸的册子,凝聚着全校教师在课改历程中的智慧与汗水,折射出全体教师的睿智与灵性,更满溢着全体教师"以学生为中心"的教育理想与不懈追求。

此举,一为抚今追昔,以文字铭刻学校波澜壮阔的发展历程,为辉煌历史留存厚重见证;二为激励莘莘学子奋发图强,在知识的海洋中砥砺前行,以拼搏之姿努力成才,为未来铸就璀璨华章;三为鼓舞吾辈同人不忘初心,励精图治,以昂扬斗志勇攀高峰,在教育的新征程上再创佳绩,为国家培养更多栋梁之材,为时代书写更壮丽的教育诗篇。

回顾往昔,那些奋斗的足迹、拼搏的身影,皆是前行的动力源泉。展望未来,我们深感责任重大、使命光荣。我们定会牢记为党育人、为国育才的初心使命,不负重托,与时俱进,努力谱写无愧于前人、无负于时代的璀璨新篇章。

黄河科技学院执行董事、校长

杨保成

2024 年 10 月 16 日

# 前　言

随着科技的飞速发展和新媒体的崛起,广播电视行业正面临着前所未有的机遇和挑战。作为广播电视与传媒行业的核心力量,广播电视编导人才不仅需要具备丰富的实践经验和深厚的专业底蕴,更需要拥有创新思维和跨学科能力,以适应不断变化的媒介生态和社会需求。

然而,当前许多用人单位在招聘广播电视编导人才时过于看重经验或学历,导致一些具有实践能力和创新思维的人才被忽视。此外,一些用人单位过于追求短期收益,忽略了优秀复合型应用人才在业务长期发展中具备的巨大潜力。

为了应对新时期的挑战,黄河科技学院广播电视编导专业在坚持应用创新型人才培养的同时,不断进行自我革新。近三十年来,该专业始终以服务广播电视与影视传媒行业为专业建设之本,致力于培养具备创新思维和跨学科能力的复合型人才。目前,本专业已培养14届本科毕业生,共计两千余名专业人才投身于行业一线,得到了当地政府、行业专家及社会各界的广泛认可和高度赞誉。

为了顺应社会的发展和行业的实际需求,黄河科技学院广播电视编导专业逐渐摒弃了只面向传统媒体行业单一专业技能人才的培养模式,转而将培养具备创新思维和跨学科能力的复合型人才作为专业建设的主要方向。这种"创新人才培养"和"优秀作品创作"并重的专业特色发展之路,不仅使该专业在行业内树立了良好的口碑,也为学生提供了更广阔的发展空间和就业机会。

为了深化产教融合,该专业积极建设实践教学平台,包括河南省广播电视艺术实验教学示范中心、河南省全媒体科普传播中心创作基地及河南广播电视台电视节目制作基地等。这些实践教学平台的建立,为学生提供了丰富的实践机会,使他们在实践中不断锻炼和提高自己的专业技能和创新能力。此外,该专业还不断加强合作办学,与河南广播电视台、大河网、郑州广播电视台、郭亮影视村等30余家企事业单位建立了紧密的合作关系。这种合作模式不仅为学生的实习实训提供了坚实的保障,也促进了学校与企业的深度交流与合作,为行业的发展注入了强劲的活力和动力。在课程建设方面,该专业不断创新,构建了全新的专业课程体系。以OBE为理念,开展教学设计,大力推进项目化教学改革,使课程内容更加贴近实际、更加具有实用性。同时,该专业还注重培养学生的跨学科能力,鼓励学生在学习本专业课程的同时,积极选修其他相关专业的课程,以拓宽自己的知识视野,提升自己的综合素质。

黄河科技学院广播电视编导专业在应对媒介生态日益变化与竞争逐渐加剧的挑战的过程中,始终坚持以应用创新型人才培养为核心,通过不断深化产教融合、加强实践教学和课程建设等方式,努力培养具备创新思维和跨学科能力的复合型传媒人才。这种人才培养模式不仅符合现代社会的需求,也为行业的发展注入了新的活力和动力。相信在未来的发展中,本专业定将继续保持领先地位,为广播电视编导行业的繁荣和发展作出更大的贡献。

参与本书编著的有王进军、刘灼、汤涛、纪晓峰、李坤、史昕雨、张伟杰。具体写作分工如下:"广播电视编导专业概况"由刘灼负责撰写,概述了广播电视编导专业的基本情况与发展趋势;"广播电视编导专业课程体系构建"由汤涛执笔,深入探讨了本专业的课程体系构建原则与实施路径;"广播电视编导专业课程知识建模"由纪晓峰负责,详细阐述了本专业课程知识建模的理论框架与实践应用;"基于 OBE 理念的教学设计"由李坤撰写,以 OBE 教育理念为指导,提出了本专业教学设计的新思路与新方法。此外,本书的资料收集工作得到了史昕雨和张伟杰的大力协助。

编著者

2024 年 8 月

# 目 录

# 第 1 章

# 广播电视编导专业概况

经过河南省教育厅的正式批准,黄河科技学院广播电视编导专业于 2006 年 9 月开始招生,成为河南省首个本科层次的广播电视编导艺术专业。经过近二十年的建设与发展,本专业已累计为社会输送了 2100 名毕业生,跨越 14 个毕业届别。目前,本专业拥有在校生 562 人,在全省范围内不仅以其迅猛的发展速度和庞大的办学规模脱颖而出,更凭借其卓越的教育成果,成为输送毕业生人数最多的广播电视编导专业。

在专业建设方面,本专业不断追求卓越,屡获殊荣。2012 年,本专业实验实训中心荣获"河南省高校实验教学示范中心"的称号;2017 年,本专业被评为"河南省民办普通高校品牌专业";2018 年,获得河南省高等学校优秀基层教学组织的认定;2020 年,获批成为河南省一流本科专业建设点;2021 年,"电视节目制作"课程荣获"河南省一流本科课程"荣誉。

为了进一步深化产教融合,本专业积极建设了多个实践教学平台,包括河南省广播电视艺术实验教学示范中心、河南省全媒体科普传播中心创作基地及河南广播电视台电视节目制作基地等。此外,还配备了数字电影制作、全媒体互动演播厅等共计 39 个实训室,为学生提供了丰富的实践机会。同时,本专业与河南广播电视台、大河网、郑州广播电视台、郭亮影视村等 30 余家企事业单位建立了紧密的实习实训合作关系,为学生的实习实训提供了坚实的保障。

## 1.1 专业发展历程

### 1.1.1 专业定位

1. 历史沿革

随着广播电视编导专业的持续发展,我们坚持"以教学质量提升为基石,以管理创新为动力,以思想政治工作为保障",致力于构建"本科学历教育与职业技能培养相结合"的人才培养体系。核心理念是以学生为中心,努力将广播电视编导专业打造成特色鲜明、育人模式先进的教育基地,专注于培养具备"一专多能"的创新型人才。我们重视并不断推进办学理念、组织、管理和制度的创新,力求将本专业塑造成在全省乃至全国都具有引领和示范作用的优秀专业。

2006 年 9 月,黄河科技学院广播电视编导专业获批正式招生,成为河南省首个开设广播电视编导本科专业的高校,这标志着我们在专业建设上的重要突破。2008 年,我们成功通过了教育部的教学水平评估,这是对我们教学质量和管理水平的肯定。2012 年,我们的广播电视编导专业实验实训中心被评为河南省实验教学示范中心,进一步彰显了我们在实践教学方面的优势。

为了进一步提升学生的实践能力和创新思维,我们在 2014 年与河南电视台合作,共同构建了"台院合作"的办学模式。这种合作模式有效整合了学院与媒体的资源,为学生提供了更多的实践机会,同时也促进了双方的共同发展。2015 年,我们明确将培养实践应用型人才作为主要目标,围绕"创新人才培养"和"优秀作品创作"两大支柱,推动专业特色发展。

多年来,我们积极开展校内外影视创作实训活动,通过举办竞赛性实践教学活动,不断提升学生的实践能力和创新意识。我们的学生作品在国内外影视创作大赛中屡获殊荣,优秀作品在各大媒体平台播出,这不仅增强了学生的自信心,也提高了他们的知识应用能力。这些成果的实现,正是从学生作业到作品再到产品的转化过程。

2017 年,广播电视编导专业由河南省教育厅批准,成为河南省民办普通高校品牌专业。同年,广播电视编导教研室也被评为"河南省优秀基层教学组织",并以此为基础建立了"影视文化创意行业学院"。这一系列的荣誉和成果,充分证明了我们在专业建设上的实力和水平。

此外,我们还积极与企事业单位合作,建立了多个实习实训基地。这些基地为学生提供了更多的实践机会,也促进了学院与社会的紧密联系。同时,我们还不断加强产教融合平台建设,如河南省广播电视艺术实验教学示范中心、河南省全媒体科普传播中心创作基地等。这些平台的建设和运营,为我们的教学和学生的实践提供了有力支持。

总之,在广播电视编导专业的建设中,我们始终坚持"以学生为中心,以教学质量为核心,以管理创新为动力,以思想政治工作为保障"的核心理念。我们将继续努力,不断提升专业水平和教育质量,为培养更多优秀的广播电视编导人才做出更大的贡献。

2. 专业优势

(1) 师资力量方面

广播电视编导专业师资力量雄厚,现有专兼职教师 47 人,其中副教授以上职称有 18 人,具有硕士学位的有 23 人,他们大多毕业于中国传媒大学、北京师范大学、武汉大学、华中科技大学、兰州大学、四川大学、西南大学等国内重点大学。专业教师张仲良教授是新闻学硕士研究生导师,黄河科技学院"教学名师""优秀教师标兵""广播电视学科带头人",原河南大学文学院副院长,全国广播电视学专业委员会常务理事,河南省新闻出版局报纸质量检测委员会评委,河南省教育厅课程改革专家组成员。此外,广电广播电视编导专业还拥有一批来自各级广播电台、电视台、报纸、杂志的富有一线媒体经验的双师型教师20人,他们大多具有较丰富的实践经验、较高的理论修养和广播电视专业背景。广播电视编导专业负责人杨诚勇教授,作为高级编辑及国家级突出贡献专家,享受国务院特殊津贴,其荣誉包括全国"百佳新闻工作者",曾任河南电视台副台长、副总编辑,现为河南省广播电视学会驻会副会长、河南省文艺评论家协会副主席、河南省直作家协会副主席,并入选《中国改革三十年人物录》,任郑州大学、浙江传媒学院客座教授。专业教师邵川教授是国家二级导演、中国电视艺术家协会会员、河南省影视家协会理事、河南省"电视文艺工作者十佳",曾任中央电视台军事部记者、开封电视台副台长,曾在电视连续剧《焦裕禄》《黄河东流去》《李师师》等担任摄像、编辑、导演工作。专业教师王进军教授,是高级工程师、河南省高校影视教育协会副会长,曾任开封电视台副台长,主持的网络技术项目获得国家广电总局科技创新奖。专业教师孙言铭教授,曾任新乡电视台文艺中心主任,是中国电视艺术家协会会员,曾在《高山下的花环》等十多部影视剧中饰演角色。专业教师马琦副教授,是国家二级录音师、中国录音师协会理事,原洛阳电视台技术中心主任。

（2）教学设施方面

广播电视编导专业教学设施完善。学校投入1000余万元建成了广播电视艺术实验教学中心,该中心于2012年12月获批"河南省高校示范实验教学中心"。该中心涵盖了"语言实训类、影视制作类、新媒体类、戏剧影视表演类及综合一体化实训类"五个专业门类共39个分实训室,构建了一个"系统化、专业化、智能化、应用性"的校内综合实训基地,完善和丰富了校内实践平台。2017年,黄河科技学院申报的河南省全媒体科普传播中心创作基地建设项目喜获批准,这是服务河南省经济社会发展的重大机遇,也是黄河科技学院在示范性应用技术大学建设中迈出的重要一步,将为黄河科技学院学生提供更多、更大的实习实战平台。2018年,我们建设了数字电影制作实验室和影视调色实验室,建成了省内同类高校中一流的实验教学中心,满足了学生对实践教学的需要。今后,黄河科技学院将围绕科普知识与技能的传播这一新主题,在影视节目创作、广播节目创作、大屏节目创作等方面进行新的探索和实践,通过制作电视专题片、纪录片、微电影、微纪实视频,向普通大众介绍科学知识、推广科学技术、倡导科学方法、传播科学理念,全方位地展示科普知识的魅力,为科普事业的发展做出应有的贡献。

（3）教学成果方面

"以赛促教、以赛促学、以赛促改"是广播电视编导专业一贯坚持的实践教学理念。本专业师生共创作了各类作品2000余件,在国内外大赛中获奖500余项,有100多部学生作品在中央电视台和省、市媒体及新媒体平台播出，在社会上产生了广泛的影响。学生作品喜捧"金熊猫"，喜摘"金海棠"，喜获"柏林华语电影节奖"，走出校门，走出省门，走出国门，奏响"三部曲"，迈向国际大舞台。

广播电视编导专业学生的《鸟·人》《一网之隔》等五部影视作品入围柏林华语电影节"青年单元"，其中《鸟·人》《海的味道》双获最佳提名奖。值得一提的是，全国获此殊荣的仅有三部作品，广播电视编导专业就有两部。

广播电视编导专业学生李佳祺的作品《同手同脚》在 2015 年第十三届四川电视节"金熊猫奖"国际大学生影视作品评选活动中荣获入围奖。该电视节"金熊猫奖"是由中宣部主办的国际级大赛，与中国国际电视节"白玉兰奖"（上海）并称为国家级两大电视节。

专业教师张伟杰和学生朱鹏原创的微电影《女儿的日记》荣获第三届亚洲微电影节大奖，喜捧"金海棠"。该比赛是由中国电视艺术家协会、中央新影集团、云南省文化和旅游厅、云南省广电局主办，来自中国、泰国、新加坡等国的影视艺术家及获奖代表齐聚一堂，角逐"金海棠奖"。该作品获"好作品奖"。

专业教师孙言铭教授策划创意制作的三集系列专题片《不灭的火炬——当代大学生眼中的二七精神》，作为中国共产党成立九十周年的献礼之作，现已被郑州二七纪念馆收藏，并在二七纪念馆循环展映，该作品还获得 2013 年全国美育作品大赛一等奖。在第二届全国校园 DV、摄影作品展示大赛中，广播电视编导专业荣获一等奖三个、二等奖一个、三等奖一个、最佳栏目奖一个、优秀指导教师奖五个等十七项大奖，电视栏目《星愿视角》战胜清华大学的电视栏目《新闻连连看》，荣获最佳栏目奖。

学生尤昌甫、靳鸣鸣和邢璐的作品《特立独行的养殖户》《一个世纪的年画情缘》入围"中国四川电视节国际大学生金熊猫奖"；学生李怡创作的纪录片《大童》荣获河南省参评作品唯一的一部"入围奖"；学生尤昌甫创作的纪录片《孙八寨印象》荣获"全国大众 DV 作品评比优秀奖"，并被推荐在上海世博会展播。学生董林杰的作品《这是谁的母亲》在第四届亚洲微电影节荣获"金海棠奖"一等奖。

学生郝庆汰创作的动画短片《燃烧生命》在 2017 年加拿大第五届温哥华华语电影节获得电影节金帆奖"最佳导演奖"。此次获奖创造了黄河科技学院学生作品在国外的最好成绩，也创造了本次电影节上国内高校的最佳成绩。温哥华华语电影节是经加拿大政府注册的非营利国际性华语电影节。自 2013 年创办至今，温哥华华语电影节得到了加拿大政府和中国驻温哥华总领事馆的大力支持，是一场展示中国文化及展映中国电影的饕餮盛宴，是中国本土以外十分具有影响力的国际华语电影节之一。作品《燃烧生命》是一部公益短片，以社会为大主题，通过动画的方式讲述了吸烟对人和环境造成的危害，告诉人们戒烟的必要性。《燃烧生命》从 300 部参选影片中脱颖而出，夺得"最佳导演奖"，在这个"宣扬中华文化，推广华语电影"的国际平台上展示出学生的社会观察力和专业技术能力。

在第二届"科德杯"全国大学生无人机航拍竞赛活动中,来自全国近 200 所高校的 250 多个无人机航拍团队,665 位参赛选手同场竞技献艺。广播电视编导师生战队的独创影视作品《从未离开》力拔头筹,摘得桂冠,捧得最高奖"科德杯",并获得价值 2 万元的悟 2 无人机一架。

2019 年,第七届温哥华华语电影节颁奖典礼在加拿大本拿比市福克斯剧院举行,由传媒艺术科教中心广播电视编导专业教师张伟杰导演的剧情短片《男孩小海》,经过初赛与复赛,在 205 部入围作品的角逐中脱颖而出,最终荣获"短片优秀奖"。2019 年 9 月 23 日,由黄河科技学院艺体学部传媒艺术科教中心苗伟教授、孟宪堃讲师创作的"我爱你中国"全球微视频短片主题作品《传承》,在河南卫视晚上黄金时段展映播出。这次短视频展映活动由中国广播电影电视社会组织联合会指导,中国广播电影电视社会组织联合会微视频短片委员会主办,河南卫视和今日头条联合承办,180 多家省市电视、网络、新媒体等机构参与,主题是庆祝中华人民共和国成立 70 周年,充分展示社会的变化,体现国人的精神风貌,传递社会正能量,激发全社会的爱国热情。

### 1.1.2　办学特色

1. 坚持"本科学历教育＋职业能力培养"的人才培养模式

经过深思熟虑与审慎规划,我们构建了以培养应用型人才为核心理念的课程体系。此体系将职业技能培养巧妙地融入人才培养的每一个环节,旨在培养出既富有创新精神又具备实践能力的优秀人才。鉴于传媒行业对人才"创意与操作一体化"的独特需求,以及校外媒体因受限于时效性和导向性,难以充分满足实习学生在实际创作方面的需求,我们创新性地提出了"三位一体"的工学结合人才培养模式。这一模式以校内生产性实训为基石,以校外集中教学实习和顶岗实习为两翼,三者相辅相成,共同构建了一个全面且深入的人才培养体系。其中,"三位"是指通过校内生产性实训基地实现产学结合,与河南电视台、郑州电视台等合作单位开展工学交替,以及对接校外合作企业推行顶岗实习。这三种方式形成了一个有机统一、相互补充的系统,共同服务于人才培养的整体战略目标。

2. 坚持"把学生引向舞台,把舞台搭在社会"的实践育人理念

我们充分利用"双师型"教师队伍和校外实习实训基地的双重优势,积极拓展教学平台,将教学与社会实践紧密结合,为学生提供丰富多样的学习体验。这种教学模式不仅有助于提高学生的实践能力和职业素养,还能帮助他们更好地适应未来工作岗位的需求。

每个学期,我们都精心安排广播电视编导专业的学生走进电视台演播厅,亲身感受电视节目的制作流程和播出机制。此外,学生还有机会参与动漫制作,了解动漫产

业的前沿技术和创新理念。同时,我们还组织学生前往实习实训基地和影视制作一线,通过实地观察和参与实际工作,让学生深刻体验职业环境,拓宽社会视野,并进行实战训练。

为了进一步激发学生的学习兴趣和潜力,我们积极鼓励、引导和组织学生参加各类学科和专业竞赛。例如,学生们参加了"北京大学生电影节""全国大学生计算机(文科)设计大赛""中国西部(国际)电影节""中国北京国际大学生微电影盛典""全国高校信息技术创新与实践活动""亚洲微电影节""全国华东六省市电子影像大赛""河南优秀教育电视节目大赛"和"河南省微电影节"等比赛,并获得了优异的成绩。这些比赛不仅为学生提供了展示才华的舞台,还促进了学与教、学与改的有机结合。通过比赛,学生不仅拓宽了视野,还锻炼了实战能力,提高了策划、创意和制作水平。同时,这些比赛也体现了新型的社会综合评价效应,为黄河科技学院的广播电视编导专业赢得了声誉和影响力。此外,参加这些比赛还加强了学校与外界的联系和交流。我们与各大媒体、企业和行业组织建立了良好的合作关系,为学生提供了更多的实践机会和职业发展资源。这种开放式的教育模式不仅提高了学生的综合素质,也为学校的发展注入了新的活力。

通过充分利用"双师型"教师队伍和校外实习实训基地的优势,以及积极组织学生参加学科和专业竞赛,我们可以有效拓展教学平台,提高学生的实践能力和职业素养,同时也为学校的发展和社会评价提供了有力支持。这种教学模式不仅符合现代教育的发展趋势,也为我们培养更多的优秀编导人才奠定了坚实的基础。

3. 创新人才培养理念,创建"台院合作"办学模式

近年来,学院与河南电视台紧密合作,共同探索出一种富有创新性的"台院合作"模式。该模式以"平台对接、资源共享、产学结合、共生发展"为核心内涵,旨在通过深度整合学院与媒体平台的各类资源,实现双方互利共赢,共同推动广播电视编导专业的蓬勃发展。

在"台院合作"模式的推动下,学院与河南电视台建立了紧密的合作关系。通过平台对接,双方充分利用彼此的优势资源,实现资源共享。学院拥有丰富的人才资源和教学设施,而电视台拥有先进的设备、丰富的节目资源和品牌影响力。资源的互补和共享,为学院的教学和科研提供了强有力的支持,同时也为电视台的节目制作和人才培养注入了新的活力。

在产学结合方面,学院与电视台共同开展了多项实践活动。学生可以在校内即参与到电视台的节目制作中,从而通过实践锻炼提升自己的专业综合能力。同时,电视台也能从学院的优秀毕业生中选拔人才,为自身的发展注入新鲜血液。这种产学结合的模式不仅提高了学生的实践能力和就业竞争力,也促进了电视台的创新发展。

值得一提的是,广播电视编导专业在"台院合作"模式中发挥着重要的支撑作用。

学院通过优化课程设置、加强实践教学、引入行业导师等措施,全面提升了学生的专业综合能力。学生在校期间就能接触到行业前沿的知识和技术,为未来的职业发展奠定了坚实的基础。

此外,学院还积极开展对外交流与合作,与多家知名媒体建立了良好的合作关系。这些合作不仅为学生提供了更多的实践机会和就业渠道,也为学院的教学和科研带来了更多的资源和支持。

"台院合作"模式为学院与媒体之间的深度合作搭建了一个良好的平台。通过资源共享、产学结合等方式,双方共同推动了广播电视编导专业的发展,为学生的全面发展和未来的职业道路打下了坚实的基础。

**4. 构建"工学结合、产学一体"的实践教学体系**

在当今媒体行业日新月异、竞争激烈的环境下,广播电视编导专业的实践教学显得尤为重要。为了满足媒体行业对人才的需求,广播电视编导专业积极构建了"工学结合、产学一体"的实践教学体系,实现了实践教学与媒体工作实际的无缝对接。这一创新性的教学模式不仅提升了学生的实践能力,也让他们在未来的职业生涯中更具竞争力。

为了加强实践教学研究与改革,广播电视编导专业不断改善和充实实践教学内容与体系,构建了基础实践模块、专业实践模块、综合实践模块、创新实践模块的"四模块"实践教学体系,使学生从基础技能到专业技能再到综合能力和创新思维全面提升。

在实践教学平台的打造上,广播电视编导专业同样不遗余力,积极创建了多功能、跨学科、跨媒体、可融合的三个实验教学平台,即校内实验教学中心平台、校外实习实训实战平台和专业比赛与学科竞赛平台。这三个平台相互补充,形成了完整的实践教学体系。

广播电视编导专业还积极实施理论与实践相结合、大课与小课相结合、第一课堂与第二课堂相结合、实训与实习实战相结合、学生作品作业与专业比赛相结合的"五个结合"教学方式。这种多样化的教学方式不仅激发了学生的学习兴趣,也让他们在实践中不断挑战自我,提升能力。

在人才培养上,广播电视编导专业着重培养"采、编、播、摄、录、演加新媒体技术"的一线实用创新人才,不仅加强校内实践教学平台的建设,同时还重视校外实践实习实训平台的开发。通过搭建校内和校外两个教学平台,有效拓展实践教学渠道,确保学生在实际工作环境中得到锻炼和成长。

值得一提的是,广播电视编导专业在"台院合作"办学模式的基础上,努力构建"工学结合"的两大平台。一是以广播电视艺术实验教学中心和广播站、星愿电视台、影视创作联合会、迅风纪录片工作室、小剧场话剧等为代表的校内生产性实训基地,这些基地基本满足了学院校内实践教学的需要;二是以河南电视台、河南广播电台、河南报业集团、郑州电视台、郑州人民广播电台、大河网、中原网、中视新科传播公司(河南动漫公共技术平台)、又川影视制作有限公司、兰考广播电视台等为代表的35个校外合作企业,这些企事业单位不仅为学生提供了工学交替、顶岗实习及预就业的机会,还让他们在实践中深入了解了行业的前沿动态,为未来的职业发展奠定坚实的基础。

为了丰富实践教学内容,广播电视编导专业还整合校内资源,精心策划"第二课堂"活动。我们成立了由专业教师与学生组成的创作实践团体,如影视创作联合会、迅风纪录片工作室、星愿电视台和动漫软件开发工作室等。这些团体为学生提供了广阔的实践舞台,让他们在实践中锻炼自己的专业技能和团队协作能力。同时,学院还重视学生社团组织的发展,如分团委、学生会、青年志愿者协会、星愿剧组、艺术语言研究会、青春曲苑剧社、风行影视公社、广播站等。这些社团组织不仅丰富了学生的课余生活,也为他们提供了展示才华的平台。

近年来,广播电视编导专业的学生在各类国际级、国家级和省部级比赛中屡获殊荣,共计荣获一千余个奖项。这些荣誉不仅彰显了学生在实践教学中的卓越表现,也体现了广播电视编导专业实践教学体系的成果和影响力。

总之,广播电视编导专业通过构建"工学结合、产学一体"的实践教学体系,加强实践教学研究与改革,打造多功能、跨学科、跨媒体的实践教学平台,实施多样化的教学方式,培养了一线实用创新人才。这一创新性的教学模式不仅提升了学生的实践能力,也让他们在未来的职业生涯中更具竞争力。在未来的发展中,广播电视编导专业将继续深化实践教学改革,不断提升教学质量,为媒体行业培养更多优秀的人才。

## 1.2　专业现状

在快速发展的新媒体时代,广播电视编导专业作为连接创意与技术、艺术与市场的桥梁,其重要性日益凸显。广播电视编导专业始终坚持以应用型人才培养为核心理念,不断探索与实践,以适应经济社会发展对人才的需求,构建符合黄河科技学院办学特色的教育模式。

广播电视编导专业是一个充满创意与技术的领域,它要求学生不仅要具备扎实的理论知识,更要有丰富的实践经验和敏锐的市场洞察力。为此,我们确立了以"创新人才培养"和"优秀作品创作"为核心的专业特色发展战略,强调实践教学的重要性,致力于培养实践应用型人才。

通过多年的教学改革与实践,我们逐步构建起完备的实践教学体系,包括校内外影视创作实训、竞赛性实践教学活动等。这些活动不仅拓宽了学生的知识视野,激发了他们的自主学习积极性,更为他们提供了将理论知识转化为实践能力的平台。产教融合是提升广播电视编导专业人才培养质量的重要途径。我们积极与媒体和企业建立合作关系,共同搭建实践平台,为学生提供更多真实的创作环境和机会。这种合作模式不仅能让学生更好地了解行业动态和市场需求,还能让他们在实践中不断提升自己的专业技能和综合素质。通过产教融合,我们不仅推动了专业发展,还为学生就业提供了有力支持。许多学生在实践平台上展现出了出色的创作能力和团队协作精神,赢得了合作企业和媒体的高度认可,成功实现了从学生到职场人的转变。

多年来,我们的实践教学成果显著。每年有近百部学生作品在国内外影视创作大赛中获奖,优秀作品在媒体平台播出,受到了广泛关注和好评。这些成绩不仅证明了我们教学模式的有效性,更展现了学生在创作实践中的才华和潜力。学生在创作中逐渐从稚嫩走向成熟,他们的作品从最初的学生作业逐渐蜕变为具有市场价值的作品,甚至成为深受观众喜爱的产品。这种成果转化的过程,不仅增强了学生的自信心,也提高了他们的应用能力,为他们未来的职业生涯奠定了坚实的基础。

### 1.2.1 专业建设目标与思路

#### 1. 整体目标

我们秉承"以提高教学质量为中心,以提高管理水平为手段,以加强思想政治工作为保证"的原则,坚持"本科学历教育与职业技能培养相结合"的人才培养模式,旨在把广播电视编导专业建设成办学特色鲜明、育人模式先进、培养"一专多能"创新型人才的培养基地;把广播电视编导专业打造成在全省同类专业中具有引领和示范作用的品牌专业;走一条切实可行的培养"创新型、应用型、复合型、一专多能"的广播电视编导人才的新路,努力把广播电视编导专业办成在省内高校同类学科中专业优势突出、育人模式先进、办学特色鲜明的一流学科示范专业。

#### 2. 基本思路

通过教育教学改革,我们致力于进一步提高广播电视编导专业的教学质量,凸显其办学特色,推动广播电视编导人才培养模式取得突破性进展,使学生实践能力和创新精神得到显著增强,师资队伍整体素质稳步提高,形成规模、结构、质量、效益协调发展和可持续发展的广播电视编导人才培养体系,培养具有政治信念、人文精神、团队意识、创新能力、艺术思维的创新型、应用型、复合型、"一专多能"的广播电视和新媒体专业人才。

#### 3. 现有人才培养方案实施情况

自 2019 年起,现有的广播电视编导专业人才培养方案开始实施,对课程设置和实践教学体系进行了一系列优化,显著提升了实践教学的比例,聚焦于学生的能力培养。经过数年的不懈实践,该方案成效显著,学生综合素质不断提高,新闻采写编播的能力得到增强。从学生参加学科和专业竞赛的表现来看,学生的创意、策划、创作能力和实践动手能力都有提高,学生创作的各类影视作品越来越多,题材越来越多样化,后期制作水平有所提升,每年在国内各种大赛中都有出色的表现。

　　近年来,黄河科技学院加大了教育教学改革的力度,积极探索适合各个专业的人才培养模式改革。特别是在2023年,我们进行了广播电视编导专业人才培养模式改革的研究和实践,调研了河南大学、河北传媒学院、湖南大众传媒职业学院等兄弟院校的人才培养模式,召开广播电视编导专业在校生和毕业生座谈会,对毕业生进行问卷调研和回访,广泛征集和征求用人单位对广播电视编导专业毕业生的评价和意见,认真梳理了广播电视编导专业的理论与实践教学体系,对课程结构进行了一系列的调整,同时提高了实践课的比例。2023年,黄河科技学院开展了"深化教学改革,打造人才培养模式"的专项工作,目的是更好地落实学校"本科学历教育与职业技能培养相结合"的办学指导思想。广播电视编导专业借此开展了一系列教学改革,如毕业设计的改革,并取得了很好的成效。

　　4. 师资队伍建设目标及思路

　　(1) 师资队伍的建设目标

　　师资队伍的建设目标是打造一支适应专业需要、结构合理、了解社会需求、热爱教学工作的高水平专兼结合的教师队伍。一支年龄与职称配比科学、具有强大的凝聚力和创新意识的师资队伍是提升教学质量的基础和支撑点,在未来几年内,我们将借鉴国内外先进教育理念、教育机制,深化教育改革,确保广播电视编导专业更适应我国现代高等教育的要求。我们将继续优化师资队伍结构,采取各种措施促进师资队伍教学和科研水平的整体提升,逐步提高本专业教师整体的学历结构、职称结构和"双师型"比例。师资队伍建设的具体目标如下。

　　首先,进一步优化教师队伍结构,提升队伍综合素质。加大青年教师培养力度、引进力度并出台各种鼓励措施,引进优秀专业教学人才,提高中青年教师教学、实践、科研水平,建设期内力争培养3~5名教学名师和中青年骨干教师。

　　其次,鼓励教师自我提升。在建设期内,力争使青年教师队伍中的每一位教师都具有硕士研究生及以上学历。其中,具备博士研究生学历教师比例达到10%。高级职称的教师比例逐年提高,4年后达到70%。

　　最后,鼓励教师去媒体和公司等企事业单位学习或代职,深入媒体一线,进行实际学习和训练,力争使教师队伍中"双师型"教师比例达到80%。

　　(2) 建立和完善教师培养培训制度

　　加强对教师的培训培养,尤其是对中青年教师的培养。一方面,充分利用好学院现有来自省内外媒体的"双师型"教师资源,他们有着丰富的媒体工作经验,可采用"以老带新"的培育模式,促进青年教师与资深教师的互动融合,构建"老、中、青"教师有效结合、可持续发展的实践教师梯队。另一方面,积极推荐优秀青年教师到国内外知名高校或研究机构学习或做访问学者,加大对青年教师的培养力度,给青年教师以充分的成长和发展空间。每年选派一定数量的教师外出培训,在企业挂职锻炼、学习或进修,每学期派出广播电视编导专业的3~5名教师去电视台兼职,参加新闻采访、栏目策划、电视节目制作等专业实践活动,通过与国内外同行的广泛交流,开阔思路,积极了解学科的最新信息,与时俱进;鼓励教师自我提升、积极深造,提高教师的专业实践能力,提高教学水平,使其成长为教学骨干。

（3）引进与培养相结合,培养"双师型"教师队伍

不断创新,深化校企合作,积极从一线媒体中聘请能独立承担某一专业课程的理论教学、实践教学任务且具有较强实践能力或较高学术水平的人员担任专职教师或兼职教师;聘请专家到校讲学或者举办讲座。

大力引进高水平的专业人才,壮大师资队伍;加强与媒体教学、科研和艺术创作的合作;建立教师与媒体从业人员互动机制。加强与媒体的合作,双方共同申报课题,组织调研,制作节目等,提升实践教学人员的教学能力和制作能力。

（4）教学管理的目标与思路

在学院的统一领导下,构建以课程组为主体的高效、科学的管理体系,优化管理架构。积极探索校、院二级教学管理新机制、新模式,提升基层教学组织的活力。明确专业建设目标,厘清专业建设思路,制订和完善专业建设实施计划。加强师资队伍建设,在课程改革与建设,教材建设,实验、实习实训基地建设,教学改革与管理等方面落实相关人员责任。落实专业建设经费,保障专业建设预定目标如期完成。实现教学管理的信息化、科学化。

加大对教学管理的投入力度,确保为教学工作服务并保证足够的资金和精力的投入;加强教学管理制度的建设,建立科学、合理的教学管理模式。完善教学管理技术手段,提高管理效率。

对特色专业建设,实行负责人制;对精品课程与优秀课程建设,实行课程负责人制;对其他课程,也要实行课程组负责人制。此外,鼓励专业进行教学研究,鼓励课程组定期开展教研活动,鼓励进行基层教学组织制度创新。每年拿出部分经费资助教师参加全国教育教学改革研讨会,吸取国内外先进的教学经验和教学理念;实施岗位责任制,进一步完善以提高教学质量、促进学科发展、培养高素质人才为目标的教学管理规章制度、目标绩效考核评价机制、教学管理工作目标责任制、教学事故认定处理制度,以及各类人员的岗位责任制等。此外,完善教学督导和评价机制,加强教师自我评价、督导专家评价、专业同行评价、领导评价、学生评价等教学质量评价体系,建立完善期中教学检查制度、教学专项评估制度、课堂教学网上评教制度、青年教师教学竞赛等机制,确保教学质量的稳步提高。创新学生管理模式,培养创造性人才,创新学生学习评价制度。由追求学生的分数过渡到重视学生的能力,由看重学生的最终结果转向重视学生的成长和发展,由强调学生认知成绩的提高转变为注重学生的情感、态度、价值

观的成熟,由运用统一标准、采用一个模式过渡到参考多样化的指标和注重评估特长。进一步推进和完善学分制改革,取消补考,考试不合格实行重修制。实行弹性学制,以教学计划规定的学习年限为参考,提前修满学分可以提前毕业,反之,可以延长学习年限。实行主辅修、双专业、双学位制和柔性教学计划,放宽选修、免修、免听课范围,学生可以在教师指导下根据自己的志向、兴趣、条件等自主选择专业、课程、教师及自主安排学习进度等,激励学生努力学习、奋发向上。学生参加科研,听学术报告或讲座,参加各种科技竞赛、社会实践,发表论文,参与科技活动等创新训练,可以获得创新奖励学分。

### 1.2.2　专业建设举措与成效

建设一流专业是全面落实立德树人根本任务、巩固人才培养中心地位的重要抓手,广播电视编导专业坚持一流标准,强化服务导向,培养一流人才,切实提高人才培养质量和社会服务支撑能力。坚持以学生为中心,把广播电视编导专业建设成办学特色鲜明、育人模式先进、创新型人才"一专多能"的培养基地。

1. 深化综合改革

新的人才培养方案紧密围绕"本科学历教育与职业技能培养相结合"的核心指导思想,强化了实践教学环节,确保实践课时占总学时的 40% 以上,显著促进了对学生实际操作能力的培养。

通过深入走访国内知名高校、与行业企业广泛交流及回访毕业生,广播电视编导专业明确了人才的需求与定位,为课程设置提供了有力支撑。本专业还组织开展了专项教研活动,深入研究课程教学大纲的定位与教学效果预期,确保了教学内容的时效性和实用性。结合学校新版教学活动设计方案,积极推进以学生为中心的教学活动设计,实现了教学方法的创新和教学效果的提升。

我们构建了板块式的课程体系,包括以电视摄像、电视节目制作为主的基础教学团队,以影视导演、纪录片创作为主的专业课程教学团队,以及以非线性编辑、电视包装为主的实践教学团队和创新团队等,全面提升了学生的专业素养和实践能力。根据新的人才培养方案,对课程体系进行了重新调整,明确了毕业设计大纲、专业实训课程大纲等,修订了新版课程简介、课程教学大纲和实验课程大纲,并积极申报课程教学改革项目,总结教学方法与成效,实现了课程体系的持续优化。

结合专业发展,我们积极开拓新的实训基地,合作开展丰富多彩的专业实践活动,为学生创造了以实践为中心的影视创作环境。同时,不断完善校外实习实训基地的建设规划、规章制度及教学成效反馈机制建设,确保了实践教学质量。加强实习实训师资队伍建设,充实双师型教师到实践教学一线,提高了实践教学的专业性和实践性。完善校外实践的组织保障工作,与共建单位协作开展多课程综合性实践教学活动,有效提升了学生的综合实践能力。

在与河南省科协科普创作基地的合作项目中,我们依托黄河科技学院各专业、各学科实践教学资源,增设了科普知识全媒体选题创作内容。以双师双能型教师、实验教学教师为引领,优秀创作团队及专业教师工作室为创作主力,完成了河南省科普创作基地年度的宣传内容制作工作。这一举措不仅使学生在项目教学中获得了职业感,还提高了专业能力,实现了理论与实践的有机结合。

2. 教师队伍建设

广播电视编导专业高度重视高水平人才的引进,致力于提升教师团队的实践教学能力。我们坚守教育初心,恪守《高等学校教师职业道德规范》,师德师风建设成果显著,未做出过任何损害教师职业声誉的行为。同时,我们建立了完善的教师传帮带机制,确保新入职教师接受至少 20 天的系统培训,并配备资深教师进行指导。目前,专任教师中"双师型"教师的占比达到 60%,已达到省级优秀基层教学组织的认定标准。

为了进一步提升教师素质,我们建立了完善的教师培养培训制度,特别注重对中青年教师的培养。我们积极引进具有行业经验和海外留学背景的高素质、高学历编导人才,以丰富教师团队的构成。具体举措包括:充分利用现有来自省内外媒体的"双师型"教师资源,通过"以老带新"的方式,形成"老、中、青"相结合的可持续发展教师梯队;积极推荐优秀青年教师赴国内外知名高校或研究机构学习或担任访问学者,为他们提供充足的成长和发展空间。李坤、孟宪堃、朱家华、刘灼等多位教师在挂职锻炼后,积极参与教研室内部工作交流,通过参与新闻采访、栏目策划、电视节目制作等实践活动,与国内外同行广泛交流,提升了自身的专业实践能力和教学水平。他们还将工作经验融入实践教学项目,如毕业设计指导和学科专业竞赛等。在全体教师的共同努力下,广播电视编导教研室于 2017 年获得"河南省优秀基层教学组织"的称号。

近年来,我们组织全体教师多次参加"全国高校教师网络培训中心"等国家级教师培训项目和校内师资培训,积极组织学术讲座、产教融合教学改革交流活动等,有效提升了教师的专业素养和专业技能。我们荣获了多项省级教学竞赛奖和校级教学奖,并发表了多篇核心论文,还自编了教材《媒介经营与管理》。这些成果充分展示了我们在教师队伍建设方面的努力和成效。

3. 专业教学质量保障体系建设

在专业教学保障体系的建构中,广播电视编导专业始终坚守提高教学质量的核心理念,将其视为专业持续发展与繁荣的核心任务。针对教学管理,本专业依托学院构建了一套科学、严谨的教学质量保障体系。

首先,我们明确了教学质量组织框架,确立了"学部—中心—专业"三级教学保障架构。在此架构下,学部领导至学部教学科研办公室主任,再到基层教学组织,均承担起具体的教学管理职责。同时,以教研室为核心,构建基层教学组织,专责实施各项教学任务。

其次,在政策制度层面,我们结合学院实际,制定了一系列教学管理政策,旨在强化教学的核心地位。通过构建包括计划、运行、监控、反馈、改进、再计划在内的质量管理闭环,形成了完整、系统的制度体系。自 2020 年起,我们与学部共同制定或修订了多项与教学质量保障相关的制度与规定,如《广播电视编导专业关于加强实践教学指导工作的意见》等,为教学质量的提升提供了坚实的制度保障。

最后,我们还制定了各主要教学环节的质量标准。在课程教学方面,我们分别为理论课和实训课制定了相关的教学大纲,明确了课程教学的质量标准。在考试环节,我们严格按照学校考试管理的相关规定组织命题、监考、阅卷等工作。对于毕业设计环节——实现培养目标的重要教学环节,我们注重将其与社会实践相结合,以培养学生的创新能力、实践能力和科学研究能力。为确保毕业设计质量,我们在学院本科毕业设计(论文)指导手册的基础上,结合广播电视编导专业的特点,制定了《广播电视编导专业毕业设计工作制度》等指导规范。

### 4. 高质量人才培养

广播电视编导专业坚持应用型人才培养战略,一直以来将专业竞赛和创新创业项目作为检验人才培养成效的重要手段。

2020 年以来,广播电视编导专业共获得国际大学生微电影盛典、中国梦青年影像盛典、中国梦黄河情原创短视频大赛、万峰林微电影大赛等各类各级学科竞赛奖项 90项,立项"大学生创新创业训练计划项目"29 项,其中校级项目 14 项,省级项目 8 项。

2023 年,本专业按照学校本科教育课程体系改革要求,认真研究社会行业人才需求,结合岗位定位,制定了全新的专业课程体系,全面推行项目化课程教学。引入企业导师,以课程产出为导向,深度介入社会化产品生产,截至目前,借助短视频项目制作等项目化课程,共 260 名学生开展项目化课程学习,产出影视产品 100 余部,实现了与社会行业的深度接轨。

对顺利毕业的历届毕业生和校友的定期回访和长期跟踪,也是广播电视编导专业检验人才培养成效的重要渠道。

广播电视编导专业依据人才培养质量与人才培养目标与定位彼此支撑的专业建设质量评测标准,开展了长效毕业生培养质量评价、用人单位评价及行业评价调研工作,主要包含毕业生短期、中期、长期实习反馈及就业单位回访,就业单位岗位回访,网络问卷调研及毕业生专家座谈等工作内容与形式。毕业生根据自己真实的实习、实训或工作、创业经验,在毕业的一年内、一至三年与五年之后的不同时间阶段,接受由本专业制定的调研问卷回访,涉及岗位性质、应用技能、知识能力等多方面的调研回访内容。用人单位则从毕业生综合能力、专业素质及个人发展等方面接受调研。同时,通过网络问卷广泛收集社会各界的意见与建议。

在广播电视编导专业人才培养目标与定位的专项综合调研中,我们从多方面进行了人才培养质量的调研和外部评价的收集。从调研结果分析来看,广播电视编导专业学生多数在媒体行业就业,毕业后绝大多数工作于摄影、摄像、影视内容制作等广播电视与影视文化行业的一线岗位,就业范围主要以中原城市群为主,辐射全国范围,毕业生能够快速适应工作岗位的要求。

在以学院为主导开展的针对政府机构、企业、省内其他高校和社会媒体的外部评价研讨活动中,包括河南省科协、河南广播电视台、兰考电视台、新浪网、郑州大学、中原工学院、河南亚瑟文化传媒有限公司、童年小山(北京)影业等单位,均对黄河科技学院广播电视编导专业人才的培养予以积极、肯定的评价。并且,河南广播电视台、新浪网、大豫网等媒体,也向广播电视编导专业提出了订单式人才培养的意向。

## 1.3　专业发展趋势和展望

在新文科教育改革的浪潮中,广播电视编导专业犹如一艘扬帆起航的巨轮,正驶向充满机遇与挑战的新航程。作为新文科建设的重要组成部分,广播电视编导专业不仅要紧跟时代的步伐,更要引领行业潮流,为培养具备创新思维、跨学科能力和社会责任感的复合型传媒人才而不懈努力。

在 2010 年前后,我们已敏锐地捕捉到社会人才需求的变化。随着传统媒体与新兴媒体的竞争日益加剧,传媒行业的人才需求格局发生了深刻的变革。在河南省乃至全国范围内,中小企业与新兴媒体逐渐成为吸纳传媒人才的主力军。面对这一趋势,我们迅速行动,开展了一系列针对行业企业人才需求的核心课程教学改革,旨在提升毕业生适应社会人才需求的能力。

新文科教育改革的提出,为我们的教学改革提供了坚实的理论支撑。新文科以全球新科技革命、新经济发展、中国特色社会主义进入新时代为背景,突破了传统文科的思维模式,促进了多学科交叉与深度融合。在这一背景下,广播电视编导专业开始重新审视自身的定位和发展方向,逐步推进了一系列教育改革规划。

1. 打破传统专业人才培养目标定位限制

打破传统专业人才培养目标定位的限制,我们将人才培养目标调整为培养具有创新思维和跨学科能力的复合型传媒人才。我们注重培养学生的实践能力和创新能力,鼓励他们在广播电视编导领域进行跨学科探索和实践。

在 21 世纪的今天,随着科技的不断进步和社会的快速发展,传统的人才培养模式已经难以满足现代社会的需求。特别是在传媒领域,对于人才的需求已经从单一的专业技能转向了具备创新思维和跨学科能力的复合型人才。因此,我们有必要对传统的专业人才培养目标进行重新审视和定位。

　　为了适应这一变化,我们决定打破传统专业人才培养目标定位的限制,将人才培养目标调整为培养具有创新思维和跨学科能力的复合型传媒人才。我们深知,传媒行业作为一个融合了多个领域的综合性行业,需要具备多元化、跨学科的知识和技能。因此,我们的教育目标不仅仅是让学生掌握传媒专业的核心知识,更重要的是培养他们的创新思维和跨学科能力。

　　为了实现这一目标,我们非常注重培养学生的实践能力和创新能力。我们鼓励学生积极参与各种实践活动,如广播电视节目制作、新媒体内容创作等,以锻炼他们的实际操作能力和解决问题的能力。同时,我们还设立了创新实验室和创意工作室,为学生提供更多的创新实践平台。我们鼓励学生在广播电视编导领域进行跨学科探索和实践。为此,我们引入了跨学科项目,让学生有机会与计算机科学、数据分析和艺术设计等领域的专家合作,从而培养他们在复杂环境中解决问题的能力。这种跨学科的合作与交流,不仅可以拓宽学生的视野,还可以激发他们的创新思维和创造力。

　　2. 突破传统学科知识能力区隔的束缚

　　在当今这个快速发展的时代,传统学科知识的区隔已经无法满足社会的需求。为了培养出更具竞争力的人才,我们决定突破这种束缚,构建一个以行业需求为导向的知识体系。这种知识体系不仅涵盖了传统学科的理论知识,还注重将理论与实践技能相结合,以培养出既有理论知识又有实际操作能力的学生。

　　为了实现这一目标,我们与多家传媒机构建立了紧密的合作关系。这些传媒机构不仅为学生提供了实习和实践的机会,还让他们在实际操作中加深了对专业知识的理解。通过与这些机构的合作,学生可以在真实的工作环境中应用所学的理论知识,提高他们的实践能力和综合素质。

　　在构建以行业需求为导向的知识体系的过程中,我们注重培养学生的创新能力和解决问题的能力。我们鼓励学生积极参与各种实践活动和项目,通过实际操作来锻炼他们的能力。同时,我们还通过"翻转校园"和"智慧黄科学习中心"等线上教学平台,为学生提供了丰富的课程资源和学术支持,帮助他们全面提升自己的综合素质。通过这种以行业需求为导向的知识体系,我们不仅提高了学生的就业竞争力,还为社会的发展输送了大量的人才。我们相信,在未来的发展中,这种知识体系将继续发挥重要的作用,培养出更多具有创新精神和实践能力的人才。

　　3. 突破传统课程知识壁垒的限制

　　在教育领域,传统课程知识壁垒的限制常常束缚着学生的学习和发展。为了打破这一束缚,我们积极创新,构建了以学生为中心的课程体系。这一改革不仅彰显了我们对教育理念的深刻理解,更体现了我们对学生个体差异和个性化需求的尊重与关怀。

　　我们深知每个学生都是独一无二的个体,他们的兴趣、才能和学习速度各不相同。

因此,在构建课程体系时,我们注重提供多样化的学习选择,以满足不同学生的需求。通过开设选修课程,我们允许学生根据自己的兴趣和爱好选择学习的内容,这样不仅能激发他们的学习热情,还能培养他们的综合素质。同时,我们还设计了实践课程,让学生在实践中探索知识、锻炼能力,实现知行合一。

为了让学生拥有更加灵活的学习方式,我们引入了在线教育和混合式教学模式。在线教育突破了时间和空间的限制,让学生可以根据自己的学习进度和兴趣进行自主学习。而混合式教学模式则将传统课堂教学与在线学习相结合,既保留了课堂教学的互动性和实效性,又充分发挥了在线学习的便捷性和个性化特点。

在构建以学生为中心课程体系的过程中,我们始终关注学生的全面发展。我们致力于为他们创造一个充满挑战和机遇的学习环境,让他们在探索知识的道路上不断前行。我们坚信,通过这样的课程体系,学生将能够更好地发掘自己的潜能,实现自我价值,为未来的社会发展奠定坚实的基础。

4. 打破传统实践教学模式的限制

在当今快速发展的教育环境中,传统的教学模式已经无法满足学生多样化的学习需求。为了更有效地培养学生的实践能力和创新精神,我们决定打破传统实践教学模式的限制,对基础课程与项目化教学的课程教学模式进行深入的改革。我们深知,实践教学是提升学生综合素质和能力的关键环节。因此,在改革过程中,我们特别注重将实践教学贯穿于整个学习过程中。我们不再仅仅依赖于传统的课堂讲授和教材学习,而是积极引入项目化教学等创新性的教学方法。

项目化教学是一种以学生为中心、以实际问题为导向的教学模式。在这种模式下,学生需要积极参与到实际项目中,通过解决实际问题来提升自己的实践能力和创新思维。我们为学生设计了一系列与传媒行业紧密相关的项目,如纪录片制作、电视节目策划等,旨在让学生在实践中锻炼自己的技能,并培养团队合作精神。例如,纪录片制作项目要求学生从选题、拍摄、剪辑到后期制作等各个环节都亲力亲为。他们需要在团队中担任不同的角色,如导演、摄影师、编剧等,通过协作完成一部完整的纪录片。这样的项目不仅锻炼了学生的技术技能,还培养了他们的团队协作和沟通能力。又如,电视节目策划项目要求学生从观众需求出发,设计一档具有创新性和吸引力的电视节目。他们需要研究市场趋势,分析观众喜好,制定节目方案,并进行实际的操作执行。这样的项目不仅让学生了解了电视节目制作的整个流程,还培养了他们的市场洞察力和创新能力。

通过这些项目化教学的实践,学生能够在实践中不断提升自己的能力和素质。他们不仅在技术上得到了锻炼,还在团队合作、创新思维、市场洞察等方面得到了全面的提升。这样的教学模式改革,不仅提高了学生的学习效果,也为他们未来的职业发展奠定了坚实的基础。通过打破传统实践教学模式的限制,我们推进了基础课程与项目化教学的课程教学模式改革。通过引入项目化教学等创新性的教学方法,我们使学生在实践中不断提升自己的能力和素质。我们相信,这样的教学模式改革将为学生的学习和发展带来更多的机遇和挑战。

这一系列教育改革规划的推进,不仅为我们的广播电视编导专业注入了新的活力,也为行业的发展提供了有力的人才保障。展望未来,我们将继续深化教育改革,不断完善人才培养体系,为培养更多优秀的传媒人才而努力奋斗。同时,我们也将密切关注行业动态和技术发展趋势,不断调整和优化课程设置和教学内容,以确保我们的教育始终与行业需求保持同步。

# 第 2 章

# 广播电视编导专业课程体系构建

改革开放后,尤其是党的十八大以来,我国的经济和社会建设取得了历史性的成就,科技、文化、艺术空前繁荣,但同时也对高校服务经济社会发展的能力提出了更高的要求。在这种宏观环境下,我国高等教育办学水平快速提升,基础学科建设不断强化,新兴学科、交叉学科不断出现,体现出强烈的学科融合创新趋势。2018 年 8 月,教育部高教司在"四新"建设中明确提出"新文科"表述。2019 年 4 月,教育部召开"六卓越一拔尖"计划 2.0 启动大会。2020 年 11 月,新文科建设工作会议发布《新文科建设宣言》,对新文科建设进行了全面部署,提出要推动哲学社会科学与新科技革命交叉融合,培养新时代的哲学社会科学人才,推动中国特色哲学社会科学的繁荣发展。

新文科建设强调了哲学社会科学与新科技革命的交叉融合,以学科交叉融合作为"催化剂"和突破口,以多学科知识聚变的模式推进大学科建设,科学回答中国之问、世界之问、人民之问、时代之问,这是党和国家赋予高等学校文科教育的重要使命和任务。高等教育要坚持走内涵式发展道路,就要切实转变发展观念,树立科学的质量观,把人才培养作为根本任务和首要职责。通过人文社会科学的内部融通、人文社会科学与自然科学的外部融合,构建既有鲜明自主特色又有世界视野的新文科学科体系、学术体系、话语体系,彰显中国之路、中国之治、中国之理,把学科建设牢牢扎根在中国大地上。

黄河科技学院广播电视编导专业创办于 2006 年,是河南省高校首个编导本科专业,具有丰富的办学历史与经验。在长期的教学实践中,广播电视编导专业形成了贴近市场、服务地方、强化特色的办学理念,以社会对传媒专业人才的实际需求为导向,不断丰富办学内涵,提升传媒人才培养质量,办学质量得到社会的广泛肯定。在国家高等教育"新文科"建设工作任务提出以来,广播电视编导专业在学校的统一指导下,积极走访市场,听取用人单位、毕业生、行业组织协会、兄弟高校的意见和建议,转变办学思路,以校企合作、产教融合为手段,对市场人才需求深入挖掘,形成立体丰富、客观准确的人才需求分析报告,以黄河科技学院"2+1+1"人才培养模式改革为依托,重构专业人才培养方案。新专业人才培养方案立足河南地方社会经济发展实际,聚焦培养符合行业发展趋势的实用型人才,突出专业融合改革思路,并逐步贯彻到教学实践工作中。

# 2.1　人才需求分析

为了深入了解传媒行业人才就业市场环境,把握社会对编导人才需求的实际情况,进一步明确广播电视编导专业学生的培养目标,为广播电视编导专业课程设置及实训课程体系的构建提供有效支撑,广播电视编导专业组织力量,以"新文科背景下广播电视编导专业人才培养的转向"为主题,对行业从业编导人才需求进行专项调研,并对调研结果进行总结。

## 2.1.1　广播电视编导专业就业市场调研

1. 调研目的

第一,了解单位或部门是否重视编导人才的培养。

第二,掌握单位或部门对编导人才的学历层次和能力要求。

第三,明确黄河科技学院广播电视编导人才的培养目标和市场定位。

第四,寻求与相关行业开展订单式培养的机会。

第五,提升黄河科技学院广播电视编导专业的知名度。

第六,为广播电视编导专业课程设置和实训体系构建提供现实依据。

2. 调研内容

广播电视编导专业毕业生主要从业的岗位及岗位职责,毕业生当前工作单位、地址等信息;用人单位的性质与规模,人才需求的学历层次、变化趋势及工作岗位,企业对人才在知识、能力、素质方面的具体要求等。

## 2.1.2　调研对象

1. 毕业生就业情况调研

采集 2013—2020 届 8 届毕业生(共 26 人)就业情况的信息,对毕业生毕业当季就业状况,以及截至 2022 年 11 月工作单位、工作岗位、所在地区等信息进行统计。

2. 市场调研

对广播电视编导专业毕业生就业的各类单位(共 11 家)进行调研,主要调研单位包括传统媒体、网络媒体、文化传媒公司等,调研内容主要包括对人才需求程度、人才素质需求、人才需求现状、人才招聘及培养等方面。

## 2.1.3　调研开展的途径和方法

为了让调研的目标明确、数据真实、有效性高、可视性强,增强与广播电视编导专业人才培养的匹配度,本专业把调研的内容整合成十个题目。为节省被访者的时间,增强答案客观性,调研将题型设置为选择题。同时,为了调研和统计的方便,将调研问卷直接上传到后台数据库,被访者可以直接在线完成调研问卷的无纸化填写工作,调研结果通过程序软件完成统计,统计结果科学规范、准确有效。

### 2.1.4　毕业生就业情况分析

1. 调研统计表

毕业生就业调研,涵盖 2013—2020 届广播电视编导专业毕业生,参与调研人员表如表 2-1 所示。

表 2-1　参与调研人员表

| 姓　名 | 毕业时间/年 | 单位 |
| --- | --- | --- |
| 苑梦鸽 | 2014 | 黄河科技学院 |
| 曾剑锋 | 2013 | 武汉世纪歌德 |
| 庞彦彬 | 2020 | 天坤国际 |
| 郜洺君 | 2017 | 无 |
| 冯春伟 | 2018 | 凤凰网 |
| 姬王虹 | 2016 | 玉泉古筝行 |
| 刘航宇 | 2017 | 星宇文化传媒 |
| 和振雄 | 2019 | 河南卫视《梨园春》栏目 |
| 王军欢 | 2015 | 河南夜三里餐饮管理有限公司 |
| 钟超 | 2013 | 个体 |
| 王嘉禾 | 2017 | 广州市博济医院 |
| 赵燕燕 | 2017 | 郑州女子监狱 |
| 陶功梅 | 2020 | 镇江大全太阳能有限公司 |
| 代香香 | 2020 | 乐思塾科技教育股份有限公司 |
| 李珂 | 2020 | 鄢陵县国土资源局 |
| 关婷方 | 2017 | 新浪河南 |
| 杜菡 | 2016 | 嘉祥县广播电视台 |
| 赵嘉玮 | 2020 | 个体 |
| 邢振飞 | 2020 | 闻道教育信息咨询有限公司 |
| 王淼 | 2017 | 汪氏营销整合有限公司 |
| 张银珍 | 2020 | 便民网 |
| 肖宁杰 | 2020 | 河南正恩实业有限公司 |
| 吴春莉 | 2020 | 自媒体运营 |
| 贾涵 | 2020 | 无业 |

## 2. 就业时间

接受问卷调研的毕业生近一半为就业时间在一年以内的对象,另有就业时间为1～2年者5人,3～5年者7人,5年以上者2人,就业时间统计表如表2-2所示。

表2-2　就业时间统计表

| 就 业 时 间 | 回 复 情 况 |
|---|---|
| 不满1年 | 10 |
| 1～2年 | 5 |
| 3～5年 | 7 |
| 5年以上 | 2 |
| 继续深造中 | 2 |

## 3. 就业经历

在接受问卷调研的毕业生就业经历方面,多数正从事其职业生涯中的第一份或第二份工作,就业经历统计表如表2-3所示。

表2-3　就业经历统计表

| 就 业 经 历 | 回 复 情 况 |
|---|---|
| 第1份工作 | 8 |
| 第2～3份工作 | 13 |
| 第4～5份工作 | 2 |
| 第5份以上工作 | 0 |
| 尚无全职工作 | 3 |

## 4. 单位性质

接受调研的毕业生目前就业单位的性质与学生毕业专业较为相关,用人单位性质统计表如表2-4所示。

表2-4　用人单位性质统计表

| 就业单位性质 | 回 复 情 况 |
|---|---|
| 所学专业相关 | 11 |
| 相近专业相关 | 8 |
| 非所学专业相关 | 5 |
| 自主择业 | 6 |
| 自主创业 | 3 |

学生从事职业工作内容与所学专业相关或相近,占总调研人数的 73%;自主创业人数较少,占总调研人数的 11%;毕业生流入其他行业就业的占 19%。

5. 从事工作岗位性质

工作岗位性质统计表如表 2-5 所示。

表 2-5　工作岗位性质统计表

| 岗 位 性 质 | 回 复 情 况 |
|---|---|
| 摄影摄像 | 6 |
| 新闻采编 | 6 |
| 影视剪辑包装 | 3 |
| 影视制作发行 | 1 |
| 创意策划文案 | 8 |
| 公关销售 | 4 |
| 教育教学 | 3 |
| 非本专业相关 | 9 |

在所有受调研者当中,从事摄影摄像工作的占 23%,新闻采编占 23%,影视剪辑包装占 12%,影视制作发行占 4%,创意策划文案占 30%,公关销售占 15%,教育教学相关占 12%,可以看出从事编导工作的毕业生多数处于行业技术应用领域。

6. 在工作中最需要加强的知识或能力

工作知识能力需求表如表 2-6 所示。

表 2-6　工作知识能力需求表

| 能 力 需 求 | 回 复 情 况 |
|---|---|
| 专业知识 | 10 |
| 计算机及软件知识 | 6 |
| 外语知识 | 6 |
| 公关礼仪 | 2 |
| 法律知识 | 5 |
| 文案写作知识 | 7 |
| 创新创业知识 | 9 |
| 专业技能 | 13 |

在实际工作中需加强的能力与知识方面,受调研者更多倾向于专业技能方面的需求,占接受调研人数的 50%,专业知识、创新创业知识方面也有较大需求。

7. 在校期间对您影响最大的教学环节

教学环节影响程度统计表如表 2-7 所示。

表 2-7　教学环节影响程度统计表

| 教 学 环 节 | 回 复 情 况 |
|---|---|
| 基础理论教学 | 8 |
| 专业知识 | 7 |
| 实践课程 | 16 |
| 专题讲座 | 6 |
| 毕业设计 | 8 |
| 实训实习 | 4 |
| 创新创业教育 | 5 |

通过工作实际体验,毕业生回顾在校期间受教育影响最大的环节主要是实践课程,占总受查人数的 62%,其他占比较多的集中于基础理论教学、毕业设计、专业知识等方面,说明学生在进入社会后对实践课程教育环节更为看重。

8. 课程设置

课程设置合理度统计表如表 2-8 所示。

表 2-8　课程设置合理度统计表

| 课 程 设 置 | 回 复 情 况 |
|---|---|
| 合理 | 9 |
| 有些课程不必开设 | 6 |
| 一些该开设的课程缺失 | 4 |
| 实践课程过少 | 14 |
| 理论课程过少 | 0 |
| 课程开设时间不合适 | 2 |
| 已开设课程的内容不合理 | 1 |

在课程设置方面,毕业生对实践课程需求较大。在调研中,有 54% 的受调研毕业生反映实践课程开设仍相对较少,23% 的受调研毕业生认为在现有课程设置当中有不必要开设的课程。

9. 实验条件

在实验条件方面,接受调研的毕业生对学校实验条件多数基本满意,但也有部分毕业生表示实验器材不能满足需求,实验条件满意度统计表如表 2-9 所示。

表 2-9　实验条件满意度统计表

| 实 验 条 件 | 回 复 情 况 |
|---|---|
| 满意 | 9 |
| 基本满意 | 7 |
| 一般 | 7 |
| 不满意 | 2 |
| 实验室建设不能满足使用 | 1 |
| 实验器材不能满足使用 | 4 |
| 实验教师数量或能力不足 | 1 |

## 2.1.5　行业企业人才需求分析

1. 调研统计表

在行业企业人才需求调研过程中,共发放调研问卷 60 份,获得调研问卷反馈总数为 42 份,有效问卷为 35 份,调研单位统计表如表 2-10 所示。结合学院人才培养定位和地方实用性人才培养目标,本次调研投放目标以本地企业为主,全国一线城市为辅,其他二、三线城市为补充。

表 2-10　调研单位统计表

| 序号 | 参 与 方 | 邮 箱 |
|---|---|---|
| 1 | 兰考县广播电视台 | 469092466@qq.com |
| 2 | 河南电视台都市频道报道部 | 674315196@qq.com |
| 3 | 雅歌传奇影视传媒(北京)有限公司 | 1655679615@qq.com |
| 4 | 郑州华南城京温服装市场 | 692856385@qq.com |
| 5 | 河南宇鑫物流集团有限公司 | 1226008826@qq.com |
| 6 | 青岛东城国际儿童之家幼儿园 | 245152975@qq.com |
| 7 | 豫之南影像工作室 | judgeyp@qq.com |
| 8 | 成都电子科技大学出版社 | 91166621@qq.com |
| 9 | 星宇文化传播有限公司 | — |
| 10 | 郑州二七万达广场 | 22901131@qq.com |
| 11 | 新浪网河南站 | xlhn@sina.vip.com |
| 12 | 凤凰网河南频道 | 12933250@qq.com |

续表

| 序号 | 参 与 方 | 邮 箱 |
|---|---|---|
| 13 | 大象网 | — |
| 14 | 新乡市电视台 | — |
| 15 | 嘉祥县广播电视台 | jxgd999@qq.com |
| 16 | 河南卫视梨园春栏目组 | liyuanchun@163.com |
| 17 | 陕西阿泰斯特文化传媒有限公司 | 1838825226@qq.com |
| 18 | 西安视顽广告文化传播有限公司 | |
| 19 | 丹尼斯百货有限公司 | zhaopin@dennis.cn |
| 20 | 君子映画影业(北京)有限公司 | jzyh816@sina.com |
| 21 | 北京光线星艺文化传媒有限公司 | 1733134477@qq.com |
| 22 | 河南中能东道实业有限公司 | chinazndd@chinazndd.com |
| 23 | 上广传媒(北京)有限公司 | tv@mac.net.cn |
| 24 | 解放军报社网络传播中心 | jfjbhr@jfjb.com.cn |
| 25 | 上海快屏网络科技有限公司 | hr@kpwangluo.com |
| 26 | 上海天格文化传播有限公司 | hr@tangoo.com |
| 27 | 杭州二更网络科技有限公司 | kefu@ergengtv.com |
| 28 | 中央新影国际传媒有限公司 | xsxszz@zyxygjcm.com |
| 29 | 得一传媒有限公司 | 936188230@qq.com |
| 30 | 河南华睿泽源电子科技有限公司 | 2427776957@qq.com |
| 31 | 天津利隆生物科技有限公司 | 372176151@qq.com |
| 32 | 郑州市多友科技有限公司 | 398272514@qq.com |
| 33 | 郑州新视点动画制作有限公司 | 5181595@qq.com |
| 34 | 河南怡之杰电子科技有限公司 | 380889060@qq.com |
| 35 | 一拓创意机构 | xirui222@qq.com |

2. 单位性质与规模

(1) 单位性质

在受调研单位中,国有企业占18%,民营企业占68%,中外合资企业占3%,外资企业占7%,其他占4%,如图2-1所示;结合广播电视编导专业人才流入情况,民营企业吸纳了大量广播电视编导专业毕业生,其次为国有企业,二者共占据受调研单位总量的 86%,基本符合社会市场实际情况,类别覆盖较为完整,在媒体融合时代能够较为客观地体现人才需求分布情况。

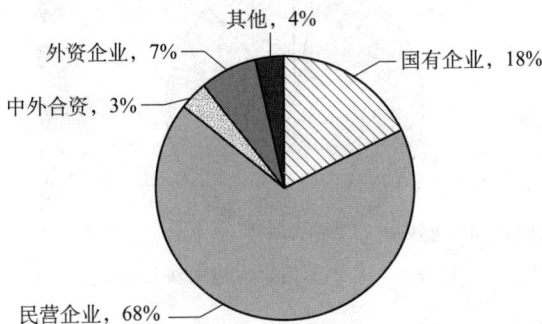

图 2-1 单位性质统计情况

（2）单位规模

在受调研单位中,单位规模在 50 人以下的占 50%,50～300 人的占 14%,301～500 人的占 14%,501～1000 人的占 7%,1001～3000 人的占 4%,3000 人以上的占 11%,如图 2-2 所示;结合广播电视编导行业情况,以民营企业为代表的中小企业、微型企业等新兴创业公司吸纳了大量广播电视编导专业毕业生,是本次调研的重点对象。以广播电台、广播电视台为代表的传统国有媒体人才需求趋于萎缩,因此未对此类型单位投放过多调研资源。受调研单位基本符合社会市场发展实际情况,覆盖类别较为合理,在媒体融合时代可以较为准确地反映出对广播电视编导专业人才能力培养的真实需求。

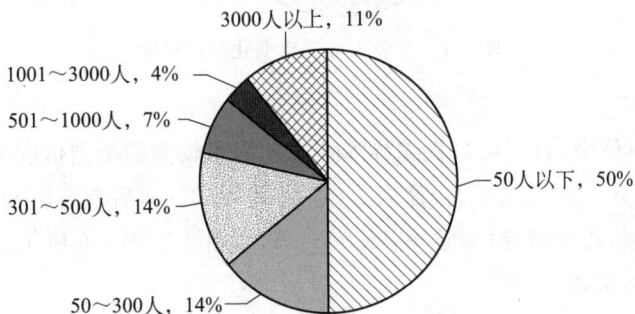

图 2-2 单位规模统计情况

3. 人才需求程度

（1）人才学历层次需求

从人才学历层次需求的调研结果来看,行业人才需求主要集中在大学本科毕业生,占总数的 86%,高职高专毕业生占总数的 11%,硕士研究生占总数的 3%,如图 2-3 所示。

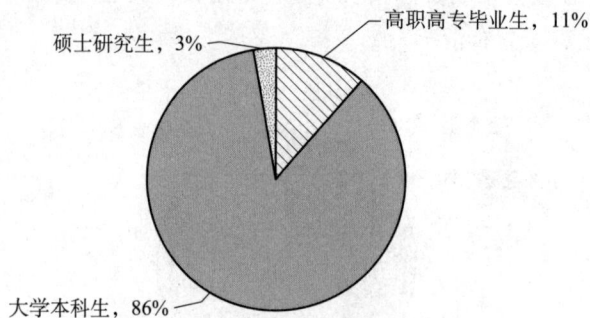

图 2-3　人才学历层次需求统计情况

（2）专业人才需求变化趋势

从企业人才需求的调研可以看出，近年来行业对于广播电视编导专业人才的需求依旧显示为上升趋势，占总数的 85％，无变化的占总数的 12％，下降占总数的 3％，如图 2-4 所示。

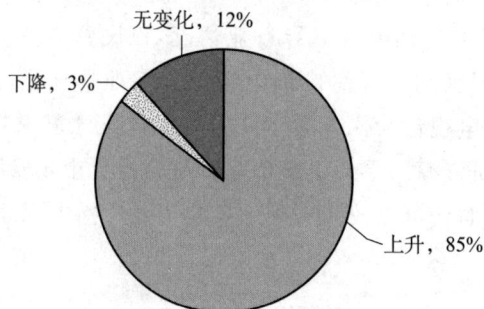

图 2-4　专业人才需求变化统计情况

4．岗位需求

在受调研单位中，对广播电视编导专业人才需求较多的类别依次为节目与活动策划人员（点选率 80.0％），摄影、摄像人员（点选率 68.6％），后期剪辑和包装人员（点选率 51.4％），电视、影视编导（点选率 42.9％）等，如图 2-5、图 2-6 所示。

5．人才素质需求

（1）影响人才聘任的主要因素

受调研单位对人才聘任主要考虑如下因素，按点选率排名前三位的选项依次为团队合作能力（点选率 91.4％）、沟通协调能力（点选率 85.7％）、岗位工作经验（点选率 60.0％）等，如图 2-7、图 2-8 所示。可以看出用人单位对广播电视编导专业人才的衡量标准准确契合了广播电视编导行业工作内容特点，团队合作与沟通非常重要。

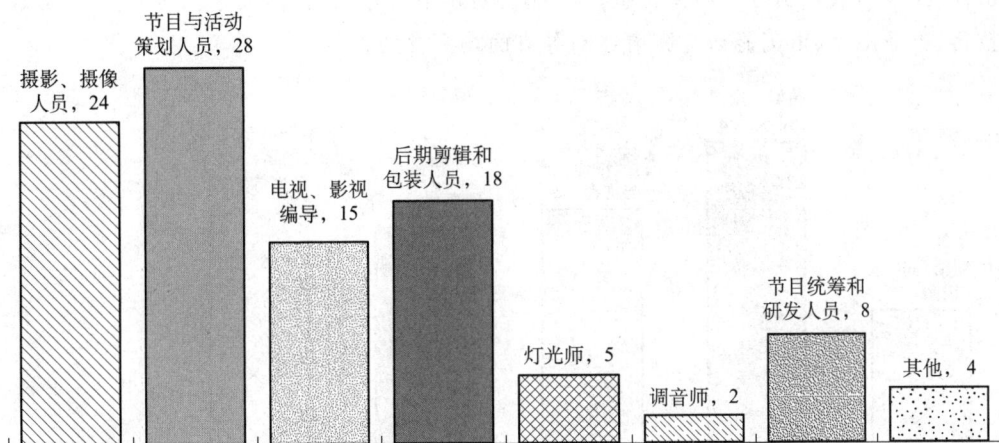

图 2-5　岗位需求统计情况

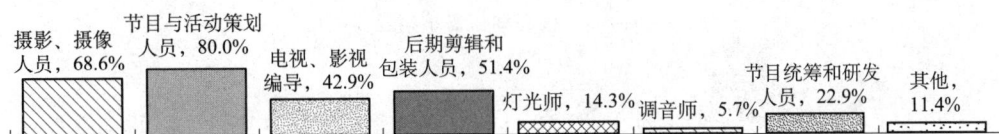

图 2-6　岗位需求统计点选率

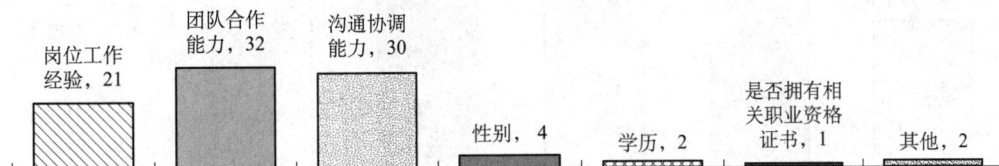

图 2-7　人才聘用考虑因素情况

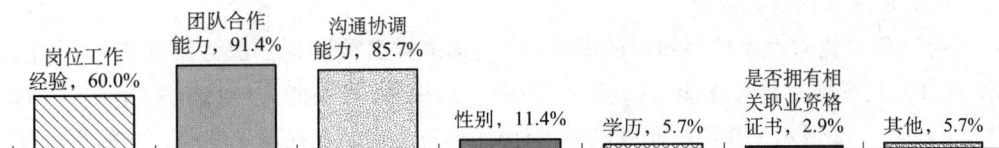

图 2-8　人才聘用考虑因素情况点选率

（2）专业核心知识需求

受调研单位对人才专业核心知识的需求,按点选率排名依次为摄影、摄像技术(点选率 65.7%),后期剪辑技术创新(点选率 60.0%),行业潮流判断与把握(点选率 54.3%),影视美学(点选率 51.4%),舆情判断与把握(点选率 37.1%)等,如图 2-9、图 2-10 所示。我们可以看出,用人单位对广播电视编导专业人才的专业核心知识需求较为平均,表现出行业对复合型、应用型、创新型人才的需求,要求人才培养在技术技巧、行业潮流、审美能力与舆情导向等方面均衡发展。

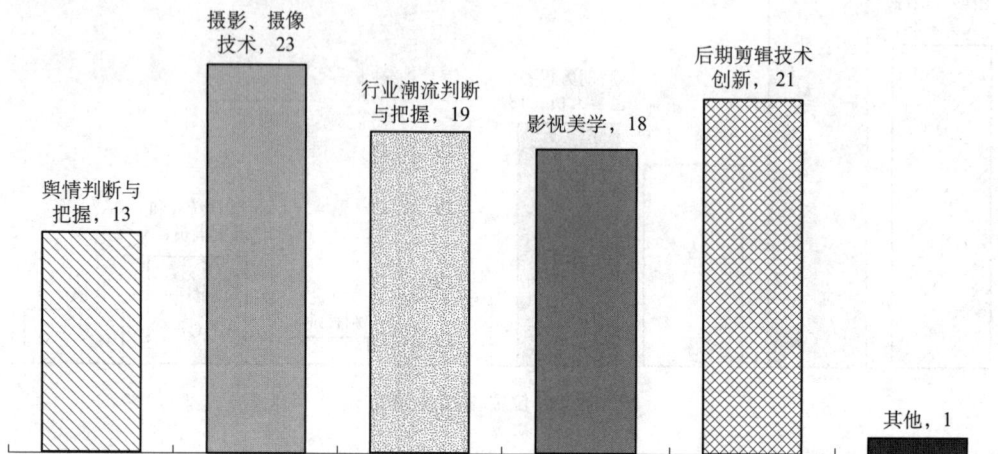

图 2-9　核心知识需求情况

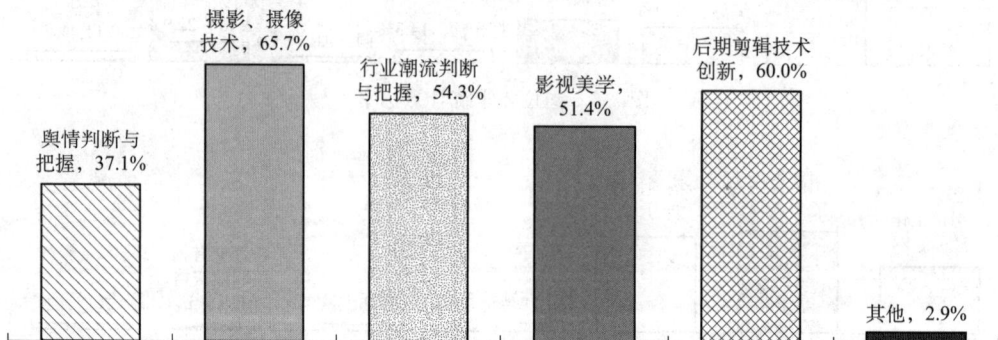

图 2-10　核心知识需求点选率

（3）扩展知识能力需求

受调研单位对人才扩展知识的需求,按点选率排名前三位依次为策划能力(点选率 57.1%)、影视文稿写作能力(点选率 51.4%)、摄影、摄像能力(点选率 48.6%),如图 2-11、图 2-12 所示。我们由此可以看出,用人单位对广播电视编导专业人才的拓展知识及能力的需求与影视传媒行业的从业能力具有高黏合度,要求学生向影视行业产业链前端侧重,这充分显示出当前行业内部技术人才众多,而创意策划人才紧缺的现状。

（4）其他专业能力需求

受调研单位对人才非本专业核心知识的需求,按点选率排名前三位依次为计算机应用(点选率 77.1%)、文学知识(点选率 71.4%)、艺术常识(点选率 57.1%),如图 2-13、图 2-14 所示。可以看出,首先,用人单位对广播电视编导专业人才的非专业能力需求与全媒体时代下影像内容创作对计算机技术的高依赖性有直接关系;其次,

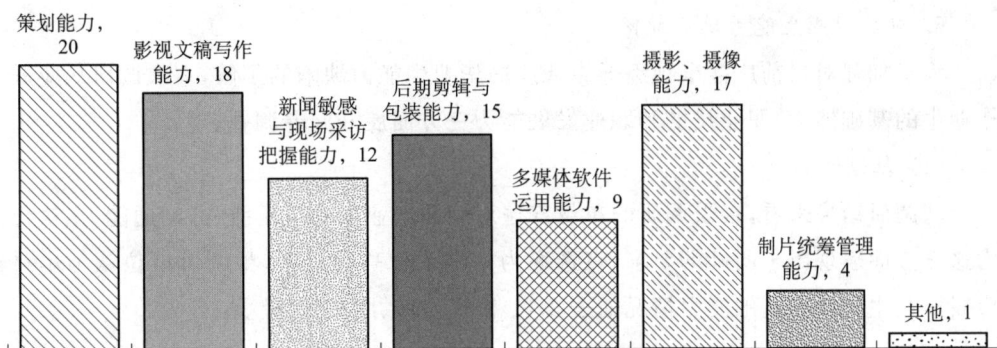

图 2-11　拓展知识能力情况

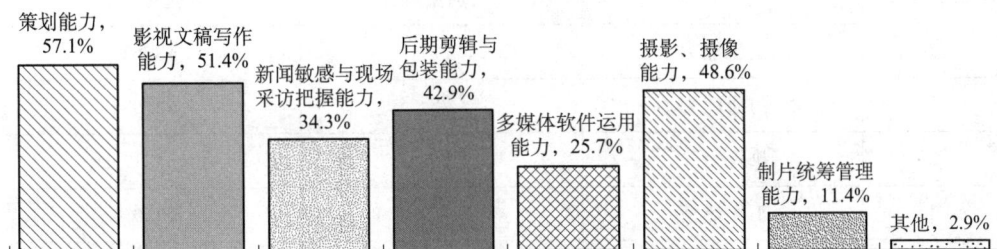

图 2-12　拓展知识能力情况点选率

对学生的基本文化素养(如文学知识、艺术常识)的高要求及多语种语言能力,也是用人单位非常看重的基本能力。

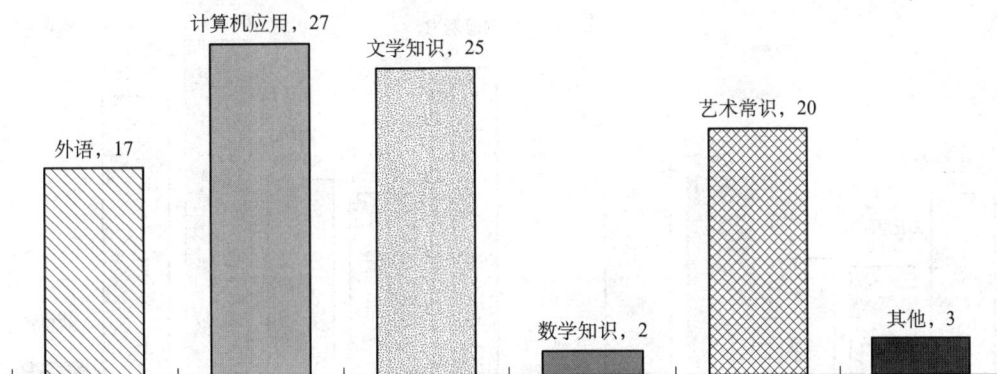

图 2-13　专业能力需求情况

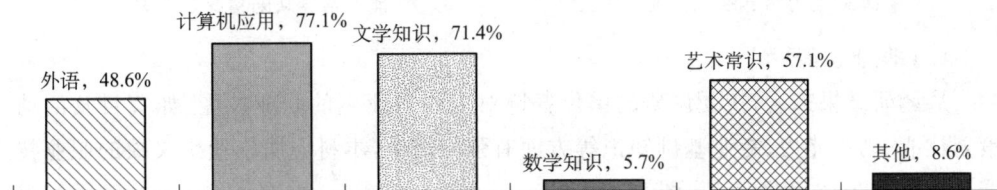

图 2-14　专业能力需求情况点选率

#### 6. 应届毕业生能力培养缺陷

为了加强对目前广播电视编导专业应届毕业生能力缺陷的了解,本次调研从应届毕业生的基础能力、职业技能和职业发展能力三方面展开问卷调查。

（1）基础能力

从调研结果来看,接受调研的单位普遍对应届毕业生的抗压能力、沟通能力、执行力这三方面表现出了明确的要求,点选率为六项中较高的三项,受调研单位认为本科应届毕业生欠缺的基础能力情况如表 2-11 和图 2-15、图 2-16 所示。

表 2-11　本科应届毕业生欠缺的基础能力情况

| 序号 | 选项 | 点选量/次 | 点选率/% |
| --- | --- | --- | --- |
| 1 | 抗压能力 | 24 | 68.6 |
| 2 | 沟通能力 | 22 | 62.9 |
| 3 | 执行力 | 20 | 57.1 |
| 4 | 工作热情 | 14 | 40.0 |
| 5 | 文化素养 | 13 | 37.1 |
| 6 | 其他 | 1 | 2.9 |

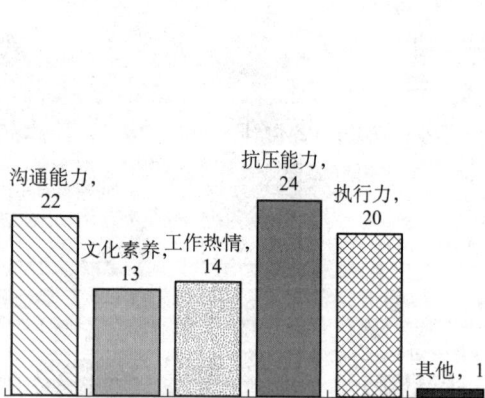

图 2-15　本科应届毕业生
基础能力培养缺陷情况

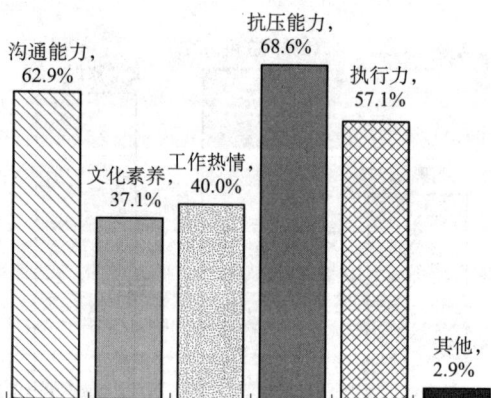

图 2-16　本科应届毕业生基础
能力培养缺陷情况点选率

（2）职业技能

从调研结果来看,接受调研的单位普遍对应届毕业生的职业技能,如节目及活动策划技能、动手能力、专业基础知识等方面有强烈需求,本科应届毕业生欠缺的职业技能分析如表 2-12 和图 2-17、图 2-18 所示。

表 2-12　本科应届毕业生欠缺的职业技能分析

| 序号 | 选　　项 | 点选量/次 | 点选率/% |
|---|---|---|---|
| 1 | 节目及活动策划和创新意识 | 26 | 74.3 |
| 2 | 动手能力 | 18 | 51.4 |
| 3 | 专业基础知识 | 17 | 48.6 |
| 4 | 美术灵感 | 13 | 37.1 |
| 5 | 其他 | 3 | 8.6 |

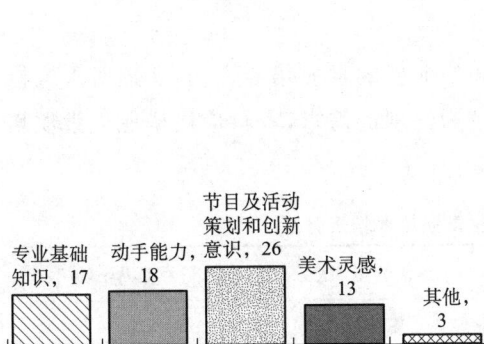

图 2-17　本科应届毕业生
职业技能欠缺情况

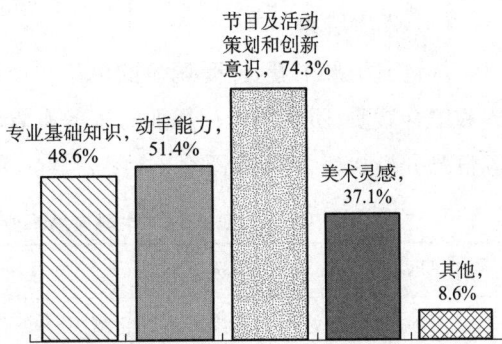

图 2-18　本科应届毕业生
职业技能欠缺情况点选率

（3）职业发展能力

从调研结果来看,接受调研的单位在应届毕业生的职业发展方面,表现出了强烈的创新发展能力和职业规划能力期望,本科应届生欠缺职业发展能力分析如表 2-13 和图 2-19、图 2-20 所示。

表 2-13　本科应届生欠缺职业发展能力分析

| 序号 | 选　　项 | 点选量/次 | 点选率/% |
|---|---|---|---|
| 1 | 创新发展能力 | 25 | 71.4 |
| 2 | 职业规划能力 | 22 | 62.9 |
| 3 | 公关能力 | 20 | 57.1 |
| 4 | 专业学术研究能力 | 6 | 17.1 |
| 5 | 其他 | 3 | 8.6 |

7. 广播电视编导人才培养方向与途径

为了了解用人单位与专业人才培养方向之间的匹配度,本次调研从应届毕业生的素质培养、专业核心课程设置和在校期间的职业教育三方面展开了调研。

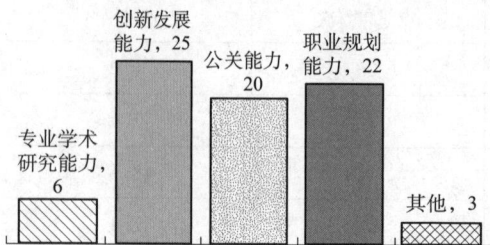

图 2-19 本科应届毕业生
职业发展能力欠缺情况

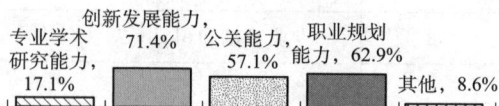

图 2-20 本科应届毕业生职业
发展能力欠缺情况点选率

（1）素质培养

从调研结果来看，接受调研的单位在应届毕业生的素质培养方面，普遍对人文修养和综合素质、团队协作和职业态度等有着较为强烈的需求，本科应届毕业生素质培养情况分析如表 2-14 和图 2-21、图 2-22 所示。

表 2-14 本科应届毕业生素质培养情况分析

| 序号 | 选 项 | 点选量/次 | 点选率/% |
|---|---|---|---|
| 1 | 良好的人文修养和综合素质 | 20 | 57.1 |
| 2 | 团队协作精神 | 20 | 57.1 |
| 3 | 积极的职业态度 | 17 | 48.6 |
| 4 | 良好的心理素质和健康体魄 | 15 | 42.9 |
| 5 | 牺牲精神和服从意识 | 13 | 37.1 |
| 6 | 较高的思想政治素质和职业道德 | 9 | 25.7 |
| 7 | 独立自主精神 | 9 | 25.7 |
| 8 | 其他 | 3 | 8.6 |

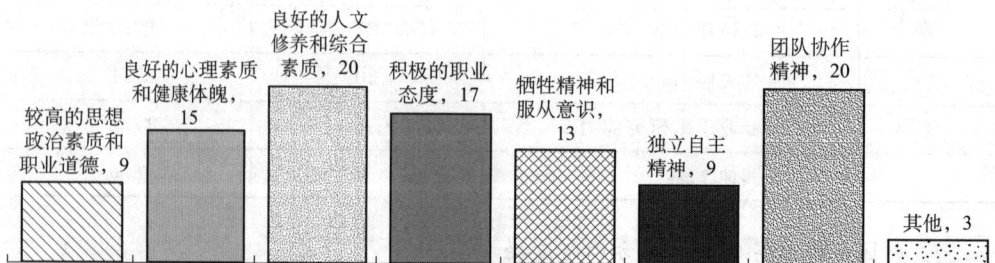

图 2-21 本科应届毕业生专业人才应具备的素质

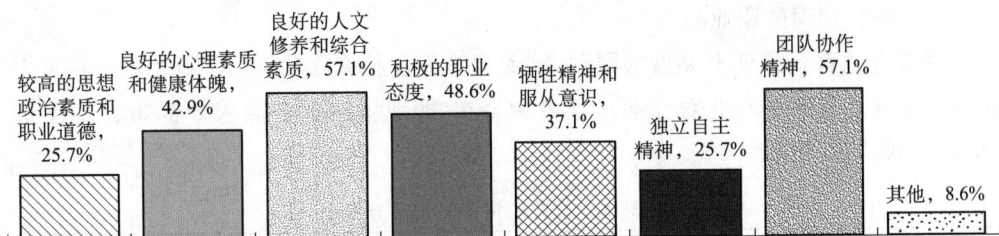

图 2-22　本科应届毕业生专业人才应具备的素质点选率

（2）专业核心课程设置

从调研结果来看，接受调研的单位对校内专业课程的设置基本认同，电视摄像、电视节目制作等应用性较高的专业课程的点选率较高，如表 2-15 和图 2-23、图 2-24 所示。

表 2-15　核心课程需求分析

| 序号 | 选　项 | 点选量/次 | 点选率/% |
|---|---|---|---|
| 1 | 电视摄像 | 24 | 68.6 |
| 2 | 电视节目制作 | 21 | 60.0 |
| 3 | 电视编辑 | 17 | 48.6 |
| 4 | 视听语言 | 10 | 28.6 |
| 5 | 电视包装 | 8 | 22.9 |
| 6 | 其他 | 3 | 8.6 |

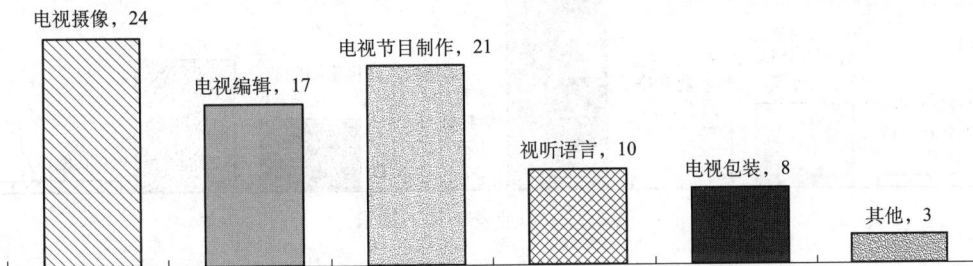

图 2-23　本专业需要学习的核心课程点选情况

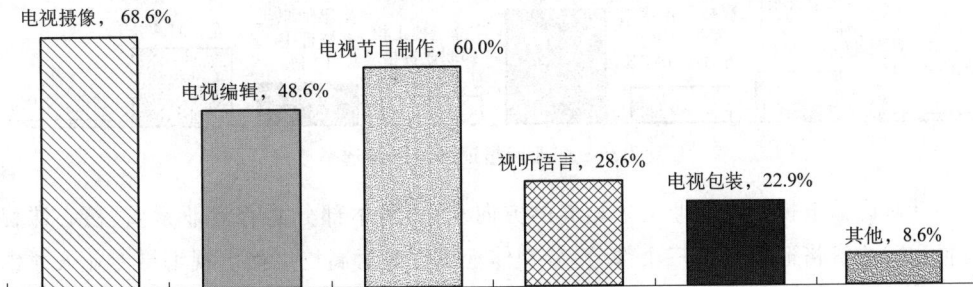

图 2-24　本专业需要学习的核心课程情况点选率

（3）在校期间的职业教育

受职业教育资格证书类型的限制，接受调研的企业单位对应届毕业生的资格证书需求集中于传统媒体行业对专业从业者的要求，职业资格证书需求分析如表 2-16 和图 2-25、图 2-26 所示。

表 2-16　职业资格证书需求分析

| 序号 | 选　项 | 点选量/次 | 点选率/% |
|---|---|---|---|
| 1 | 摄影摄像工程师职业资格证书 | 16 | 45.7 |
| 2 | 无 | 11 | 31.4 |
| 3 | 电视节目制作师职业资格证书 | 7 | 20.0 |
| 4 | 摄影师职业资格证书 | 6 | 17.1 |
| 5 | 影视广告策划师职业资格证书 | 5 | 14.3 |
| 6 | 广播电视工程师职业资格证书 | 4 | 11.4 |
| 7 | 电视制片管理师职业资格证书 | 1 | 2.9 |
| 8 | 其他 | 1 | 2.9 |

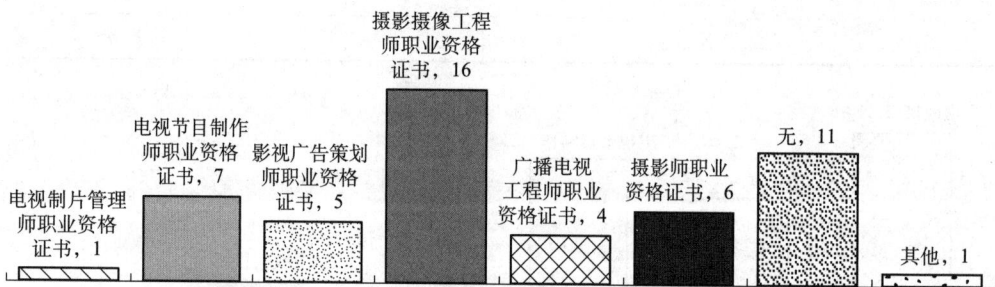

图 2-25　职业资格证书需求

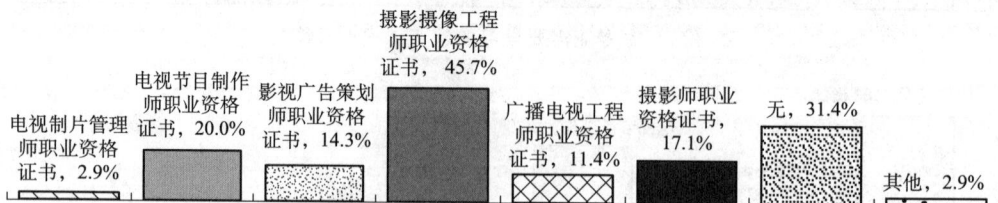

图 2-26　职业资格证书需求点选率

针对广播电视编导专业人才培养的方向和途径，本部分共有专业素质、核心课程设置和职业资格证书需求三个部分，分别体现了行业对高校广播电视编导专业人才素质教育、核心知识及职业教育三个重要的需求指标。

从调研结果来看：其一，广播电视编导专业人才的素质教育需求选项分布较为平均，其中团队协作精神、人文修养和综合素质、积极的职业态度是行业对人才培养最主要的素质要求，由此可见，培养学生的基础文学知识和职业态度是本专业教育的最主要方向，而团队协作精神则是行业工作特点对于学生最基础的要求，从专业建设角度考虑，更加科学的实践教学体系建设和面向市场的项目化训练也许是实现此培养要求的一种有效途径；其二，核心课程设置方面的调研结果体现了行业对学生作为创作个体独立创作影视作品能力的需求，例如"电视摄像"作为专业基础，要求学生满足具有基本的拍摄能力的要求，"电视节目制作"则是从创作型编导的主观意识和技术要求出发，培养学生无障碍参与广播电视节目制作工作的能力，了解各种制作技术手段和创作要领；其三，对于职业教育具有标准意义的职业资格证取得需求，依旧体现出摄影摄像技术作为职业人才的基础能力不可取代的重要意义。同时，从调研结果中也不难发现，在国家劳动与社会保障部门大幅度取消各类资格认证的大背景下，受调研企业也并未表现出对职业资格证书的强制性要求，选择"无"选项的受调研企业有 11 个，是仅次于"摄影摄像工程师资格证书"选项（点选 16 次，点选率 45.7%）的第二名，点选率高达 31.4%。可见，对于影视传媒、广播电视等行业，学生对各种职业资格证书的获取，并非行业准入的必要条件。

8. 企业培训与业务训练

对行业企业面向广播电视编导专业应届毕业生的入职训练调研能够从侧面考查目前高校在广播电视编导专业人才培养的教育偏差，可以更好地评估专业人才培养的实用性、有效性和科学性。

从此部分的调研结果来看，排在调研选项前三位的依旧是目前中国高等教育人才培养的共识性问题（图 2-27、图 2-28、表 2-17）：团队精神、创新能力、基本职业素养训练，这些能力的培养是广播电视编导专业人才培养的努力方向，它们分别代表了行业工作特点、时代对创新人才的需求及应用型人才的缺乏。

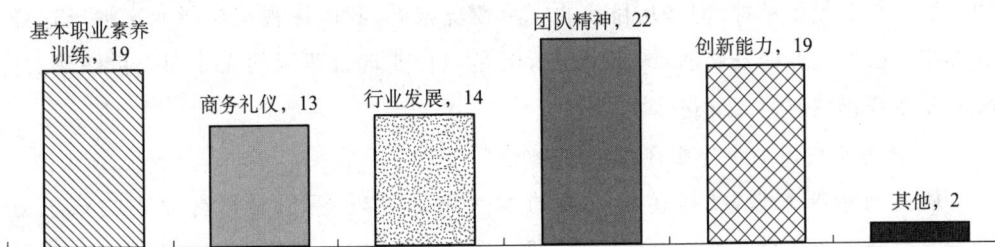

图 2-27　应届毕业生需要的专业素质和业务训练情况

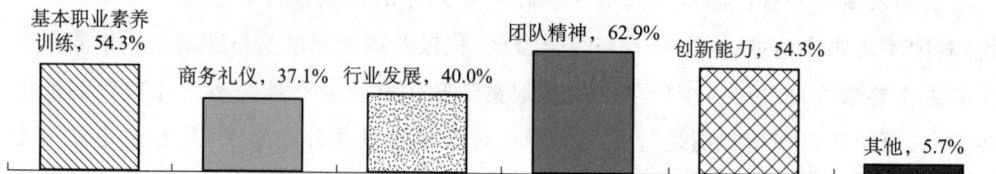

图 2-28 应届毕业生需要的专业素质和业务训练情况点选率

表 2-17 企业培训与业务实训

| 序号 | 选 项 | 点选量/次 | 点选率/% |
|---|---|---|---|
| 1 | 团队精神 | 22 | 62.9 |
| 2 | 创新能力 | 19 | 54.3 |
| 3 | 基本职业素质训练 | 19 | 54.3 |
| 4 | 行业发展 | 14 | 40.0 |
| 5 | 商务礼仪 | 13 | 37.1 |
| 6 | 其他 | 2 | 5.7 |

## 2.1.6 行业发展状况与人才需求分析

**1. 广播电视编导行业发展现状**

广播电视编导行业集电视节目创意、制作、技术和组织安排于一体,它在广播电视传媒行业迅猛发展的当今时代占据十分重要的地位,扮演着不可或缺的角色。但随着竞争形势日益激烈,传媒行业自身的不足之处也暴露出来。例如,编导这一行业的人才选拔机制就存在很大的问题。很多用人单位在招募编导人才时并没有从实际情况出发,而是过多重视该人才的经验或学历。笔者认为,在行业技术和意识都快速更迭的情况下,对人才的考核不应该仅仅局限于经验和学历这两方面,应该注重全方位考查人才的实际能力和创新意识。编导行业的合格人才在实际的工作当中需要有一定的组织能力和创新精神,但是从目前的实际情况来看,我国影视编导行业正缺乏这样的人才。虽然行业的发展前景一片大好,但是与行业现状匹配的人才却大量缺乏,高校专业教育仍然有巨大的进步空间。

**2. 近些年我国编导行业存在的问题**

从目前情况来看,我国传媒行业的发展正日益兴盛,但是该行业中的核心力量——编导行业却存在着显而易见的问题。作为广播电视传媒的编导人才不仅要具备较强的组织能力和责任意识,还需要具备创新精神,这就对人才的甄选设置了更高的门槛。在选拔编导人员时,用人单位应从多个角度进行考查。在实际的工作中,编导一定要具有较高的职业道德和职业素养,面对社会舆情时应具有大局意识和政治站位,站在国家和人民群众的正确立场去审视和传达信息,否则就不符合一名合格编导的标准。因此,作为编导一定要具有正确对待事物的态度和思维方式。现如今,很多编导就缺乏这方面的认识能力和责任意识,从而导致很多节目人云亦云,缺少实事求是、深入调查研究的态度和能力,节目没有新意。各大高校在为社会培养编导行业人才时,更应注重对学生价值观和人生观的正确引导,避免毕业生走上工作岗位后由于缺少职业素养和正确的价值导向而引发不良后果。

**3. 信息化社会中编导行业的未来发展趋势**

**(1) 广播电视编导专业人才培养进入量升质优的双重标准阶段**

在互联网高度信息化的浪潮席卷社会的背景下,人们已经意识到编导行业人才培养层面出现的一些问题,并且已经提出一系列切实可行的解决措施。随着受众碎片化时间日益被手机短视频所占据,传统大屏媒介在与小屏设备的竞争中逐步显现出劣势地位。随着人们对广播电视节目的重新审视,更广泛意义的广播电视编导专业人才定位与培养已经显得较为迫切。编导行业人员素质的高低将会直接影响节目的质量,继而影响广播电视台或新媒体的发展,甚至对社会人群素质的提升产生显著作用。随着社会实际需求的变化,高等学校在培养广播电视编导专业人才时,需在确保数量稳步增长的同时,紧密关注行业的最新动态,将行业新标准与新技术及时引入专业教学体系中,不断优化人才培养架构,完善本专业学生的知识储备。

**(2) 创新型培养理念占据先机**

现阶段,我国在传媒行业人才培养领域取得了显著进展,但是行业的实际发展状态反映出其效果并不能充分满足社会进步的需求。例如,相似的新闻在不同时间段会被记者反复报道,类似这样的事情并不少见,这显示出部分从业人员创新能力的欠缺。随着社会进步和时代的发展,雷同低质的报道必将会受到人们的排斥,所以一名出色的编导就一定要具备创新的思维和独到的见解,在面对浩如烟海的媒介内容时,人们更容易接受具有创新思维和与众不同观察角度的媒介产品。在传媒这一行业中,编导岗位起到承上启下的作用,既要对观众表明媒介机构的态度和认识,又要将一些社会上真实发生的情况进行阐述,因此既不能对社会上一些现象进行随意评价,又不能过于谨慎,保持沉默。综合来看,编导岗位工作中"度"的问题并不容易把握。在未来的社会中,只有懂得创新和具有与众不同思路的编导人才才会受到受众的欢迎,也只有这样的编导人才才能为传媒行业的发展带来更大的活力与空间。

**(3) 广播电视编导人才的就业方向更多元**

在信息化社会中,互联网媒介产品占据了人们的大多数碎片时间,在传统广播及电视行业中,编导只需针对一些电视节目进行编排,而现如今编导则要面对互联网技术给媒介行业带来的颠覆性改变,越来越多的领域需要编导去发挥自身的主观能动作用。随着编导就业岗位及行业分布的扩展,广播电视编导专业人才培养的难度与竞争力随之提升,在对一些节目进行策划时,不仅需要编导具有熟练的工作技巧和技能储备,还需要工作人员在思维上有宽阔的视野和创新式的突破。因为编导行业所涉及的领域较广,只有加强编导自身的创新意识,才会在未来的社会发展中不断进步。

(4)具有较强的时代性

电视编导要与时代并进,把握住各个时代的特征。我们所观看到的电视节目都是经过电视工作者精挑细选并倾心打造的艺术成果,这些优秀的媒介节目是媒介工作者集体智慧的结晶,与时代有着较强的内在联系。节目和作品是社会现实的映射,它以受众更容易接受和更加艺术化的形式展现时代社会的真实面貌。不同时期的媒介机构都承担着为社会公众提供合适的媒介产品和舆论导向的作用,在真实的社会生活当中完全可以提取受众所需要的优秀素材,编导通过创作节目的形式来对社会群众形成影响力和感染力,进而通过这些生动的节目来感染人,达到启民智、暖民心、为民言的最终目的。

(5)影视与广播电视编导专业更加要求人才具有较强的环境感知能力和协调能力

行业本身就需要对事物有着特定鉴赏能力和判断能力,需要从业者对宏观与微观环境变化有敏锐的感知能力。未来的社会发展将会越来越快,竞争也会越来越激烈,而在复杂多变的环境中编导行业从业者一定要严格遵守自身的职业道德。现今社会的每个行业都存在不文明的现象或灰色地带的考验,当编导从业人员面临这种挑战时,一定要严格遵守自身的职业道德,要学会合理处理这种问题,既不违背原则、坚守底线、保护自己,又要表现出自身的职业素养,用镜头和声音表达正确的观点。传媒业是一门融合多种艺术形态的文化产业,各种艺术形式都不能在屏幕上单独出现,电视语言在本质上是高度融合的声画艺术,这也要求编导人员能够将各个部门有机地联系到一起,让各个部门都充分发挥作用,而不仅依靠编导岗位的"单打独斗"。

## 2.1.7 企业对人才知识、能力、素质结构的需求

调研结果显示,广播电视编导专业主要培养面对不同用人单位的摄影摄像师、影视节目活动策划人员、电视影视编导、影视包装人员、公关销售人员等。从总体上看,广播电视编导专业主要培养服务于传媒行业的各类专业人员,用人单位对编导类人才在知识结构、能力结构、素质结构方面的需求如表2-18所示。

表 2-18 企业对人才知识、能力、素质结构的需求

| 维 度 | | 企 业 需 求 |
|---|---|---|
| 知识结构 | 基础知识 | 熟练掌握一门外语,具有计算机技术基本知识,掌握文献检索、数据库应用等基本方法;具有文学基础知识和基本写作能力,具备一定的文学素养和文化底蕴 |
| | 核心知识 | 掌握新闻学、传播学、电影电视理论与历史、影视艺术相关的基本理论和基本知识;掌握网络技术与新媒体等方面知识。具有较高的艺术修养,艺术鉴赏和艺术创造能力 |
| | 扩展知识 | 掌握广播电视传播的基本理论和基本知识;具有较深的文学修养和敏锐的洞察力,具有新闻学、艺术学、广播电视编导方面的科研能力 |
| 能力结构 | 基础能力 | 具有一定的口头表达能力和社会交往能力;具有较强的沟通与协作能力,具有妥善处理人际关系、正确开展社会交往、解决现实问题和矛盾的能力 |
| | 核心职业能力 | 掌握广播电视传播的方法,具备创意、策划、采访、写作、摄录、编辑、评论、现场报道与主持、节目制播等专业能力;熟练掌握广播电视节目制作的创作方法和制作技能;具备广播和电视节目、栏目、频道等方面的管理能力;具备视听结合的思维与表达能力,同时掌握利用多媒体技术手段进行创作的能力 |
| | 扩展能力 | 具有网络与新媒体制作、营销技能,进行信息整合传播和新媒体发布的能力;具有较强的获取信息知识的能力、创新能力和社会活动能力;具有一定的科学研究能力 |
| 素质结构 | 思想政治素质 | 具有社会主义核心价值观;具有正确的世界观、人生观和价值观;具有坚定正确的政治方向和高尚的道德品质;遵纪守法,诚信友善;具有良好的职业道德和公共道德 |
| | 身心素质 | 拥有健康的体魄;养成良好的体育锻炼习惯,具有 1~2 项体育技能;具备健康的心理素质和乐观的人生态度;具有抗挫折能力 |
| | 人文素质 | 具有较好的人文、艺术修养,审美情趣及文字语言表达能力,积极参加社会实践;对中华优秀传统文化和思想有一定的了解;具有一定的艺术鉴赏能力;具有求真务实的科学素质;具备适应未来竞争机制、向更宽广的专业领域拓展和继续学习的素质和能力 |
| | 职业素质 | 具有创新意识和开拓精神,具有能吃苦耐劳的品质,具有一定创意产业创业、投资和运营管理的经营思维和管理能力,具有自主进行投资和创业的能力 |

## 2.1.8 人才培养目标定位

黄河科技学院广播电视编导专业定位于培养面向现代传媒行业的编导、编剧、摄

像、制作和媒介推广人才,掌握影视传播的基本理论和节目制作的专业技能,熟悉媒体融合和影视创新理念,具有较高的政治水平、理论修养和艺术鉴赏力等方面的能力,能够在影视媒体与网络机构及企事业单位从事新闻报道、电视专题创作、电视纪录片及各类短片创作的综合型、复合型、应用型、创新型高级专门人才。

### 2.1.9 知识能力素质目标

调研结果显示,广播电视编导专业人才的能力素质目标对应的培养规格基本要求与支撑课程如表 2-19 所示。

表 2-19 知识能力素质目标

| 维 度 | | 培养规格基本要求 | 支撑课程(或主要培养措施) |
|---|---|---|---|
| 知识结构 | 基础知识 | 熟练掌握一门外语,具有计算机技术基本知识,掌握文献检索、数据库应用等基本方法;具有文学基础知识和基本写作能力;具备一定文学素养和文化底蕴 | 大学英语、信息与网络技术基础、文献信息检索、现代汉语、基础写作、中国现当代文学、外国文学、中国古代文学 |
| | 核心知识 | 掌握新闻学、传播学、电影电视理论与历史、影视艺术相关的基本理论和基本知识;掌握网络技术与新媒体等方面知识;具有较高的艺术修养、艺术鉴赏和艺术创造能力 | 新闻学概论、传播学、广播电视概论、艺术概论、中外电影史、视听语言 |
| | 扩展知识 | 掌握广播电视传播的基本理论和基本知识;具有较深的文学修养和敏锐的洞察力;具有新闻学、艺术学、广播电视编导方面的科研能力 | 新媒体概论、动画设计与制作、电视文艺编导、影视美学 |
| 能力结构 | 基础能力 | 具有一定的口头表达能力和社会交往能力;具有较强的沟通与协作能力;具有妥善处理人际关系、正确地开展社会交往、解决现实问题和矛盾的能力 | 创新思维、演讲与口才、公共关系学、礼仪概论 |
| | 核心职业能力 | 掌握广播电视传播的方法,具备创意、策划、采访、写作、摄录、编辑、评论、现场报道与主持、节目制播等专业能力;熟练掌握广播电视节目制作的创作方法和制作技能;具备广播和电视节目、栏目、频道等方面的管理能力;具备视听结合的思维与表达能力,同时掌握利用多媒体技术手段进行创作的能力 | 摄影、电视摄像、电视编辑、电视脚本创作、影视导演、纪录片创作、电视节目制作、电视照明、非线性编辑、电视包装、三维动画制作、数码平面设计、广告创意与策划 |

续表

| 维　度 | | 培养规格基本要求 | 支撑课程(或主要培养措施) |
|---|---|---|---|
| 能力结构 | 扩展能力 | 具有网络与新媒体制作、营销技能,以及进行信息整合传播和新媒体发布的能力;具有较强的获取信息知识的能力、创新能力和社会活动能力;具有一定的科学研究能力 | 网络技术、网页设计与制作、媒介经营管理、新媒体编辑策划、新媒体产业运营 |
| 素质结构 | 思想政治素质 | 具有社会主义核心价值观;具有正确的世界观、人生观和价值观;具有坚定正确的政治方向和高尚的道德品质;遵纪守法、诚信友善;具有良好的职业道德和公共道德 | 思想道德修养与法律基础、中国近现代史纲要、马克思主义基本原理、毛泽东思想与中国特色社会主义理论体系概论、形势与政策、军事理论 |
| | 身心素质 | 拥有健康的体魄;养成良好的体育锻炼习惯,具有 1~2 项体育技能;具备健康的心理素质和乐观的人生态度;具有抗挫折能力 | 军事训练、大学生心理健康、体育、课外文化体育活动 |
| | 人文素质 | 具有较好的人文、艺术修养,审美情趣及文字语言表达能力,积极参加社会实践;对中国优秀的传统文化和思想有一定了解;具有一定的艺术鉴赏能力;具有求真务实的科学素质;具备适应未来竞争机制、向更宽广的专业领域拓展和继续学习的素质和能力 | 公共选修课程、人文经典阅读、艺术欣赏、批判性思维训练、学术讲座、课外活动、校外实践教育 |
| | 职业素质 | 具有创新意识和开拓精神;具有能吃苦耐劳的品质;具有一定创意产业创业、投资和运营管理的经营思维和管理能力;具有自主进行投资和创业的能力 | 学科专业相关课程、职业发展与就业指导、创新创业实践训练、顶岗实习、毕业实习、学术讲座 |

## 2.1.10　核心课程设置

根据行业企业调研结果分析,广播电视编导专业核心课程应包括如下类别。

(1) 语言文学类课程,如影视文学写作基础、中国现当代文学等。

(2) 编导基础理论类课程,如广播电视概论、新闻学概论、传播学、艺术概论等。

(3) 影视画面基础类课程,如视听语言、摄影基础、摄像基础、非线性编辑、电视编辑等。

(4) 电视编导策划类课程,如广播电视节目策划、综艺节目策划等。

(5) 影视创作类课程,如电视节目制作、影视剧创作、纪录片创作、微电影创作、影视导演等。

（6）戏剧影视文学类课程，如影视脚本创作、电视解说词写作等。

（7）影视应用技术类课程，如数字电影制作、影视照明、动画设计与制作、三维动画制作、影视包装、演播室节目制作等。

## 2.2　岗位任务分析

通过深入行业企业调研，并基于调研统计数据的分析，我们在广播电视编导专业的行业人才岗位需求走势及新文科背景下的人才培养模式变革方面，得出如下观点。

第一，市场对编导人才的需求仍然存在巨大缺口。因为随着经济社会和文化的繁荣与发展，人民群众对影视产品的需求呈现多元化态势。特别在新媒体技术的飞速发展之下，除了传统媒体的编导人才，还需要大量能符合新媒体岗位需求、满足多元化受众需要的新型编导人才。电视频道专业化、分众化发展，付费电视的推出，移动电视的风起云涌，卫星数字电视的广泛推广，网络电视、手机电视等新媒体技术形态的出现，这些都使电视事业的发展空间进一步拓展。这就迫切需要广开节目生产渠道，拓宽节目生产平台，打造丰富多彩的节目内容，再加上各行各业的新闻发布、形象宣传、技术推广、产品推介等都需要这类人才，这种潜在的人才需求使新型广播电视编导专业人才的培养具有更加重要的意义。

第二，广播电视编导专业人才的培养要往宽口径、厚基础、学习型人才方向发展。一个电视节目从策划到播出需要电视策划、摄像、编导、后期编辑、包装、灯光师、音响师及制片等多个工种的密切配合。从广义上讲，这些都属于编导岗位。而黄河科技学院作为应用型科技大学所开设的广播电视编导专业在专业目标定位、人才培养规格、课程设置上与普通本科院校有所差异，体现出自身贴近市场、契合岗位的培养优势。据此，我们认为广播电视编导专业的人才培养目标应定位为主要致力于新媒体平台，面向地方，服务于基层，培养主要掌握后期编辑、包装制作技能，兼具电视策划、频道包装、电视制片管理能力的"一专多能"的高等技能型人才。

第三，黄河科技学院广播电视编导专业，在课程设置上不仅要针对传统电视媒体，还要根据新媒体的发展特征，新增有关移动电视、数字电视、数字电影等新媒体形态运作发展的基础理论课程。

第四，要大力加强实践性教学，强化实践能力的培养，这是行业对教育的核心要求。此环节虽然一直是广播电视编导专业的特色，但因种种原因和条件限制，我们设计的实践活动还有较大的拓展空间，与行业实践仍有明显距离。编导行业极其重视实践动手能力，有被调研对象中肯地写道："不要让理论教学和实践教学脱钩，不要让学生永远是个实习生。"实践动手能力的增强需要教师用丰富的专业实践经验，驾驭现实的选题,切实提高学生的动手能力。一个电视节目从策划到播出需要电视策划、摄像、编导、后期编辑、包装、灯光师、音响师及制片等多个工种的密切配合,没有系统的专业实习就无法适应编导的岗位要求,所以广播电视编导专业必须继续大力开发更多专业性强、硬件齐全,能容纳相当数量实习生的校外实习基地。

第五,创新和策划意识、写作能力一直是大学生学习能力的硬伤,电视节目前期策划对岗位人员的人文素养和创意能力要求较高。创新策划意识是可以通过系统的教学来培养和提升的,所以行业始终强调创意和策划能力是广播电视编导专业人才的核心技能。电视语言的驾驭不同于普通的文学作品,节目特殊文稿的写作也应该是此专业的核心技能。

第六,尊重行业特色,加强行业联系。有行业负责人尖锐地指出:"教师最好是实战经验丰富的电视人,而不是熟读几年前甚至十年前北广教材的理论家。"这实际上是对从事编导的教师提出了严格要求,继续大力引进"双师双能型"教师是影视广播电视编导专业师资引进的一大重点,也是增强学生创新能力和策划意识的有效途径。广播电视编导专业的人才需求同时具有个性化特点,所以简单的"订单式"培养并不能概括广播电视编导专业人才培养体系的全部内涵,合作办学的模式也不能照搬其他服务类专业学生培养的模式。我们专业目前正尝试与相关行业积极联系,将教师和学生送到行业内部培养,同时将行业内部专家请进学校来,这样既能有效避免与市场脱节,不断更新专业教学内容,又能增进行业对广播电视编导专业人才培养方式的了解,便于及时吸收转化他们的建议。

## 2.2.1　广播电视编导专业人才培养目标定位

广播电视编导专业人才培养着眼于文化产业和电视发展的学科和产业前沿,在准确把握广播电视产业对人才的需求特点的基础上,致力于培养具有综合素质、全局把握能力、专业精神、团队意识的创新型、应用型、复合型人才,为各级电视传媒机构输送各类电视节目的创作与制作人员及扎根河南地方广播电视台发展的骨干编导人才。

广播电视编导专业毕业生应该具备扎实的知识基础、完善的知识结构、娴熟的应用能力和良好的素养。他们不仅能够从事广播电视新闻节目、文艺节目、电视纪录片、专题片、影视广告的编导与制作,还能在频道、频率与广播电视栏目策划中大放异彩;从电视新闻、文艺类节目的出镜采访与主持,到企事业单位大中型文艺晚会的策划与编导,再到网络视频的编辑、制作与传播,他们都能游刃有余。此外,他们还能在文化产业项目的创意及各类文化传播公司组织活动的策划等工作中展现非凡才能。这些毕业生将胜任主流广播电视媒体、新媒体、文化教育、军队、传媒公司、创意产业等企事业单位的创意、策划、制作、传播等工作。广播电视编导专业人才培养要符合"本科学历教育与职业技能培养相结合"的人才培养模式改革总方向。

广播电视编导专业毕业生必须达到以下要求(图2-29)。

第一,取得广播电视编辑记者资格证。

第二,取得普通话等级证二级甲等及以上。

第三,独立完成广播、影视作品一项(达到县级电视台播出水平)。

第四,取得其他与本专业相关的证件(如摄影师资格证、教师资格证等)。

第五,获得与本专业相关的市级以上比赛荣誉证书三等奖及以上一项。

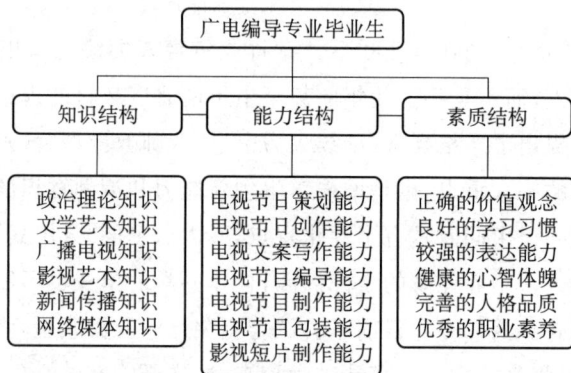

图 2-29 应届毕业生知识结构、能力结构、素质结构图

## 2.2.2 人才培养模式改革的总体目标

黄河科技学院广播电视编导人才培养模式改革的总体目标:通过调研、研究、总结、实践,改革和创新现有广播电视编导专业人才培养模式,提高广播电视编导专业人才培养的水平,力图在广播电视编导专业探索出一条切实可行的培养"创新型、应用型、复合型、一专多能"的专业人才的新路子,努力把广播电视编导专业办成在河南省内高校同类专业中专业优势突出、育人模式先进、办学特色鲜明的一流学科专业。

为了达成这个目标,必须从教学模式、课程体系、实践教学体系等方面进行深入改革。

### 1. 教学模式改革

我们经过深入调研,依据广播电视行业人才需求的特点,同时遵循广播电视编导教学规律,对课程教学模式进行了设计,广播电视编导专业逐步形成了"教学内容模块化""学习形式多样化""竞赛模式课程化""应用实践专业化"的"教、学、赛、用"四位一体的课程教学模式(图2-30)。

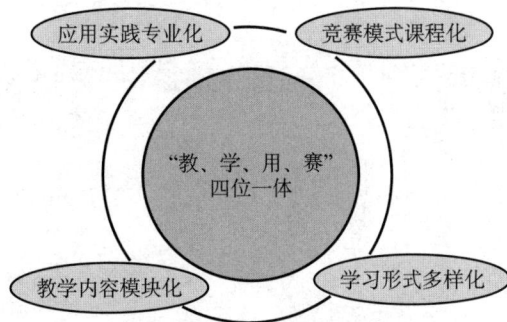

图 2-30 广播电视编导知识模块体系图

伴随该模式的顺利实施,专业教学实现了教学相长、赛用互促的相互关联,形成了教、学为赛、用打下扎实基础,赛、用经验反过来又为教、学提供案例和素材的良性循环,达到了以赛促学、以赛促教的效果,提高了学生的综合运用能力和水平。

2. 课程体系改革

课程体系改革按照"宽口径、厚基础、重实践、强能力"的原则,在加强基础课程教学、着重培养学生的文化观和创意能力的同时,提高实践教学课程所占比例,构建以实践教学为主导的课程体系(图 2-31),实现模块化教学。将理论教学与实训、实践教学紧密结合起来。

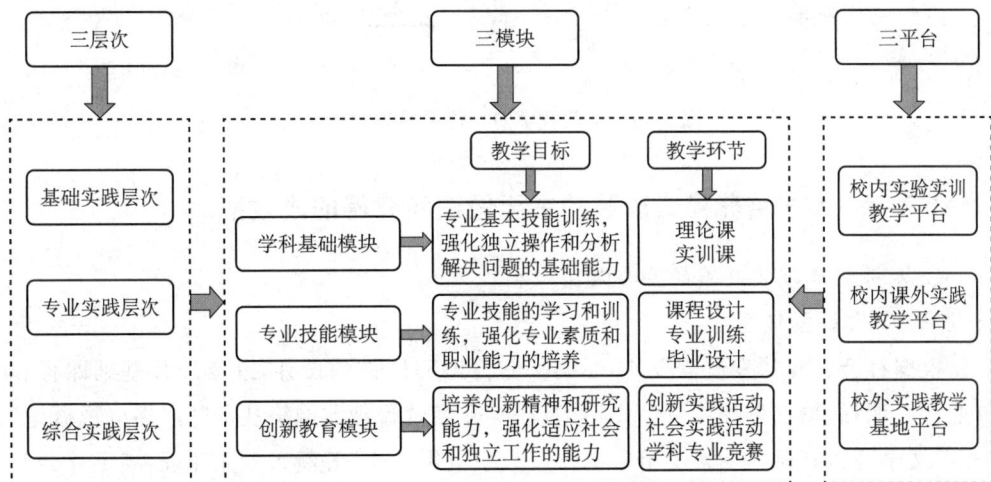

图 2-31 以实践教学为主导的课程体系图

3. 实践教学体系改革

建立促进学生对基础理论、基本知识、基本专业技能的学习,融合学生采、编、播、摄、录、演六种能力培养为一体的课内外统一的实践教学体系(图 2-32、图 2-33)。

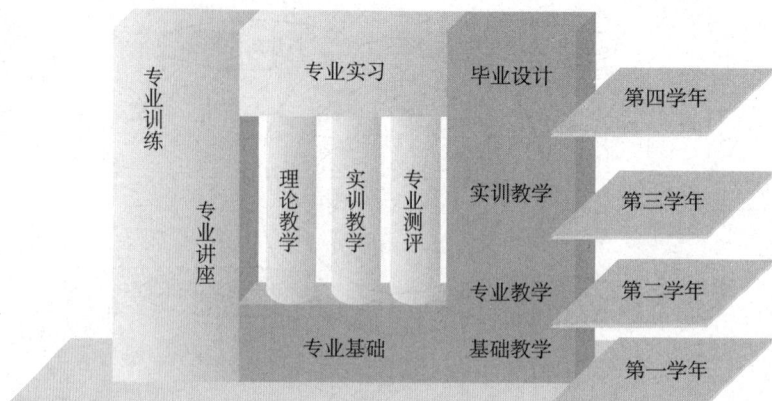

图 2-32 实践教学知识体系结构图

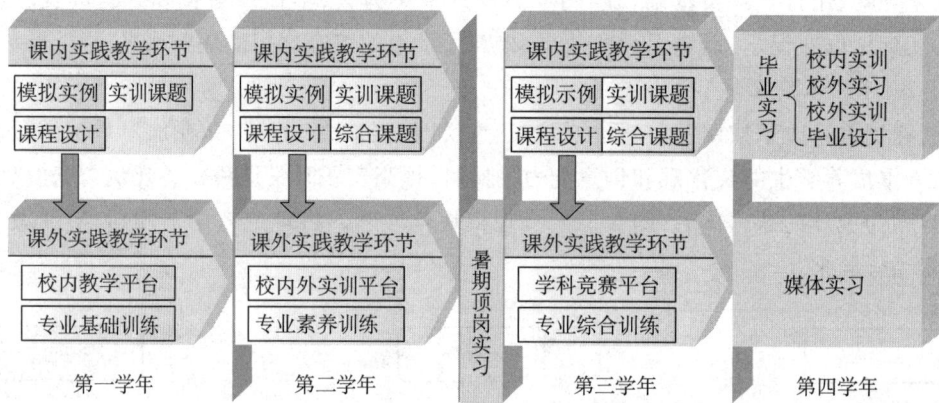

图 2-33 实践教学知识体系实施过程图

### 2.2.3 人才培养模式改革的主要做法和取得的成效

1. 人才培养模式改革的主要做法

（1）调整课程体系

根据社会和媒体发展需要，不断调整完善课程体系的设计，继续加强基础课程和专业核心课程，增加选修课程。先后增设"媒介经营管理""网络技术""广播电视概论""影视文学写作基础""演播室节目制作""数字电影制作"等新兴专业课程，满足社会及学生的迫切需求。

（2）推进教学改革

推进教学改革，逐步形成一套多元化、开放式的教学模式。采用多样化的教学方法，如多媒体教学、案例教学、录像教学等立体化教学手段，并通过研讨课、工作室、分组讨论实习、业界参观等不同形式，加深学生对本专业的认识。同时融入相关学科等相关知识来启发和开拓学生思路,注重培养学生的学习兴趣、应用能力和创新意识,以充分调动学生学习广播电视节目知识的积极性和主动性。让学生开阔视野,不拘泥于学到的知识点和概念。同时,完善课程教学评估和监督体系,形成科学的教学评估和监督体系。

（3）创新实践教学机制

在实践教学建设上,充实实践教学队伍,加强实践教学研究与改革,改善和充实实践教学内容与体系,构建了"基础实践模块、专业实践模块、综合实践模块、创新实践模块"的"四模块"实践教学体系。积极实施"理论与实践相结合,大课与小课相结合,第一课堂与第二课堂相结合,实训与实习、实战相结合,作业、作品与学科竞赛、专业比赛相结合"的"五个结合"教学方式。

（4）搭建实践教学平台

加强校内实践教学平台的建设,重视校外实践、实习、实训平台的开发。积极搭建校内和校外两个教学平台,拓展实践教学渠道。在"台院合作"办学模式的基础上,努力构建"工学结合"两大平台:一是以广播电视艺术实验教学中心和广播站、星愿电视台、影视创作联合会、迅风纪录片工作室、小剧场话剧等为代表的校内生产性实训基地,基本满足学院校内实践教学的需要。二是以河南电视台、河南广播电台、河南报业集团、郑州电视台、郑州人民广播电台、大河网、中原网、中视新科传播公司（河南动漫公共技术平台）、又川影视制作有限公司、兰考广播电视台等为代表的 29 个校外合作企业。这些企事业单位已成为学生工学交替、顶岗实习及预就业基地。

（5）改革测评考核方式

首先,考试改革。改革考试内容和形式,把一次考试改为多次测评,学生考试成绩由期末考试和平时实践作品及课堂作业三部分构成。实践性强的专业核心课程采取开卷的形式,试题更加灵活,重在考查学生分析综合能力和理论应用与实践的能力。

其次,毕业设计改革。改变传统的毕业设计论文的单一形式,要求广播电视编导专业毕业生在教师的指导下,创作一部内容和形式符合要求、时长不少于 5 分钟的视频短片,并根据作品写出不低于 4000 字的编导创作阐述。每届毕业生创作各种形式的视频短片近 200 部,其中部分作品在各级各类比赛中荣获奖项,真正实现了作品的社会化检验。与此同时,本专业在引入第三方测评方面也更加主动,广播电视编导专业学生每年均参加学校组织的"三基测试";测评由媒体和社会用人单位按专业要求对学生进行就业入门槛式测评。

**2. 人才培养模式改革取得的成效**

广播电视编导专业人才培养模式改革进行几年以来,经过不断探索、创新、实践,成果显著。

首先,编导人才培养模式改革,使我们创新了教育教学观念,明确了专业定位,清晰了专业发展方向,确立以"创新人才培养"和"优秀作品创作"为核心的专业特色发展战略。按照专业定位,调整了广播电视编导专业课程结构和培养计划,制定了新的广播电视编导专业人才培养方案,使广播电视编导专业的人才培养从内容到形式都有了质的飞跃。以广播电视编导专业人才培养模式改革为契机,2012 年 11 月,新闻传播学院申报河南省广播电视艺术实验教学示范中心获得成功立项。

其次,确立新的人才培养目标和原则。面向大传播、全媒体时代,培养具有政治信念、人文精神、团队意识、创新能力、艺术思维的创新型、应用型、复合型、"一专多能"的广播电视和新媒体专业人才。为了达到这个目标,加强与社会和媒体的联系,我们打造了多样化的实践教学平台,共建立各种实践教学平台和实习实训基地 29 个,极大地拓展了人才培养的空间。

最后,编导人才培养改革推动了实践教学的改革和创新,实践教学成果显著。广播电视编导专业师生年均创作作品 500 余部,在国家、省、市级学科竞赛中获得 100 余项奖励,数量、层次均位居河南省同类高校前列。

在学生就业方面,广播电视编导专业毕业生有近百人在中央电视台和省、市、县级媒体就业。毕业生受到了用人单位的普遍欢迎和一致好评。

3. 校企合作进展顺利

广播电视编导专业校企合作进展顺利,先后与河南电视台、河南广播电台、河南报业集团、郑州电视台、郑州人民广播电台、大河网、中原网、中视新科传播公司(河南动漫公共技术平台)、又川影视制作有限公司及兰考广播电视台等 29 个企事业单位建立了良好的合作关系。

### 2.2.4　广播电视编导专业毕业生主要就业岗位

在长期的就业调研中,我们发现黄河科技学院广播电视编导专业的主要就业岗位包括但不限于以下五种。

(1) 广播电视台编导:负责电视节目的策划、拍摄、剪辑和后期制作等工作。

(2) 网络媒体编导:负责网络视频节目的策划、拍摄、剪辑和后期制作等工作。

(3) 影视公司编导:负责电影、电视剧、纪录片等影视作品的策划、拍摄、剪辑和后期制作等工作。

(4) 文化传媒公司创意策划:负责文化活动、演出、展览等项目的策划、组织和实施等工作。

(5) 教育机构教师:在高校、职业学校等教育机构中担任广播电视编导专业的教师。

随着传媒市场的快速发展,行业的就业格局也在不断改变。市场在不断催生新的就业岗位,同时也在对原有的岗位进行优化重组。因此,我们要以更加动态与开放的眼光来看待广播电视编导专业毕业生就业岗位的变化。

### 2.2.5 主要岗位任务及能力要求

1. 广播电视台编导

广播电视台编导是广播电视编导专业的主要就业岗位之一,主要负责电视节目的策划、拍摄、剪辑和后期制作等工作。第一,此岗位需要根据广播电视台的要求和市场需求,制定广播电视节目的创意和策划方案,包括节目类型、内容、风格、拍摄地点及嘉宾等方面。第二,岗位人员需要制订详细的拍摄计划,包括拍摄时间、地点、人员、设备、道具等方面,确保拍摄录制顺利进行。第三,拍摄现场指导。在拍摄现场负责指导摄影师、演员、主持人等人员的工作,确保拍摄效果符合预期。第四,剪辑和后期制作。对拍摄的音视频素材进行剪辑和后期制作,包括添加特效、配乐、字幕等,制作出高质量的广播电视节目。第五,节目宣传。负责广播电视节目的宣传工作,包括制定宣传方案和制作宣传海报、宣传片等,提高节目知名度和收视率。第六,从事管理录制拍摄团队和后期制作团队的相关工作,协调各部门之间的工作,确保节目制作进度和质量。同时,该岗位从业者需要与广告商、赞助商等客户进行沟通和合作,确保节目能够获得足够的资金和资源支持。广播电视台编导需要具备丰富的电视节目制作经验和专业知识,同时还需要具备良好的沟通能力、团队管理能力和创新能力,以制作出高质量的电视节目,满足观众需求。

2. 网络媒体编导

网络媒体编导是负责网络平台上视频内容的策划、创作、拍摄和后期制作的专业人员。这一岗位的核心任务是创造出符合网络平台特性和受众需求的视频内容。这一岗位从业人员需要在工作中承担以下七个方面任务。

(1)内容策划。网络媒体编导需根据平台定位和用户喜好,策划创意视频主题和内容,包括了解网络热点、预测趋势,以及结合产品特性或品牌形象进行内容创意策划。

(2)脚本撰写。编导要撰写详尽的网络作品脚本,包括对话、场景描述、镜头切换等,确保拍摄内容有条理、生动有趣,并且符合策划的主题。

(3)拍摄协调。在拍摄过程中,编导要负责协调各方面资源,包括但不限于演员、场地、道具和服装等。同时,编导需指导拍摄团队,确保拍摄质量,包括画面构图、光线运用等。

(4)后期制作。网络媒体编导还要参与后期剪辑工作,对拍摄的素材进行筛选、剪辑和调整,确保成片效果符合预期。此外,编导需对视频的音效、配乐、特效等进行把关,确保最终产品的艺术效果和传达的信息符合预期。

(5)质量监控。作为网络媒体编导,岗位从业者需监控整个制作流程,确保每个环节都能达到既定的质量标准。对于出现的任何问题,编导要能迅速响应并找到解决策略。

（6）跨团队协作。网络媒体编导通常需要和多个团队进行合作，如运营团队、市场团队等，以确保内容的生产与推广都能顺利进行。

（7）数据分析。在内容发布后，编导要根据用户反馈和数据分析结果对内容进行评估，以便调整策略，不断优化内容，以提高用户的黏性和活跃度。

综上所述，网络媒体编导需要具备较强的创意能力、沟通协调能力、技术掌控能力及数据分析能力，通过持续学习，以适应不断变化的网络媒体环境。

**3. 影视及文化传媒公司创意编导**

黄河科技学院广播电视编导专业毕业生在影视及文化传媒公司主要任职创意策划编导岗位，此岗位人员在影视公司和文化传媒公司中的主要工作任务如下。第一，创意产生及方案制定：通过市场调研、目标受众分析和趋势观察等方式，收集信息并激发创意灵感，为项目提供独特的创意概念。岗位从业人员能够根据创意概念，制定详细的策划方案，包括项目目标、策略、执行计划、时间表和预算等。第二，项目管理及客户沟通：协调各个部门和团队成员，确保项目按计划顺利进行，包括资源分配、任务跟进和沟通协调等。同时还要了解客户的需求和期望，并向他们展示创意方案，提供专业的建议和解决方案。第三，脚本撰写：为影视项目撰写剧本或脚本，确保故事情节、角色发展和对话等元素符合创意要求。第四，品牌活动策划：协助公司塑造和推广品牌形象，包括制定品牌策略、品牌标识设计和品牌传播活动等。策划和组织各种文化活动、发布会、展览等，确保活动的顺利进行和成功举办。第五，内容创作：参与撰写文章、制作视频、设计海报等创意内容的制作，确保内容质量和传播效果。

**4. 教培机构教师的岗位任务**

广播电视编导专业学生作为培训机构教师的岗位任务主要包括以下四类。首先，对专业培训课程进行课程设计与教学：根据培训机构的课程大纲和学生的需求，设计并实施广播电视编导专业相关的教学计划。通过课堂讲解、案例分析、作品欣赏等方式，传授编导的基本理论、技能和创作方法。其次，对学生进行指导与评估：围绕相关艺术考试专业要求，对学生进行个性化的指导，帮助他们提高编导能力和创作水平。通过作业批改、作品点评、考试评估等方式，及时反馈学生的学习情况，并给予积极的建议和指导。再次，组织与实施教学管理：收集、整理和制作与广播电视编导专业相关的教学资料，如教材、课件、影片等，以丰富教学内容，提高教学效果。与培训机构的管理人员、家长和学生保持良好的沟通，及时反馈教学情况和学生的学习进展，解决可能出现的问题和困难。最后，教学研究与应用：关注编导领域的最新发展动态，不断更新教学内容和方法，提高自身的教学水平。参与教学研究活动，探索更好的教学模式和方法。组织学生参加与编导相关的课外活动，如参观影视拍摄现场、参加电影节等，拓宽学生的视野，提高他们的实践能力和综合素质。教师的岗位任务因培训机构的规模、课程设置和教学要求而有所不同。

## 2.3 专业课程体系

### 2.3.1 专业课程体系结构

广播电视编导专业课程体系结构如表 2-20 所示。

表 2-20 广播电视编导专业课程体系结构表

| 职位群 | 岗位名称 | 岗位任务 | 项目化任务 | 项目化课程 | 专业为基础课主模块 | 专业基础课 |
|---|---|---|---|---|---|---|
| 影视策划类 | 文案策划 | 文案基础写作 | "申论务实" 项目 X1：写作能力训练（课内：33；课外：66）项目 X2：公务员基本素养与能力训练（课内：15；课外：30） | "申论务实"包含项目 X1，X2 课程性质：限定选修 学分：3；学时：48 开课学期：第五学期 | X1："影视文学写作基础"Z2；"文学经典鉴赏 1"Z1；"传播学导论"Z1，Z2 X2："影视文学写作基础"Z2；"传播学导论"Z2；"演讲与论辩"Z1，Z2；"现代礼仪"Z1，Z6 | ①"影视文学写作基础"（包含模块 2；学分：2；学时：32）；开课学期：第一学期 ②"文学经典鉴赏 1"（包含模块 2；学分：2；学时：32）；开课学期：第一学期 ③"传播学导论"（包含模块 2；学分：2；学时：32）；开课学期：第二学期 ④"演讲与论辩"（包含模块 2；学分：2；学时：32）；开课学期：第一学期 ⑤"现代礼仪"（包含模块 2；学分：2；学时：32）；开课学期：第二学期 ⑥"视听语言"（包含模块 2；学分：2；学时：32）；开课学期：第一学期 |
| | | 活动文案策划 | "新媒体文案策划" 项目 X3：新媒体内容写与制作（课内：40；课外：80）项目 X4：新媒体运营与活动策划（课内：24，课外：48）项目 X5：融媒体产品文案撰写与制作（课内：24，课外：48）项目 X6：目前市场上纪录片的主要类型调研与定位，不同类型纪录片创作的调研（课内：8；课外：16） | "新媒体文案策划"包含项目 X3，X4 课程性质：限定选修 学分：4；学时：64 开课学期：第五学期 "融媒体产品创作与实践"包含项目 X5 课程性质：限定选修 学分：3；学时：48 开课学期：第五学期 "类型纪录片创意写作"包含项目 X6 课程性质：限定选修 学分：3；学时：48 开课学期：第五学期 | X3："影视文学写作基础"Z1，"视听语言"Z1；"艺术概论"Z1；"电视节目策划"Z1；"广播电视概论"Z1；"纪录片创作"Z1；"网络技术"Z1；"媒介经营管理"Z2 X4："影视文学写作基础"Z2；"视听语言"Z3；"电视节目策划"Z3；"艺术概论"Z1，Z3；"广播电视概论"Z1，Z3；"纪录片创作"Z3；"网络技术"Z3 X5："视频编辑"Z2，Z3；"视听语言"Z1；"电视节目策划"Z1；"广播电视概论"Z3；"纪录片创作"Z1；"媒介经营管理"Z2 X6："影视文学写作基础"Z3；"电视节目策划"Z2，Z3；"艺术概论"Z3；"广播电视概论"Z2，Z3；"网络技术"Z1；"媒介经营管理"Z2 "视频编辑"Z1；"影视精品赏析"Z1；"电视节目策划"Z1；"纪录片创作"Z1，Z2；"中外电影史"Z1 | |

续表

| 职位群 | 岗位名称 | 岗位任务 | 项目化任务 | 项目化课程 | 专业为基础课主模块 | 专业基础课 |
|---|---|---|---|---|---|---|
| 影视策划类 | 文案策划 | 品牌类影视文案策划 | "微电影创意和制作"项目 X7:类型电影剧作研创（课内:24;课外:48）<br>"品牌类影视短片创意设计"项目 X8:品牌类企业影视广告方案策划（课内:24;课外:48）<br>"媒体广告制作与营销"项目 X9:全国大学生广告艺术大赛命题解析创作（课内:24;课外:48） | "微电影创意和制作"包含项目 X7 课程性质:限定选修 学分:4;学时:64 开课学期:第五学期<br>"品牌类影视短片创意设计"包含项目 X8 课程性质:限定选修 学分:3;学时:48 开课学期:第五学期<br>"媒体广告制作与营销"包含项目 X9 课程性质:限定选修 学分:3;学时:48 开课学期:第六学期 | X7:"视听语言"Z1,Z2;"电视编辑"Z1,Z2;"非线性编辑"Z2,Z3;"影视精品赏析"Z2;"中外电影史"Z1,Z2;"微电影创作"Z1,Z2<br>X8:"摄像基础"Z1,Z2;"电视编辑"Z2,Z3;"影视包装"Z2,Z3;"纪录片创作"Z3<br>X9:"传播学导论"Z2;"摄像基础"Z2;"影视包装"Z2;"电视节目策划"Z2;"微电影创作"Z1,Z2 | ⑦"广播电视概论"(包含模块 2;学分:2)课程性质:必修（学分:2;学时:32）;开课学期:第二学期<br>⑧"电视节目策划"(包含模块 4;学分:4)课程性质:必修（学分:4;学时:64）;开课学期:第三学期<br>⑨"艺术概论"(包含模块）课程性质:必修（学分:2;学时:32）;开课学期:第二学期<br>⑩"纪录片创作"(包含模块）课程性质:必修（学分:2;学时:32）;开课学期:第三学期<br>⑪"电视编辑"(包含模块）课程性质:必修（学分:2;学时:32）;开课学期:第二学期<br>⑫"网络技术"(包含模块）课程性质:必修（学分:2;学时:32）;开课学期:第四学期<br>⑬"媒介经营管理"(包含模块）课程性质:必修（学分:2;学时:32）;开课学期:第四学期<br>⑭"中外电影史"(包含模块）课程性质:必修（学分:2;学时:32）;开课学期:第四学期 |
| | 编导助理 | 场景布光设计 | "影视光线创作"项目 X10:影视产品配套影调、色调方案设计（课内:36;课外:72）<br>项目 X11:根据短视频脚本、微电影剧本,设计内景画面造型方案,完成影视作品拍摄,完成分镜头故事板制作,（课内:12;课外:24） | "影视光线创作"包含项目 X10,X11 课程性质:限定选修 学分:3;学时:48 开课学期:第六学期 | X10:"演播室节目制作"Z1,Z2;"影视精品赏析"Z2;<br>X11:"演播室节目制作"Z5;"视听语言"Z2;"艺术概论"Z1;"电视节目制作"Z3;"非线性编辑"Z1,Z2,Z3 | |

续表

| 职位群 | 岗位名称 | 岗位任务 | 项目化任务 | 项目化课程 | 专业为基础课主模块 | 专业基础课 |
|---|---|---|---|---|---|---|
| 影视策划类 | 编导助理 | 脚本创作与影视作品编导 | "媒体广告制作与营销"项目 X12:河南黑色文化传播有限公司客户企划及运营项目(课内:24;课外:48)"品牌类影视短片创意设计"包含项目 X13(课内:24;课外:48)"微电影创意和制作"包含项目 X14(课内:24;课外:48) | "媒体广告制作与营销"含项目 X12 课程性质:限定选修 学分:4 学时:64 开课学期:第五学期"品牌类影视短片创意设计"包含项目 X13 课程性质:限定选修 学分:3 学时:48 开课学期:第五学期"微电影创意和制作"包含项目 X14 课程性质:限定选修 学分:3 学时:48 开课学期:第六学期 | X12:"传播学导论"Z1,Z2;"非线性编辑"Z2;"影视导演"Z2;"微电影创作"Z1,Z2 X13:"摄像基础"Z3;"电视编辑"Z3;"影视编导"Z3;"电影精品赏析"Z2 X14:"视听语言"Z2;"电视编辑"Z2;"摄像基础"Z2;"非线性编辑"Z3;"微电影创作"Z1,Z2;"影视导演"Z1,Z2;"数字电影制作"Z1,Z2;"演播室节目制作"Z1,Z2;"影视包装"Z2 | ⑮"非线性编辑"(包含模块2;学分:2;学时:32)课程性质:必修(开课学期:第二学期)⑯"影视精品赏析"(包含模块2;学分:2;学时:32)课程性质:必修(开课学期:第二学期)⑰"微电影创作"(包含模块2;学分:2;学时:32)课程性质:必修(开课学期:第四学期)⑱"摄像导演"(学分:2;学时:32)课程性质:必修;开课学期:第二学期 |
| 影视制作类 | 摄像助理 | 基础摄像 | "影视摄像与实战"项目 X15,X16 影视拍摄实践(课内:24;课外:48)影视短片创作(课内:24;课外:48) | "影视摄像与实战"含项目 X15,X16 课程性质:限定选修 学分:3 学时:48 开课学期:第五学期 | X15:"视听语言"Z1,Z2;"摄像基础"Z1;"影视精品赏析"Z3 X16:"视听语言"Z2;"摄像基础"Z2;"电视节目制作"Z2 | ⑲"影视包装"(学分:4;学时:64)课程性质:必修;开课学期:第五学期 ⑳"电视节目制作"(包含模块2;学分:2;学时:32)课程性质:必修;开课学期:第三学期 |
| | | 专业摄像 | "类型纪录片创意与制作"项目 X17:婚礼纪录片,企业纪实类宣传片,竞赛类纪录片拍摄(课内:40;课外:80)"数字影音艺术与实践"项目 X18:口播类实点课与实践(课内:16;课外:32)项目 X19:喜剧"不是闹着玩的"短视频制作(课内:16;课外:32)项目 X20:新闻类短视频制作(课内:16;课外:32) | "类型纪录片创意与制作"包含项目 X17 课程性质:限定选修 学分:3 学时:48 开课学期:第五学期"数字影音艺术与实践"含项目 X18,X19,X20 课程性质:限定选修 学分:3 学时:48 开课学期:第六学期 | X17:"电视编辑"Z2;"摄像基础"Z2;"非线性编辑"Z3;"纪录片创作"Z3 X18:"电视编辑"Z3;"视听语言"Z3;"演播室节目制作"Z3;"演讲与论辩"Z3 X19:"视听语言"Z2;"摄像基础"Z2;"影视导演"Z1;"电视包装"Z1 X20:"摄像基础"Z3;"广播电视概论"Z2 | ㉑"电视节目制作"(包含模块2;学分:2;学时:32)课程性质:必修;开课学期:第三学期 ㉒"摄影创作"(包含模块2;学分:2;学时:32)课程性质:必修;开课学期:第一学期 |

续表

| 职位群 | 岗位名称 | 岗位任务 | 项目化任务 | 项目化课程 | 专业为基础课主模块 | 专业基础课 |
|---|---|---|---|---|---|---|
| 影视制作类 | 后期编辑 | 影视包装 | "影视特效项目制作"<br>项目 X21:影视片头片尾制作(课内:30,课外:60)<br>项目 X22:影视特效制作(课内:18,课外:36) | "影视特效项目制作"包含项目 X21、X22<br>课程性质:限定选修<br>学分:3;学时:48<br>开课学期:第六学期 | X21:"视听语言"Z1;"电视编辑"Z3;非线性编辑"Z3;"摄像基础"Z2;"影视包装"Z2;"数字电影制作"Z3;<br>X22:"视听语言"Z2;"非线性编辑"Z2;"影视精品赏析"Z1;"电视节目制作"Z2;"影视包装"Z2;"纪录片创作"Z3;"影视导演"Z3 | ② "演播室节目制作"(包含模块)课程性质:必修(学分:4;学时:64)开课学期:第四学期<br>② "数字电影制作"(包含学块)课程性质:必修(学分:2;学时:32)开课学期:第六学期<br>② "网络与新媒体概论"(包含模块)课程性质:必修(学分:2;学时:32)开课学期:第三学期 |
| | | 新媒体制作与运营 | "短视频内容制作与账号运营"<br>项目 X23:精品在线课程 PPT 设计实务(课内:20,课外:40)<br>项目 X24:电商引流短视频制作(课内:28,课外:56)<br>"短视频项目制作"<br>项目 X25:公益项目短视频制作(课内:20,课外:40)<br>项目 X26:商业项目短视频制作(课内:28,课外:56)<br>"电商直播策划与运营"<br>项目 X27:差异化营销与运营(课内:16,课外:32)<br>项目 X28:沉浸式直播体验及流量变现(课内:32,课外:64)<br>"新媒体产品设计与管理"<br>项目 X29:媒介产品类设计(课内:22,课外:52)<br>项目 X30:新媒体的代表性产品的信息可视化设计(课内:22,课外:44) | "短视频内容制作与账号运营"包含项目 X23、X24<br>课程性质:限定选修<br>学分:4;学时:64<br>开课学期:第六学期<br>"短视频项目制作"包含项目 X25、X26<br>课程性质:限定选修<br>学分:3;学时:48<br>开课学期:第五学期<br>"电商直播策划与运营"包含项目 X27、X28<br>课程性质:限定选修<br>学分:3;学时:48<br>开课学期:第六学期<br>"新媒体产品设计与管理"包含项目 X29、X30<br>课程性质:限定选修<br>学分:4;学时:64<br>开课学期:第五学期<br>"新媒体产品创意与制作"包含项目 X31、X32 | X23:"影视文学写作基础"Z3;"视听语言"Z1、Z2;"电视编辑"Z2;"广播电视概论"Z3;"网络技术"Z2、Z3;"影视包装"Z2;"数字电影制作"Z1<br>X24:"影视文学写作基础"Z3;"视听语言"Z1;"网络技术"Z1;"广播电视概论"Z3;"电视编辑"Z2;"影视包装"Z2;"数字电影制作"Z1<br>X25:"影视文学写作基础"Z3;"视听语言"Z1、Z2;"广播电视概论"Z2;"影视作品赏析"Z3;"网络技术"Z2、Z3;"影视包装"Z2;"电视节目制作"Z3;<br>X26:"视听语言"Z1、Z2;"广播电视概论"Z2、Z3;"电视节目制作"Z3;"影视作品赏析"Z2;"影视包装"Z2;"电视节目制作"Z3;"网络技术"Z1、Z2<br>X27:"网络与新媒体概论"Z2;"网络技术"Z1、Z2;"影视包装"Z2;"艺术概论"Z3;"演讲与论辩"Z1、Z3<br>X28:"网络与新媒体概论"Z2;"网络技术"Z1;"影视包装"Z2;"艺术概论"Z3;"演讲与论辩"Z1、Z3 | |

续表

| 职位群 | 岗位名称 | 岗位任务 | 项目化任务 | 项目化课程 | 专业为基础课主模块 | 专业基础课 |
|---|---|---|---|---|---|---|
| 影视制作类 | 后期编辑<br>新媒体制作与运营 | | 项目 X31:新媒体产品创意与设计(课内:24;课外:48)<br>项目 X32:新媒体产品的制作与推广(课内:24;课外:48)<br>项目 X33:融媒体产品的运营与推广(课内:24;课外:48) | "融媒体产品创作与实践"<br>课程性质:限定选修<br>学分:3;学时:48<br>开课学期:第六学期<br>包含项目 X33<br>课程性质:限定选修<br>学分:3;学时:48<br>开课学期:第五学期 | X28:"网络与新媒体概论"Z2;"网络技术"Z1;"影视包装"Z3;"演讲与论辩"Z1,Z3<br>X29:"网络与新媒体概论"Z1,Z2;"网络技术"Z2;"影视包装"Z2;"网络经营管理"Z1;"非线性编辑"Z2<br>X30:"网络与新媒体概论"Z3;"网络技术"Z1;"影视包装"Z1;"传播学导论"Z1;"非线性编辑"Z1<br>X31:"网络与新媒体概论"Z2;"网络技术"Z1;"传播学导论"Z2;"媒介经营管理"Z1<br>X32:"网络与新媒体概论"Z2;"传播学导论"Z2;"媒介管理"Z2<br>X33:"网络技术"Z2;"传播学导论"Z3;"非线性编辑"Z3 | |

注:Z1、Z2……:代表该专业基础课的模块 1、模块 2……。
X1、X2……:代表该项目化课程的模块 1、模块 2……。

## 2.3.2　专业课程知识结构体系

广播电视编导专业课程知识结构体系如表 2-21 和表 2-22 所示。

表 2-21 广播电视编导专业课程和知识结构体系 1

| 职位群 | 岗位名称 | 岗位任务 | 项目化任务 | 学时 课内 | 学时 课外 | 标准要求 | 测试方法 |
|---|---|---|---|---|---|---|---|
| 影视策划类 | 文案策划 | 文案写作基础 | X1:写作能力训练<br>任务一:阅读分析<br>公务员和事业编读理解岗位的基本能力是稳定的,包括阅读理解能力、归纳概括能力、贯彻执行能力、决策方案能力,分析论证能力等。<br>任务二:应用文写作<br>倡议书、编者按、行政公文、事务文书等文体的概念、特点、种类,写法和写作要求(对应专业基础课程主模块 Z1~Z4) | 33 | 66 | ①能够结合不同的语言情境展示阅读理解能力,归纳概括能力,贯彻执行能力,决策方案能力,分析论证能力和语言表达能力。<br>②独立撰写倡议书、编者按、行政公文、事务文书等文体或者公务员应该掌握的应用文体 | 课程题库(随机)10%+课堂研讨30%+项目作业 60%<br>其中项目作业包括:行政机关导师根据近三年国家公务员考试和省级公务员考试申论论真题进行测试,按照申论考试的阅卷评分标准打分 60%,教师结合学生作业的基本情况,根据评分标准对学生的作业打分 40% |
| | | | X2:基本素养与能力训练<br>任务一:基本素养与基本能力<br>省级机关,乡镇基层人民政府,基层政法机关的工作人员应该具备的基本素养与基本能力;<br>任务二:真题模拟<br>国家公务员考试真题模拟,省级公务员考试真题模拟<br>(对应专业基础课程主模块 Z5~Z10) | 15 | 30 | ①完成各种行政机关虚拟职位的基本素养与基本能力的测试;<br>②根据近一年国家公务员考试和省级公务员考试题进行模拟 | 课程题库(随机)10%+课堂研讨20%+项目作业 70%<br>其中项目作业包括:企业导师根据各个行政机关和事业单位工作的职位设计题目进行客观素养和能力评价占 60%,教师团队根据近一年的国家公务员考试和省级公务员考试的真题进行测试占 40% |

续表

| 职位群 | 岗位名称 | 岗位任务 | 项目化任务 | 学时 | | 标准要求 | 测试方法 |
|---|---|---|---|---|---|---|---|
| | | | | 课内 | 课外 | | |
| | 文案策划 | | X3：新媒体内容撰写制作<br>任务一：文案策划<br>新媒体平台的内容策划和制作，抖音号、视频号、头条号，小红书、微信和官网等新媒体账号的（内容产出）文案撰写策划和撰写，主要为选题策划、文案内容及内容输出。内容编辑，互动宣传资料整理。自媒体（公众号、小红书、抖音、视频号等）内容策划；<br>任务二：创意策划<br>品牌文案、产品文案、宣传文案、媒体软文，新媒体稿件的策划、创意，撰写与执行（对应专业基础课程主模块 Z11～Z19） | 40 | 80 | ①能够结合不同的新媒体平台内容，撰写策划，撰写内容；<br>②独立撰写新媒体内容视频脚本及拍摄剪辑，完成新媒体渠道的文案输出 | 课程题库（随机）10%＋课堂研讨20%＋项目作业70%<br>其中项目作业包括：企业导师根据行业真实项目完成新媒体类型文案撰写和创意策划，对新媒体文案的内容生产进行客观评价占60%，教师团队进行各类新媒体文案策划和撰写能力的掌握情况和进行新媒体文案和多媒体策划进行撰写和策划进行客观评价占40% |
| 影视策划类 | | 活动文案策划 | X4：新媒体运营与活动策划<br>任务一：运营推广<br>抖音、快手、B站、视频号、公众号、知乎、百家号、头条号等新媒体平台的搭建及新媒体矩阵的日常运营推广；<br>任务二：活动策划<br>策划线上线下粉丝互动等活动，相关活动方案的策划、创意提出，执行（对应专业基础课程主模块 Z20～Z29） | 24 | 48 | ①完成各新媒体平台运营，管理和推广工作，对运营情况进行把控；<br>②完成活动策划，针对粉丝引流等目标制定并执行各上线下活动 | 课程题库（随机）10%＋课堂研讨20%＋项目作业70%<br>其中项目作业包括：企业根据新媒体平台的日常运营及推广工作，活动策划成效进行客观评估占60%，教师团队根据新媒体渠道情况，新媒体渠道的建立及日常运营情况，制定并执行各媒体渠道评价客观评价占40% |

续表

| 职位群 | 岗位名称 | 岗位任务 | 项目化任务 | 学时 | | 标准要求 | 测试方法 |
|---|---|---|---|---|---|---|---|
| | | | | 课内 | 课外 | | |
| | 文案策划 | 活动文案策划 | X5:融媒体产品文案撰写与创作<br>任务一:文案创意与撰写<br>视频类产品,图文宣传产品,新闻类网络直播,购物类网络直播等媒体产品的形态及内容设计及相应文案的撰写;<br>任务二:产品创作与实践<br>视频文案,图文产品,直播宣传产品,新闻类视频类产品,图文类产品,购物类网络直播,网络物等媒体直播产品的制作实践<br>(对应专业基础课程主模块 Z30~Z40) | 24 | 48 | ①能够结合不同媒体平台的特色进行相应产品的内容设计与文案撰写;②独立进行视频脚本的撰写及拍摄剪辑,完成产品的制作 | 课程题库(随机)10%+课堂研讨20%+项目作业70%<br>其中项目作业包括:企业导师根据不同媒体平台的属性,产品要求进行客观评价占60%;教师团队根据媒体渠道的运营情况,结合自身经验,制定相应评价标准并进行客观评价40% |
| 影视策划类 | | | X6:纪录片的主要类型调研与定位,不同类型纪录片创作的调研<br>任务一:调研目前传媒公司在市场上创作的主要的纪录片类型;<br>任务二:对目前市场上的主要纪录片类型进行定位分析其针对的客户群特点<br>(对应专业基础课程主模块 ZA1~ZA6) | 8 | 16 | ①能够结合市场对传媒公司主要创作的纪录片类型进行总结分析,对纪录片在主流人群中的需求类型进行总结;②能够针对目前市场需求其针对的客户群特点 | 课程题库(随机)20%+课堂研讨30%+项目作业50%<br>其中项目作业包括:企业导师结合市场纪录片类型调研需求总结的实际市场定位对学生类型调研总结的实际市场调研占60%,教师团队结合类型纪录片发展进行客观评价占40% |

续表

| 职位群 | 岗位名称 | 岗位任务 | 项目化任务 | 学时 课内 | 学时 课外 | 标准要求 | 测试方法 |
|---|---|---|---|---|---|---|---|
| | | | X7:类型电影剧作研创(剧情片为主)<br>任务一:类型电影剧本研究(课内 24 时;课外 24 时),通过类型电影剧作结构研究,熟悉类型电影剧作特征,以大知小,构建电影剧本写作能力;<br>任务二:类型电影剧作创作(课内 12 学时;课外 24 学时),基本掌握类型电影剧作,着手写作微类型电影剧本研读能力之后。(对应专业基础课程主模块 Z47～Z57) | 24 | 48 | ①能够结合不同项目、平台特色和要求策划、撰写内容;<br>②独立撰写内容音频脚本及文案输出 | 通过作品企业评价(60%),教师评价(20%)及学生团队互评(20%)形式进行考核 |
| 影视策划类 | 文案策划 | 品牌类影视文案策划 | X8:品牌类企业影视策划<br>任务一:创意星球奖项目.《创意星球学院奖》项目是国内影响力非常大的创意营销活动竞赛、命题品牌企业涵盖 IT、食品、饮料、乳品、医药保健品、服装、日化等几十家品牌,其中不乏世界 500 强企业,国内针对头巨头以及成长型企业品牌,同时增设了毕业设计大赛和手机摄影大赛,成为全年度、广覆盖、高新性的大学生创意赛事平台,也是从学界到业界实现的高端平台;<br>任务二:短片创作前期筹备、创作前进行分工协作,一是建立剧组团队,二是规范化筹备,一是创作分镜头脚本;三是勘景;四是寻找演员并进行岗位培训;五是所有岗位进行岗位阐述(对应专业基础课程主模块 Z58～Z68) | 24 | 48 | ①能够结合和品牌牌要求和品牌特色品牌策划撰写内容;<br>②独立撰写内容分镜头本及文案输出 | 通过作品企业评价(60%),教师评价(20%)及学生团队互评(20%)形式进行考核 |

续表

| 职位群 | 岗位名称 | 岗位任务 | 项目化任务 | 学时 | | 标准要求 | 测试方法 |
|---|---|---|---|---|---|---|---|
| | | | | 课内 | 课外 | | |
| 影视策划类 | 文案策划 | 品牌类影视文案策划 | X9:全国大学生广告艺术大赛命题解析创作 任务一:命题解析,对比赛提供的命题元素进行解析,明确广告创作主题元素。基于命题对广商背景进行调研与分析; 任务二:选题创作,基于品牌表达主题对广告创意进行筛选与实施,完成广告语、画面、音乐、画外音及对白等元素的组合(对应专业基础课程主模块Z69~Z75) | 24 | 48 | ①能够结合市场相关知识、品牌的相关诉求、品牌定位完成品牌的广告作品; ②独立完成品牌的广告作品创作,并对其作品进行多角度解析 | 课程题库(随机30%+课堂研讨30%+项目作业40% 其中项目作业包括:企业导师结合产品实际定位对学生作品和作品定位的广告策划评价占60%;教师团队结合学生学习工作态度与作态度与工作质量进行客观评价占40% |
| | 编导助理 | 场景布光设计 | X10:影视产品配套影调、色调方案设计 任务一:分析产品定位、消费者画像等,根据定位设计影视项目主色调; 任务二:根据实施项目配色系列影视作品(对应专业基础课程主模块Z76~Z79) | 12 | 24 | 针对项目X1,学生达到及格水平以上,要达到的标准要求: ①色彩方案符合色彩心理学基本原理; ②色彩方案符合产品市场目标定位; ③色彩方案符合市场主流审美 | 针对项目X1的测试方法: 课程题库(随机40%+项目作业60% 其中项目作业实际定位和产品定位设计和产品评价占60%,教师团队结合色彩心理学基本理论和产品传播效果,进行客观评价占40% |

续表

| 职位群 | 岗位名称 | 岗位任务 | 项目化任务 | 学时 | | 标准要求 | 测试方法 |
|---|---|---|---|---|---|---|---|
| | | | | 课内 | 课外 | | |
| | | 场景布光设计 | X11:根据短视频脚本、微电影剧本,设计内景画面造型方案,完成影视作品制作,完成影视作品拍摄<br>任务一:严格按照分镜头脚本设计故事板,在此基础之上进行样片拍摄;<br>任务二:任务分镜头,故事板、客户反馈意见<br>任务三:任务分镜头、布光等,创作影视项目作品<br>(对应专业基础课程主模块 Z80~Z87) | 12 | 24 | 针对项目 X4,学生达到及格水平以上,要达到的标准要求:<br>①故事板与分镜头脚本的相关性达到80%及以上;<br>②色彩、影调符合情绪表达要求,不能产生情绪传递障碍;<br>③场景设计、布光等不能产生影响故事、剧情发展的不利影响,如"穿帮"等 | 针对项目 X4 的测试方法:课程题库(随机)40%+项目作业60%<br>其中项目作业包括:企业导师结合项目情绪设计与实际完成度进行客观评价占60%,教师团队结合影视项目点击量进行客观评价40% |
| 影视策划类 | 编导助理 | 脚本创作与影视作品编导 | X12:河南黑玺文化传播有限公司客户企划及运营项目<br>任务一:任务解析,对公司提供命题进行分析。基于命题对广商背景进行调研与分析;<br>任务二:明确广告创作主要元素,基于创作主题元素。<br>任务三:活动策划,基于品牌表达主题对广告创意进行筛选与实施;完成广告语、画面、音乐、画外音及对白等元素的组合(对应专业基础课程主模块 Z88~Z94) | 24 | 48 | ①在企业导师指导下,能够结合市场及品牌的相关知识,完成品牌诉求、品牌特点,品牌调性等广告要素的调研;<br>②结合企业相关岗位完成作品,辅助完成广告品牌的广告语、广告、画面创作,并独立对其作品及流程进行多角度解析与评价 | 课程题库(随机)30%+课堂研讨30%+项目作业40%<br>其中项目作业包括:企业导师结合产品实际定位对学生制定的客观评价占60%;教师团队结合学生学习工作态度进行客观评价40% |

续表

| 职位群 | 岗位名称 | 岗位任务 | 项目化任务 | 学时 | | 标准要求 | 测试方法 |
|---|---|---|---|---|---|---|---|
| | | | | 课内 | 课外 | | |
| | | | X13：短视频作品创作<br>任务一：中期拍摄，一是分场景拍摄，先外后内，先易后难；二是空镜头拍摄；三是搭景；四是导演负责制，各岗位配合；五是补拍镜头；<br>任务二：后期剪辑，一是先梳理素材，并根据剧本进行分类；二是根据创作方案，先进行粗剪；三是精剪，四是配乐，字幕；五是特效，再进行精剪；六是输出打包成品<br>（对应专业基础课程主模块 Z95～Z100） | 24 | 48 | ① 根据具体学科竞赛要求创作作品，参赛拿奖；<br>② 完成不同风格的作品的创作并执行各类等目标，制定并上线下活动 | 通过作品获奖情况（60%），教师评价（20%）及形式进行互评（20%）形式评分细则：一等为获奖情况评分细则：一等为60分，二等为50分，三等为40分 |
| 影视策划类 | 编导助理 | 脚本创作与影视作品编导 | X14：微电影作品创作<br>任务一：以学科竞赛为导向的作品创作及拍摄（课内 12 学时，课外 24 学时），中国梦大赛、中国梦等学科开展各个专业学会/协会项目，以学生竞赛项目化作品创作，引导学生提升社会化作品创作和适应能力；<br>任务二：微电影拍摄（课内 12 学时，课外 24 学时），基于本学期/学年微电影拍摄。还可以结合合同期片剧本进行微电影拍摄。还可以结合合同期其他项目团队开展的作品开展汇报影展；基于校内真实赛事活动，开展相关影展拍摄，准备拍摄，承接等工作<br>（对应专业基础课程主模块 Z101～Z126） | 24 | 48 | ① 根据具体学科竞赛要求创作作品，参赛拿奖；<br>② 完成影展策划，布展等目标，标制定并执行各类线上线下活动 | 通过作品获奖情况（60%），教师评价（20%）以及学生团队互评（20%）形式进行考核获奖情况评分细则：一等为60分，二等为50分，三等为40分，参加即获得30分 |

表 2-22　广播电视编导专业课程知识结构构体系 2

| 专业基础课程主模块 | | 所需知识、素质、能力 | 学时 | | 标准要求 | 测试方法 |
|---|---|---|---|---|---|---|
| | | | 课内 | 课外 | | |
| Z1 传播学与人类传播活动的发展 | 知识 | Z1.1 传播与传播学 (1) 传播与传播学的概念 | 2 | 4 | 能够了解传播学的发展进程，掌握传播、传播学的概念内涵 | 课程题库（随机）、传媒案例诊断、专题研讨 |
| | | (2) 传播学的奠基人与学术流派 | 2 | 4 | | |
| | | Z1.2 人类传播活动的发展历史 (1) 口语传播时代、文字传播时代 | 2 | 4 | 了解人类传播活动的发展进程，掌握不同传播时代的特点 | 课程题库（随机）、专题研讨、思维导图 |
| | | (2) 印刷传播时代、电子传播时代 | 2 | 4 | | |
| | | Z1.3 人类传播活动的基本类型 (1) 自我传播与人际传播 | 2 | 4 | 掌握不同类型传播活动的特点和规律 | 课程读书笔记、传媒热点调研 |
| | | (2) 群体传播、组织传播、大众传播 | 4 | 8 | | |
| | 素质 | 具备传播活动理性认知素质 | | | 能够从日常传播活动中发现传播规律 | — |
| | 能力 | 具备运用传播理论认识传播实践的初步能力 | | | 能够运用传播理论分析传播实践 | — |
| Z2 传播活动的"5W"要素 | 知识 | Z2.1 传播者 (1) 传播者的概念、权利与义务 | 1 | 2 | 掌握传播者的概念，理解"把关人"理论 | 课程题库（随机）、头脑风暴 |
| | | (2) "把关人"理论 | 1 | 2 | | |
| | | Z2.2 传播内容 (1) 符号的概念、语言符号、非语言符号 | 2 | 4 | 掌握语言符号、非语言符号的概念和作用，理解信息社会的一般特征 | 课程题库（随机）、传媒案例诊断、传媒热点调研、问卷制作分析 |
| | | (2) 信息的特征、信息爆炸、信息匮乏、信息污染 | 2 | 4 | | |
| | | Z2.3 传播媒介 (1) 媒介的宏观分析、微观分析 | 1 | 4 | 掌握不同传播媒介的特点，理解麦克卢汉的媒介观 | 课程题库（随机）、传媒经典共读 |
| | | (2) 麦克卢汉的媒介观 | 2 | 4 | | |

续表

| 专业基础课程主模块 | | 所需知识、素质、能力 | 学时 | | 标准要求 | 测试方法 |
|---|---|---|---|---|---|---|
| | | | 课内 | 课外 | | |
| Z2 传播活动的"5W"要素 | 知识 | Z2.4 受众<br>(1) 受众的概念和特点 | 1 | 4 | 掌握受众的分类与特点,传播效果的宏观效果类型,理解大众传播效果的宏观效果理论 | 课程题库(随机)、专题研讨,传媒案例诊断,传媒热点调研,学术小论文、问卷制作分析 |
| | | (2) 受众的心理特征、选择性理论、"使用与满足"理论 | 2 | 4 | | |
| | | Z2.5 传播效果<br>(1) 传播效果的宏观效果类型、传播效果类型理论 | 3 | 4 | | |
| | | (2) 大众传播效果的宏观效果理论:沉默螺旋理论、议程设置理论、培养理论、知沟理论 | 3 | 4 | | |
| | 素质 | 具备从事传播活动和传媒实践的基本专业素养 | | | 能够从"5W"要素对传播活动和传媒实践进行理性分析 | 一 |
| | 能力 | 具备发现、分析传播活动基本规律的能力,能够运用传播规律进行传播实践 | | | 能够运用传播理论指导传媒实践 | 一 |
| Z3 文学文体写作 | 知识 | Z3.1 微型小说的写作<br>小说的特点与微型小说的写作 | 1 | 2 | | 课程题库(随机) |
| | | Z3.2 诗歌的写作<br>(1) 故事的概念与故事的写作要点 | 1 | 6 | 掌握写故事的基本方法和练习方法 | |
| | | (2) 诗歌的起源与特点 | 1 | 2 | 掌握写故事如何从童年记忆、家族历史、梦境及新闻中挖掘故事创意 | 撰写一篇小说或者创作一首诗歌 |
| | | (3) 诗歌的种类 | 1 | 2 | | |
| | | (4) 诗歌的写作 | 2 | 4 | | 课程题库(随机) |

续表

| 专业基础课程主模块 | | 所需知识、素质、能力 | 学时 | | 标准要求 | 测试方法 |
|---|---|---|---|---|---|---|
| | | | 课内 | 课外 | | |
| Z3 文学文体写作 | 知识 | Z3.3 散文的写作<br>(1) 散文的特点 | 1 | 2 | 掌握写好人物和人物塑造的几种方法 | 课程题库(随机) |
| | | (2) 散文的写作 | 1 | 2 | | |
| | | Z3.4 戏剧的写作<br>"3W"人物写作法 | 2 | 4 | | — |
| | 素质 | 以现实生活为基础进行文学创作的基本素质 | | | 能够对生活进行有效观察,从生活中提炼故事创意并进行创造性表达,培养对文学浓厚的兴趣,养成思考问题的习惯,提高在创作中克服困难的毅力 | |
| | 能力 | 依据自己的亲身经历和丰富的想象创作小说、散文、诗歌和撰写剧本的能力 | | | 能够围绕某个主题进行故事创作 | 围绕主题进行故事构思和写作 |
| Z4 经典诗词鉴赏 | 知识 | Z4.1《关雎》《氓》《国殇》《行行重行行》 | 2 | 4 | 能够掌握经典诗词的概念,学会经典诗词鉴赏的方法,学会撰写经典诗词鉴赏的教案,课件并讲解 | 课程题库(随机) |
| | | Z4.2《陌上桑》陶渊明《饮酒·其五》李白《将进酒》,杜甫《登高》 | 2 | 4 | | |
| | | Z4.3 王维《山居秋暝》,白居易《琵琶行》,岑参《白雪歌》,韩愈《左迁至蓝关示侄孙湘》 | 2 | 4 | | |
| | | Z4.4 李商隐《锦瑟》,李煜《相见欢》,柳永《雨霖铃》,苏轼《江城子》(十年生死两茫茫) | 2 | 4 | | |
| | | Z4.5 李清照《凤凰台上忆吹箫》,辛弃疾《青玉案》(元夕),姜夔《暗香》,岳飞《满江红》 | 2 | 4 | | 课程题库(随机) |
| | | Z4.6 经典诗词讲评优秀节目展演 | 2 | 4 | | |

续表

| 专业基础课程主模块 | | 所需知识、素质、能力 | 学时 | | 标准要求 | 测试方法 |
|---|---|---|---|---|---|---|
| | | | 课内 | 课外 | | |
| Z4 经典诗词鉴赏 | 素质 | 具备文学审美观和层出不穷的创意理念 | | | 能够从经典古典文学作品中发现美、鉴赏美，除旧布新 | — |
| | 能力 | 具备熟悉经典文学，鉴赏经典文学的能力，能够应对相关的升学考试 | | | 能够掌握古典文学鉴赏的方法，能答出相应的考研试题 | 课程题库（随机） |
| Z5 文学文体写作 | 知识 | Z5.1 微型小说的写作 小说的特点、微型小说的特点与写作 | 1 | 2 | | 课程题库（随机） |
| | | Z5.2 诗歌的写作 (1) 故事的概念与故事的写作要点 | 1 | 6 | 掌握写故事的基本方法和练习方法 | |
| | | (2) 诗歌的起源与特点 | 1 | 2 | | 撰写一篇小说或者创作一首诗歌 |
| | | (3) 诗歌的种类 | 1 | 2 | 掌握如何从童年记忆、家族历史、梦境及新闻中挖掘故事创意 | 课程题库（随机） |
| | | (4) 诗歌的写作法 | 2 | 4 | | |
| | | Z5.3 散文写作 (1) 散文的特点 | 1 | 2 | 掌握写好人物和人物塑造的几种方法 | |
| | | (2) 散文的写作 | 1 | 2 | | 课程题库（随机） |
| | | Z5.4 戏剧的写作 "3W"人物写作法 | 2 | 4 | | |
| | 素质 | 以现实生活为基础进行文学创作的基本素质 | | | 能够对生活进行有效观察，从生活中提炼故事创意并进行创造性表达，培养对文学浓厚的兴趣，养成思考问题的习惯，提高在创作中克服困难的毅力 | — |
| | 能力 | 依据自己的亲身经历和丰富的想象创作小说、散文、诗歌和撰写戏剧本的能力 | | | 能够围绕某个主题进行故事创作 | 围绕主题进行故事构思和写作 |

68

续表

| 专业基础课程主模块 | 所需知识、素质、能力 | | 学时 | | 标准要求 | 测试方法 |
|---|---|---|---|---|---|---|
| | | | 课内 | 课外 | | |
| Z6 现代礼仪概说 | 知识 | Z6.1 现代礼仪概说<br>(1) 现代礼仪的概念 | 0.5 | 1 | 阅读课程学习资料,观看教学案例,撰写学习笔记 | 课程题库(随机) |
| | | (2) 现代礼仪的三大场景 | 0.5 | 1 | | |
| | | (3) 现代礼仪的七大板块 | 0.5 | 1 | | |
| | | (4) 现代礼仪的特征 | 0.5 | 1 | | |
| | 素质 | 形成现代礼仪意识 | | | 能够明确现代礼仪在当今社会活动中的重要价值 | — |
| | 能力 | 阅读学习资料,观看教学案例,提高资料收集、分析和整理能力 | | | 能够掌握现代礼仪的三大场景和七大板块,并熟悉现代礼仪的特征 | 课堂提问、课堂讨论 |
| Z7 求职与面试礼仪 | 知识 | Z7.1 求职与面试礼仪<br>求职面试的定义,求职面试的五大诀窍,求职面试的相关礼仪 | 2 | 4 | 通过学习演练,掌握求职设计及面试流程中仪态与形象设计及面试流程中仪态与使用方法,并能进行讲解说明 | 课程题库(随机) |
| | 素质 | 合理进行求职与面试礼仪的社会价值判断 | | | 能够掌握求职与面试礼仪规范及适用场景 | — |
| | 能力 | 掌握求职与面试礼仪的规范与使用方法 | | | 能够掌握求职与面试礼仪的规范及使用方法 | 课堂提问、课堂讨论、实训 |
| Z8 演讲稿的创作 | 知识 | Z8.1 演讲稿的写作<br>(1) 演讲稿的文体、标题、选材 | 1 | 2 | 通过学习运用六个部分的运用要领,掌握演讲稿写作六个部分,并能进行讲解说明,完成在线课程学习任务 | 课程题库(随机) |
| | | (2) 演讲稿的开头、主体、结尾 | 1 | 2 | | |
| | | (3) 演讲实训:演讲稿创作交流 | 2 | 4 | | |

续表

| 专业基础课程主模块 | | 所需知识、素质、能力 | 学时 | | 标准要求 | 测试方法 |
|---|---|---|---|---|---|---|
| | | | 课内 | 课外 | | |
| Z8 演讲的创作 | 知识 | Z8.2 演讲的表达艺术 | | | | |
| | | (1) 演讲有声语言表达艺术 | 1 | 2 | 通过学习演练,掌握演讲有声语言和态势语言表达艺术,并能进行讲解说明,完成在线课程学习任务 | 课程题库(随机) |
| | | (2) 演讲态势语言表达艺术 | 1 | 2 | | |
| | | (3) 演讲实训:情景演讲实训《初入职场的我们》《考研面试》 | 2 | 4 | | |
| | 素质 | 在演讲稿写作中明确不同类型演讲稿的写作方法,在演讲中会使用有声语言和态势语言讲中会使用有声语言和态势语 | | | 能够对不同类型演讲进行区分和应用,能够熟练演讲的有声语言和态势语言的运用要领 | — |
| | 能力 | 掌握演讲稿的结构和写作方法,以及演讲有声语言和态势语言的表达艺术 | | | 能够进行不同类型演讲有声语言和态势语言的写作,能培养演讲的态势语言综合应用,培养进行综合考研面试研究方向向学生考研面试形象设计技巧,提升学生的应试能力 | 课堂提问、课堂讨论、演讲实训 |
| Z9 传播学与人类传播活动的发展 | 知识 | Z9.1 传播与传播学 | | | | |
| | | (1) 传播与传播学的概念 | 2 | 4 | 能够了解传播学的发展进程,掌握传播学的概念内涵 | 课程题库(随机)、传媒案例 |
| | | (2) 传播学的奠基人与学术流派 | 2 | 4 | | 诊断、专题研讨 |
| | | Z9.2 人类传播活动的发展历史 | | | | |
| | | (1) 口语传播时代、文字传播时代 | 2 | 4 | 了解人类传播活动的发展进程,掌握不同传播时代的特点 | 课程题库(随机)、专题研讨、思维导图 |
| | | (2) 印刷传播时代、电子传播时代 | 2 | 4 | | |
| | | Z9.3 人类传播活动的基本类型 | | | | |
| | | (1) 自我传播与人际传播 | 2 | 4 | 掌握不同类型传播活动的特点和规律 | 课程题库(随机)、头脑风暴、传媒热点、课堂读书笔记、调研 |
| | | (2) 群体传播、组织传播、大众传播 | 4 | 8 | | |

续表

| 专业基础课程主模块 | | 所需知识、素质、能力 | 学时 | | 标 准 要 求 | 测 试 方 法 |
|---|---|---|---|---|---|---|
| | | | 课内 | 课外 | | |
| Z9 传播学与人类传播活动的发展 | 素质 | 具备传播活动理性认知素质 | | | 能够从日常传播活动中发现传播规律 | — |
| | 能力 | 具备运用传播理论认识传播实践的初步能力 | | | 能够运用传播理论分析传播实践 | — |
| | | Z10.1 传播者<br>(1) 传播者的概念、权利与义务 | 1 | 2 | 掌握传播者的概念,理解"把关人"理论 | 课程题库(随机)、头脑风暴 |
| | | (2) "把关人"理论 | 1 | 2 | | |
| | | Z10.2 传播内容<br>(1) 符号的概念、语言符号、非语言符号 | 2 | 4 | 掌握语言符号、非语言符号的作用,理解信息社会中的典型现象 | 课程题库(随机)、传媒案例诊断,传媒热点调研,问卷制作分析 |
| | | (2) 信息的特征、信息爆炸、信息匮乏、信息污染 | 2 | 4 | | |
| Z10 传播活动的"5W"要素 | 知识 | Z10.3 传播媒介<br>(1) 媒介的宏观分析、微观分析 | 1 | 4 | 掌握不同传播媒介的特点,理解麦克卢双的媒介观 | 课程题库(随机)、传媒经典共读 |
| | | (2) 麦克卢双的媒介观 | 2 | 4 | | |
| | | Z10.4 受众<br>(1) 受众的概念和特点 | 1 | 4 | 掌握受众的分类与特点,理解大众传播效果的宏观效果 | 课程题库(随机)、专题研讨、传媒案例诊断,学术小论文,问卷制作分析 |
| | | (2) 受众的心理特征、选择性理论、"使用与满足"理论 | 2 | 4 | | |
| | | Z10.5 传播效果<br>(1) 传播效果的概念、传播效果类型、传播技巧 | 3 | 4 | | |
| | | (2) 大众传播效果的宏观效果理论:沉默螺旋理论、议程设置理论、培养理论、知沟理论 | 3 | 4 | | |

续表

| 专业基础课程主模块 | 所需知识、素质、能力 | 学时 课内 | 学时 课外 | 标准要求 | 测试方法 |
|---|---|---|---|---|---|
| Z10 传播活动的"5W"要素 | 素质 具备从事传播活动和传媒实践的基本专业素养 | | | 能够从"5W"要素对传播活动和传媒实践进行理性分析 | — |
| | 能力 具备发现、分析传播活动基本规律的能力，能够运用传播规律进行传播实践 | | | 能够运用传播理论指导传媒实践 | — |
| Z11 影像中的元素 | 知识 Z11.1 视听语言导论 (1)视觉心理的形成机制：人的视听感知特性在影视中的运用 (2)视听语言的特点 | 2 | 2 | 认识视听语言课程的研究对象、研究方法及其发展的形成机制。理解：视觉心理的形成的特点；记录影像和幻觉性。视觉思维；形象元素间的组合关系带来视觉语言的表意 | 课程题库、线下作业、课下练习 |
| | Z11.2 画面造型语言Ⅰ (1)景别与角度 (2)焦距与景深 | 4 | 8 | 理解：景别、景别划分与选取；不同景深的画面造型特点。掌握：景深控制 | |
| | Z11.3 画面造型语言Ⅱ (1)构图 (2)色彩与光线 | 4 | 8 | 理解：构图在叙事、表意上的重要作用；色彩和光线的情绪暗示；视点的分类及其功能 | |
| | Z11.4 画面造型语言的练习 模仿经典电影中的一个片段，体现景别、景深、焦距、色彩、光线、构图的使用 | 2 | 4 | 掌握画面造型元素在影视中的综合使用 | |
| | Z11.5 镜头语言 (1)镜头的概念和定义 (2)镜头的运动 | 2 | 4 | 理解：镜头形式选取的标准；运动速度、场面调度的正确应用的魅力；对长镜头应用的作用 | |

续表

| 专业基础课程主模块 | | 所需知识、素质、能力 | 学时 | | 标准要求 | 测试方法 |
|---|---|---|---|---|---|---|
| | | | 课内 | 课外 | | |
| Z11 影像中的元素 | 知识 | Z11.6 场面调度<br>(1) 场面调度<br>(2) 长镜头 | 2 | 4 | 理解:场面调度和长镜头的概念 | 课程题库、线下作业、思维导图 |
| | | Z11.7 场面调度的练习<br>提供若干影视片段,组织学生观摩后,在影片中找到长镜头或场面调度的片段进行分析 | 2 | 4 | 掌握场面调度的能力 | |
| | | Z11.8 运动镜头的练习<br>利用固定镜头,运动镜头,长镜头,场面调度等镜头拍摄一段关于"镜子"的片段 | 2 | 6 | 了解中国香港和中国台湾电影商业化的进程及视听语言的使用 | |
| | 素质 | 影视思维的形成,用影视专业角度结构审美电影 | | | 能够从生活中发现美,并进行镜头性的创意表达 | — |
| | 能力 | 理解掌握影视语言基础性,语法性的知识,影视理论知识架构的建立 | | | 能够围绕某个主题完成基础性的镜头任务 | — |
| Z12 电视编辑技巧 | 知识 | Z12.1 电视叙事中的时间与空间<br>再现和构成两种表现形式<br>影视作品中时间空间的合集剪辑 | 1 | 2 | 再现和构成两种空间的表现形式 | 课程题库(随机)<br>观摩影视作品,分析电视叙事中的时间与空间 |
| | | Z12.2 剪辑中的一些规则<br>剪辑中的匹配原则,景别安排,运动表现 | 2 | 4 | 影视作品中的剪辑规则实际运用 | 课程题库(随机)<br>一组越轴镜头的剪与解决越轴同题的镜头方法 |
| | | Z12.3 场面转换<br>(1) 无技巧剪辑与技巧性剪辑 | 2 | 4 | 通过实际操作掌握影视作品中各种转场的方法和技巧 | 张艺谋的电影作品中无技巧性剪辑的镜头合辑 |
| | | (2) 无技巧剪辑与技巧性剪辑的方法 | 1 | 2 | | |

续表

| 专业基础课程主模块 | | 所需知识、素质、能力 | 学时 | | 标准要求 | 测试方法 |
|---|---|---|---|---|---|---|
| | | | 课内 | 课外 | | |
| ZL2 电视编辑技巧 | 知识 | ZL2.4 两种类型的剪辑<br>（1）叙事剪辑与表现剪辑 | 2 | 4 | 分析两种剪辑在实际作品中的应用技巧 | 课程题库（随机）影视作品中内在节奏与外在节奏的统一与区别是如何具体体现的 |
| | | （2）分析影视剧叙事剪辑与表现剪辑两种手法 | 1 | 2 | | |
| | | ZL2.5 剪辑中的结构与节奏 分析影视作品内容、结构与节奏的关系 | 2 | 4 | 分析影视作品内容与结构与节奏的关系 | 课程题库（随机）剪辑一组镜头、体现影视作品的叙事结构和蒙太奇结构 |
| | | ZL2.6 电视作品剪辑与创作（一）指定完成剪辑与创作评分（一） | 2 | 6 | 初步了解并掌握电视剪辑的技巧与实践应用 | 课程题库（随机）一组镜头按照要求剪辑的蒙太奇镜头片段 |
| | | ZL2.7 电视作品剪辑与创作（二）指定完成剪辑与创作（二） | 2 | 6 | 指定剪辑作品主要从画面、声音、内容和整体效果四个方面进行把握，创作不低于3分钟的剪辑作品 | 课程题库（随机）艺术成品3分钟 |
| | 素质 | 具备良好的视听言语审美和剪辑艺术修养，掌握各种剪辑技巧的基本规律 | | | 能够通过观摩各种优秀的影视作品，吸收优秀作品的剪辑经验，对各种艺术作品进行蒙太奇术和技巧的实际运用 | — |
| | 能力 | 具备不同艺术作品的剪辑和创作能力 | | | 能够围绕任务完成不同形态的艺术作品剪辑任务，作品具备一定的创作意和艺术创作水平 | 围绕主题进行各种艺术作品的剪辑与创作 |

续表

| 专业基础课程主模块 | | 所需知识、素质、能力 | 学时 课内 | 学时 课外 | 标准要求 | 测试方法 |
|---|---|---|---|---|---|---|
| Z13 文学写作基础 | 知识 | Z13.1 什么是影视文学写作<br>(1) 影视文学写作的理论基础 | 1 | 2 | 能够了解影视文学写作的基础理论，掌握影视文学写作学习的方法 | 课程题库（随机） |
| | | (2) 影视文学写作的特点 | 1 | 2 | | |
| | | Z13.2 影视文学写作的准备<br>(1) 影视文学写作主体的素养 | 1 | 2 | 掌握创新思维的方法和产生创意的方法，掌握通过三行诗训练创新思维和创意表达的方法 | 分组创作三行诗，并运用头脑风暴法，每小组完善3首三行诗作品 |
| | | (2) 影视文学写作主体的能力 | 1 | 2 | | |
| | | (3) 影视文学写作的规律 | 2 | 4 | | |
| | | Z13.3 影视文学写作的过程<br>(1) 选择材料与立意 | 2 | 4 | 掌握选择材料的途径和立意的基本方法 | 课程题库（随机） |
| | | (2) 谋篇与用语 | 2 | 4 | 掌握文学语言的特质和方法，掌握写作的基本构思 | |
| | | (3) 修改与传播 | 2 | 4 | | — |
| | 素质 | 影视文学写作过程 | | | 能够从生活中发现美，进行文学性的创意创作 | 围绕某个主题进行文学写作：散文 |
| | 能力 | 结构与构思 | | | 能够围绕某个主题完成基础的写作任务，文本具备一定的创意 | |
| Z14 不同类型的电视节目的发展与创新 | 知识 | Z14.1 电视新闻节目的基本元素和形态<br>(1) 熟悉电视新闻节目制作的方式<br>(2) 中国电视新闻节目的发展现状和竞争态势 | 4 | 8 | 能够了解各类型节目的历史沿革以及掌握不同节目类型的编排策划特性 | 课程题库（随机） |
| | | Z14.2 掌握各类型娱乐节目类型<br>(1) 了解我国电视娱乐节目的发展<br>(2) 新媒体时代对于娱乐节目的冲击 | 4 | 8 | 能够区分并熟悉各类节目制作与包装技巧 | 课程题库（随机） |

续表

| 专业基础课程主模块 | | 所需知识、素质、能力 | 学时 | | 标准要求 | 测试方法 |
|---|---|---|---|---|---|---|
| | | | 课内 | 课外 | | |
| Z14 不同类型电视节目的发展与创新 | 知识 | Z14.3 探究电视纪录片的特征、题材与创作手法<br>(1) 中国电视纪录片的发展历程<br>(2) 中国电视纪录片的发展现状及发展趋势等 | 6 | 12 | 能够在电视演播室了解及使用各种和电视制作设备制作节目 | 以演播室节目为例：学生掌握演播室节目制作系统操作置及导播系统操作 |
| | 素质 | 大量实例项目教学，让学生身临其境地感受不同类型节目制作的全过程 | | | 能够熟悉各种电视制作设备的技术原理 | — |
| | 能力 | 针对不同类型节目制作，形成并提升编导思维架构 | | | 能够熟练操作常用电视制作设备，达到对节目的拍摄、编辑、包装 | — |
| Z15 全媒体节目策划与实践 | 知识 | Z15.1 全媒体节目类型分析<br>(1) 了解媒介发展的五个阶段<br>(2) 全媒体节目的类型和特点 | 6 | 12 | 掌握节目策划研究的基本手段与途径，对现代媒介环境下节目发展趋势有清楚的认识 | 课程题库（随机） |
| | | Z15.2 全媒体节目的策划——广播电视节目策划<br>(1) 广播电视节目的特征与发展趋势<br>(2) 广播电视节目策划要点及实践 | 8 | 16 | 对电视节目的创作流程，要求有清晰的了解，能够独立撰写节目策划文案，能够协同完成电视节目文案创作，并进行复盘评估 | |
| | | Z15.3 全媒体节目的策划——网络及新媒体节目策划<br>(1) 网络及新媒体节目的特征与发展趋势<br>(2) 网络及新媒体节目策划要点及实践 | 8 | 16 | 对网络及新媒体节目有较为清晰的概念，熟悉其策划原则和基本思路，并能够针对时下热点和选题素材进行策划文案的撰写和专题报道的文案创作 | 以小组为单位分享论文成果 |
| | 素质 | 提升学生对节目内容的审美能力，培养创新意识和实践素质 | | | 对节目的内容质量有审美能力，对节目主体裁的准确性，呈现方式的适用性有一定的把控能力 | — |
| | 能力 | 结合史料及案例，具备节目策划、方案撰写、文案创作的基本能力 | | | 根据任务要求进行节目策划，并完成文案和节目创作 | — |

续表

| 专业基础课程主模块 | | 所需知识、素质、能力 | 学时 | | 标准要求 | 测试方法 |
|---|---|---|---|---|---|---|
| | | | 课内 | 课外 | | |
| Z16 艺术总论 | 知识 | Z16.1 艺术的本质与特征<br>(1) 艺术的本质<br>(2) 艺术的特征 | 4 | 8 | 能深刻理解并掌握艺术的本质特征理论 | 课程题库(随机) |
| | | Z16.2 艺术的起源<br>(1) 关于艺术起源的几种观点<br>(2) 人类实践与艺术起源的多元决定论 | 4 | 8 | 能多角度地理解艺术的起源 | |
| | | Z16.3 艺术的功能与艺术教育<br>(1) 艺术的社会化功能<br>(2) 艺术教育 | 4 | 8 | 能理解艺术的作用及实施艺术教育的重要性 | |
| | | Z16.4 文化系统中的艺术<br>(1) 文化概说<br>(2) 艺术与文化大系统间的关系<br>(3) 艺术与其他精神文化间的关系 | 4 | 8 | 能理解文化的内涵并深刻理解艺术与文化大系统及与其他精神文化之间的关系 | |
| | 素质 | 掌握艺术学科的基础理论 | | | 掌握艺术学科的基础理论 | — |
| | 能力 | 具备理论的综合归纳能力 | | | 能够对某一艺术理论进行多角度的解读 | — |
| Z17 纪录片概述 | 知识 | Z17.2 纪录片概述<br>(1) 纪录片的概念<br>(2) 纪录片的主要特征<br>(3) 纪录片的主要类型 | 1 | 6 | 掌握纪录片的概念、特征与主要类型 | 课程题库(随机)<br>文本呈现<br>总结自己喜欢的纪录片类型与特点 |
| | 素质 | 提高自身的纪录片审美与艺术素养 | | | 在感受真、善、美的过程中形成健康的三观和良好的人格品质 | — |
| | 能力 | 了解与掌握纪录片的理论知识,并运用理论知识进行实际有效的纪录片分析 | | | 从主观感受纪录片入手,向理性分析进发,能够从类型纪录片、时空观、叙事与造型、长镜头与蒙太奇、符号学等不同角度剖析纪录片 | 影评写作<br>结合具体的纪录片影片能够尝试从不同的角度分析该作品 |

续表

| 专业基础课程主模块 | 所需知识、素质、能力 | | 学时（课内） | 学时（课外） | 标准要求 | 测试方法 |
|---|---|---|---|---|---|---|
| Z18 网络基础知识 | 知识 | Z18.1 计算机网络概述、组成原理和功能及数据通信原理（1）计算机网络发展的四个时代（2）三种数据通信方式 | 6 | 12 | 能够用计算机网络技术原理基本知识分析日常生活中的应用案例 | 课程题库（随机）小论文 原理分析论文 |
| | | Z18.2 网络硬件设备、传输介质和拓扑结构（1）交换机与路由器（2）网络拓扑结构 | 4 | 8 | 熟悉网络设备的应用原理，能够使用工具制作双绞线连接器 | 课程题库（随机） |
| | | Z18.3 网络分层、TCP/IP、IP 地址和网络域名（1）网络七层协议与 TCP/IP（2）IP 地址分类 | 6 | 12 | 熟悉计算机网络协议，能够正确地在计算机局域网中设置 IP | 课程题库（随机）小论文 原理分析论文 |
| | 素质 | 具备对计算机网络应用的逻辑思维 | | | — | — |
| | 能力 | 能够使用专用工具制作网线和设置局域网 IP 地址 | | | — | — |
| Z19 课程导入和媒介概念、媒介发展和形成 | 知识 | Z19.1 社交媒体之手我们 | 1 | 3 | 能根据项目课题要求寻找合适的资料 | 课程题库（随机） |
| | | Z19.2 融媒体的发展、纸媒的未来 | 1 | 3 | 清晰阐述调研的目的、内容，以及整理出符合逻辑的材料 | |
| | | Z19.3 中西方媒介市场的形成过程 | 1 | 3 | 能根据项目课题要求寻找合适的资料 | |
| | | Z19.4 商业报纸及其特点（二次销售） | 1 | 3 | 清晰阐述调研的目的、内容，以及整理出符合逻辑的材料 | |
| | 素质 | 概念掌握和认知拓展 | | | 能够根据任务项目独立完成规划、调研、收集和分析 | 调研报告（PPT） |
| | 能力 | 调研资料的收集、分析和整理的能力 | | | | |

续表

| 专业基础课程主模块 | | 所需知识、素质、能力 | 学时 | | 标准要求 | 测试方法 |
|---|---|---|---|---|---|---|
| | | | 课内 | 课外 | | |
| Z20 声音关系和蒙太奇 | 知识 | Z20.1 影视中的声音<br>(1) 声音有哪些元素<br>(2) 声音的时空属性<br>(3) 声音在影视中的作用 | 2 | 4 | 了解：影视作品中声音的分类；理解：声音在叙事和抒情上的作用；不同类型声音的作用 | 课程题库 |
| | | Z20.2 声画关系的分类 | 2 | 4 | 掌握声画四对关系的概念 | 线下作业 |
| | | Z20.3 声画关系的练习<br>模仿电影《大独裁者》中经典片段的声画对位，拍摄一段声画表现声音和画面的视频 | 2 | 4 | 熟练运用声画关系 | 线下作业 |
| | | Z20.4 蒙太奇<br>(1) 蒙太奇概念<br>(2) 蒙太奇基本原则 | 2 | 4 | 理解：剪辑对于时空的省略和延滞作用；苏联蒙太奇学派；垂直蒙太奇，理性蒙太奇；交叉剪辑，平行剪辑，段落经典剪辑；风格化剪辑；非连贯剪辑，跳接 | 课程题库 |
| | | Z20.5 蒙太奇剪辑练习<br>实践教学：利用蒙太奇理论，剪辑一段关于"最后一分钟营救"的片段 | 2 | 4 | 掌握为什么有一种说法是"片子不是拍出来的，而是剪出来的"；剪辑的魅力和魔力何在；剪辑是如何形成不同意义，强化戏剧冲突的 | 线下作业 |
| | | Z20.6 拉片训练<br>完成电影《辛德勒的名单》前 30 分钟的拉片 | 2 | 4 | 掌握电影中镜头、视听元素的具体使用 | 线下作业 |
| | 素质 | 影视化叙事思维的形成 | | | 能够对生活进行有效观察，从生活中提炼故事创意并进行创造性表达 | — |
| | 能力 | 理解并掌握蒙太奇的组合效果 | | | 能够围绕某个主题进行视听画面的组合创作 | — |

续表

| 专业基础课程主模块 | | 所需知识、素质、能力 | 学时 | | 标准要求 | 测试方法 |
|---|---|---|---|---|---|---|
| | | | 课内 | 课外 | | |
| Z21 电视编辑理论 | 知识 | Z21.1 一种新思维——蒙太奇(升学方向重点) (1) 蒙太奇的概念、产生和发展 | 1 | 2 | | 课程题库(随机) |
| | | (2) 蒙太奇与长镜头 | 1 | 2 | 掌握编辑的基本方法和练习方法 | |
| | | (3) 蒙太奇表现手法 | 1 | 2 | 借用大量的举证及相关材料和最新成果加深学生对蒙太奇的认识 | |
| | | Z21.2 剪辑的发展过程与蒙太奇的发展过程 | 2 | 4 | 借用大量的举证及相关材料和最新成果,加深学生对蒙太奇的认识 | 课程题库(随机) |
| | 素质 | 具备对剪辑艺术的观察力、洞察力及影像想象力 | | | 一种特殊蒙太奇——长镜头。多种蒙太奇艺术的剪辑认知与操作 | 课程题库(随机) 多种蒙太奇艺术的剪辑认知与操作 |
| | 能力 | 具备视听语言分析和剪辑手法分析的能力 | | | 能够围绕某个选题主题进行剪辑创作的分析 | 围绕主题进行试听解析和剪辑艺术手法分析 |
| Z22 艺术总论 | 知识 | Z22.1 艺术的本质与特征 (1) 艺术的本质 (2) 艺术的特征 | 4 | 8 | 能深刻理解并掌握艺术的本质与特征理论 | 课程题库(随机) |
| | | Z22.2 艺术的起源 (1) 关于艺术起源的几种观点 (2) 人类实践与艺术起源的多元决定 | 4 | 8 | 能多角度地理解艺术的起源 | |
| | | Z22.3 艺术的功能与艺术教育 (1) 艺术的社会化功能 (2) 艺术教育 | 4 | 8 | 能理解艺术的作用及实施艺术教育的重要性 | |
| | | Z22.4 文化系统中的艺术 (1) 文化概说 (2) 艺术与文化大系统间的关系 (3) 艺术与其他精神文化间的关系 | 4 | 8 | 能理解文化的内涵并深刻理解艺术与文化大系及与其他精神文化之间的关系 | |

续表

| 专业基础课程主模块 | 所需知识、素质、能力 | | 学时 | | 标准要求 | 测试方法 |
|---|---|---|---|---|---|---|
| | | | 课内 | 课外 | | |
| Z22 艺术总论 | 素质 | 掌握艺术学科的基础理论 | | | | — |
| | 能力 | 具备理论的综合归纳能力 | | | 能够对某一艺术理论进行多角度的解读 | — |
| Z23 电视编辑技巧 | 知识 | Z23.1 电视叙事中的时间与空间 再现和构成两种空间的表现形式 | 1 | 2 | 再现和构成两种空间的表现形式 | 课程题库(随机) 观摩影视作品,分析电视叙事的时间与空间 |
| | | Z23.2 剪辑中的一些规则 剪辑中的匹配原则,景别安排、运动表现 | 2 | 4 | 影视作品中的剪辑规则实际运用 | 课程题库(随机) 一组越轴镜头的剪辑与解决越轴问题的镜头方法 |
| | | Z23.3 场面转换 (1) 无技巧剪辑与技巧性剪辑 | 2 | 4 | 通过实际操作掌握影视作品中各种转场的方法和技巧 | 张艺谋的电影作品中无技巧性剪辑的镜头合辑 |
| | | (2) 无技巧剪辑与技巧性剪辑的方法 | 1 | 2 | | |
| | | Z23.4 两种类型的剪辑 (1) 叙事剪辑与表现剪辑 | 2 | 4 | 分析两种剪辑在实际作品中的应用技巧 | 课程题库(随机) 影视作品中内与外在节奏的统一与区别是如何具体体现的 |
| | | (2) 分析影视作品叙事剪辑与表现剪辑两种手法 | 1 | 2 | | |
| | | Z23.5 剪辑中的结构与节奏 分析影视作品内容,结构与节奏的关系 | 2 | 4 | 分析影视作品内容与结构与节奏的关系 | 课程题库(随机) 剪辑一组镜头,体现影视作品的叙事结构和蒙太奇结构 |
| | | Z23.6 电视作品剪辑与创作(一) 指定完成剪辑与创作评分(一) | 2 | 6 | 初步了解影视剪辑的技巧与实践应用 | 课程题库(随机) 一组镜头按照要求剪分一组成品3分钟片段 |
| | | Z23.7 电视作品剪辑与创作(二) 指定完成剪辑与创作(二) | 2 | 6 | 指定剪辑作品主要从画面、声音、内容和整体效果四个方面进行把握,创作不低于3分钟的剪辑作品 | 课程题库(随机) 艺术成品3分钟 |

续表

| 专业基础课程主模块 | | 所需知识、素质、能力 | 学时 | | 标准要求 | 测试方法 |
|---|---|---|---|---|---|---|
| | | | 课内 | 课外 | | |
| Z23 电视编辑技巧 | 素质 | 具备良好的视听语言审美和剪辑艺术修养、掌握各种剪辑技巧的基本规律 | | | 能够通过观摩各种优秀的影视作品，吸收优秀作品的剪辑经验，对各种艺术作品进行蒙太奇基本规律和技巧的实际运用 | — |
| | 能力 | 具备不同艺术作品的剪辑和创作能力 | | | 能够围绕任务完成不同形态的艺术作品剪辑任务，作品具备一定的创意和艺术创作水平 | 围绕主题进行各种艺术作品的剪辑与创作 |
| Z24 影视文学写作基础 | | 具备对生活的观察力、洞察力及文学想象力 | 1 | 2 | | |
| | | 具备发现故事和写作故事的能力 | 1 | 2 | | |
| | 知识 | Z24.1 解说词 (1) 解说词的文体特征 | 1 | 2 | 掌握自由诗的文体特征和写作要点 | 课程题库（随机） |
| | | (2) 解说词的写作要点 | 1 | 2 | 掌握解说词的文体特征和写作要点 | 课程题库（随机） |
| | | Z24.2 影视广告 (1) 影视广告的创意与写作 | 1 | 2 | 掌握影视广告脚本的文体特征和写作要点 | ①以当年毕业设计选题为任务，分小组进行解说词的文体特征和写作②告根据学校，以真实项目进行主持词任务写作 |
| | | (2) 影视广告文体特征与写作要点 | 1 | 2 | | |
| | | Z24.3 微电影脚本 (1) 微电影脚本的创意写作基础 | 1 | 2 | 掌握电影剧本的文体特征和写作要点 | 课程题库（随机） |
| | | (2) 微电影剧本的写作要点 | 1 | 2 | | |
| | | Z24.4 影视剧脚本写作基础 (1) 影视剧脚本的文体特征 | 1 | 2 | 初步了解并掌握影视文学中几种文体的文体特征和基础性写作技巧 | 课程题库（随机） |
| | | (2) 影视剧脚本的写作要点 | 1 | 2 | | 课程题库（随机） |
| | | (3) 影视剧脚本的写作训练 | 1 | 2 | 初步了解并掌握电影剧本的文体特征和基础性写作技巧 | 课程题库（随机） |

续表

| 专业基础课程主模块 | | 所需知识、素质、能力 | 学时 | | 标准要求 | 测试方法 |
|---|---|---|---|---|---|---|
| | | | 课内 | 课外 | | |
| Z2.4 影视文学写作基础 | 素质 | Z2.4.5 影视文学写作的基本素质<br>(1) 了解说词，影视电影剧本的写作要点；具备良好的文学审美和艺术修养，了解各种文体写作规律 | | | 能够通过观摩各种文体的优秀作品，吸收优秀作品的经验，掌握各种文体的基本规律写作技巧 | — |
| | 能力 | Z2.4.6 影视文学写作的基本能力<br>创作：解说词，影视和微电影脚本；具备不同文体的创意写作能力 | | | 能够围绕主题完成不同文体的写作任务，作品具备一定的创意 | 围绕主题进行各种文体的写作 |
| Z2.5 不同类型的电视节目的发展与创新 | 知识 | Z2.5.1 电视新闻节目的基本元素和形态<br>(1) 熟悉电视新闻节目制作的方式<br>(2) 中国电视新闻节目的发展现状和竞争态势 | 4 | 8 | 能够了解各类型节目的历史沿革以及掌握不同节目类型编排策划特性 | 课程题库（随机） |
| | | Z2.5.2 掌握娱乐类电视娱乐节目的概念和类型<br>(1) 了解我国电视娱乐节目的发展<br>(2) 新媒体时代对于娱乐类节目的冲击 | 4 | 8 | 能够区分并熟悉各类节目制作与包装技巧 | |
| | | Z2.5.3 探究电视纪录片的特征、题材创作与写作手法<br>(1) 中国电视纪录片的发展历程<br>(2) 中国电视纪录片的发展现状及发展趋势等 | 6 | 12 | 能够在电视演播室了解及使用各种电视制作设备制作节目 | 以演播室节目为例：学生掌握演播室节目制作的机位设置及导播系统操作 |
| | 素质 | 大量实例项目教学，让学生身临其境地感受不同类型节目制作的全过程 | | | 能够熟悉操作常用电视制作设备，达到对节目的技术原理 | — |
| | 能力 | 针对不同类型节目制作，形成并提升编导思维架构 | | | 能够熟练操作常用电视制作设备，达到对节目的拍摄、编辑、包装 | — |

续表

| 专业基础课程主模块 | | 所需知识、素质、能力 | 学时 | | 标准要求 | 测试方法 |
|---|---|---|---|---|---|---|
| | | | 课内 | 课外 | | |
| Z26 视频文案的策划与创作 | 知识 | Z26.1 视频文案概论及创作原则<br>(1)视频文案策划概论<br>(2)视频文案的创作原则 | 6 | 12 | 对各类视频文案特点和创作要求有清晰概念，明确其基本要求和创作原则 | 课程题库(随机) |
| | | Z26.2 视频文案创作方法与技巧——主题与结构<br>(1)视频文案创作中主题的把握<br>(2)视频文案创作过程中的结构解析 | 8 | 16 | 掌握文案创作的主题表达方法，能够独立完成视频文案的创意策划和结构架构 | 原创短片 |
| | | Z26.3 视频文案创作方法与技巧——文法与技巧<br>(1)视频文案写作原则<br>(2)视频文案创作实践 | 8 | 16 | 能够掌握文案创作的一般性技巧，善于收集素材，独立创意，并完成视频文案的策划与创作 | 按照小组策划进行人员分配，完成文案写作 |
| | 素质 | 提升学生文案创作过程中的创新意识，解构文案的逻辑思维以及表达思维等 | | | 培养科学分析、逻辑结构、文案语言表达等素质 | — |
| | 能力 | 掌握文案的策划原则，以及标题创作、故事化讲述、细节挖掘等技巧 | | | 根据任务综合运用多种技巧创作视频文案 | — |
| Z27 局域网组网及应用 | 知识 | Z27.1 网络互联技术应用、电视台网和网络安全<br>(1)局域网在媒体的应用形式<br>(2)网络安全技术手段 | 6 | 12 | 能够根据项目化任务的组网要求设计小型非编网和宿舍网 | 课程题库(随机) |
| | | Z27.2 流媒体技术、无线局域网和电视节目无线传输<br>(1)流媒体原理与应用<br>(2)Wi-Fi与无线局域网应用 | 6 | 12 | 熟悉网络直播技术原理和无线局域网应用 | 计算机组网实验报告 |

续表

| 专业基础课程主模块 | | 所需知识、素质、能力 | 学时 | | 标准要求 | 测试方法 |
|---|---|---|---|---|---|---|
| | | | 课内 | 课外 | | |
| Z27 局域网组网及应用 | 知识 | Z27.3 三网融合和物联网应用<br>(1) 三网融合与 NGB<br>(2) 传感技术与物联网应用 | 4 | 8 | 了解最新网络技术应用原理 | 课程题库（随机） |
| | 素质 | 掌握网络技术知识,适应互联网思维 | | | — | — |
| | 能力 | 能够用计算机网络技术解决日常生活中的应用问题 | | | — | — |
| Z28 艺术系统 | 知识 | Z28.1 艺术创作<br>(1) 艺术创作的主体——艺术家<br>(2) 艺术创作过程<br>(3) 艺术创作心理<br>(4) 艺术风格、流派、思潮 | 2 | 4 | 系统掌握艺术创作的过程及不同的艺术风格、流派和思潮 | 课程题库（随机） |
| | | Z28.2 艺术作品<br>(1) 艺术作品的层次<br>(2) 典型艺术意境<br>(3) 中国传统艺术精神 | 2 | 4 | 明确艺术作品的层次,掌握典型、意境及中国的传统艺术精神 | |
| | | Z28.3 艺术鉴赏<br>(1) 艺术鉴赏的一般规律<br>(2) 艺术鉴赏的审美心理<br>(3) 艺术鉴赏的审美过程<br>(3) 艺术鉴赏的艺术批评 | 2 | 4 | 掌握艺术鉴赏的审美心理、过程及艺术批评的相关内容 | 课程题库（随机） |
| | 素质 | 了解完整的艺术系统 | | | 能够掌握完整的艺术创作、作品、鉴赏这一艺术生产过程 | — |
| | 能力 | 能够用艺术系统相关理论,指导自己的艺术创作及艺术欣赏 | | | 能够进行艺术创作,并具备专业的艺术批评能力 | 创作出自己的艺术作品或写出专业的艺术评论文章 |

续表

| 专业基础课程主模块 | | 所需知识、素质、能力 | 学时 | | 标准要求 | 测试方法 |
|---|---|---|---|---|---|---|
| | | | 课内 | 课外 | | |
| Z29 纪录片的创作 | 知识 | Z29.1 纪录片的选题及其前期准备 | | 8 | 掌握纪录片题材的选择需要注意的事项及其前期准备需要做的工作 | 课程题库(随机) 文本呈现 选题策划的PPT一份 |
| | | (1) 纪录片选题的关键注意事项 | 2 | | | |
| | | (2) 纪录片前期准备过程中的调研访、方案写作、拍摄提纲 | 2 | | | |
| | | Z29.2 纪录片的拍摄 | | 8 | 掌握现场拍摄中的意识与注意事项，制作完成自己的无技巧剪辑小组纪实作品 | 课程题库(随机) 作品呈现 拍摄制作无技巧剪辑小组纪实作品 |
| | | (1) 现场拍摄中的意识与注意事项 | 2 | | | |
| | | (2) 纪录片拍摄创作实践 | 2 | | | |
| | | Z29.3 纪录片的采访 | | 8 | 掌握纪录片的现场采访过程中的问题设计、采访原则，制作完成自己的小组采访作品 | 课程题库(随机) 作品呈现 制作完成自己的小组采访作品 |
| | | (1) 纪录片的现场采访过程中的问题设计、采访原则 | 2 | | | |
| | | (2) 纪录片采访实践 | 2 | | | |
| | | Z29.4 纪录片后期制作 | | 8 | 掌握纪录片后期制作流程及要点，学习老师分享的纪录片影评文章，分析该作品在后期剪辑过程中运用的剪辑技巧，写一篇小论文 | 课程题库(随机) 文本呈现 剪辑技巧运用的小论文 |
| | | (1) 纪录片后期制作流程及要点 | 2 | | | |
| | | (2) 纪录片剪辑实践 | 2 | | | |
| | | Z29.5 纪录片实训创作 | | 8 | 掌握纪录片的叙事技巧、剪辑的技法技巧，撰写解说词，以及对纪录片节奏、结构的把握，结构完整的纪录片作品 | 课程题库(随机) 作品呈现 一部完整的纪录片作品 |
| | | (1) 纪录片的叙事手段、剪辑的技法技巧 | 2 | | | |
| | | (2) 撰写解说词，以及对纪录片节奏、结构的把握 | 2 | | | |
| | 素质 | 具备对于不同类型纪录片选题策划、前期准备、拍摄、采访到后期剪辑的审美与艺术素养 | | | 在潜移默化中受到教育，创作与审美能力在日积月累后提高 | — |
| | 能力 | 能够从纪录片选题策划、前期准备、拍摄、采访到后期剪辑、独立制作完成一部完整的纪录片作品 | | | 从拍摄、前期准备、采访到后期剪辑并独立制作一部纪录片的能力 | 从专业的角度去创作纪录片并且具备一定的实践价值 |

续表

| 专业基础课程主模块 | | 所需知识、素质、能力 | 学时 | | 标准要求 | 测试方法 |
|---|---|---|---|---|---|---|
| | | | 课内 | 课外 | | |
| Z30 声音关系和蒙太奇 | 知识 | Z30.1 影视中的声音<br>(1) 声音有哪些元素<br>(2) 声音的时空属性<br>(3) 声音在影视中的作用 | 2 | 4 | 了解：影视作品中声音的分类；理解：声音在叙事和抒情上的作用；不同类型声音的作用 | 课程题库 |
| | | Z30.2 声画关系的分类 | 2 | 4 | 掌握声画四对关系的概念 | 线下作业 |
| | | Z30.3 声画关系的练习<br>模仿电影《大独裁者》中经典的声画对位、拍摄一段表现声音和画面的视频 | 2 | 4 | 熟练运用声画关系 | 线下作业 |
| | | Z30.4 蒙太奇<br>(1) 蒙太奇概念<br>(2) 蒙太奇基本原则 | 2 | 4 | 理解：剪辑对于时空的省略和延滞作用；苏联蒙太奇学派、杂耍蒙太奇，理性蒙太奇；垂直蒙太奇；立足于叙事的经典剪辑；交叉剪辑、平行剪辑和段落剪辑、风格化剪辑；非连贯剪辑、跳接 | 课程题库 |
| | | Z30.5 蒙太奇剪辑练习<br>实践教学：利用蒙太奇理论，剪辑一段关于"最后一分钟营救"的片段 | 2 | 4 | 掌握为什么有一种说法是"片子不是拍出来的，而是剪出来的"；剪辑的魅力和取向何在，剪辑是如何形成不同意义，强化戏剧冲突的 | 线下作业 |
| | | Z30.6 拉片训练<br>完成电影《辛德勒的名单》前 30 分钟的拉片 | 2 | 4 | 掌握电影中镜头、视听元素的具体使用 | 线下作业 |
| | 素质 | 影视化叙事思维的形成 | | | 能够对生活进行有效观察，从生活中提炼故事并进行创意性表达 | — |
| | 能力 | 理解掌握蒙太奇的组合效果 | | | 能够围绕某个主题进行视听画面的组合创作 | — |

续表

| 专业基础课程主模块 | | 所需知识、素质、能力 | 学时 | | 标准要求 | 测试方法 |
|---|---|---|---|---|---|---|
| | | | 课内 | 课外 | | |
| Z31 课程导入和媒介概念、媒介发展和形成 | 知识 | Z31.1 社交媒体之手我们 | 1 | 3 | 能根据项目课题要求寻找合适的资料 | |
| | | Z31.2 融媒体的发展、纸媒的未来 | 1 | 3 | 清晰阐述调研的目的、内容、以及整理出符合逻辑的材料 | 课程题库（随机） |
| | | Z31.3 中西方媒介市场的形成过程 | 1 | 3 | 能根据项目课题要求寻找合适的资料 | |
| | | Z31.4 商业报纸及其特点（二次销售） | 1 | 3 | 清晰阐述调研的目的、内容、以及整理出符合逻辑的材料 | |
| | 素质 | 概念掌握和认知拓展 | | | 能够根据任务项目独立完成规划、调研、收集、整理和分析 | — |
| | 能力 | 调研资料的收集、分析和整理的能力 | | | | 调研报告（PPT） |
| Z32 电视编辑理论 | 知识 | Z32.1 一种新思维——蒙太奇（升学方向重点）<br>（1）蒙太奇的概念、产生和发展 | 1 | 2 | 掌握编辑的基本方法和练习方法 | 课程题库（随机） |
| | | （2）蒙太奇与长镜头 | 1 | 2 | 借用大量的举证及相关材料和最新成果，加深学生对蒙太奇的认识 | 借用大量的举证及相关材料和最新成果加深学生对蒙太奇的认识 |
| | | （3）蒙太奇表现手法 | 1 | 2 | | |
| | 素质 | Z32.2 剪辑的发展过程与蒙太奇的发展过程<br>具备对剪辑艺术的观察力、洞察力及影像想象力 | 2 | 4 | 一种特殊蒙太奇——长镜头。多种蒙太奇艺术的剪辑认知与操作 | 课程题库（随机）<br>课程题库（随机）多种蒙太奇艺术的剪辑认知与操作 |
| | 能力 | 具备视听语言分析和剪辑手法分析的能力 | | | 能够围绕某个选题进行剪辑创作的分析 | 围绕主题进行试听解析和剪辑艺术手法分析 |

续表

| 专业基础课程主模块 | | 所需知识、素质、能力 | 学时 课内 | 学时 课外 | 标准要求 | 测试方法 |
|---|---|---|---|---|---|---|
| Z33 电视编辑技巧 | 知识 | Z33.1 电视叙事中的时间与空间<br>再现和构成两种空间的表现形式<br>(1) 影视作品中时间与空间的合集剪辑 | 1 | 2 | 再现和构成两种空间的表现形式 | 课程题库(随机)观摩影视作品，分析电视叙事的时间与空间 |
| | | Z33.2 剪辑中的一些规则<br>剪辑中的匹配原则、景别安排、运动表现 | 2 | 4 | 能够实际运用影视作品中的剪辑规则 | 课程题库(随机)一组越轴镜头的剪辑与解决越轴问题的镜头方法 |
| | | Z33.3 场面转换<br>(1) 无技巧剪辑与技巧性剪辑 | 2 | 4 | 通过实际操作掌握影视作品中各种转场的方法和技巧 | 张艺谋的电影作品中无技巧性剪辑的镜头的体现 |
| | | (2) 无技巧剪辑与技巧性剪辑与创作 | 1 | 2 | | |
| | | Z33.4 两种类型的剪辑<br>(1) 叙事剪辑与技巧性表现剪辑 | 2 | 4 | 分析两种剪辑在实际作品中的应用技巧 | 课程题库(随机)影视作品中内在节奏与外在节奏的统一与区别是如何具体的 |
| | | (2) 分析影视作品叙事剪辑与表现剪辑两种手法 | 1 | 2 | | |
| | | Z33.5 剪辑中的结构与节奏<br>分析影视作品内容、结构与节奏的关系 | 2 | 4 | 分析影视作品内容、结构与节奏的关系 | 课程题库(随机)剪辑一组镜头，体现影视作品的叙事结构和蒙太奇结构 |
| | | Z33.6 电视作品剪辑与创作(一)<br>指定完成剪辑与创作评分(一) | 2 | 6 | 初步了解并掌握电视剪辑的技巧与实践应用 | 课程题库(随机)一组按照要求剪辑的镜头成品片段 |
| | | Z33.7 电视作品剪辑与创作(二)<br>指定完成剪辑与创作(二) | 2 | 6 | 指定剪辑作品主要从画面、声音、内容和整体效果四个方面进行把握、创作，创作不少于3分钟的剪辑作品 | 课程题库(随机)艺术成品 3 分钟 |
| | 素质 | 具备良好的视听语言审美和剪辑艺术修养，掌握各种剪辑技巧与实际应用 | | | 能够通过观摩各种优秀的影视作品，对各种艺术作品的剪辑经验、吸收和整体效果的艺术作品进行蒙太奇基本规律的实际运用 | — |
| | 能力 | 具备不同艺术作品的剪辑和创作能力 | | | 能够围绕任务完成不同形态的艺术作品剪辑，作品具备一定的创作意和艺术创作水平 | 围绕主题进行各种作品的剪辑与创作 |

续表

| 专业基础课程主模块 | | 所需知识、素质、能力 | 学时 | | 标准要求 | 测试方法 |
|---|---|---|---|---|---|---|
| | | | 课内 | 课外 | | |
| Z34 文学写作基础 | 知识 | Z34.1 什么是影视文学写作 | | | 能够了解影视文学写作的基础理论，掌握影视文学写作的学习方法 | 课程题库（随机） |
| | | （1）影视文学写作的理论基础 | 1 | 2 | | |
| | | （2）影视文学写作的特点 | 1 | 2 | | |
| | | Z34.2 影视文学写作的准备 | | | 掌握创新思维的方法和产生创意的方法，掌握通过三行诗训练创新思维和创意表达的方法 | 分组创作三行诗，并运用头脑风暴法，每小组完善 3 首三行诗作品 |
| | | （1）影视文学写作主体的准备 | 1 | 2 | | |
| | | （2）影视文学写作主体的能力 | 1 | 2 | | |
| | | （3）影视文学写作的规律 | 2 | 4 | | |
| | | Z34.3 影视文学写作的过程 | | | 掌握选择材料的途径和立意的基本方法 | 课程题库（随机） |
| | | （1）选择材料与立意 | 2 | 4 | | |
| | | （2）谋篇与用语 | 2 | 4 | 掌握文学语言的特质和方法，掌握写作的基本构思 | |
| | | （3）修改与传播 | 2 | 4 | | |
| | 素质 | 影视文学写作过程 | | | 能够从生活中发现美，并进行文学性的创意表达 | — |
| | 能力 | 结构与构思 | | | 能够围绕某个主题完成基础的写作任务，文本具备一定的创意 | 围绕某主题进行文学写作：散文 |
| Z35 新媒体人的职业素养与受众分析 | 知识 | Z35.1 理解和掌握媒体不同岗位的设置以及工作范畴 | 2 | 4 | 能够在规定时间内完成项目调研、表达出主题创意 | 课程题库（随机） |
| | | （1）全媒体不同工作岗位的划分 | | | | |
| | | （2）不同岗位的工作范畴 | | | | |
| | | Z35.2 熟悉全媒体人的职业素养，以及发展现状与未来趋势 | 4 | 8 | 通过讨论全媒体从业人员应具备的职业素养，做好课堂小组汇报准备 | 原创短片按照小组策划进行人员分配，并拍摄短片 |
| | | （1）不同类型从业人员的职业素养 | | | | |
| | | （2）传统媒体的发展现状及未来趋势 | | | | |

续表

| 专业基础课程主模块 | | 所需知识、素质、能力 | 学时 | | 标准要求 | 测试方法 |
|---|---|---|---|---|---|---|
| | | | 课内 | 课外 | | |
| Z35 新媒体人的职业素养与受众分析 | 知识 | Z35.3 受众的定义、特征、重要性<br>(1) 受众的群体特征及构成、文化心理结构<br>(2) 影响受众的态度及如何满足受众接受心理 | 4 | 8 | 能够准确阐述合理正向的编导思维，完成前期创作及策划工作 | 原创短片<br>按照小组策划进行人员分配，并拍摄短片 |
| | 素质 | 具备正确的政治方向和社会主义核心价值观 | | | 能够养成记录拍摄习惯，并具有创新性 | — |
| | 能力 | 具备完成影视短片制作的能力 | | | 能够根据策划方案，完成影视短片制作，制定规范合理的制作流程 | — |
| Z36 全媒体广告创作与策划 | 知识 | Z36.1 受众认识与研究<br>(1) 受众的群体特征及构成、文化心理结构<br>(2) 影响受众态度的因素及如何满足受众接受心理 | 4 | 8 | 掌握受众研究的基本手段与途径，对现代媒介下的受众变化趋势有清楚认识 | 课程题库（随机） |
| | | Z36.2 产品定位与创意生产<br>(1) 了解产品定位的内涵及其意义<br>(2) 创意的产生及原则 | 8 | 16 | 能够将受众产品与创意生产创意生产，创建立抽象联系 | — |
| | | Z36.3 全媒体环境下广告制作与投放<br>(1) 智能传播媒介的兴起及其特点<br>(2) 新媒介广告制作与投放的核心理念及要素 | 8 | 16 | 掌握智能传播环境下广告的制作及投放原则，能够依据产品特点有效投放广告并监测广告效果 | 创作作品评析 |
| | 素质 | 提升学生创意创作意识、数据导向思维 | | | 培养创意创作与广告调查、数据分析相结合的素质 | — |
| | 能力 | 融媒体环境下广告的全流程创作能力 | | | 根据任务设计制作广告策划方案，并按方案完成广告制作流程 | — |

91

续表

| 专业基础课程主模块 | | 所需知识、素质、能力 | | 学时 | | 标准要求 | 测试方法 |
|---|---|---|---|---|---|---|---|
| | | | | 课内 | 课外 | | |
| Z37 艺术种类 | 知识 | Z37.1 实用艺术<br>(1) 实用艺术的主要种类<br>(2) 实用艺术的审美特征 | | 2 | 4 | 能够对不同形式的艺术品进行分类，并掌握每一类艺术品的审美特征 | 课程题库（随机） |
| | | Z37.2 造型艺术<br>(1) 造型艺术的主要种类<br>(2) 造型艺术的审美特征 | | 2 | 4 | | |
| | | Z37.3 表情艺术<br>(1) 表情艺术的主要种类<br>(2) 表情艺术的审美特征 | | 2 | 4 | | |
| | | Z37.4 综合艺术<br>(1) 综合艺术的主要种类<br>(2) 综合艺术的审美特征 | | 2 | 4 | | |
| | | Z37.5 语言艺术<br>(1) 语言艺术的主要体裁<br>(2) 语言艺术的审美特征 | | 2 | 4 | | |
| | 素质 | 要掌握不同种类艺术的审美特征 | | | | 能够敏锐捕捉各种形式艺术品的审美特征 | — |
| | 能力 | 具备较为专业的艺术欣赏能力 | | | | 能够对不同种类的艺术精品进行专业的赏析 | 写出较高水平的艺术赏析文章 |

续表

| 专业基础课程主模块 | | 所需知识、素质、能力 | 学时 | | 标准要求 | 测试方法 |
|---|---|---|---|---|---|---|
| | | | 课内 | 课外 | | |
| | 知识 | Z38.1 世界纪录片发展历程<br>(1) 世界纪录片发展过程中的主要人物之弗拉哈迪、维尔托夫纪录片大师的创作理念与代表作品 | 2 | 12 | 掌握世界纪录片发展历程中的主要人物的创作特点及其代表作品的相关知识 | 课程题库（随机）<br>文本呈现<br>结合世界纪录片发展历程中的代表纪录片作品分析艺术特性 |
| | | (2) 世界纪录片发展过程中的主要人物之格里尔逊、伊文思纪录片大师的创作理念与代表作品 | 2 | | | |
| | | (3) 世界纪录片发展过程中的主要人物之里芬斯塔尔、让鲁什纪录片大师的创作理念与代表作品 | 2 | | | |
| Z38 纪录片发展历程 | | Z38.2 中国纪录片发展历程<br>(1) 我国纪录片的起步期 | 1 | 6 | 掌握中国纪录片发展过程中不同时期的不同创作特点与代表作品 | 课程题库（随机）<br>文本呈现<br>总结我国不同时期纪录片代表作品的特点 |
| | | (2) 我国纪录片的发展期 | 1 | | | |
| | | (3) 我国纪录片的提高期 | 1 | | | |
| | 素质 | 提高自身对不同时期纪录片的审美 | | | 在感受纪录片特点过程中形成良好的人格品质 | — |
| | 能力 | 了解与掌握纪录片发展历程中纪录片的相关理论知识，并运用理论知识尝试在不同的文化特征下分析该作品 | | | 从具体的时代入手结合当时的历史特点分析总结纪录片呈现出的创作特点 | 影评写作<br>结合具体的影片能够尝试在不同的文化特征与文化内涵 |

续表

| 专业基础课程主模块 | | 所需知识、素质、能力 | 学时 | | 标准要求 | 测试方法 |
|---|---|---|---|---|---|---|
| | | | 课内 | 课外 | | |
| Z39 网络基础知识 | 知识 | Z39.1 计算机网络概述、组成原理和功能及数据通信原理 (1)计算机网络发展的四个时代 (2)三种数据通信方式 | 6 | 12 | 能够用计算机网络技术原理基本知识分析日常生活中的应用案例 | 课程题库(随机) 小论文 原理分析论文 |
| | | Z39.2 网络硬件设备,传输介质和拓扑结构 (1)交换机与路由器 (2)网络拓扑结构 | 4 | 8 | 熟悉网络设备的应用原理,能够使用工具制作双绞线连接器 | 课程题库(随机) |
| | | Z39.3 网络分层、TCP/IP,IP地址和网络域名 (1)网络七层协议与TCP/IP (2)IP地址与分类 | 6 | 12 | 熟悉计算机网络协议,能够正确地在计算机局域网中设置IP | 课程题库(随机) 小论文 原理分析论文 |
| | 素质 | 具备对计算机网络应用的逻辑思维 | | | — | — |
| | 能力 | 能够使用专用工具制作网线和设置局域网IP地址 | | | — | — |
| Z40 媒介作为产业和其特性以及媒介的社会功能 | 知识 | Z40.1 事业单位和企业单位的功能和特点 | 1 | 3 | 能根据项目课题要求寻找合适的资料 | 课程题库(随机) |
| | | Z40.2 媒介作为事业单位与企业单位的不同 | 1 | 3 | | |
| | | Z40.3 媒介的文化属性及文化属性下的特征体现 | 1 | 4 | | |
| | | Z40.4 媒介的经济属性及文化属性下的特征体现 | 1 | 4 | | |
| | | Z40.5 媒介作为产业的作用和意义 | 1 | 4 | | |
| | | Z40.6 媒介对于其他产业和国家形象的影响和塑造 | 1 | 4 | 清晰阐述调研的目的、内容,以及整理出符合逻辑的材料 | 课程题库(随机) |
| | | Z40.7 功能说1:环境监视功能、社会协调功能、社会传承功能 | 1 | 4 | | 课程题库(随机) |
| | | Z40.8 功能说2:娱乐功能、经济功能、社会地位赋予功能、麻醉性功能 | 1 | 4 | | |

续表

| 专业基础课程主模块 | 所需知识、素质、能力 | | 学时 | | 标准要求 | 测试方法 |
|---|---|---|---|---|---|---|
| | | | 课内 | 课外 | | |
| ZA0 媒介合作为产业和其特性以及媒介的社会功能 | 素质 | 知识识记和认知拓展 | | | 能够根据任务项目独立完成规划、调研、收集、整理和分析 | 一 |
| | 能力 | 能够根据任务项目独立完成规划、调研、收集、整理和分析 | | | 一 | 书面论文 |
| ZA1 电视编辑概述 | 知识 | ZA1.1 电视编辑工作的概念 | 1 | 2 | 能够了解电视编辑工作的基础理论 | 课程题库(随机) |
| | | ZA1.2 电视编辑工作流程 | 1 | 2 | 掌握电视编辑的相关工作流程 | 课程题库(随机) |
| | | ZA1.3 电视编辑的双重特性 | 1 | 2 | 掌握镜头语言的特质和方法、掌握剪辑艺术的基本理念与构思 | 课程题库(随机) |
| | | ZA1.4 电视编辑的艺术表现 | 1 | 2 | 剪辑艺术的基本理念与构思 | 课程题库(随机) |
| | 素质 | 电视编辑的基本工作理念与工作流程 | | | 能够从剪辑中发观艺术规则并进行剪辑艺术的创意表达 | 课程题库(随机) |
| | 能力 | 具备剪辑艺术的认知与思考能力和创意表达能力 | | | 能够围绕某个艺术作品完成基础的剪辑艺术分析 | 从主观感性入手、向理性分析进发、具备从类型片、时空观、叙事与造型、长镜头与蒙太奇、符号学等不同角度剖析和创作电视片的能力 |
| ZA2 影视艺术的特性与发展趋势 | 知识 | ZA2.1 影视艺术的特性 | 2 | 4 | 影视艺术的基本知识、掌握教材涉及的影视艺术特性的相关知识 | 课程题库(随机)　文本呈现　结合具体的影片分析艺术特性 |
| | | ZA2.2 影视艺术的发展趋势 | 2 | 4 | 掌握影视艺术发展过程中形式、内容、国家等不同趋势的发展趋势 | 课程题库(随机)　文本呈现　总结影视艺术的发展趋势 |

续表

| 专业基础课程主模块 | | 所需知识、素质、能力 | 学时 | | 标准要求 | 测试方法 |
|---|---|---|---|---|---|---|
| | | | 课内 | 课外 | | |
| ZA2 影视艺术的特性与发展趋势 | 素质 | 提高自身的影视审美与艺术素养 | | | 在感受真、善、美的过程中形成健康的三观和良好的人格品质 | — |
| | 能力 | 了解与掌握电影理论知识，并运用理论知识进行实际有效的影视分析的能力 | | | 从主观感性入手，向理性分析进发，具备从类型电影，时空观、叙事与造型、长镜头与蒙太奇，符号学等不同角度剖析电影 | 影评写作 结合具体的影片能够尝试从不同的角度分析该作品 |
| | 知识 | ZA3.1 全媒体节目类型分析 (1) 了解媒介发展的五个阶段 (2) 全媒体节目的类型和特点 | 6 | 12 | 掌握节目策划研究的基本手段与途径，对现代媒介环境下的节目发展趋势有清楚的认识 | 课程题库（随机） |
| | | ZA3.2 全媒体节目的策划——广播电视节目策划 (1) 广播电视节目的特征与发展趋势 (2) 广播电视节目策划要点及实践 | 8 | 16 | 对电视节目的创作流程、要求有清晰的了解，能够独立撰写节目策划文案，能够协同完成电视节目文案创作，并进行复盘评估 | |
| ZA3 全媒体节目策划与实践 | | ZA3.3 全媒体节目的策划——网络及新媒体节目策划 (1) 网络及新媒体节目的特征与发展趋势 (2) 网络及新媒体节目策划要点及实践 | 8 | 16 | 对网络及新媒体节目有较为清晰的概念，熟悉其策划原则和基本思路，并能够针对时下热点和专题报道进行策划、文案对时事热点和专题报道进行策划的文案创作 | 以小组为单位分享论文成果 |
| | 素质 | 提升学生对节目内容的审美能力，培养创新意识和实践素质 | | | 对节目的内容质量有审美能力，对节目体裁的准确性，呈现方式的适用性有一定的把控能力 | — |
| | 能力 | 结合史料及案例，具备节目策划、方案撰写、文案创作的基本能力 | | | 根据任务要求进行节目策划，并完成文案和节目创作 | — |

续表

| 专业基础课程主模块 | 所需知识、素质、能力 | 学时 课内 | 学时 课外 | 标准要求 | 测试方法 |
|---|---|---|---|---|---|
| | **知识** Z44.2 纪录片概述<br>(1)纪录片的概念<br>(2)纪录片的主要特征<br>(3)纪录片的主要类型 | 1 | 6 | 掌握纪录片的概念、特征与主要类型 | 课程题库(随机)<br>文本呈现<br>总结自己喜欢的纪录片类型与特点 |
| Z44 纪录片概述 | **素质** 提高自身的纪录片审美与艺术素养 | | | 在感受真、善、美的过程中形成健康的三观和良好的人格品质 | 一 |
| | **能力** 了解与掌握纪录片的理论知识,并运用理论知识进行实际有效的纪录片分析的能力 | | | 从主观感受性入手,向理性分析进发,具备从类型纪录片,时空观,叙事与蒙太奇,长镜头等不同角度剖析纪录片 | 影评写作<br>结合具体的纪录片,能够尝试从不同的角度分析该作品 |
| | **知识** Z45.1 世界纪录片发展历程<br>(1)世界纪录片发展过程中的主要人物之弗拉哈迪、维尔托夫纪录片大师的创作理念与代表作品 | 2 | 12 | 掌握世界纪录片发展历程中的主要人物的相关知识 | 课程题库(随机)<br>文本呈现<br>结合世界纪录片发展历程中的代表纪录片作品分析艺术特性 |
| | (2)世界纪录片发展过程中的主要人物之格里尔逊、伊文思纪录片大师的创作理念与代表作品 | 2 | | | |
| Z45 纪录片发展历程 | (3)世界纪录片发展过程中的主要人物之里芬斯塔尔的理念与作品 | 2 | | | |
| | **知识** Z45.2 中国纪录片发展历程<br>(1)我国纪录片发展的起步期 | 1 | 6 | 掌握中国纪录片发展过程中不同时期的不同创作特点与代表作品 | 课程题库(随机)<br>文本呈现<br>总结我国不同时期纪录片代表作品的特点 |
| | (2)我国纪录片的发展期 | 1 | | | |
| | (3)我国纪录片的提高期 | 1 | | | |

续表

| 专业基础<br>课程主模块 | | 所需知识、素质、能力 | 学时 | | 标准要求 | 测试方法 |
|---|---|---|---|---|---|---|
| | | | 课内 | 课外 | | |
| | 素质 | 提高自身对不同时期纪录片的审美 | | | 在感受纪录片特点的过程中形成良好的人格品质 | — |
| Z45 纪录片<br>发展历程 | 能力 | 了解与掌握纪录片发展历程中纪录片的相关理论知识，并运用理论知识总结纪录片的特点 | | | 从具体的时代入手，结合当时的历史特点，分析总结纪录片呈现出的创作特征与文化内涵 | 影评写作<br>结合具体的影片，能够尝试从不同的文化特征分析该作品 |
| | | Z46.1 电影史绪论<br>(1) 电影诞生前的发明时期<br>(2) 学习电影史的意义<br>(3) 电影史包含的内容方面 | 2 | 2 | 了解世界电影的起源与早期电影的表现，要求学生理解电影是科学产物，掌握卢米埃尔、梅里爱与早期电影 | 课程题库 |
| | | Z46.2 美国电影史<br>(1) 20 世纪 20 年代早期电影和蒙太奇叙事<br>(2) 20 世纪 30 年代好莱坞电影的崛起<br>(3) 新好莱坞的类型电影 | 4 | 6 | 了解电影作为一种艺术形式在叙事上的成熟与发展。理解并掌握默片时代电影叙事作为工业的发展把电影作为工业发展的成熟。理解好莱坞发展把《公民凯恩》对好莱坞传统的突破 | 课程题库、线下调查、线下论文 |
| Z46 中国大<br>陆以外电影<br>发展历程 | 知识 | Z46.3 欧洲先锋派电影运动<br>(1) 法国印象主义和超现实主义倾向的各种流派<br>(2) 德国表现主义美学追求 | 2 | 5 | 理解 1917—1928 年, 欧洲电影美学探索中出现的众多电影流派学派、重要电影艺术理论家及其作品 | 课程题库 |
| | | Z46.4 意大利新现实主义<br>(1) 意大利早期电影的发展<br>(2) 意大利新现实主义 | 2 | 4 | 理解并掌握意大利新现实主义是世界电影史上出现的第二次电影运动 | 课程题库 |
| | | Z46.5 法国"新浪潮"电影运动和左岸派<br>(1) 法国"新浪潮"电影<br>(2) 法国"左岸派"电影 | 2 | 6 | 掌握法国"新浪潮"电影产生的背景与主要作者、作品及风格特征。理解法国"新浪潮"运动是世界电影史上的第三次电影运动 | 课程题库、线下研讨 |

续表

| 专业基础<br>课程主模块 | | 所需知识、素质、能力 | 学时 | | 标 准 要 求 | 测 试 方 法 |
|---|---|---|---|---|---|---|
| | | | 课内 | 课外 | | |
| Z46 中国大<br>陆以外电影<br>发展历程 | 知识 | Z46.6 民族电影兴起中的日本电影<br>(1) 日本早期电影的发展<br>(2) 民族电影兴起中的日本电影 | 2 | 4 | 了解日本电影的发展历程；了解并理<br>解日本民族电影的几位大师级人物 | 课程题库、线下论文 |
| | | Z46.7 中国港台电影发展史<br>(1) 中国香港电影发展<br>(2) 中国台湾电影发展 | 2 | 6 | 了解中国香港电影商业化的进程，了<br>解中国台湾电影中视听语言的使用 | 课程题库、思维导图 |
| | 素质 | 影视美学和审美观念的提升 | | | 发现影视中的美学，具有评判电影的<br>能力 | — |
| | 能力 | 理解掌握电影历史发展脉络，影视写作和鉴赏力的初步<br>形成 | | | 具备论文严谨和逻辑性；能够多维度<br>解读评析电影 | — |
| Z47 影像中<br>的元素 | 知识 | Z47.1 视听语言导论<br>(1) 视觉心理的形成机制；人的视听感知特<br>性在影视中的运用<br>(2) 视听语言的特点 | 2 | 2 | 认识视听语言课程的研究对象、研究<br>方法及其产生和发展的过程。理解：<br>视觉心理的形成机制。掌握：视听语<br>言的特性、记录本性和幻觉性。视觉<br>思维、形象思维。视听语言感知特<br>点。形象元素间的组合关系带来视<br>觉语言的表意 | 课程题库、线下作业 |
| | | Z47.2 画面造型语言 I<br>(1) 景别与角度<br>(2) 焦距与景深 | 4 | 8 | 理解：景别划分与选取；不同景深的画<br>面造型特点。掌握：景深控制 | |

续表

| 专业基础课程主模块 | 所需知识、素质、能力 | 学时 | | 标准要求 | 测试方法 |
|---|---|---|---|---|---|
| | | 课内 | 课外 | | |
| ZA7 影像中的元素 | 知识 ZA7.3 画面造型语言 II (1)构图 (2)色彩与光线 | 4 | 8 | 理解:构图在叙事、表意和象征三大任务上的重要作用;色彩和光线的情绪暗示;视点的分类及其功能 | 课程题库、线下作业、课下练习 |
| | ZA7.4 画面造型语言的练习 模仿经典电影中的一个片段,体现景别、景深、焦距、色彩、光线、构图的使用 | 2 | 4 | 掌握画面造型元素在影视中的综合使用 | |
| | ZA7.5 镜头语言 (1)镜头的概念和定义 (2)镜头的运动 | 2 | 4 | 理解:镜头形式选取的标准;运动的魅力;对长镜头应用的正确态度、场面调度的作用 | |
| | ZA7.6 场面调度 (1)场面调度 (2)长镜头 | 2 | 4 | 理解:场面调度和长镜头的概念 | 课程题库、线下作业、思维导图 |
| | ZA7.7 场面调度的练习 提供若干影视片段,组织学生观摩后,在影片中找到长镜头或场面调度的片段进行分析 | 2 | 4 | 掌握场面调度的能力 | |
| | ZA7.8 运动镜头拍摄的练习 利用固定镜头、运动镜头、长镜头、场面调度等镜头语言,拍摄一段关于"镜子"的片段 | 2 | 6 | 了解香港电影商业化的进程,了解台湾电影中视听语言的使用 | |
| | 素质 影视思维的形成,用影视专业角度结构审美电影 | | | 能够从生活中发现美,并进行镜头性的创意表达 | — |
| | 能力 理解掌握影视语言基础性、语法性的知识,影视理论知识架构的建立 | | | 能够围绕某个主题完成基础的镜头任务 | — |

续表

| 专业基础课程主模块 | 所需知识、素质、能力 | | 学时 | | 标准要求 | 测试方法 |
|---|---|---|---|---|---|---|
| | | | 课内 | 课外 | | |
| Z48 声音和蒙太奇关系主模块 | 知识 | Z48.1 影视中的声音 (1)声音有哪些元素 (2)声音的时空属性 (3)声音在影视中的作用 | 2 | 4 | 了解:影视作品中声音的分类 理解:声音在叙事和抒情上的作用;不同类型声音的作用 | 课程题库 |
| | | Z48.2 声画关系的分类 | 2 | 4 | 掌握声画四对关系的概念 | 线下作业 |
| | | Z48.3 声画关系的练习 模仿电影《大独裁者》中经典的声画对位、拍摄一段声画表现声音和画面画面的视频 | 2 | 4 | 熟练运用声画关系 | 线下作业 |
| | | Z48.4 蒙太奇 (1)蒙太奇概念 (2)蒙太奇基本原则 | 2 | 4 | 理解:剪辑对于时空的省略作用和延滞作用;苏联蒙太奇学派;杂要蒙太奇,理性蒙太奇,垂直蒙太奇,交叉剪辑,平行剪辑和叙事的经典剪辑;风格化剪辑;非连贯剪辑,跳切剪接 | 课程题库 |
| | | Z48.5 蒙太奇剪辑练习 实践教学:利用蒙太奇理论,剪辑一段关于"最后一分钟营救"的片段 | 2 | 4 | 掌握蒙太奇为什么有一种说法是"片子不是拍出来的,而是剪出来的";剪辑的魅力和魔力何在;剪辑是如何形成不同意义,强化戏剧冲突的 | 线下作业 |
| | | Z48.6 拉片训练 完成电影《辛德勒的名单》前30分钟的拉片 | 2 | 4 | 掌握电影中镜头、视听元素的具体使用 | 线下作业 |
| | 素质 | 影视化叙事思维的形成 | | | 能够对生活进行有效观察,从生活中提炼故事并意于创意性表达 | — |
| | 能力 | 理解掌握蒙太奇的合成效果 | | | 能够围绕某个主题进行视听画面的组合创作 | — |

续表

| 专业基础课程主模块 | | 所需知识,素质,能力 | 学时 | | 标准要求 | 测试方法 |
|---|---|---|---|---|---|---|
| | | | 课内 | 课外 | | |
| Z49 非线性编辑软件 Premiere 的剪辑特效应用 | 知识 | Z49.1 Premiere 视频特效及色彩校正 ①视频特效的分类;②视频特效的基本操作;③影视调色原理;④色彩要素;⑤色彩校正的常用参数;⑥色彩校正的常用视图 | 4 | 8 | 能够熟练制作视频特效,完成影片基本调色 | 实训检测:制作丰富的视频特效,如局部马赛克、打字机效果、稳定抖动画面等 |
| | | Z49.2 Preemie 画面叠加及音频编辑 ①Alpha 通道,具体案例:②画面叠加的方法;③键控技术,具体案例:混合模式、蒙版;④音频概述;⑤编辑音频;⑥音频的基本操作;⑦音频过渡与音频特效 | 4 | 8 | 能够熟练完成多画面叠加合成的制作,以及影片音频合成特效的处理 | 实训检测:画面叠加与抠像特效 |
| | | Z49.3 Preemie 外挂特效插件 ①安装插件,具体案例:复制法、安装法、升级安装法等;②特效插件应用,具体案例:Shine 插件、Star-glow 插件、Impact Rays 插件、Beat Edit 插件、Magic Bullet Looks 插件 | 4 | 8 | 熟练掌握各类插件的安装与应用,完成实训案例的制作 | 实训检测:特效插件的应用 |
| | 素质 | — | | | 能够独立完成影片的剪辑与合成 | — |
| | 能力 | — | | | 能够用影视特效的方式表现一定的审美 | — |
| Z50 非线性编辑软件 Edius 的实践应用 | 知识 | Z50.1 Edius 编辑基础应用及视音频编辑 ①Edius软件启动及工程设置;②工作界面和素材管理;③视频布局 | 2 | 4 | 快速熟练地掌握非线性编辑软件 Edius 对视音频编辑的实训应用 | 实训检测:视音频剪辑、字幕制作与特效合成 |
| | | Z50.2 Edius 的特效 ①视频特效;②音频滤镜;③转场特效 | 3 | 6 | 能够熟练使用 Edius 处理视频特效与音频滤镜 | — |
| | | Z50.3 Edius 字幕制作及视频输出 参照案例,使用指定素材进行剪辑 | 3 | 6 | 熟练应用影套嵌套效果,熟练掌握效果控件中位置、缩放与旋转参数的设置,及关键帧的添加技巧 | — |

续表

| 专业基础课程主模块 | 所需知识、素质、能力 | | 学时 | | 标准要求 | 测试方法 |
|---|---|---|---|---|---|---|
| | | | 课内 | 课外 | | |
| Z50 非线性编辑软件 Edius 的实践应用 | 素质 | 一 | | | 能够关注数字技术发展的最新发展 | — |
| | 能力 | 一 | | | 能够熟练掌握 Edius 软件的使用技巧 | — |
| Z51 中国大陆以外电影发展历程 | 知识 | Z51.1 电影史绪论<br>(1)电影诞生前的发明时期<br>(2)学习电影史的意义<br>(3)电影史包含的内容方面 | 2 | 2 | 了解世界电影的起源与早期电影的表现，要求学生理解电影是科学技术的产物，掌握卢米埃尔、梅里爱等早期电影 | 课程题库 |
| | | Z51.2 美国电影史<br>(1)20世纪20年代早期电影和蒙太奇叙事<br>(2)20年代好莱坞的崛起<br>(3)新好莱坞的类型电影 | 4 | 6 | 了解电影作为一种艺术形式在叙事上的成熟与发展。理解并掌握默片时代电影叙事艺术的成熟；理解好莱坞把电影作为工业的发展特点及《公民凯恩》对好莱坞传统的突破 | 课程题库、线下调查、论文 |
| | | Z51.3 欧洲先锋派电影运动<br>(1)法国印象主义和超现实主义倾向的各种流派<br>(2)德国表现主义美学追求 | 2 | 5 | 理解1917—1928年，欧洲电影美学探索中出现的众多电影流派及其作品 | 课程题库 |
| | | Z51.4 意大利新现实主义<br>(1)意大利早期电影的发展<br>(2)意大利新现实主义 | 2 | 4 | 理解并掌握意大利新现实主义是世界电影史上出现的第二次电影运动 | 课程题库 |
| | | Z51.5 法国"新浪潮"电影运动和左岸派<br>(1)法国"新浪潮"电影<br>(2)法国"左岸派"电影 | 2 | 6 | 掌握法国"新浪潮"与"左岸派"电影产生的背景及主要作者、作品及风格特征。理解并掌握"新浪潮"运动是世界电影史上的第三次电影运动 | 课程题库、线下研讨 |

续表

| 专业基础课程主模块 | 所需知识、素质、能力 | | 学时 | | 标准要求 | 测试方法 |
|---|---|---|---|---|---|---|
| | | | 课内 | 课外 | | |
| Z51 中国大陆以外电影发展历程 | 知识 | Z51.6 民族电影兴起中的日本电影<br>(1)日本早期电影的发展<br>(2)民族电影兴起中的日本电影 | 2 | 4 | 了解日本电影作为民族电影的一支的发展历程。了解并理解日本民族电影的几位大师级人物 | 课程题库、线下论文 |
| | | Z51.7 中国港台电影发展史<br>(1)中国香港电影发展<br>(2)中国台湾电影发展 | 2 | 6 | 了解中国香港电影商业化的进程,了解中国台湾电影中视听语言的使用 | 课程题库、思维导图 |
| | 素质 | 影视美学和审美观念的提升 | | | 发现影视中的美学,具有评判电影的能力 | — |
| | 能力 | 理解掌握电影历史发展脉络,影视写作和鉴赏力的初步形成 | | | 具备论文严谨和逻辑性;能够多维度解读评析电影 | — |
| Z52 中国电影史 | 知识 | Z52.1 影戏——中国电影的诞生和奠基<br>(1)中国第一批民营电影公司<br>(2)中国第一代电影导演 | 2 | 4 | 理解最初中国电影从有到无,奠定初步事业和艺术基础的30年历程、掌握影戏的艺术特征 | 课程题库 |
| | | Z52.2 20世纪30年代左翼电影运动 | 2 | 4 | 掌握左翼电影运动的发展过程,记忆20世纪30年代的优秀电影导演及其代表作品 | 课程题库、线下调查 |
| | | Z52.3 课程思政实践课<br>以小组为单位研讨左翼电影人的创作事迹,并以PPT形式在课上汇报 | 2 | 4 | 理解革命艺术家的职业精神,理解现实主义深化的必要性 | 线下汇报 |
| | | Z52.4 20世纪40年代电影<br>(1)文华公司及其艺术特点<br>(2)昆仑公司及其艺术特点 | 2 | 4 | 抗日战争和解放战争的十余年里,中国电影的曲折发展,逐步走向成熟。理解并掌握战争中中国电影发展方向与代表 | 课程题库、线下调查 |

续表

| 专业基础课程主模块 | 所需知识、素质、能力 | 学时 课内 | 学时 课外 | 标 准 要 求 | 测 试 方 法 |
|---|---|---|---|---|---|
| Z52 中国电影史 | 知识 Z52.5 "十七年"中国电影与"文革"时期的中国电影 | 2 | 4 | 从1949年新中国诞生到"文革"前,中国电影发展17年历程,理解并掌握"十七年"中国电影发展的轨迹特征,理解"样板戏"电影美学特点。 | 课程题库 |
| | Z52.6 课程思政实践课 以小组为单位研讨《党在我心中》,以视频或者PPT汇报 | 2 | 2 | 增加爱国主义情怀的培养,了解红色经典革命电影 | 线下汇报 |
| | Z52.7 20世纪80年代后的中国电影 | 2 | 4 | 了解改革开放后中国电影的新艺术成就。理解并掌握"新时期"中国电影的发展轨迹并记住其中的代表导演及作品 | 课程题库 |
| | Z52.8 校政座谈实践课:当代党政媒体和高校思政融合探讨讲座 | 2 | 5 | 掌握中国电影史的发展脉络,掌握中国五代导演及其代表作品和艺术特征 | 课程题库、线下研讨 |
| | 素质 理解掌握电影历史发展脉络,影视写作和鉴赏力的初步形成 | | | 发现影视中的美学,具有评判电影的能力 | — |
| | 能力 理解掌握电影历史发展脉络,影视写作和鉴赏力的初步形成 | | | 具备论文严谨度和逻辑性;能够多维度解读影视电影 | — |
| Z53 电视编辑理论 | 知识 Z53.1 一种新思维——蒙太奇(升学方向重点) | 1 | 2 | 掌握编辑的基本方法和练习方法 | 课程题库(随机) |
| | (1) 蒙太奇的概念、产生和发展 | 1 | 2 | | |
| | (2) 蒙太奇与长镜头 | 1 | 2 | | |
| | (3) 蒙太奇表现手法 | 1 | 2 | | 借用大量的举证及相关材料和最新成果加深学生对蒙太奇的认识 |
| | Z53.2 剪辑的发展过程与蒙太奇 | 2 | 4 | 借用大量的举证及相关材料和最新成果,加深学生对蒙太奇的认识 | 课程题库(随机) |

续表

| 专业基础课程主模块 | | 所需知识、素质、能力 | 学时 课内 | 学时 课外 | 标准要求 | 测试方法 |
|---|---|---|---|---|---|---|
| Z53 电视编辑理论 | 素质 | 具备对剪辑艺术的观察力、洞察力及影像想象力 | | | 一种特殊蒙太奇——长镜头。多种蒙太奇艺术的剪辑认知与操作 | 课程题库（随机）多种蒙太奇艺术的剪辑认知与操作 |
| | 能力 | 具备视听语言分析和剪辑手法分析的能力 | | | 能够围绕某个选题主题进行剪辑创作的分析 | 围绕主题进行试听解析和剪辑艺术手法分析 |
| Z54 电视编辑技巧 | 知识 | Z54.1 电视叙事中的时间与空间 再现和构成两种表现形式影视作品中时间空间的合集剪辑 | 1 | 2 | 再现和构成两种空间的表现形式 | 课程题库（随机）观摩影视作品，分析电视叙事中的时间与空间 |
| | | Z54.2 剪辑中的一些规则 剪辑中的匹配原则、景别安排、运动表现 | 2 | 4 | 影视作品中的剪辑运用 | 课程题库（随机）一组越轴镜头的剪辑与解决越轴问题的镜头方法 |
| | | Z54.3 场面转换 (1)无技巧剪辑与技巧性剪辑 | 2 | 4 | 通过实际操作掌握影视作品中各种转场的方法和技巧 | 张艺谋的电影作品中无技巧性剪辑的镜头分析合辑 |
| | | (2)无技巧剪辑与技巧性剪辑的方法 | 1 | 2 | | 课程题库（随机）影视作品中内在节奏与外在节奏的统一与区别 |
| | | Z54.4 两种类型的剪辑 (1)叙事剪辑与表现剪辑 | 2 | 4 | 分析两种剪辑在实际作品中的应用技巧 | 课程题库（随机）影视作品中内在节奏与外在节奏的统一与区别是如何具体体现的 |
| | | (2)分析影视叙事剪辑与表现剪辑两种手法 | 1 | 2 | | |
| | | Z54.5 剪辑中的结构与节奏 分析影视作品内容、结构与节奏的关系 | 2 | 4 | 分析影视作品内容、结构与节奏关系 | 课程题库（随机）剪辑一组镜头，体现影视作品的叙事结构和蒙太奇结构 |

续表

| 专业基础课程主模块 | | 所需知识、素质、能力 | 学时 | | 标准要求 | 测试方法 |
|---|---|---|---|---|---|---|
| | | | 课内 | 课外 | | |
| Z54 电视编辑技巧 | 知识 | Z54.6 电视作品剪辑与创作（一）指定完成作品剪辑与创作评分（一） | 2 | 6 | 初步了解并掌握电视剪辑的技巧与实践应用 | 课程题库（随机）一组按照要求剪辑的蒙太奇镜头片段 |
| | | Z54.7 电视作品剪辑与创作（二）指定完成作品剪辑与创作评分（二） | 2 | 6 | 指定剪辑作品主要从画面、声音、内容和整体效果四个方面进行把握，创作不少于3分钟的剪辑作品 | 课程题库（随机）艺术成品3分钟 |
| | 素质 | 具备良好的视听语言审美和剪辑艺术修养，掌握各种剪辑技巧的基本规律 | | | 能够通过观摩各种优秀的影视作品，吸收优秀作品的剪辑经验，对各种艺术作品进行蒙太奇基本规律的实际运用 | — |
| | 能力 | 具备不同艺术作品的剪辑和创作能力 | | | 能够围绕任务完成不同形态的艺术作品剪辑，作品具备一定的创作水平 | 围绕主题进行各种艺术作品的剪辑与创作 |
| Z55 类型电影鉴赏策略 | 知识 | Z55.1 类型电影之动作片<br>(1) 动作片的定义、分类 | 1 | 8 | 掌握动作片的定义、分类、发展历程，并在此基础上，能够根据具体的动作片写一篇不少于1000字的影评 | 课程题库（随机） |
| | | (2) 动作片的发展历程 | 1 | | | 影评写作 |
| | | (3) 优秀动作片鉴赏解读 | 2 | | | 结合具体的动作片写一篇影评 |
| | | Z55.2 类型电影之爱情片<br>(1) 我们为什么相爱 | 1 | 8 | 掌握爱情片的定义、分类、发展历程，并在此基础上，能够根据具体的爱情片写一篇不少于1000字的影评 | 课程题库（随机） |
| | | (2) 爱情片的定义、分类 | 1 | | | 影评写作 |
| | | (3) 优秀爱情片鉴赏解读 | 2 | | | 结合具体的爱情片写一篇影评 |

续表

| 专业基础课程主模块 | 所需知识、素质、能力 | 学时（课内） | 学时（课外） | 标准要求 | 测试方法 |
|---|---|---|---|---|---|
| | Z55.3 类型电影之喜剧片 | | 8 | 掌握喜剧片的定义、分类、发展历程、鉴赏方式，并在此基础上，能够根据具体的喜剧片，写一篇不少于1000字的影评 | 课程题库（随机）、影评写作；结合具体的喜剧片书写该电影的影评一篇 |
| | (1) 喜剧片的定义、目的 | 1 | | | |
| | (2) 我国喜剧片的发展历程 | 1 | | | |
| | (3) 中外喜剧片对比鉴赏 | 2 | | | |
| | Z55.4 类型电影之动画片 | | 8 | 掌握动画片的定义、分类、发展历程、鉴赏方式，并在此基础上，能够根据具体的动画片，写一篇不少于1000字的影评 | 课程题库（随机）、影评写作；结合具体的动画片书写该电影的影评一篇 |
| | (1) 美国动画片的繁荣 | 1 | | | |
| | (2) 日本动画的崛起 | 1 | | | |
| | (3) 中国动画的重振 | 1 | | | |
| | (4) 欧洲动画的现状 | 1 | | | |
| Z55 类型电影鉴赏策略（知识） | Z55.5 类型电影之科幻片 | | 8 | 掌握科幻片的定义、分类、发展历程、鉴赏方式，并在此基础上，能够根据具体的科幻片，写一篇不少于1000字的影评 | 课程题库（随机）、影评写作；结合具体的科幻片书写该电影的影评一篇 |
| | (1) 科幻片的定义、发展历程 | 1 | | | |
| | (2) 科幻片与魔幻片的区别 | 1 | | | |
| | (3) 科幻片赏析 | 2 | | | |
| | Z55.6 类型电影之纪录片 | | 8 | 掌握纪录片的定义、分类、发展历程、鉴赏方式，并在此基础上，能够根据具体的纪录片，写一篇不少于1000字的影评 | 课程题库（随机）、影评写作；结合具体的纪录片书写该电影的影评一篇 |
| | (1) 纪录片的定义、分类 | 1 | | | |
| | (2) 纪录片的发展历程 | 1 | | | |
| | (3) 纪录片赏析解读 | 2 | | | |
| | Z55.7 类型电影之主旋律电影 | | 8 | 掌握主旋律电影的定义、分类、目的、鉴赏方式，并在此基础上，能够根据具体电影特点，写一篇不少于1000字的影评 | 课程题库（随机）、影评写作；结合具体的主旋律影片书写该电影的影评一篇 |
| | (1) 主旋律电影的定义、目的 | 1 | | | |
| | (2) 我国主旋律电影的发展历程 | 1 | | | |
| | (3) 主旋律电影鉴赏解读 | 2 | | | |

续表

| 专业基础课程主模块 | 类别 | 所需知识、素质、能力 | 学时 课内 | 学时 课外 | 标准要求 | 测试方法 |
|---|---|---|---|---|---|---|
| Z55 类型电影鉴赏策略 | 素质 | 具备对于不同类型电影的影视审美与艺术素养 | | | 在潜移默化中受到教育，审美能力在日积月累后提高 | — |
| | 能力 | 了解与掌握类型电影的知识，并运用理论知识进行实际有效的影视分析的能力 | | | 从主题、叙事、视听三个层面分析电影，具备能够从电影类型同角度、深层次地剖析电影的能力 | — |
| Z56 微电影创作基础 | 知识 | Z56.1 微电影概论<br>(1) 微电影艺术特征 | 1 | 2 | 能够了解微电影的基础理论，能够根据微电影的要求创作创作文案 | 课程题库（随机） |
| | | (2) 微电影分类 | 1 | 2 | | |
| | | Z56.2 微电影策划<br>(1) 影视策划和创作 | 1 | 2 | 能够在导演组织下，合理确定剧组人员和岗位，做好阶段的调研和创作安排 | 简单的策划案和撰写主题清晰的策划方案，根据实地勘景和相关资料做好拍摄脚本创作 |
| | | (2) 创意激发与创意表达 | 1 | 2 | | |
| | | (3) 微电影赏析 | 2 | 4 | | |
| | | Z56.3 导演基础<br>(1) 导演阐述 | 1 | 2 | 理解并掌握画面画面的视觉语言，能够按照影像叙事知识点创作出影像饱满、有张力的作品 | 课程题库（随机） |
| | | (2) 影像语言和影像叙事 | 1 | 2 | | |
| | 素质 | 独立创作剧本并通过相应的设备使用能将剧本拍摄成完整的影视短片 | | | 能够根据剧组工作安排，确定创作主题，人员分工等，完成微电影策划 | — |
| | 能力 | 具备导演意识和短片创作理念 | | | 能够从生活中发现美，记录美，用影视的方式诠释创作理念 | 撰写主题清晰的策划方案和剧本 |

续表

| 专业基础课程主模块 | | 所需知识、素质、能力 | 学时 | | 标准要求 | 测试方法 |
|---|---|---|---|---|---|---|
| | | | 课内 | 课外 | | |
| | 知识 | Z57.1 电影摄影<br>(1) 微电影摄影的要素 | 1 | 2 | | 课程题库(随机) |
| | | (2) 场景调度 | 2 | 4 | | — |
| | | (3) 镜头调度 | 2 | 4 | 能够熟练使用电视摄像机或单反相机创作短片 | — |
| | | (4) 演员调度 | 1 | 2 | | 分镜头创作 |
| | | Z57.2 一分钟影像创作<br>(1) 分镜头练习 | 4 | 8 | | 短片作品 |
| | | (2) 蒙太奇短句练习、音乐和节奏练习 | 4 | 8 | | — |
| Z57 微电影创作实训 | | Z57.3 微电影创作综合实训<br>(1) 选题、剧本创作、剧组建立与分工 | 2 | 4 | 能够以影视剧组为单位,每个人找到自己的位置,分工创作微电影作品 | 微电影剧本创作包括创作构思、剧本写作、拍前准备、导演、摄像以及后期制作等。在具体的设计实施上紧紧围绕"导演领导、创作实践"这一核心 |
| | | (2) 中期创作 | 4 | 8 | 能够在导演的组织下,剧组各个岗位通力配合,进行专业创作 | |
| | | (3) 后期剪辑、包装、宣发 | 4 | 8 | 能够熟悉微电影等短片创作的各种流程和技巧 | |
| | 素质 | 具备对生活的观察力、洞察力及能够独立导演创作不同类型的影视作品 | | | | |
| | 能力 | 具备发现故事和写作故事的能力,具备对影视审美和创作素质的意识 | | | | 围绕剧本进行创作 |
| Z58 电视基础像理论与应用 | 知识 | Z58.1 了解景别、景深的概念<br>(1) 景别<br>(2) 景深 | 4 | 8 | 理解:景别,景深的概念。掌握:景别和景深的运用 | 课程题库(随机) |

续表

| 专业基础课程主模块 | 所需知识、素质、能力 | | 学时 | | 标准要求 | 测试方法 |
|---|---|---|---|---|---|---|
| | | | 课内 | 课外 | | |
| Z58 电视摄像基础理论与应用 | 知识 | Z58.2 固定镜头 固定镜头 | 4 | 8 | 理解:固定镜头的概念及含义。掌握:固定镜头的运用 | 线下作业 |
| | | Z58.3 运动镜头 推镜头、拉镜头、摇镜头、移镜头、跟镜头、升降镜头 | 4 | 8 | 理解:推、拉、摇、移、跟、升、降六个镜头的概念理论。掌握:推、拉、摇、移、跟、升、降六个镜头的运用 | — |
| | | Z58.4 镜头语言 主观镜头、客观镜头、反应镜头 | 4 | 8 | 理解:什么是主观镜头、客观镜头、反应镜头,并且能够用于拍摄 | 课程题库(随机) |
| | 素质 | 具备镜头艺术审美的创意理念 | | | 能够从生活中发现美,并进行拍摄创意表达 | — |
| | 能力 | 具备基本镜头运用的实际操作能力 | | | 能够围绕某个主题完成基础镜头的创意拍摄 | — |
| Z59 摄像实践操作 | 知识 | Z59.1 构图方式 中心构图法,水平构图法,三分构图法,对角线构图 | 8 | 16 | 熟练掌握中心构图法,水平构图法,三分构图法,对角线构图法 | 课程题库(随机) |
| | | Z59.2 运动镜头的实际操作 推镜头、拉镜头、摇镜头、移镜头、跟镜头、升降镜头 | 8 | 16 | 掌握:推、拉、摇、移、跟、升、降六个镜头的运用,及转场运用 | 线下作业 |
| | 素质 | 掌握不同形式构图和镜头运用的艺术审美 | | | 能够通过观摩各种优秀影视作品,对各种构图和镜头运用的基本规律和镜头技巧非常了解 | — |
| | 能力 | 具备构造各种镜头的能力和使用镜头的方法 | | | 能够围绕任务完成各类镜头的拍摄,镜头具备一定的审美创意和主题表达 | — |

续表

| 专业基础课程主模块 | | 所需知识、素质、能力 | 学时 | | 标准要求 | 测试方法 |
|---|---|---|---|---|---|---|
| | | | 课内 | 课外 | | |
| Z60 电视节目制作技术原理与运用 | 知识 | Z60.1 电视摄像机的操作<br>(1) 了解电视摄像机性能、白平衡调整方法<br>(2) 了解单反镜头与光圈性能与拍摄技巧 | 4 | 8 | 能够熟练使用电视摄像机或单反相机进行多种景别拍摄 | 课程题库(随机) |
| | | Z60.2 熟练掌握编辑软件使用技巧<br>(1) 专业编辑设备与通用编辑设备区别<br>(2) 电视字幕包装及制作 | 4 | 8 | 能够使用电视通用软件进行节目编辑和字幕包装 | |
| | | Z60.3 电视演播室节目制作<br>(1) 动圈话筒与电容话筒的原理与使用<br>(2) 演播室摄像机、录像机、视频切换台、调音台、非线编的操作使用 | 6 | 12 | 能够在电视演播室使用各种电视制作设备,按照高清电视制作标准完成访谈类电视节目制作 | 演播室电视节目制作设备使用排练 学生掌握演播室节目制作的机位设置、分组轮训进行访谈栏目排练录制,能够使用各种设备完成节目录制 |
| | 素质 | 具备对电视制作相关设备的理性逻辑思维 | | | 能够熟悉各种电视制作设备的技术原理 | — |
| | 能力 | 具备对电视制作相关设备的操作技巧 | | | 能够熟练操作常用电视制作设备,达到对节目的拍摄、编辑、包装 | — |
| Z61 电视节目制作实践与应用 | 知识 | Z61.1 结合真实项目任务实地调研、撰写策划案和拍摄脚本<br>(1) 结合主题要求和相关资料进行分析和创意<br>(2) 策划书突出创意,拍摄脚本具备可操作性 | 2 | 4 | 能够在规定时间完成项目调研、表达出主题创意 | 课程题库(随机) |
| | | Z61.2 完善方案、拍摄素材<br>(1) 通过勘景、完善拍摄方案<br>(2) 拍摄多景别素材 | 4 | 8 | 通过实地勘景,完成拍摄任务 | |
| | | Z61.3 后期编辑完成短片制作<br>(1) 收集整理素材、准备音响、音乐<br>(2) 短片编辑制作 | 4 | 8 | 能够按照拍摄脚本、高清电视制作标准、完成影视短片制作 | 影视短片 按照影视行业制作标准完成影视短片制作 |

续表

| 专业基础课程主模块 | 所需知识、素质、能力 | 学时 课内 | 学时 课外 | 标准要求 | 测试方法 |
|---|---|---|---|---|---|
| Z61 电视节目制作实践与应用 | 素质 具备正确的政治方向和社会主义核心价值观 | | | 能够关注最新影视创作理念，完成影视短片创意和策划 | — |
| | 能力 具备完成影视短片制作的能力 | | | 能够根据策划方案，完成影视短片制作，制定规范合理的制作流程 | — |
| Z62 纪录片的创作 | 知识 Z62.1 纪录片选题及其前期准备 (1) 纪录片题材的选择及关键注意事项 | 2 | | 掌握纪录片题材的选择需要注意的事项及其前期准备工作 | 课程题库（随机）文本呈现 选题策划的PPT一份 |
| | (2) 纪录片前期准备过程中的调研预访、方案写作、拍摄提纲 | 2 | 8 | | |
| | Z62.2 纪录片的拍摄 (1) 现场拍摄中的意识与注意事项 | 2 | | 掌握现场拍摄中的意识与注意事项，制作完成自己的无技巧剪辑小组纪实作品 | 课程题库（随机）作品呈现 拍摄制作无技巧剪辑小组纪实作品 |
| | (2) 纪录片拍摄创作实践 | 2 | 8 | | |
| | Z62.3 纪录片的采访 (1) 纪录片的现场采访过程中的问题设计、采访原则 | 2 | | 掌握纪录片的现场采访过程中的问题设计、采访原则，制作完成自己小组的采访作品 | 课程题库（随机）作品呈现 制作完成自己的小组采访作品 |
| | (2) 纪录片采访实践 | 2 | 8 | | |
| | Z62.4 纪录片后期制作的主要工作 (1) 纪录片后期制作流程及要点 | 2 | | 掌握纪录片后期制作流程及要点；学习老师分享的纪录片影评文章，分析该作品在后期剪辑过程中运用的剪辑技巧，写一篇小论文 | 课程题库（随机）文本呈现 剪辑技巧运用的小论文 |
| | (2) 纪录片剪辑实践 | 2 | 8 | | |
| | Z62.5 纪录片实训创作 (1) 纪录片的叙事手段、剪辑的技巧，以及纪录片节奏、结构的把握 | 2 | | 掌握纪录片的叙事技巧、撰写解说词，剪辑的技法技巧，以及结构的把握，完成一部完整的纪录片作品 | 课程题库（随机）作品呈现 一部完整的纪录片作品 |
| | (2) 撰写解说词，以及纪录片节奏、结构的把握 | 2 | 8 | | |

续表

| 专业基础课程主模块 | | 所需知识、素质、能力 | 学时 | | 标准要求 | 测试方法 |
|---|---|---|---|---|---|---|
| | | | 课内 | 课外 | | |
| Z62 纪录片的创作 | 素质 | 具备对于不同类型纪录片的审美与艺术素养 | | | 在潜移默化中受到教育,创作与审美能力在日积月累后提高 | — |
| | 能力 | 能够从纪录片选题策划、前期准备、拍摄、采访到后期剪辑,独立制作完成一部完整的纪录片作品 | | | 从拍摄与剪辑两个层面创作一部纪录片并且具备一定的实践价值 | |
| Z63 电视编辑技巧 | 知识 | Z63.1 电视叙事中的时间与空间<br>再现和构成两种空间的表现形式 | 1 | 2 | 再现和构成两种空间的表现形式 | 课程题库(随机)<br>观摩影视作品,分析电视叙事中的时间与空间 |
| | | Z63.2 剪辑中的一些规则<br>剪辑中的匹配原则,景别安排,运动表现 | 2 | 4 | 影视作品中剪辑规则的实际运用 | 课程题库(随机)<br>一组越轴镜头的剪辑与解决越轴问题的镜头方法 |
| | | Z63.3 场面转换<br>(1) 无技巧剪辑与技巧性剪辑 | 2 | 4 | 通过实际操作掌握影视作品中各种转场的方法和技巧 | 张艺谋的电影作品中无技巧性剪辑的镜头合辑 |
| | | (2) 无技巧剪辑与技巧性剪辑的方法 | 1 | 2 | | |
| | | Z63.4 两种类型的剪辑<br>(1) 叙事剪辑与表现剪辑 | 2 | 4 | 分析两种剪辑在实际作品中的应用 | 课程题库(随机)<br>影视作品中内在节奏与外在节奏的统一与区别是如何具体体现的 |
| | | (2) 分析影视作品叙事剪辑与表现剪辑两种手法 | 1 | 2 | 分析影视作品内容、结构与节奏的关系 | |
| | | Z63.5 剪辑中的结构与节奏<br>分析影视作品内容、结构与节奏的关系 | 2 | 4 | 分析影视作品内容、结构与节奏的关系 | 课程题库(随机)<br>剪辑一组镜头,体现影视作品的叙事结构和蒙太奇结构 |

续表

| 专业基础课程主模块 | 所需知识、素质、能力 | | 学时 | | 标准要求 | 测试方法 |
|---|---|---|---|---|---|---|
| | | | 课内 | 课外 | | |
| Z63 电视编辑技巧 | 知识 | Z63.6 电视作品剪辑与创作(一) 指定完成作品剪辑与创作评分(一) | 2 | 6 | 初步了解并掌握电视剪辑的技巧与实践应用 | 课程题库(随机) 一组按照要求剪辑的蒙太奇镜头片段 |
| | | Z63.7 电视作品剪辑与创作(二) 指定完成作品剪辑与创作(二) | 2 | 6 | 指定剪辑作品主要从画面、声音、内容和整体效果四个方面进行把握、创作不少于3分钟的剪辑作品 | 课程题库(随机) 艺术成品3分钟 |
| | 素质 | 具备良好的视听语言审美和剪辑艺术修养,掌握各种剪辑技巧的基本规律 | | | 能够通过观摩各种优秀的影视作品,吸收优秀的剪辑经验,对各种艺术作品进行蒙太奇基本规律的实际运用 | — |
| | 能力 | 具备不同艺术作品的剪辑和创作能力 | | | 能够围绕主题完成不同形态的艺术作品剪辑和创作,作品具备一定的艺术创作水平 | 围绕主题进行各种艺术作品的剪辑与创作 |
| Z64 影视包装基础理论知识及软件应用 | 知识 | Z64.1 影视包装基础理论知识 | 8 | 16 | 了解影视包装的意义、电视频道的主流分类、电视栏目的主流分类、电视栏目的包装项目、影视包装的工作流程;包装方案的要素、包装的原则、包装方案的构思与写作、包装的总体设计,具体包装操作内容、包装的背景分析,栏目包装操作的概念、电视观广、电视频道品牌市场定位、频道品牌诉求分析、频道品牌定位,频道包装的电视观众分析;影视品牌表现、创意表现,影视艺术与高科技应用两者间的背景及其对影视包装实践的指导意义 | 课程题库(随机) 小论文 |

续表

| 专业基础主课程模块 | | 所需知识、素质、能力 | 学时 | | 标准要求 | 测试方法 |
|---|---|---|---|---|---|---|
| | | | 课内 | 课外 | | |
| Z64 影视包装基础理论及软件应用 | 知识 | Z64.2 影视包装常用软件应用 | 32 | 64 | 了解三维动画制作系统的特点、制作流程、软件安装、基本操作；掌握 3ds Max 软件的具体功能及常用操作；了解后期合成的特点、工作流程；软件安装、界面组成及基本操作；掌握 After Effects 合成软件的主要功能及具体操作 | 课程题库（随机） |
| | 素质 | 艺术思维的培养与锻炼、专业技能应用 | | | 影视包装作品的艺术评判能力显著提升，影视包装应用软件熟练掌握 | — |
| | 能力 | 影视包装相关理论知识、三维动画软件及后期合成软件的应用 | | | 能够根据影视要求设计撰写包装策划方案，并利用影视后期制作相关软件制作影视包装效果 | — |
| Z65 影视导演创作 | 知识 | Z65.1 导演与电视片创作 导演创作手段、纪录片导演和专题片导演；电视片（纪录片）导演创作手段——表现性与纪实性；案例观摩与评析 | 4 | 8 | 线上教学：纪录片与专题片创作手段的异同；线下教学：电视片导演中的表现性导演与纪实性导演。电视片中的表现性导演与纪实导演，弗拉哈迪模式，格里尔逊模式，真实电影模式，直接电影模式 | 课程题库（随机） |
| | 知识 | Z65.2 导演与微电影创作 导演的微电影创作、影视作品中的符号化、象征性视听影像应用的分析；"课堂电影院"故事大纲宣讲竞标、导演的微电影创作、微电影导演的拉片训练、影视结构与剧作片解析 | 8 | 16 | 线上教学：采用线上教学视频内容和课上教学活动演示微视频、导演的银幕语法。剧本素材来源、故事构成的要素。线下教学：对标影视作品解析，微电影《邮梦人》《离伤》评析，微电影《绿城》拉片训练、电影节节目《人有三急》《桃子》视听语言解析 | 课程题库（随机） |

续表

| 专业基础课程主模块 | | 所需知识、素质、能力 | 学时 | | 标准要求 | 测试方法 |
|---|---|---|---|---|---|---|
| | | | 课内 | 课外 | | |
| Z65 影视导演创作 | 素质 | 通过纪录片和情景短片导演训练，让学生掌握导演在剧组中工作的全流程 | | | 纪录片和微电影导演的职责要求，导演的剧作水平 | — |
| | 能力 | 各组拍摄项目(剧本)竞标宣讲，导演如何鉴别优秀剧本、分析剧本、围读剧本 | | | 影视导演职业素养与审美体现。培养学生驾驭纪录片导演和剧情片导演的能力 | 课程题库(随机) |
| Z66 导演的大师镜头 | 知识 | Z66.1 导演与剧作"课堂电影院"影展作品前期创作阶段，影展作品剧本沙龙。主题微电影脚本创作，导演如何选择剧本并体现剧本 | 4 | 8 | 线上教学：剧本写作的步骤。线下教学：细化小组创作项目方案，导演如何选择剧本并体现剧本。"课堂电影院"各组拍摄项目竞标、剧本沙龙 | 课程题库(随机) |
| | | Z66.2 导演如何低成本拍大片，电影的源代码，视听六变量。寻找导演独创性的视听语言，拍出一流对话场景，导演镜头调度 | 6 | 12 | 线上教学：寻找导演创性的视听语言。线下教学：电影前期制作流程与剧组筹备。剧本定稿、各摄制组人员分配职务汇报。找到独创性的技法，让电影脱颖而出的镜头调度技法 | 课程题库(随机) |
| | 素质 | 了解大师镜头，培养学生挖掘导演的独创拍法 | | | "课堂电影院"影视短剧计划书路演与导演阐述 | 导演阐述 |
| | 能力 | "课堂电影院"各组拍摄项目(剧本)竞标宣讲 | | | 影视导演创作的作品阐述能力 | 导演阐述 |
| Z67 非线性编辑软件Premiere的剪辑特效应用 | 知识 | Z67.1 Premiere 视频特效及色彩校正 ①视频特效的分类；②视频特效的基本操作；③影视调色原理；④色彩要素；⑤色彩校正的常用参数；⑥色彩校正的常用视图 | 4 | 8 | 能够熟练制作视频特效、完成影片基本调色 | 实训检测：制作丰富的视频特效，如：局部马赛克、打字机效果、稳定抖动画面等 |

续表

| 专业基础课程主模块 | | 所需知识、素质、能力 | 学时 | | 标准要求 | 测试方法 |
|---|---|---|---|---|---|---|
| | | | 课内 | 课外 | | |
| Z67 非线性编辑软件 Premiere 的剪辑特效应用 | 知识 | Z67.2 Premiere 画面叠加及音频编辑 ①Alpha 通道，具体案例：画面合成；②画面叠加的方法，不透明度，混合模式；③键控特效的应用；④音频概述；⑤编辑音频；⑥音频的基本操作；⑦音频过渡与音频特效 | 4 | 8 | 能够熟练完成多画面叠加合成的制作，以及影片合成特效处理 | 实训检测：画面叠加与抠像特效 |
| | | Z67.3 Premiere 外挂特效插件 ①安装插件，具体案例：安装法、复制法、安装法、升级安装法等；②特效插件应用，具体案例：Shine 插件、Star-glow 插件、Impact Rays 插件、Beat Edit 插件、Magic Bullet Looks 插件 | 4 | 8 | 熟练掌握各类插件的安装与应用，完成实训案例的制作 | 实训检测：特效插件的应用 |
| | 素质 | — | | | 能够独立完成影片的剪辑与合成 | — |
| | 能力 | — | | | 能够用影视特效的方式表现一定的审美 | — |
| Z68 非线性编辑软件 Edius 的实践应用 | 知识 | Z68.1 Edius 编辑基础应用及视音频编辑 ①Edius 软件启动及工程设置；②工作界面和素材管理；③视频布局 | 2 | 4 | 快速熟练地掌握非线性编辑软件 Edius 对视音频编辑的实训应用 | 实训检测：视音频剪辑、字幕制作与特效合成 |
| | | Z68.2 Edius 的特效 ①视频特效；②音频滤镜；③转场特效 | 3 | 6 | 能够熟练应用 Edius 处理视频特效与音频滤镜 | |
| | | Z68.3 Edius 字幕制作及视频输出 参照案例，使用指定素材进行剪辑 | 3 | 6 | 熟练应用嵌套效果，熟练掌握效果的设置，及件中位置，缩放与旋转特效的添加技巧；熟练应用套效果，熟练掌握效果的设置，及关键帧的添加 | |
| | 素质 | — | | | 能够熟练掌握 Edius 软件的使用技巧 | — |
| | 能力 | — | | | 能够关注数字技术的最新发展 | — |

续表

| 专业基础课程主模块 | 所需知识、素质、能力 | 学时 课内 | 学时 课外 | 标准要求 | 测试方法 |
|---|---|---|---|---|---|
| Z69 全媒体广告创作与策划 | **知识** Z69.1 受众认识与研究 (1)受众的群体特征及构成，文化心理结构 (2)影响受众的广告接触态度的因素及如何满足受众接受心理 | 4 | 8 | 掌握受众研究的基本手段与途径，对现代媒介环境下的受众变化趋势及如何有清楚认识 | 课程题库（随机） |
| | Z69.2 产品定位与创意生产 (1)了解产品定位的内涵及其意义 (2)创意的产生及原则 | 8 | 16 | 能够将产品与创意建立抽象联系，对创意生产的原则、方法、规律熟练运用 | 创作作品评析 |
| | Z69.3 全媒体环境下广告制作与投放 (1)中国电视纪录片的发展历程 (2)发展现状及发展趋势等 | 8 | 16 | 掌握智能传播环境下广告的制作及投放特点，能够依据产品特点有效投放广告并监测广告效果 | |
| | **素质** 提升学生创意生产过程中科学操作意识，数据导向思维 | | | 培养创意策划与科学调查、数据分析相结合的素质 | — |
| | **能力** 融媒体环境下广告的全流程创作能力 | | | 根据任务设计制作广告策划方案，并按方案完成广告流程 | — |
| Z70 传播活动的"5W"要素 | **知识** Z70.1 传播者 (1)传播者的概念，权利与义务 | 1 | 2 | 掌握传播者的概念，理解"把关人"理论 | 课程题库（随机）、头脑风暴 |
| | (2)"把关人"理论 | 1 | 2 | | |
| | Z70.2 传播内容 (1)符号的概念、语言符号、非语言符号 | 2 | 4 | 掌握语言符号、非语言符号的概念，类型和作用，理解信息社会的一般特征和典型现象 | 课程题库（随机）、传媒案例诊断，传媒热点调研，问卷制作分析 |
| | (2)信息的特征、信息爆炸、信息匮乏、信息污染 | 2 | 4 | | |

续表

| 专业基础课程主模块 | | 所需知识、素质、能力 | 学时 课内 | 学时 课外 | 标准要求 | 测试方法 |
|---|---|---|---|---|---|---|
| Z70 传播活动的"5W"要素 | 知识 | Z70.3 传播媒介<br>(1) 媒介的宏观分析、微观分析 | 1 | 4 | 掌握不同传播媒介的特点,理解麦克卢汉的媒介观 | 课程题库(随机)、传媒经典共读 |
| | | (2) 麦克卢汉的媒介观 | 2 | 4 | | |
| | | Z70.4 受众<br>(1) 受众的概念和特点 | 1 | 4 | 掌握受众的分类与特点,传播效果的宏观效果理论 | |
| | | (2) 受众的心理特征、选择性理论、"使用与满足"理论 | 2 | 4 | | |
| | | Z70.5 传播效果<br>(1) 传播效果的概念、传播效果类型、传播技巧 | 3 | 4 | | 课程题库(随机)、传媒案例诊断,传媒热点调研、学术小论文,问卷制作分析 |
| | | (2) 大众传播效果的宏观效果理论:沉默螺旋理论、议程设置理论、培养理论、知沟理论 | 3 | 4 | | |
| | 素质 | 具备从事传播活动和传媒实践的基本专业素养 | | | 能够从"5W"要素对传播活动和传媒实践进行理性分析 | — |
| | 能力 | 具备发现、分析传播活动基本规律的能力,能够运用传播规律进行传播实践 | | | 能够运用传播理论指导传媒实践 | — |
| Z71 摄像实践操作 | 知识 | Z71.1 构图方式<br>中心构图法、水平线构图法、三分构图法、对角线构图 | 8 | 16 | 熟练掌握中心构图法、水平构图法、三分构图法、对角线构图法 | 课程题库(随机) |
| | | Z71.2 运动镜头的实际操作<br>推镜头、拉镜头、摇镜头、移镜头、跟镜头、升降镜头 | 8 | 16 | 掌握推、拉、摇、移、跟、升、降六个镜头的运用,及转场运用 | 线下作业 |

续表

| 专业基础课程主模块 | | 所需知识、素质、能力 | 学时 | | 标准要求 | 测试方法 |
|---|---|---|---|---|---|---|
| | | | 课内 | 课外 | | |
| ZT1 摄像实践操作 | 素质 | 掌握不同形式构图和镜头运用的艺术审美 | | | 能够通过观摩各种优秀影视作品，对各种影视构图的基本规律和镜头技巧非常了解 | — |
| | 能力 | 具备构造各种构图的能力和使用镜头的方法 | | | 能够围绕任务完成各类镜头的拍摄，具备一定的审美创意和主题表达 | — |
| ZT2 非线性编辑软件 Premiere 的剪辑特效应用 | 知识 | ZT2.1 Premiere 视频特效及色彩校正<br>①视频特效的分类；②视频特效的基本操作；③影视调色原理；④色彩调色原理；⑤色彩校正的常用参数；⑥色彩校正的常用视图 | 4 | 8 | 能够熟练制作视频特效，完成影片基本调色 | 实训检测：制作丰富的视频特效，如：局部马赛克，打字特效，稳定抖动画面等机效果，稳定抖动画面等 |
| | | ZT2.2 Premiere 画面叠加及音频编辑<br>①Alpha 通道，具体案例；②画面合成，具体案例；③键控，混合模式，叠加的方法，具体案例；④音频概述；⑤编辑音频；⑥音频的基本操作；⑦音频过渡与音频特效 | 4 | 8 | 能够熟练完成多画面叠加合成的制作，以及影片音频合成特效的处理 | 实训检测：画面叠加与抠像特效 |
| | | ZT2.3 Premiere 外挂特效插件<br>①安装插件，复制法、安装法、升级安装法等；②特效插件应用，具体案例：Shine 插件、Star-glow 插件、Impact Rays 插件、Beat Edit 插件、Magic Bullet Looks 插件 | 4 | 8 | 熟练掌握各类插件的安装与应用，完成实训案例的制作 | 实训检测：特效插件的应用 |
| | 素质 | 具备非线性编辑软件 Premiere 特效的实际操作能力 | | | 能够独立完成影视特效的剪辑与合成 | — |
| | 能力 | 具备对非线性编辑软件 Premiere 特效的处理能力 | | | 能够运用影视特效的方式表现一定的审美 | — |

续表

| 专业基础课程主模块 | | 所需知识、素质、能力 | 学时 | | 标准要求 | 测试方法 |
|---|---|---|---|---|---|---|
| | | | 课内 | 课外 | | |
| Z73 影视包装案例分析与制作 | 知识 | Z73.1 影视片头设计与制作 | 20 | 40 | 了解 Logo 的概念、设计意义、设计要素分析；理解新闻栏目包装流程；综艺娱乐类电视栏目的界定与分类、娱乐节目包装特性、创意策划；了解纪录片类型栏目包装要素及形式；了解影视广告包装概述、影视广告包装要素、影视广告包装创意策略 | 课程题库（随机）、小论文、视频作品 |
| | | Z73.2 影视特效设计与制作 | 4 | 8 | 掌握影视特效常用设计思维及特效制作方法 | 课程题库（随机）、小论文、视频作品 |
| | 素质 | 艺术思维的培养与锻炼、专业技能应用 | | | 影视包装整体专业能力显著提升 | — |
| | 能力 | 影视包装案例的分析、设计与制作 | | | 能够根据要求设计制作影视片头、特效 | — |
| Z74 微电影创作基础 | 知识 | Z74.1 微电影概论<br>（1）微电影艺术特征 | 1 | 2 | 能够了解微电影的基础理论，能根据微电影的要求创作剧文案 | 课程题库（随机） |
| | | （2）微电影分类 | 1 | 2 | | |
| | | Z74.2 微电影策划<br>（1）影视策划和创作 | 1 | 2 | 能够在导演组织下，合理确定剧组人员和岗位，做好阶段的调研和创作安排 | 简单的策划案和拍摄脚本 |
| | | （2）创意激发与创意表达 | 1 | 2 | | 撰写主题清晰的策划方案 |
| | | （3）微电影赏析 | 2 | 4 | | 根据实地勘景和相关资料做好拍摄脚本创作 |

续表

| 专业基础课程主模块 | | 所需知识、素质、能力 | 学时 | | 标准要求 | 测试方法 |
|---|---|---|---|---|---|---|
| | | | 课内 | 课外 | | |
| Z74 微电影创作基础 | 知识 | Z74.3 导演基础<br>(1) 导演阐述 | 1 | 2 | 理解并掌握画面的视觉语言，能够按照影像叙事知识点创作出影像饱满、有张力的作品 | 课程题库（随机） |
| | | (2) 影像语言和影像叙事 | 1 | 2 | | — |
| | 素质 | 独立创作剧本并通过相应的设备使用能将剧本拍摄成完整的影视短片 | | | 能够根据剧组工作安排，确定创作主题，人员分工等，完成微电影策划 | 能够撰写主题清晰的策划方案和剧本 |
| | 能力 | 具备导演意识和短片创作理念 | | | 能够从生活中发现美，记录美，用影视的方式诠释创作理念 | |
| Z75 微电影创作实训 | 知识 | Z75.1 电影摄影<br>(1) 微电影摄影的要素 | 1 | 2 | | 课程题库（随机） |
| | | (2) 场景调度 | 2 | 4 | | |
| | | (3) 镜头调度 | 2 | 4 | 能够熟练使用电视摄像机或单反相机创作短片 | |
| | | (4) 演员调度 | 1 | 2 | | 分镜头创作 |
| | | Z75.2 一分钟影像创作<br>(1) 分镜头练习 | 4 | 8 | | 短片作品 |
| | | (2) 蒙太奇句练习、音乐和节奏练习 | 4 | 8 | | |
| | | Z75.3 微电影创作综合实训<br>(1) 选题、剧本、剧组建立与分工 | 2 | 4 | 能够以影视剧组为单位，每个人找到自己的位置，分工创作微电影作品 | 微电影剧本创作<br>包括创作构思、剧本写作、拍前准备、导演、摄像及后期制作等。在具体的设计实施上紧紧围绕"导演领导、创作实践"这一核心 |
| | | (2) 中期创作 | 4 | 8 | | |
| | | (3) 后期剪辑、包装、宣发 | 4 | 8 | | |

续表

| 专业基础课程主模块 | | 所需知识、素质、能力 | 学时（课内） | 学时（课外） | 标准要求 | 测试方法 |
|---|---|---|---|---|---|---|
| Z75 微电影创作实训 | 素质 | 具备对生活的观察力、洞察力及能够独立导演创作不同类型的影视作品 | | | 能够在导演的组织下，剧组各个岗位通力配合，进行专业创作 | — |
| | 能力 | 具备发现故事和写作故事的能力，具备对影视审美和创作素质和意识 | | | 能够熟悉微电影等短片创作的各种流程和技巧 | 围绕剧本进行创作 |
| Z76 影视艺术的特性与发展趋势 | 知识 | Z76.1 影视艺术的特性 | 2 | 4 | 影视艺术的基本知识、掌握教材涉及的影视艺术特性的相关知识 | 课程题库（随机）文本呈现 结合具体的影片分析艺术特性 |
| | | Z76.2 影视艺术的发展趋势 | 2 | 4 | 掌握影视艺术发展过程中形成、内容、国家等不同的趋势 | 课程题库（随机）文本呈现 总结影视艺术的发展趋势 |
| | 素质 | 提高自身的影视审美与艺术素养 | | | 在感受真、善、美的过程中形成健康的三观和良好的人格品质 | — |
| | 能力 | 了解与掌握电影理论知识，并运用理论知识进行实际有效的影视分析的能力 | | | 从主观感性入手，向理性分析进发。从类型电影，时空观、造型、长镜头与蒙太奇、叙事等不同角度剖析的符号学等，符合蒙太奇，符号学等不同角度分析的电影 | 影评写作 结合具体的影片尝试从不同的角度分析该作品 |
| Z77 类型电影鉴赏策略 | 知识 | Z77.1 类型电影之动作片 （1）动作片的定义、分类 | 1 | | 掌握动作片的定义、分类、发展历程、鉴赏方式，并在此基础上，能够根据具体的动作片特点，写一篇不少于1000字的影评 | 课程题库（随机） |
| | | （2）动作片的发展历程 | 1 | | | 影评写作 |
| | | （3）优秀动作片鉴赏解读 | 2 | | | 结合具体的动作片书写该电影影评一篇 |

续表

| 专业基础课程主模块 | 所需知识、素质、能力 | 学时 | | 标 准 要 求 | 测 试 方 法 |
|---|---|---|---|---|---|
| | | 课内 | 课外 | | |
| Z77 类型电影鉴赏策略 知识 | Z77.2 类型电影之爱情片<br>(1) 我们为什么相爱 | 1 | 8 | 掌握爱情片的定义、分类、发展历程，鉴赏方式，并在此基础上，写一篇不少于1000字的爱情片的影评 | 课程题库(随机)，影评写作，结合具体的爱情片书写该电影的影评一篇 |
| | (2) 爱情片的定义、分类 | 1 | | | |
| | (3) 优秀爱情片鉴赏解读 | 2 | | | |
| | Z77.3 类型电影之喜剧片<br>(1) 喜剧片的定义、目的 | 1 | 8 | 掌握喜剧片的定义、分类、发展历程，鉴赏方式，并在此基础上，写一篇不少于1000字的喜剧片影评 | 课程题库(随机)，影评写作，结合具体的喜剧片书写该电影的影评一篇 |
| | (2) 我国喜剧片的发展历程 | 1 | | | |
| | (3) 中外喜剧片对比鉴赏 | 2 | | | |
| | Z77.4 类型电影之动画片<br>(1) 美国动画片的繁荣 | 1 | 8 | 掌握动画片的定义、分类、发展历程，鉴赏方式，并在此基础上，写一篇不少于1000字的动画片影评 | 课程题库(随机)，影评写作，结合具体的动画片书写该电影的影评一篇 |
| | (2) 日本动画片的崛起 | 1 | | | |
| | (3) 中国动画片的重振 | 1 | | | |
| | (4) 欧洲动画片的现状 | 1 | | | |
| | Z77.5 类型电影之科幻片<br>(1) 科幻片的定义、发展历程 | 1 | 8 | 掌握科幻片的定义、分类、发展历程，鉴赏方式，并在此基础上，写一篇不少于1000字的科幻片影评 | 课程题库(随机)，影评写作，结合具体的科幻片的影评一篇 |
| | (2) 科幻片与魔幻片的区别 | 1 | | | |
| | (3) 科幻片鉴赏解读 | 2 | | | |
| | Z77.6 类型电影之纪录片<br>(1) 纪录片的定义、分类 | 1 | 8 | 掌握纪录片的定义、分类、发展历程，鉴赏方式，并在此基础上，写一篇不少于1000字的纪录片影评 | 课程题库(随机)，影评写作，结合具体的纪录片的影评一篇 |
| | (2) 纪录片的发展历程 | 1 | | | |
| | (3) 纪录片鉴赏解读 | 2 | | | |

续表

| 专业基础课程主模块 | 所需知识、素质、能力 | | 学时 | | 标准要求 | 测试方法 |
|---|---|---|---|---|---|---|
| | | | 课内 | 课外 | | |
| Z77 类型电影鉴赏策略 | 知识 | Z77.7 类型电影之主旋律电影<br>（1）主旋律电影的定义、目的 | 1 | 8 | 掌握主旋律电影的定义、分类、发展历程及鉴赏方式，并在此基础上，能够根据具体的主旋律电影特点，写一篇不少于1000字的影评 | 课程题库（随机）<br>影评写作 |
| | | （2）我国主旋律电影的发展历程 | 1 | | | |
| | | （3）主旋律电影鉴赏解读 | 2 | | | |
| | 素质 | 具备对于不同类型电影的影视审美与艺术素养 | | | 在潜移默化中受到教育、审美能力在日积月累后提高 | — |
| | 能力 | 了解与掌握类型电影的知识，并运用理论知识进行实际有效的影视分析的能力 | | | 从主题、叙事、视听三个层面分析电影，具备能够从电影类型同角度，深层次地剖析电影的能力 | 从专业的角度去解读电影，并具备一定的学术价值 |
| Z78 演播室照明语言与技法 | 知识 | Z78.1 画面纵深感 | 2 | 10 | 掌握四种画面纵深感营造原理；掌握内景纵深压缩及放大原理 | 课程题库 |
| | | Z78.2 物体形态造型 | 1 | 6 | 掌握小景别对象的造型原理 | 课程题库 |
| | | Z78.3 表面质感 | 1 | 6 | 结合纵深感、立体感与面质感表现，理解画面造型具体工作任务 | 拍摄演练、课程题库 |
| | | Z78.4 画面基调与时间模拟 | 2 | 2 | 根据策划与拍摄方案，实施分镜头与故事板 | 拍摄演练 |
| | | Z78.5 自然光构成 | 2 | 6 | 掌握自然造型变化规律并理解影调设计要求 | 拍摄演练 |
| | | Z78.6 自然光造型特征与运用 | 2 | 6 | 按实验手册使用合适光线完成室内自然光演练 | 拍摄演练 |

续表

| 专业基础课程主模块 | | 所需知识、素质、能力 | 学时 | | 标 准 要 求 | 测 试 方 法 |
|---|---|---|---|---|---|---|
| | | | 课内 | 课外 | | |
| Z78 演播室与照明语言与技法 | 知识 | Z78.7 自然光造型设计技巧 | 1 | 2 | 掌握光比、光位与影调的直接关系 | 拍摄演练、课程题库 |
| | | Z78.8 夜景造型技巧 | 1 | 6 | 合理使用真实光源完成画面造型设计 | 拍摄演练、课程题库 |
| | | Z78.9 内景造型任务 | 2 | 6 | 理解小型演播室内景画面造型任务 | 课程题库 |
| | | Z78.10 人工光造型分类与技巧 | 2 | 8 | 掌握静态人工光造型常见模式 | 拍摄演练、课程题库 |
| | 素质 | 掌握影视画面造型基本语言与技法运用于室内场景美术设计。灵活使用现场光，并结合小型演播室环境合理建设计画面造型 | | | 参考仿拍对象，最大程度在造型技巧上完成演练 | 拍摄演练 |
| | 能力 | 培养影视画面造型审美能力运用于项目创作 | | | 能够根据分镜头设计，创新地使用照明灯具完成小型演播室的画面造型 | 拍摄演练 |
| Z79 摄影技术基础 | 知识 | Z79.1 摄影用光基本要素 | 2 | 4 | 以劳动部摄影师资格（现已停发）考试认定为标准，能够完全合理运用摄影用光对摄影作品艺术感染力的影响 | 课程题库 |
| | | Z79.2 摄影光造型基础 | 2 | 4 | 以劳动部摄影师资格（现已停发）考试认定为标准，能够基本理解光造型技巧 | 课程题库 |
| | | Z79.3 摄影用光室外自然光造型实践 | 2 | 4 | 以劳动部摄影师资格（现已停发）考试认定为标准，使用自然光完成摄影创作准确曝光 | 教师依据摄影作品设计标准认定，评价摄影作品 |
| | | Z79.4 摄影用光室内混合光造型实践 | 2 | 4 | 以劳动部摄影师资格（现已停发）考试认定为标准，使用自然光完成摄影创作准确影调控制 | 同上 |

续表

| 专业基础模块课程 | | 所需知识、素质、能力 | 学时 | | 标准要求 | 测试方法 |
|---|---|---|---|---|---|---|
| | | | 课内 | 课外 | | |
| Z79 摄影技术基础 | 知识 | Z79.5 摄影构图基本技巧与造型特征 | 2 | 4 | 以劳动部摄影师资格(现已停发)考试认定为标准,完成正确的构图基本法 | 课程题库 |
| | | Z79.6 摄影构图室外实践 | 2 | 4 | 以劳动部摄影师资格(现已停发)考试认定为标准,完成正确的摄影构图 | 教师依据摄影作品设计标准认定,评价摄影作品 |
| | | Z79.7 纪实风格作品室外实践 | 2 | 4 | 以劳动部摄影师资格(现已停发)考试认定为标准,完成风格化艺术表现 | 同上 |
| | | Z79.8 摄影人像作品室外实践 | 2 | 4 | 以劳动部摄影师资格(现已停发)考试认定为标准,完成风格化艺术表现 | 同上 |
| | | Z79.9 摄影人像作品室内实践 | 2 | 4 | 以劳动部摄影师资格(现已停发)考试认定为标准,完成风格化艺术表现 | 同上 |
| | 素质 | 摄影师艺术创作及职业素养养成 | | | 以劳动部摄影师资格(现已停发)考试认定为标准,认定学生职业素养 | 课程题库 |
| | 能力 | 使用摄影思维,熟练使用摄影器材及辅助设备,并针对主题完成摄影作品创作 | | | 以劳动部摄影师资格(现已停发)考试认定为标准,认定学生学习效果 | 教师依据摄影作品设计标准认定,个人摄影作品艺术特征宣讲 |
| Z80 艺术种类 | 知识 | Z80.1 实用艺术 (1) 实用艺术的主要种类 | 2 | 4 | 能够对不同形式的艺术品进行分类,并掌握每一类艺术品的审美特征 | 课程题库(随机) |
| | | (2) 实用艺术的审美特征 | | | | |
| | | Z80.2 造型艺术 (1) 造型艺术的主要种类 | 2 | 4 | | |
| | | (2) 造型艺术的审美特征 | | | | |

128

续表

| 专业基础课程主模块 | | 所需知识、素质、能力 | 学时 | | 标准要求 | 测试方法 |
|---|---|---|---|---|---|---|
| | | | 课内 | 课外 | | |
| Z80 艺术种类 | 知识 | Z80.3 表情艺术<br>(1) 表情艺术的主要种类 | 2 | 4 | 能够对不同形式的艺术品进行分类，并掌握每一类艺术品的审美特征 | 课程题库（随机） |
| | | (2) 表情艺术的审美特征 | | | | |
| | | Z80.4 综合艺术<br>(1) 综合艺术的主要种类 | 2 | 4 | | |
| | | (2) 综合艺术的审美特征 | | | | |
| | | Z80.5 语言艺术<br>(1) 语言艺术的主要体裁 | 2 | 4 | | |
| | | (2) 语言艺术的审美特征 | | | | |
| | 素质 | 要掌握不同种类艺术的审美特征 | | | 能够敏锐捕捉各种形式艺术品的审美特征 | — |
| | 能力 | 具备较为专业的艺术欣赏能力 | | | 能够对不同种类的艺术精品进行专业的赏析 | 写出较高水平的艺术赏析文章 |
| Z81 演播室造型综合运用 | 知识 | Z81.1 人工光源综合实训 | 2 | 6 | 理解并掌握静态多人小型演播室多视点画面造型设计 | 拍摄演练、课程题库 |
| | | Z81.2 混合光源综合实训 | 2 | 12 | 依据拍摄方案与实验手册，理解并掌握混合光源各种造型手段的综合应用 | 拍摄演练、课程题库 |
| | 素质 | 灵活根据项目要求设计小型演播室画面造型 | | | 完全掌握小型演播室的设备使用与工作流程 | 课程题库 |
| | 能力 | 培养影视画面造型直觉，通过造型有效表达编导思维 | | | 完成编导思维在小型演播室的造型设计实现 | 拍摄演练、课程题库 |

续表

| 专业基础课程主模块 | | 所需知识、素质、能力 | 学时 | | 标准要求 | 测试方法 |
|---|---|---|---|---|---|---|
| | | | 课内 | 课外 | | |
| | | Z82.1 视听语言导论<br>(1) 视觉心理的形成机制：人的视听感知特性在影视中的应用<br>(2) 视听语言的特点 | 2 | 2 | 认识视听语言课程的研究对象、研究方法及其产生和发展的过程。理解：视听语言的特点。掌握：视觉心理的形成机制；记录本性和幻觉性。视觉思维：形象本性和组合关系带来视觉语言的表意 | 课程题库、线下作业 |
| | | Z82.2 画面造型语言 I<br>(1) 景别与角度<br>(2) 焦距与景深 | 4 | 8 | 理解：景别划分与选取；不同景深的画面造型特点。掌握：景深控制 | |
| | | Z82.3 画面造型语言 II<br>(1) 构图<br>(2) 色彩与光线 | 4 | 8 | 理解：构图在叙事中的重要作用；色彩和光线的情绪暗示；视点的分类及其功能 | |
| 知识 Z82 影像中的元素 | | Z82.4 画面造型语言的练习<br>模仿经典电影中的一个片段，体现景别、景深、焦距、色彩、光线、构图的使用 | 2 | 4 | 掌握画面造型元素在影视中的综合使用 | 课程题库、线下作业、课下练习 |
| | | Z82.5 镜头语言<br>(1) 镜头的概念和定义<br>(2) 镜头的运动 | 2 | 4 | 理解：镜头形式选取的标准；运动的魅力；对长镜头的正确态度。场面调度的作用 | |
| | | Z82.6 场面调度<br>(1) 场面调度<br>(2) 长镜头 | 2 | 4 | 理解：场面调度和长镜头的概念 | |
| | | Z82.7 场面调度的练习<br>提供若干影视片段，组织学生观摩后，在影片中找到长镜头或成场面调度的片段进行分析 | 2 | 4 | 掌握场面调度的能力 | 课程题库、线下作业、思维导图 |

续表

| 专业基础课程主模块 | | 所需知识、素质、能力 | 学时 课内 | 学时 课外 | 标准要求 | 测试方法 |
|---|---|---|---|---|---|---|
| | 知识 | Z82.8 运动镜头拍摄的练习 利用固定镜头、运动镜头、长镜头、场面调度等镜头语言；拍摄一段关于"镜子"的片段 | 2 | 6 | 了解中国香港电影商业化的进程；了解中国台湾电影中视听语言的使用 | 课程题库、线下作业、思维导图 |
| Z82 影像中的元素 | 素质 | 影视思维的形成，用影视专业角度结构审美电影 | | | 能够从生活中发现美，并进行行镜性的创意表达 | — |
| | 能力 | 理解掌握影视语言基础性、语法性的知识，影视理论知识，架构的建立 | | | 能够围绕某个主题完成基础的镜头任务 | — |
| Z83 电视摄像基础理论与应用 | 知识 | Z83.1 了解景别、景深的概念：(1)景别；(2)景深 | 4 | 8 | 理解：景别、景深的概念。掌握：景别和景深的运用 | 课程题库（随机） |
| | | Z83.2 固定镜头 | 4 | 8 | 理解：固定镜头理论 掌握：固定镜头的运用 | |
| | | Z83.3 运动镜头 推镜头、拉镜头、摇镜头、移镜头、跟镜头、升降镜头 | 4 | 8 | 理解：推、拉、摇、移、跟、升、降六个镜头的概念理论。掌握：推、拉、摇、移、跟、升、降六个镜头的运用 | 线下作业 |
| | | Z83.4 镜头语言 主观镜头、客观镜头、反应镜头 | 4 | 8 | 理解：什么是主观镜头、客观镜头、反应镜头，并且能够用于拍摄 | 课程题库（随机） |
| | 素质 | 具备镜头艺术审美的创意理念 | | | 能够从生活中发现美，并进行拍摄的创意表达 | — |
| | 能力 | 具备基本镜头运用的实际操作能力 | | | 能够围绕某个主题完成基础镜头的创意和拍摄 | — |

续表

| 专业基础课程主模块 | | 所需知识、素质、能力 | 学时 | | 标准要求 | 测试方法 |
|---|---|---|---|---|---|---|
| | | | 课内 | 课外 | | |
| | 知识 | Z84.1 结合真实项目任务实地调研、撰写策划案和拍摄脚本<br>（1）结合主题要求和相关资料进行分析和创意<br>（2）策划书突出创意，拍摄脚本具备可操作性 | 2 | 4 | 能够在规定时间完成项目调研、表达出主题创意 | 课程题库（随机） |
| Z84 电视节目制作实践与应用 | | Z84.2 完善方案、拍摄素材<br>（1）通过勘景、完善拍摄方案<br>（2）拍摄多景别素材 | 4 | 8 | 通过实地勘景、完成拍摄任务 | 影视短片 |
| | | Z84.3 后期剪辑、完成短片制作<br>（1）收集整理素材、准备音响、音乐<br>（2）短片编辑制作 | 4 | 8 | 能够按照拍摄脚本、高清电视制作标准、完成影视短片制作 | 按照影视行业制作标准完成影视短片制作 |
| | 素质 | 具备正确的政治方向和社会主义核心价值观 | | | 能够关注最新影视创作理念、完成创意短片策划 | — |
| | 能力 | 具备完成影视短片制作的能力 | | | 能够根据策划方案、完成影视短片制作、制定规范合理的制作流程 | — |
| Z85 非线性编辑软件基础理论与应用 | 知识 | Z85.1 数字视频编辑基础<br>①数字视频基本概念；②非线性编辑概论；③项目的创建与设置；④界面构成；⑤导入与管理素材；⑥输出影片 | 3 | 6 | 能熟悉数字音视频的压缩基础、熟练运用各种素材的导入导出方法 | 课程题库（随机） |
| | | Z85.2 非线性编辑软件时间线编辑操作基础<br>①剪辑、三点编辑和四点剪辑；②声画对位；③时间线嵌套；④打包素材 | 3 | 6 | 熟练掌握多机位素材剪辑方法 | 课程题库（随机） |

续表

| 专业基础课程主模块 | | 所需知识、素质、能力 | 学时 | | 标准要求 | 测试方法 |
|---|---|---|---|---|---|---|
| | | | 课内 | 课外 | | |
| Z85 非线性编辑软件基础理论与Premiere应用 | 知识 | Z85.3 创建字幕 ①创建字幕的方法；②创建唱词字幕的方法；③创建图形字幕的方法；④字幕的设计要求 | 3 | 6 | 熟练制作各类字幕的方法，掌握字幕的设计要点 | 实训检测：创建字幕，各种运动效果、视频过渡的具体应用 |
| | | Z85.4 运动效果、视频过渡效果 ①关键帧的概念；②调整剪辑片段的基本属性；③设置运动效果；④添加视频过渡效果；⑤常用的视频过渡特技 | 3 | 6 | 熟练使用各类运动效果和视频过渡特技 | — |
| | 素质 | — | | | 能够熟练使用 Premiere 的各项基础功能 | — |
| | 能力 | — | | | 达到可独立完成实训制作 | — |
| Z86 非线性编辑软件 Premiere 的剪辑与特效应用 | 知识 | Z86.1 Premiere 视频特效及色彩校正 ①视频特效的分类；②视频特效的基本操作；③影视调色原理；④色彩要素；⑤色彩校正的常用参数；⑥色彩校正的常用视图 | 4 | 8 | 能够熟练制作视频特效，完成影片基本调色 | 实训检测：制作丰富的视频特效，如：局部马赛克、打字机效果、稳定抖动画面等应用 |
| | | Z86.2 Premiere 画面叠加合成及音频编辑 ①Alpha通道，具体案例；②画面叠加合成；③键控方法，不透明度，混合模式、蒙版；④音频概述；⑤编辑音频；⑥音频的基本操作；⑦音频过渡与音频特效 | 4 | 8 | 能够熟练完成多画面叠加合成的制作，以及实训案例的制作 | 实训检测：画面叠加合成特效 |
| | | Z86.3 Premiere 外挂特效插件 ①安装插件，具体案例：复制法、安装法、升级安装法等；②特效插件应用，具体案例：Shine 插件、Star-glow 插件、Impact Rays 插件、Beat Edit 插件、Magic Bullet Looks 插件 | 4 | 8 | 熟练掌握各类插件的安装与应用，以及实训案例的制作 | 实训检测：特效插件的应用 |
| | 素质 | — | | | 能够独立完成影视特效的制作 | — |
| | 能力 | — | | | 能够用影视特效的方式表现一定的审美 | — |

续表

| 专业基础课程主模块 | 所需知识、素质、能力 | | 学时 | | 标准要求 | 测试方法 |
|---|---|---|---|---|---|---|
| | | | 课内 | 课外 | | |
| Z87 非线性编辑软件 Edius 的实践应用 | 知识 | Z87.1 Edius 编辑基础应用及视音频编辑 ①Edius软件启动及工程设置;②工作界面和素材管理;③视频布局 | 2 | 4 | 快速熟练地掌握非线性编辑软件 Edius 对视音频编辑的实训应用 | 实训检测：视音频剪辑、字幕制作与特效合成 |
| | | Z87.2 Edius的特效 ①视频特效;②音频滤镜;③转场特效 | 3 | 6 | 能够熟练使用 Edius 处理视频特效与音频滤镜 | |
| | | Z87.3 Edius 字幕制作及视频输出 参照案例,使用指定素材进行剪辑 | 3 | 6 | 熟练应用嵌套效果,熟练掌握效果参控件中位置、缩放与旋转参数的设置,以及关键帧的添加技巧 | |
| | 素质 | — | | | 能够熟练掌握 Edius 软件的使用技巧 | — |
| | 能力 | — | | | 能够关注数字技术的最新发展 | — |
| Z88 传播学与人类传播活动的发展 | 知识 | Z88.1 传播与传播学 (1) 传播与传播学的概念 | 2 | 4 | 能够了解传播学的发展进程、掌握传播、传播学的概念内涵 | 课程题库(随机)、传媒案例诊断、专题研讨 |
| | | (2) 传播学的奠基人与学术流派 | 2 | 4 | | |
| | | Z88.2 人类传播活动的发展历史 (1) 口语传播时代、文字传播时代 | 2 | 4 | 了解人类传播活动的发展进程、掌握不同传播时代的特点 | 课程题库(随机)、专题讨论、思维导图 |
| | | (2) 印刷传播时代、电子传播时代 | 2 | 4 | | |
| | | Z88.3 人类传播活动的基本类型 (1) 自我传播与人际传播 | 2 | 4 | 掌握不同类型传播活动的特点和规律 | 课程题库(随机)、头脑风暴、撰写读书笔记、传媒热点调研 |
| | | (2) 群体传播、组织传播、大众传播 | 4 | 8 | | |
| | 素质 | 具备传播活动理性认知素质 | | | 能够从日常传播活动中发现传播规律 | — |
| | 能力 | 具备运用传播理论、认识传播实践的初步能力 | | | 能够运用传播理论分析传播实践 | — |

续表

| 专业基础课程主模块 | | 所需知识、素质、能力 | 学时 | | 标准要求 | 测试方法 |
|---|---|---|---|---|---|---|
| | | | 课内 | 课外 | | |
| Z89 传播活动的"5W"要素 | 知识 | Z89.1 传播者<br>(1) 传播者的概念、权利与义务 | 1 | 2 | 掌握传播者的概念，理解"把关人"理论 | 课程题库（随机）、头脑风暴 |
| | | (2) "把关人"理论 | 1 | 2 | | |
| | | Z89.2 传播内容<br>(1) 符号的概念、语言符号、非语言符号 | 2 | 4 | 掌握语言符号、非语言符号类型和作用，理解信息社会的一般特征和典型现象 | 课程题库（随机）、传媒案例诊断、传媒热点调研、问卷制作分析 |
| | | (2) 信息的特征、信息爆炸、信息匮乏、信息污染 | 2 | 4 | | |
| | | Z89.3 传播媒介<br>(1) 媒介的宏观分析、微观分析 | 1 | 4 | 掌握不同传播媒介的特点，理解麦克卢汉的媒介观 | 课程题库（随机）、传媒经典共读 |
| | | (2) 麦克卢汉的媒介观 | 2 | 4 | | |
| | | Z89.4 受众<br>(1) 受众的概念和特点 | 1 | 4 | 掌握受众的分类与特点，传播效果的宏观传播效果效果类型、传播理论 | 课程题库（随机）、专题研讨、传媒案例诊断、传媒热点调研、学术小论文、问卷制作分析 |
| | | (2) 受众的心理特征、选择性理论、"使用与满足"理论 | 2 | 4 | | |
| | | Z89.5 传播效果<br>(1) 大众传播效果的宏观效果理论、传播效果类型、传播技巧 | 3 | 4 | | |
| | | (2) 大众传播效果的宏观效果理论：沉默螺旋理论、议程设置理论、培养理论、知沟理论 | 3 | 4 | | |
| | 素质 | 具备从事传播活动和传播实践的基本专业素养 | | | 能够从"5W"要素对传播活动和传媒实践进行理性分析 | — |
| | 能力 | 具备发现、分析传播活动和传播活动基本规律进行传播实践 | | | 能够运用传播理论指导传媒实践 | — |

续表

| 专业基础课程主模块 | | 所需知识、素质、能力 | 学时 | | 标准要求 | 测试方法 |
|---|---|---|---|---|---|---|
| | | | 课内 | 课外 | | |
| Z90 Edius编辑应用基础 | 知识 | Z90.1 Edius编辑基础应用及视音频编辑 ①Edius软件启动及工程设置;②工作界面和素材管理;③视频布局 | 2 | 4 | 快速熟练地掌握非线性编辑软件Edius对视音频编辑的实训应用 | 实训检测:视音频剪辑,字幕制作与特效合成 |
| | | Z90.2 Edius的特效 ①视频特效;②音频滤镜;③转场特效 | 3 | 6 | 能够熟练使用Edius处理视频特效与音频滤镜 | |
| | | Z90.3 Edius字幕制作及视频输出 参照案例,使用指定素材进行剪辑 | 3 | 6 | 熟练应用叠套效果,熟练掌握效果控件中位置、缩放与旋转参数的设置,以及关键帧的添加技巧 | |
| | 能力 | — | | | 能够熟练掌握Edius软件的使用技巧 | — |
| | 素质 | — | | | 能够关注数字技术的最新发展 | — |
| Z91 导演创作 | 知识 | Z91.1 导演与电视片创作 导演创作手段、纪录片与专题片导演创作手段——表现性与纪实性 电视片创作的分析 | 4 | 8 | 线上教学:纪录片与专题片的创作手段异同。线下教学:电视片中的表现性导演与纪实性导演。电视片导演中的表现性导演与纪实性导演,弗拉哈迪模式,格里尔逊模式,真实电影模式,直接电影模式 | 课程题库(随机) |
| | | Z91.2 导演与微电影创作 导演的微电影创作、影视作品中的符号化、象征性电影院"故事大纲宣讲竞赛、导演创作的应用于训练、微电影导演创作、微电影应用短片训练、影视剧作片导演拉片解析 | 8 | 16 | 线上教学:采用线上教学视频内容和课上教学活动演示微视频、导演的银幕语法。剧本素材末源的要素。线下教学:对标影视作品解析。微电影《绿城》拉片训练。《邮梦人》《离伤》评析。电影节作品《人有三急》《桃子》视听语言解析 | 课程题库(随机) |
| | 素质 | 通过纪录片和情景短片导演训练,让学生掌握导演在剧组中工作的全流程 | | | 纪录片和微电影导演的职责要求、导演的剧作水平 | 课程题库(随机) |
| | 能力 | 各组拍摄项目(剧本)竞标宣讲,导演如何鉴别优秀剧本、分析剧本、围读剧本 | | | 影视片和微电影导演职业素养与审美体现。培养学生驾驭纪录片情景片导演的能力 | 课程题库(随机) |

续表

| 专业基础课程主模块 | 所需知识、素质、能力 | | 学时 | | 标准要求 | 测试方法 |
|---|---|---|---|---|---|---|
| | | | 课内 | 课外 | | |
| | 知识 | Z92.1 微电影概论 | | | 能够了解微电影的基础理论，能根据微电影的要求确定创作策划文案 | 课程题库(随机) |
| | | (1) 微电影艺术特征 | 1 | 2 | | |
| | | (2) 微电影分类 | 1 | 2 | | |
| | | Z92.2 微电影策划 | | | 能够在导演组织下，合理确定剧组人员岗位，做好阶段的调研和创作安排 | 简单的策划案和拍摄脚本，撰写主题清晰的策划方案，根据实地勘景和相关资料做好拍摄脚本创作 |
| | | (1) 影视策划和创作 | 1 | 2 | | |
| | | (2) 创意激发与创意表达 | 1 | 2 | | |
| Z92 微电影创作基础 | | (3) 微电影赏析 | 2 | 4 | | |
| | | Z92.3 导演基础 | | | 理解并掌握画面的视觉语言，能够创作出影照影像叙事知识创作点，有张力的作品 | 课程题库(随机) |
| | | (1) 导演阐述 | 1 | 2 | | |
| | | (2) 影像语言和影像叙事 | 1 | 2 | | |
| | 素质 | 独立创作剧本并通过相应的设备使用能将剧本拍摄成完整的影视短片 | | | 能够根据剧组工作安排，确定创作主题、人员分工等，完成微电影策划 | — |
| | 能力 | 具备导演意识和短片创作理念 | | | 能够从生活中发现美，记录美，用影视的方式诠释创作理念 | 能够撰写主题清晰的策划方案和剧本 |
| | 知识 | Z93.1 电影摄影 | | | 能够熟练使用电视摄像机或单反相机创作短片 | 课程题库(随机) |
| | | (1) 微电影摄影的要素 | 1 | 2 | | |
| | | (2) 场景调度 | 2 | 4 | | |
| Z93 微电影创作实训 | | (3) 镜头调度 | 2 | 4 | | |
| | | (4) 演员调度 | 1 | 2 | | |
| | | Z93.2 一分钟影像创作 | | | | |
| | | (1) 分镜头练习 | 4 | 8 | | 分镜头创作 |
| | | (2) 蒙太奇短句练习、音乐和节奏练习 | 4 | 8 | | 短片作品 |

续表

| 专业基础课程主模块 | 所需知识、素质、能力 | | 学时 | | 标准要求 | 测试方法 |
|---|---|---|---|---|---|---|
| | | | 课内 | 课外 | | |
| Z93 微电影创作实训 | 知识 | Z93.3 微电影创作综合实训<br>(1)选题、剧本创作，剧组建立与分工 | 2 | 4 | 能够以影视剧组为单位，每个人找到自己的位置，分工创作微电影作品 | 微电影剧本创作 包括创作构思、剧本写作，拍前准备、导演、摄像以及后期制作等。在具体的设计实施上紧紧围绕"导演领导、创作实践"这一核心 |
| | | (2)中期创作 | 4 | 8 | | |
| | | (3)后期剪辑、包装、宣发 | 4 | 8 | | |
| | 素质 | 具备对生活的观察力、洞察力及能够独立导演创作不同类型的影视作品 | | | 能够在导演的组织下，剧组各个岗位通力配合，进行专业创作 | — |
| | 能力 | 具备发现故事和写作故事的能力，具备对影视审美和创作素质和意识 | | | 能够熟悉微电影短片创作的各种流程和技巧 | 围绕剧本进行创作 |
| Z94 影视包装案例分析与制作 | 知识 | Z94.1 影视片头设计与制作 | 20 | 40 | 了解 Logo 的概念、设计意义，设计要素分析；<br>理解新闻类目栏目制作流程及版块设置；<br>综艺娱乐类电视栏目的界定与分类，娱乐节目包装特性、创意策划；了解纪录片类型节目包装形式；了解影视广告包装概述，影视广告包装创意策略 | 课程题库（随机）<br>小论文、视频作品 |
| | | Z94.2 影视特效设计与制作 | 4 | 8 | 掌握影视特效常用设计思维及特效制作方法 | 课程题库（随机）<br>小论文、视频作品 |
| | 素质 | 艺术思维的培养与锻炼、专业技能应用 | | | 影视包装整体专业能力显著提升 | — |
| | 能力 | 影视包装案例的分析、设计与制作 | | | 能够根据要求设计制作影视包装片头、特效 | — |

续表

| 专业基础课程主模块 | | 所需知识、素质、能力 | 学时(课内) | 学时(课外) | 标准要求 | 测试方法 |
|---|---|---|---|---|---|---|
| Z95 电视摄像基础理论与应用 | 知识 | Z95.1 了解景别、景深<br>(1)景别；<br>(2)景深 | 4 | 8 | 理解:景别、景深的概念。掌握:景别和景深的运用 | 课程题库（随机） |
| | | Z95.2 固定镜头<br>固定镜头 | 4 | 8 | 理解:固定镜头的概念及含义。掌握:固定镜头的运用 | 线下作业 |
| | | Z95.3 运动镜头<br>推镜头、拉镜头、摇镜头、移镜头、跟镜头、升降镜头 | 4 | 8 | 理解:推、拉、摇、移、跟、升、降六个镜头的概念理论。掌握:推、拉、摇、移、跟、升、降六个镜头的运用 | 线下作业 |
| | | Z95.4 镜头语言<br>主观镜头、客观镜头、反应镜头 | 4 | 8 | 理解:什么是主观镜头、客观镜头、反应镜头，并且能够用于拍摄 | 课程题库（随机） |
| | 素质 | 具备镜头艺术审美的创意理念 | | | 能够从生活中发现美，并进行拍摄 | — |
| | 能力 | 具备基本镜头运用的实际操作能力 | | | 能够围绕某个主题完成基础镜头的创意拍摄 | — |
| Z96 摄像实践操作 | 知识 | Z96.1 构图方式<br>中心构图法、水平线构图法、三分构图法、对角线构图 | 8 | 16 | 熟练掌握中心构图法、水平构图法、三分构图法和对角线构图法 | 课程题库（随机） |
| | | Z96.2 运动镜头的实际操作<br>推镜头、拉镜头、摇镜头、移镜头、跟镜头、升降镜头 | 8 | 16 | 掌握:推、拉、摇、移、跟、升、降六个镜头的运用，及转场运用 | 线下作业 |
| | 素质 | 掌握不同形式构图和镜头运用的艺术审美 | | | 能够通过观摩各种优秀影视作品，对各种影视构图的基本规律和镜头运用技巧非常了解 | — |
| | 能力 | 具备构造各种构图的能力和使用镜头的方法 | | | 能够围绕任务完成各类镜头的拍摄，对镜头具备一定的审美创意和主题表达 | — |

续表

| 专业基础课程主模块 | | 所需知识、素质、能力 | 学时 | | 标准要求 | 测试方法 |
|---|---|---|---|---|---|---|
| | | | 课内 | 课外 | | |
| Z97 Edius 编辑基础应用 | 知识 | Z97.1 Edius 编辑基础应用及视音频编辑 ①Edius 软件启动及工程设置;②素材管理;③视频布局 | 2 | 4 | 快速熟练地掌握非线性编辑软件 Edius 对视音频编辑的实训应用 | 线下作业 |
| | | Z97.2 Edius 的特效 ①视频特效;②音频滤镜;③转场特效 | 3 | 6 | 能够熟练使用 Edius 处理视频特效与音频滤镜 | |
| | | Z97.3 Edius 字幕制作及视频输出 参照案例,使用指定素材进行剪辑 | 3 | 6 | 熟练应用嵌套效果,熟练掌握效果控件中位置、缩放与旋转参数的设置,及关键帧的添加技巧 | |
| | 素质 | 具备使用 Edius 软件的实际操作能力 | | | — | 能够熟练掌握 Edius 软件的使用技巧 |
| | 能力 | 具备各类非线性编辑软件的处理和实训的融会贯通能力 | | | — | 能够关注数字技术的最新发展 |
| Z98 电视编辑技巧 | 知识 | Z98.1 电视叙事中的时间与空间 再现和构成两种空间的表现形式 影视作品中时间空间的合集剪辑 | 1 | 2 | 再现和构成两种空间的表现形式 | 课程题库(随机) 观摩影视作品,分析电视叙事中的时间与空间 |
| | | Z98.2 剪辑中的一些规则 剪辑中的匹配原则,景别安排,运动表现 | 2 | 4 | 影视作品中的剪辑实际运用 | 课程题库(随机) 一组越轴镜头的剪辑与解决越轴问题的镜头方法 |
| | | Z98.3 场面转换 (1) 无技巧剪辑与技巧性剪辑 | 2 | 4 | 通过实际操作掌握影视作品中各种转场的方法和技巧 | 张艺谋的电影作品中无技巧性剪辑的镜头方法合辑 |
| | | (2) 无技巧剪辑与技巧性剪辑的方法 | 1 | 2 | | |

续表

| 专业基础课程主模块 | 所需知识、素质、能力 | | 学时 | | 标准要求 | 测试方法 |
|---|---|---|---|---|---|---|
| | | | 课内 | 课外 | | |
| Z98 电视编辑技巧 | 知识 | Z98.4 两种类型的剪辑 (1) 叙事剪辑与表现剪辑 | 2 | 4 | 分析两种剪辑在实际作品中的应用技巧 | 课程题库(随机) 影视作品中内在节奏与外在节奏的统一与区别一与向具体体现的 |
| | | (2) 分析影视作品叙事剪辑与表现剪辑两种手法 | 1 | 2 | | |
| | | Z98.5 剪辑中的结构与节奏 分析影视作品内容、结构与节奏的关系 | 2 | 4 | 分析影视作品内容、结构与节奏的关系 | 课程题库(随机) 剪辑一组镜头，体现影视作品的叙事结构和蒙太奇结构 |
| | | Z98.6 电视作品剪辑与创作(一) 指定完成剪辑与创作评分(一) | 2 | 6 | 初步了解并掌握电视剪辑的技巧与实践运用 | 课程题库(随机) 一组按照要求剪辑的镜头片段 |
| | | Z98.7 电视作品剪辑与创作(二) 指定完成剪辑与创作评分(二) | 2 | 6 | 指定剪辑作品主要从画面、声音、内容和整体效果四个方面进行把握，创作不少于3分钟的剪辑作品 | 课程题库(随机) 艺术成品3分钟 |
| | 素质 | 具备良好的视听语言审美和剪辑艺术修养，掌握各种剪辑技巧的基本规律 | | | 能够通过观摩各种优秀的影视作品，吸收优秀作品的剪辑经验，对各种艺术作品进行蒙太奇基本规律和技巧的实际运用 | — |
| | 能力 | 具备不同艺术作品的剪辑和创作能力 | | | 能够围绕主题完成不同形态的艺术作品剪辑任务，作品具备一定的创意和艺术水平 | 围绕主题进行各种艺术作品的剪辑与创作 |
| Z99 类型电影影片鉴赏策略 | 知识 | Z99.1 类型电影之动作片 (1) 动作片的定义、分类 | 1 | | 掌握动作片的定义、分类、发展历程，鉴赏方式，并在此基础上，能够根据具体的动作片特点，写一篇不少于1000字的影评 | 课程题库(随机) |
| | | (2) 动作片的发展历程 | 1 | | | 影评写作 |
| | | (3) 优秀动作片鉴赏解读 | 2 | | 结合具体的动作片书写该电影的影评 | 结合具体的动作片书写该电影的影评一篇 |

续表

| 专业基础课程主模块 | | 所需知识、素质、能力 | 学时 课内 | 学时 课外 | 标准要求 | 测试方法 |
|---|---|---|---|---|---|---|
| Z99 类型电影鉴赏策略 | 知识 | Z99.2 类型电影之爱情片 | | | | |
| | | (1) 我们为什么相爱 | 1 | | 掌握爱情片的定义、分类、发展历程，鉴赏方式，并在此基础上，能够根据具体的爱情片，写一篇不少于1000字的影评 | 课程题库（随机）影评写作 |
| | | (2) 爱情片的定义、分类 | 1 | 8 | | |
| | | (3) 优秀爱情片鉴赏解读 | 2 | | | 结合具体的爱情片书写该电影的影评一篇 |
| | | Z99.3 类型电影之喜剧片 | | | 掌握喜剧片的定义、分类、发展历程，鉴赏方式，并在此基础上，写一篇不少于1000字的影评 | 课程题库（随机）影评写作 |
| | | (1) 喜剧片的定义、目的 | 1 | | | |
| | | (2) 我国喜剧片的发展历程 | 1 | 8 | | |
| | | (3) 中外喜剧片对比鉴赏 | 2 | | | 结合具体的喜剧片书写该电影的影评一篇 |
| | | Z99.4 类型电影之动画片 | | | 掌握动画片的定义、分类、发展历程，鉴赏方式，并在此基础上，写一篇不少于1000字的影评 | 课程题库（随机）影评写作 |
| | | (1) 美国动画片的繁荣 | 1 | | | |
| | | (2) 日本动画片的崛起 | 1 | 8 | | |
| | | (3) 中国动画片的重振 | 1 | | | 结合具体的动画片书写该电影的影评一篇 |
| | | (4) 欧洲动画片的现状 | 1 | | | |
| | | Z99.5 类型电影之科幻片 | | | 掌握科幻片的定义、分类、发展历程，鉴赏方式，并在此基础上，写一篇不少于1000字的影评 | 课程题库（随机）影评写作 |
| | | (1) 科幻片的定义、发展历程 | 1 | | | |
| | | (2) 科幻片与魔幻片的区别 | 1 | 8 | | |
| | | (3) 科幻片鉴赏解读 | 2 | | | 结合具体的科幻片书写该电影的影评一篇 |
| | | Z99.6 类型电影之纪录片 | | | 掌握纪录片的定义、分类、发展历程，鉴赏方式，并在此基础上，写一篇不少于1000字的影评 | 课程题库（随机）影评写作 |
| | | (1) 纪录片的定义、分类 | 1 | | | |
| | | (2) 纪录片的发展历程 | 1 | 8 | | |
| | | (3) 纪录片鉴赏解读 | 2 | | | 结合具体的纪录片书写该电影的影评一篇 |

续表

| 专业基础课程主模块 | | 所需知识、素质、能力 | 学时 课内 | 学时 课外 | 标准要求 | 测试方法 |
|---|---|---|---|---|---|---|
| Z99 类型电影鉴赏策略 | 知识 | Z99.7 类型电影之主旋律电影<br>(1) 主旋律电影的定义、目的 | 1 | | 掌握主旋律电影的定义、分类、发展历程、鉴赏方式，并在此基础上，能够根据具体的主旋律电影特点，写一篇不少于1000字的影评 | 课程题库（随机）<br>影评写作<br>结合具体的主旋律影评的写作该电影影评一篇 |
| | | (2) 我国主旋律电影的发展历程 | 1 | 8 | | |
| | | (3) 主旋律电影鉴赏解读 | | 2 | | |
| | 素质 | 具备对于不同类型电影的影视审美与艺术素养 | | | 在潜移默化中受到教育、审美能力在日积月累后提高 | 从专业的角度去解读电影，并且具备一定的学术价值 |
| | 能力 | 了解与掌握类型电影的影视的知识，并运用理论知识进行实际有效的影视分析的能力 | | | 从主题、叙事，视听三个层面分析电影，深层次地剖析电影的能力 | — |
| Z100 职责与特点 | 知识 | Z100.1 绪论：课堂电影院 "教学"模型<br>观看"课堂电影院"优秀影展作品。影展作品选题构思与故事大纲撰写 | 2 | 4 | 线上教学：无<br>线下教学：课程概述、"课堂电影院"优秀展映作品解析、影视项目刷本方向选题 | 课程题库（随机） |
| | | Z100.2 影视导演职业<br>导演职责分类、导演与剧组、"课堂电影院"模式中的导演地位和职责 | 2 | 4 | 线上教学：无<br>影视分组收报告解析、影视项目刷本方向选题<br>影视导演职责 | |
| | | Z100.3 影视导演特点研究<br>导演风格分析、中外导演风格特点研究 | 6 | 12 | 线上教学：无<br>线下教学：中外导演风格特点。张艺谋、冯小刚、宁浩、黑泽明、小津安二郎、奉俊昊、斯皮尔伯格、马丁斯科塞斯等风格研究 | 课程题库（随机） |
| | 素质 | 培养学生影视导演角度的电影评析和审美能力 | | | 了解导演组成员的职责与任务、电影审美和影视修养。对标影展作品与审美 | — |
| | 能力 | 调研资料的收集、分析和整理的能力。调研电影短片项目：前端制作（如人物小传、故事大纲等），了解国内外不同风格导演及创作特色 | | | 能够根据任务书独立完成影视制作前端的各类筹备工作、确定创作主题、设计元素内容。能够根据国内外不同导演的诸多作品研究导演特点和创作风格 | 各组项目路演 |

续表

| 专业基础主模块课程 | 所需知识、素质、能力 | 学时 课内 | 学时 课外 | 标准要求 | 测试方法 |
|---|---|---|---|---|---|
| Z101 影像 中的元素 知识 | Z101.1 视听语言导论<br>(1)视觉心理的形成机制:人的视知特性在影视中的运用;<br>(2)视听语言的特点 | 2 | 2 | 认识视听语言课程的研究对象,研究方法及其产生和发展的过程。理解:视听语言的特点。掌握:记录本性和幻觉性。视觉思维;形象元素间的组合关系带来视觉语言的表意 | 课程题库、线下作业 |
| | Z101.2 画面造型语言 I<br>(1)景别与角度;<br>(2)焦距与景深 | 4 | 8 | 理解:景别划分与选取;不同景深的画面造型特点。掌握:景深控制 | |
| | Z101.3 画面造型语言 II<br>(1)构图;<br>(2)色彩与光线 | 4 | 8 | 理解:构图在叙事、表意和象征三大任务上的重要作用;色彩和光线的情绪暗示;视点的分类及其功能 | |
| | Z101.4 画面造型语言的练习<br>模仿经典电影中的一个片段,体现景别、景深、焦距、色彩、光线、构图的使用 | 2 | 4 | 掌握画面画面造型元素在影视中的综合使用 | 课程题库、线下作业、课下练习 |
| | Z101.5 镜头语言<br>(1)镜头的概念和定义;<br>(2)镜头的运动 | 2 | 4 | 理解:镜头形式选取的标准;运动镜头的魅力;对长镜头应用的正确态度。场面调度的作用 | |
| | Z101.6 场面调度<br>(1)场面调度;<br>(2)长镜头 | 2 | 4 | 理解场面调度和长镜头的概念 | 课程题库、线下作业、思维导图 |
| | Z101.7 场面调度的练习<br>提供若干影视片段,组织学生观摩后,在影片中找到长镜头或场面调度的片段进行分析 | 2 | 4 | 掌握场面调度的能力 | |

续表

| 专业基础课程主模块 | 知识/素质/能力 | 所需知识、素质、能力 | 学时 课内 | 学时 课外 | 标准要求 | 测试方法 |
|---|---|---|---|---|---|---|
| Z101 影像中的元素 | 知识 | Z101.8 运动镜头拍摄的练习<br>利用固定镜头、运动镜头、长镜头、场面调度等镜头语言,拍摄一段关于"镜子"的片段 | 2 | 6 | 了解中国香港电影商业化的进程,了解中国台湾电影中视听语言的使用 | 课程题库、线下作业、思维导图 |
| | 素质 | 影视思维的形成,用影视专业角度结构审美电影 | | | 能够从生活中发现美,并进行镜头性的创意表达 | — |
| | 能力 | 理解掌握影视语言基础性、语法性的知识,影视理论知识架构的建立 | | | 能够围绕某个主题完成基础的镜头任务 | — |
| Z102 声音关系和蒙太奇 | 知识 | Z102.1 影音中的声音<br>(1) 声音有哪些元素<br>(2) 声音的时空属性<br>(3) 声音在影视中的作用 | 2 | 4 | 了解:影视作品中声音的分类<br>理解:声音在叙事和抒情上的作用;不同类型声画的作用 | 课程题库 |
| | | Z102.2 声画关系的分类 | 2 | 4 | 掌握声画四对关系的概念 | 线下作业 |
| | | Z102.3 声画关系的练习<br>模仿电影《大独裁者》中经典的声画对位,拍摄一段声音和画面的视频 | 2 | 4 | 熟练运用声画关系 | 线下作业 |
| | | Z102.4 蒙太奇<br>(1) 蒙太奇概念<br>(2) 蒙太奇基本原则 | 2 | 4 | 理解:剪辑对于时空的省略和延续作用;苏联蒙太奇学派;杂耍蒙太奇。理性蒙太奇;垂直蒙太奇;立足于叙事的经典蒙太奇;交叉蒙太奇、平行剪辑和段落剪辑;风格化剪辑;非连贯贯穿剪辑 | 课程题库 |
| | | Z102.5 蒙太奇剪辑练习<br>实践教学:利用蒙太奇理论,剪辑一段关于"最后一分钟营救"的片段 | 2 | 4 | 掌握为什么有一种说法是"片子不是拍出来的,而是剪出来的";剪辑的魅力何在;剪辑是如何形成不同意义,强化戏剧冲突的 | 线下作业 |

续表

| 专业基础课程主模块 | | 所需知识、素质、能力 | 学时 课内 | 学时 课外 | 标准要求 | 测试方法 |
|---|---|---|---|---|---|---|
| Z102 声音和蒙太奇关系 | 知识 | Z102.6 拉片训练 完成电影《辛德勒的名单》前 30 分钟的拉片 | 2 | 4 | 掌握电影镜头、视听元素的具体使用 | 线下作业 |
| | 素质 | 影视化叙事思维的形成 | | | 能够对生活进行有效观察，从生活中提炼故事并意于进行创造性表达 | — |
| | 能力 | 理解掌握蒙太奇的组合效果 | | | 能够围绕某个主题进行视听画面的组合创作 | — |
| Z103 电视编辑技巧 | 知识 | Z103.1 电视叙事中的时间与空间 再现和构成两种时间空间的表现形式 影视作品中时间空间的合集剪辑 | 1 | 2 | 再现和构成两种空间的表现形式 | 课程题库（随机） 观摩影视作品，分析电视叙事的时间与空间 |
| | | Z103.2 剪辑中的一些规则 剪辑中的匹配原则、景别安排、运动表现 | 2 | 4 | 影视作品中剪辑规则的实际运用 | 课程题库（随机） 一组越轴镜头与解决越轴问题的镜头的区别 |
| | | Z103.3 场面转换 (1) 无技巧剪辑与技巧性剪辑 | 2 | 4 | 通过实际操作掌握影视作品中各种转场的方法和技巧 | 张艺谋的电影作品中无技巧性剪辑的镜头的合辑 |
| | | (2) 无技巧剪辑与技巧性剪辑的方法 | 1 | 2 | | |
| | | Z103.4 两种类型的剪辑 (1) 叙事剪辑与表现剪辑 | 2 | 4 | 分析两种剪辑在实际作品中的应用技巧 | 课程题库（随机） 影视作品中内在节奏与外在节奏的统一与区别是如何具体体现的 |
| | | (2) 分析影视作品叙事剪辑与表现剪辑两种手法 | 1 | 2 | | |
| | | Z103.5 剪辑中的结构与节奏 分析影视作品内容与结构、结构与节奏的关系 | 2 | 4 | 分析影视作品内容与结构与节奏的关系 | 课程题库（随机） 剪辑一组镜头，体现影视作品的叙事结构大与蒙太奇结构 |

续表

| 专业基础课程主模块 | 所需知识、素质、能力 | | 学时 | | 标 准 要 求 | 测 试 方 法 |
|---|---|---|---|---|---|---|
| | | | 课内 | 课外 | | |
| | 知识 | ZI03.6 电视作品剪辑与创作(一)指定完成作品剪辑与创作评分(一) | 2 | 6 | 初步了解并掌握电视剪辑的技巧与实践应用 | 课程题库(随机)一组按照要求剪辑的蒙太奇镜头片段 |
| | | ZI03.7 电视作品剪辑与创作(二)指定完成作品剪辑与创作评分(二) | 2 | 6 | 指定剪辑作品主要从画面、声音、内容和整体效果四个方面进行把握,创作不少于 3 分钟的剪辑作品 | 课程题库(随机)艺术成品 3 分钟 |
| ZI03 电视编辑技巧 | 素质 | 具备良好的视听语言审美和剪辑艺术修养,掌握各种剪辑技巧的基本规律 | | | 能够通过观摩各种优秀的影视作品,吸收优秀作品的剪辑经验,对各种艺术作品进行蒙太奇基本规律的实际运用 | — |
| | 能力 | 具备不同艺术作品的剪辑和创作能力 | | | 能够围绕主题完成不同形态的艺术作品剪辑任务,作品具备一定的创意和艺术创作水平 | 围绕主题进行各种艺术作品的剪辑与创作 |
| ZI04 非线性编辑软件 Edius 的实践应用 | 知识 | ZI04.1 Edius 编辑基础应用及视音频编辑 ①Edius 软件启动及工程设置;②工作界面和素材管理;③视频布局 | 2 | 4 | 快速熟练地掌握非线性编辑软件 Edius 对视音频编辑的实训应用 | 实训检测:视音频剪辑、字幕制作与特效合成 |
| | | ZI04.2 Edius 的特效 ①视频特效;②音频滤镜;③转场特效 | 3 | 6 | 能够熟练使用 Edius 处理视频特效与音频滤镜 | |
| | | ZI04.3 Edius 字幕制作及视频输出 参照案例,使用指定素材进行剪辑 | 3 | 6 | 熟练应用嵌套效果,熟练掌握效果控件中位置、缩放与旋转效果的设置,以及关键帧的添加技巧 | |
| | 素质 | — | | | 能够熟练掌握 Edius 软件的使用技巧 | — |
| | 能力 | — | | | 能够关注数字技术的最新发展 | — |

续表

| 专业基础课程主模块 | | 所需知识、素质、能力 | 学时 | | 标准要求 | 测试方法 |
|---|---|---|---|---|---|---|
| | | | 课内 | 课外 | | |
| Z105 职责与特点 | 知识 | Z105.1 绪论：课程概述 "课堂电影院"教学模型介绍，影视导演基础，观看"课堂电影院"优秀影展作品。影展作品选题构思与故事大纲撰写 | 2 | 4 | 线上教学：无 线下教学：课程概述，"课堂电影院""课堂电影院"优秀映展作品解析，影视项目剧本方向选题，课程分组导演职责解析，影视项目剧本方向选题 | 课程题库（随机） |
| | | Z105.2 影视导演职业 导演职责，导演分类，导演与剧组式中的导演地位和职责 | 2 | 4 | | |
| | | Z105.3 影视导演特点研究 导演风格分析，中外导演风格特点研究 | 6 | 12 | 线上教学：无 线下教学：中外导演风格特点。张艺谋、冯小刚、宁浩、黑泽明、小津安二郎、奉俊昊、斯皮尔伯格、马丁·斯科塞斯等风格研究 | 课程题库（随机） |
| | 素质 | 培养学生影视导演角度的电影评析和审美能力 | | | 了解导演组成员的职责与任务，电影审美和影评修养。对标影视作品与审美 | — |
| | 能力 | 调研资料的收集，分析和整理的能力，组建创作团队并发掘电影短片项目。调研资料的收集、分析和整理的能力，影展作品前期制作（如人物小传、故事大纲等），了解国内外不同风格的导演及创作特色 | | | 能够根据设计任务书独立完成影视制作前端的类各筹备工作，确定创作主题，设计元素等内容。能够根据作品研究诸多导演国内外不同导演的诸多特点和创作风格 | 各组项目路演 |

续表

| 专业基础课程主模块 | | 所需知识、素质、能力 | 学时 | | 标准要求 | 测试方法 |
|---|---|---|---|---|---|---|
| | | | 课内 | 课外 | | |
| Z106 影视导演创作 | 知识 | ZI06.1 导演与电视片创作 导演创作手段；纪录片导演和专题片导演——电视片(纪录片)导演创作手段——表现性与纪实性、案例观摩与评析 | 4 | 8 | 线上教学：纪录片专题片的创作手段异同；线下教学：电视片中的表现性导演与纪实性导演，弗拉哈迪模式，格里尔逊模式，真实电影模式，直接电影模式 | 课程题库(随机) |
| | | ZI06.2 导演与微电影创作 导演的微电影创作，影视作品中的符号化、象征性视听影像应用分析；"课堂电影院"故事大纲宣讲竞标，电影剧本创作；微电影导演的拉片训练与剧片解读 | 8 | 16 | 线上教学：采用线上教学视频内容和课上教学活动演示微视频，导演构成的银幕语法。剧本素材来源。故事影视成为的要素；线下教学：对标影视作品《评析。微电影《绿城》拉片训练。电影节作品《人有三急》《桃子》视听语言解析 | 课程题库(随机) |
| | 素质 | 通过纪录片和剧情短片导演训练，让学生掌握导演在剧组中工作的全流程 | | | 纪录片和电影导演的职责要求，导演的剧作水平 | — |
| | 能力 | 各组拍摄项目(剧本)竞标宣讲，导演如何鉴别优秀剧本，分析剧本，围读剧本 | | | 影视导演职业素养与审美体现。培养学生导驭纪录片和剧情片导演的能力 | 课程题库(随机) |
| Z107 摄影技术基础 | 知识 | ZI07.1 摄影用光基本要素 | 2 | 4 | 以劳动部摄影师资格(现已停发)考试认定为标准，能够完全合理解摄影用光对摄影艺术感染力的影响 | 课程题库 |
| | | ZI07.2 摄影光型造型基础 | 2 | 4 | 以劳动部摄影师资格(现已停发)考试认定为标准，能够基本理解摄影光造型技巧 | 课程题库 |
| | | ZI07.3 摄影用光室外自然光造型实践 | 2 | 4 | 以劳动部摄影师资格(现已停发)考试认定为标准，使用自然光完成摄影创作准确曝光 | 教师依据摄影作品设计标准认定，评价摄影作品 |

续表

| 专业基础课程主模块 | | 所需知识、素质、能力 | 学时 课内 | 学时 课外 | 标准要求 | 测试方法 |
|---|---|---|---|---|---|---|
| Z107 摄影技术基础 | 知识 | Z107.4 摄影用光室内混合光造型实践 | 2 | 4 | 以劳动部摄影师资格(现已停发)考试认定为标准,使用自然光完成摄影创作影调控制 | 教师依据摄影摄影作品设计标准认定、评价摄影作品 |
| | | Z107.5 摄影构图基本技巧与造型特征 | 2 | 4 | 以劳动部摄影师资格(现已停发)考试认定为标准,完成正确的构图基本法 | 课程题库 |
| | | Z107.6 摄影构图室外实践 | 2 | 4 | 以劳动部摄影师资格(现已停发)考试认定为标准,完成正确的摄影构图 | 教师依据摄影摄影作品设计标准认定、评价摄影作品 |
| | | Z107.7 纪实风格作品室外实践 | 2 | 4 | 以劳动部摄影师资格(现已停发)考试认定为标准,完成风格化艺术表现 | 同上 |
| | | Z107.8 摄影人像作品室外实践 | 2 | 4 | 以劳动部摄影师资格(现已停发)考试认定为标准,完成风格化艺术表现 | 同上 |
| | | Z107.9 摄影人像作品室内实践 | 2 | 4 | 以劳动部摄影师资格(现已停发)考试认定为标准,完成风格化艺术表现 | 同上 |
| | 素质 | 摄影师艺术创作及职业素养 | | | 以劳动部摄影师资格(现已停发)考试认定为标准,认定学生职业素养 | 课程题库 |
| | 能力 | 使用摄影师思维,熟练使用摄影器材及辅助设备,并针对主题完成摄影作品创作 | | | 以劳动部摄影师资格(现已停发)考试认定为标准,认定学生学习效果 | 教师依据摄影摄影作品设计标准认定、个人摄影作品艺术特征宣讲 |
| Z108 微电影创作基础 | 知识 | Z108.1 微电影概论<br>(1)微电影艺术特征 | 1 | 2 | 能够了解微电影的基础理论,能根据微电影的要求创作策划文案 | 课程题库(随机) |
| | | (2)微电影分类 | 1 | 2 | | |

续表

| 专业基础课程主模块 | 所需知识、素质、能力 | 学时 课内 | 学时 课外 | 标准要求 | 测试方法 |
|---|---|---|---|---|---|
| Z108 微电影创作基础 | 知识 Z108.2 微电影策划<br>(1) 影视策划和创作 | 1 | 2 | 能够在导演组织下,合理确定剧组人员和岗位,做好阶段的调研和创作安排 | 简单的策划案和拍摄脚本 |
| | (2) 创意激发与创意表达 | 1 | 2 | | 撰写主题清晰的策划方案,根据实地勘景和相关资料做好拍摄脚本创作 |
| | (3) 微电影赏析 | 2 | 4 | | |
| | 知识 Z108.3 导演基础<br>(1) 导演阐述 | 1 | 2 | 理解并掌握画面的视觉语言,能够按照影像叙事知识点创作出影像饱满、有张力的作品 | 课程题库(随机) |
| | (2) 影像语言和影像叙事 | 1 | 2 | | |
| | 素质 独立创作剧本并通过相应的设备使用能将剧本拍成完整的影视短片 | | | 能够根据剧组工作安排,确定创作主题,人员分工等,完成微电影策划 | 一 |
| | 能力 具备导演意识和短片创作理念 | | | 能够撰写主题清晰的策划方案和剧本 | 能够撰写主题清晰的策划方案和剧本 |
| Z109 微电影创作实训 | 知识 Z109.1 电影摄影<br>(1) 微电影摄影的要素 | 1 | 2 | 能够从生活中发现美,记录美,用影视的方式诠释创作理念 | 课程题库(随机) |
| | (2) 场景调度 | 2 | 4 | | |
| | (3) 镜头调度 | 2 | 4 | | |
| | (4) 演员调度 | 1 | 2 | 能够熟练使用电视摄像机或单反相机创作短片 | |
| | Z109.2 一分钟影像创作<br>(1) 分镜头练习 | 4 | 8 | | 分镜头创作 |
| | (2) 蒙太奇短句练习、音乐和节奏练习 | 4 | 8 | | 短片作品 |

续表

| 专业基础课程主模块 | | 所需知识、素质、能力 | 学时 | | 标准要求 | 测试方法 |
|---|---|---|---|---|---|---|
| | | | 课内 | 课外 | | |
| | 知识 | ZL09.3 微电影创作综合实训<br>(1) 选题、剧本创作、剧组建立与分工 | 2 | 4 | 能够以影视剧组为单位，每个人找到自己的位置，分工创作微电影作品 | 微电影剧本创作包括创作构思、剧本写作、拍前准备、导演、摄像以及后期制作等。在具体的设计实施上紧围绕"导演领导、创作实践"这一核心 |
| ZL09 微电影创作实训 | | (2) 中期创作 | 4 | 8 | | |
| | | (3) 后期剪辑、包装、宣发 | 4 | 8 | | |
| | 素质 | 具备对生活的观察力，洞察力及能够独立导演创作不同类型的影视作品 | | | 能够在导演的组织下，剧组各个岗位通力配合，进行专业创作 | — |
| | 能力 | 具备发现故事和写作故事的能力，具备对影视审美和创作素质和意识 | | | 能够熟悉微电影等短片创作的各种流程和技巧 | 围绕剧本进行创作 |
| | | ZL20.1 电视演播室类型 | 1 | 2 | 能按照制作方式划分电视演播室类型 | 课程题库（随机） |
| | | ZL20.2 演播室环境布局与功能 | 1 | 2 | 能够按功能划分演播室 | 课程题库（随机） |
| | | ZL20.3 视频设备 | 1 | 2 | 能够识别演播室视频设备 | 课程题库（随机） |
| | | ZL20.4 周边设备 | 1 | — | 能够识别演播室周边设备 | 课程题库（随机） |
| | | ZL20.5 视频设备的分组操作 | 1 | 1 | 能够识别演播室视频设备 | 课程题库（随机） |
| ZL20 演播室硬件设备操作基础技术 | 知识 | ZL20.6 周边设备的分组操作 | 1 | 3 | 能够识别演播室周边设备 | 课程题库（随机） |
| | | ZL20.7 音频设备 | 1 | 2 | 识别演播室音频设备 | 课程题库（随机） |
| | | ZL20.8 照明设备 | 1 | — | 识别演播室照明设备 | 课程题库（随机） |
| | | ZL20.9 视频设备的操作 | 1 | — | 能够熟练使用视频设备 | 依试验规范完成演练 |
| | | ZL20.10 提词器的使用 | 1 | 4 | 能够熟练使用提词器 | 依试验规范完成演练 |
| | | ZL20.11 项目摄制 | 2 | 4 | 尝试使用中型演播室各种设备完成视频制作全流程演练 | 依试验规范完成演练 |

续表

| 专业基础课程主模块 | | 所需知识、素质、能力 | 学时 | | 标准要求 | 测试方法 |
|---|---|---|---|---|---|---|
| | | | 课内 | 课外 | | |
| Z120 演播室硬件设备操作基础技术 | 素质 | 理解并掌握多讯道电视演播室的系统设计原理 | | | 按照演播室规划及设备操作手册理解掌握 | 课程题库(随机) |
| | 能力 | 演播室职业与设备安全意识养成 | | | 按照演播室规划及设备操作手册理解掌握 | 课程题库(随机) |
| Z121 ESP节目制作技能 | 知识 | Z121.1 中型演播室视频制作 | 2 | 2 | 以设备操作手册为节目脚本为评价标准 | 课程题库(随机) |
| | | Z121.2 多机位技巧 | 1 | — | 以设备操作手册为节目脚本为评价标准 | 课程题库(随机) |
| | | Z121.3 景别与记录 | 1 | 2 | 以设备操作手册为节目脚本为评价标准 | 拍摄计划与脚本、实验手册,课程题库 |
| | | Z121.4 电视导播技术 | 2 | 4 | 以设备操作手册为节目脚本为评价标准 | 课程题库 |
| | | Z121.5 导播思维训练 | 1 | 4 | 在演播室依照设备操作手册完成节目流程 | 拍摄计划与脚本、实验手册,课程题库 |
| | | Z121.6 演播室录制制作训练 | 1 | — | 在演播室依照设备操作手册完成节目流程 | 拍摄计划与脚本、实验手册,课程题库 |
| | | Z121.7 新闻栏目制作流程及技能 | 2 | 4 | 以设备操作手册与节目脚本为评价标准 | 课程题库 |
| | | Z121.8 访谈栏目制作及技能 | 2 | 4 | 以设备操作手册与节目脚本为评价标准 | 课程题库 |
| | | Z121.9 栏目录制实操 | 8 | 16 | 以设备操作手册与节目脚本为评价标准 | 拍摄计划与脚本、实验手册,课程题库 |
| | 素质 | 使用编导思维熟练使用演播厅导播设备,并针对虚拟项目类型设计实施中型演播厅栏目制作 | | | 在演播室依照设备操作手册完成节目流程 | 拍摄计划与脚本、实验手册,课程题库 |
| | 能力 | 导播职业素养养成 | | | 在演播室依照设备操作手册完成节目流程 | 课程题库 |

续表

| 专业基础课程主模块 | 所需知识、素质、能力 | 学时 | | 标准要求 | 测试方法 |
| --- | --- | --- | --- | --- | --- |
| | | 课内 | 课外 | | |
| ZL22 剧本开发（课堂电影院影展作品进入前期创作阶段） | 知识 ZL22.1 影展作品选题构思与故事大纲撰写 | 4 | 8 | 能根据"课堂电影院"影展目标和创作主题进行剧本开发和选题创作 | 课程题库（随机） |
| | ZL22.2 故事分场大纲设计、认识主流电影节。熟悉BMD电影机操作 | 8 | 16 | 线上教学：电影前期制作流程与筹备。制片组功能、摄影组工作、灯光组的筹备工作、分镜头脚本写作。线下教学：拍摄剧本竞标会，电影制作流程解析，BMD电影机介绍 | |
| | ZL22.3 剧组筹备与影展作品竞标、剧本沙龙、导演阐述 | 8 | 16 | 线上教学：剧组筹备、服化造型、选角工作、拍摄场景勘查、设计与布置、各摄务的筹备工作。线下教学：确定拍摄脚本，剧本定稿，各摄制组人员职务汇报，BMD电影机控件操作和拍摄状态下的LED触摸屏功能能操作 | 各组项目路演 |
| | 素质 培养学生发现电影项目和剧本编创的专业素质 | | | 对标影展剧本创编能力 | — |
| | 能力 调研资料的收集、分析和整理的能力，影展作品前期作品各期类（如场景表、服化道表、演员表等）的组织协调创作能力 | | | 能够根据设计任务书独立完成影视制作前端的各类筹备工作，确定创作主题，设计元素等内容 | 影展主题剧本创作 |
| ZL23 数字电影中期拍摄（课堂电影院影展作品进入中期拍摄阶段） | 知识 ZL23.1 BMD电影机实操训练 导演的工作与职责、摄影景别的选择 | 8 | 16 | 线上教学：数字电影机操作。线下教学：摄影阐述、BMD电影机操作训练 | 课程题库（随机） |
| | ZL23.2 数字电影摄影 三镜拍摄法、特殊镜头拍摄技巧，灯光实操技巧，场记，场景调度 | 8 | 16 | 线上教学：摄影操作件的使用、场记、灯光实操技巧。线下教学：摄影景别的选择，三镜拍摄法。线下教学：数字电影辅助器材及案例训练，数字电影辅助器材（摇臂、轨道、稳定器、录音话筒，灯光等）操作与案例训练 | 课程题库（随机） |

续表

| 专业基础<br>课程主模块 | 所需知识、素质、能力 | | 学时 | | 标 准 要 求 | 测 试 方 法 |
|---|---|---|---|---|---|---|
| | | | 课内 | 课外 | | |
| ZJ23　数字<br>电影中期拍<br>摄（课堂影<br>展影院展作<br>品进入中期<br>拍摄阶段） | 素质 | 培养学生数字电影剧情短片拍摄能力 | | | 摄影摄像、灯光照明、现场调度、视听语言 | — |
| | 能力 | 数字电影剧情短片拍摄与阶段性验收汇报 | | | 线上教学：特殊镜头拍摄技法、场景调度。<br>线下教学：各摄制组人员阶段性验收汇报、影视拍摄技艺与场面调度 | 各组数字电影短片项目路演 |
| | 知识 | ZJ24.1 后期制作<br>后期工作流程及软件交互、影视后期粗剪与精剪、报像、电影包装、后期声音处理 | 4 | 8 | 线上教学：后期工作流程及软件交互、影视后期粗剪与精剪、"达芬奇"（中文版）调色概述、"达芬奇"（中文版）调色基础、剪辑、套底与回批。<br>线下教学：数字电影制作后期流程概述、"达芬奇"（中文版）调色基础流程、各组拍摄的 RAW 或 LOG 素材审查、"达芬奇"剪辑与套底 | 课程题库（随机） |
| ZJ24（课堂<br>电影院展影<br>作品进入后<br>期制作阶段） | | ZJ24.2 影视调色<br>"达芬奇"（中文版）调色概述、"达芬奇"（中文版）调色基础、剪辑、LUT 调色、管理调色、调色风格、节点调色、广告片调色、宣传片调色、二级调色、人像调色 | 16 | 32 | 线上教学：数字电影报像、特效、后期声音处理。"达芬奇"一级调色和二级调色。<br>线下教学：数字电影制作后期流程概述、运用拍摄素材进行"达芬奇"一级调色和二级调色训练 | 课程题库（随机） |
| | 素质 | 通过数字电影设备的拍摄和数字格式的后期制作，让学生掌握数字电影后期制作与影视调色的能力 | | | 审查各组数字电影短片完成情况并指导、管理调色。影展作品调色与包装、统一片头与片尾字幕样式 | 各组数字电影短片项目路演 |
| | 能力 | 培养学生数字电影后期制作与影视调色的能力 | | | 能够围绕主题完成不同文体的写作任务，作品具备一定的创意 | 围绕主题进行各种文体的写作 |

续表

| 专业基础课程主模块 | 所需知识、素质、能力 | 学时 | | 标准要求 | 测试方法 |
|---|---|---|---|---|---|
| | | 课内 | 课外 | | |
| ZJ125 纪录片的创作 知识 | ZJ125.1 纪录片题材的选择及其前期准备 | | | 掌握纪录片题材的选择需要注意事项及其前期准备工作 | 课程题库(随机) 文本呈现 选题策划的PPT一份 |
| | (1) 纪录片选题中题材的选择的关键注意事项 | 2 | | | |
| | (2) 纪录片前期准备过程中的调研预访、方案写作、拍摄提纲 | 2 | 8 | | |
| | ZJ125.2 纪录片的拍摄 | | | 掌握现场拍摄中的意识与注意事项 制作完成自己的小组剪辑无技巧剪辑纪实作品 | 课程题库(随机) 作品呈现 拍摄制作无技巧剪辑小组纪实作品 |
| | (1) 现场拍摄中的意识与注意事项 | 2 | | | |
| | (2) 纪录片拍摄创作实践 | 2 | 8 | | |
| | ZJ125.3 纪录片的采访 | | | 掌握纪录片的现场采访过程中的问题设计、采访原则,制作完成自己的小组采访作品 | 课程题库(随机) 作品呈现 制作完成自己的小组采访作品 |
| | (1) 纪录片的现场采访过程中的问题设计、采访原则 | 2 | | | |
| | (2) 纪录片采访实践 | 2 | 8 | | |
| | ZJ125.4 纪录片后期制作 | | | 掌握纪录片后期制作流程及要点,学习教师分享该作品在后期剪辑过程中运用的剪辑技巧,写一篇小论文 | 课程题库(随机) 文本呈现 剪辑技巧运用的小论文 |
| | (1) 纪录片后期制作的主要工作 | 2 | | | |
| | (2) 纪录片剪辑实践 | 2 | 8 | | |
| | ZJ125.5 纪录片实训创作 | | | 掌握纪录片的叙事手段,剪辑的技法技巧,撰写解说词,以及纪录片节奏、结构的把握,完成一部完整的纪录片作品 | 课程题库(随机) 作品呈现 一部完整的纪录片作品 |
| | (1) 纪录片的叙事手段,剪辑的技法技巧 | 2 | | | |
| | (2) 撰写解说词,以及纪录片节奏、结构的把握 | 2 | 8 | | |

续表

| 专业基础课程主模块 | 所需知识、素质、能力 | | 学时 | | 标准要求 | 测试方法 |
|---|---|---|---|---|---|---|
| | | | 课内 | 课外 | | |
| Z125 纪录片的创作 | 素质 | 具备对于不同类型纪录片的审美与艺术素养 | | | 在潜移默化中受到教育，创作与审美能力在日积月累后提高 | 一 |
| | 能力 | 能够从纪录片选题策划、前期准备、拍摄、采访到剪辑、后期剪辑制作完成一部完整的纪录片作品 | | | 具备从拍摄与剪辑两个层面创作一部纪录片的能力 | 从专业的角度去创作纪录片并且具备一定的实践价值 |
| Z126 影视包装案例分析与制作 | 知识 | Z126.1 影视片头设计与制作 | 20 | 40 | 了解 Logo 标识的概念、设计意义、设计要素分析；理解新闻类栏目包装特征及版块流程；综艺娱乐类电视栏目的界定与分类、娱乐节目包装特性、创意策划；了解纪录片类型栏目包装概述；了解影视类广告包装创意策略 | 课程题库（随机）小论文、视频作品 |
| | | Z126.2 影视特效设计与制作 | 4 | 8 | 掌握影视特效常用设计思维及特效制作方法 | 课程题库（随机）小论文、视频作品 |
| | 素质 | 艺术思维的培养与锻炼、专业技能应用 | | | 影视包装整体专业能力显著提升 | 一 |
| | 能力 | 影视包装案例的分析、设计与制作 | | | 能够根据要求设计制作影视包装片头、特效 | 一 |

# 附：广播电视编导本科专业人才培养方案

## 一、专业基本信息

专业名称：广播电视编导        专业负责人：王进军

专业代码（国标）：130305      专业代码（校标）：0503

专业开办年度：2006 年        学科门类：戏剧与影视学

标准学制：四年            授予学位：艺术学学士

## 二、培养目标

广播电视编导专业培养适应社会主义现代化建设需要的，德、智、体、美、劳全面发展的，具备传媒业各类节目编导、编剧、摄像、制作和媒介推广人才，掌握影视传播的基本理论和节目制作的专业技能，熟悉媒体融合和影视创新理念，具有较高的政治水平、理论修养和艺术鉴赏力等方面的能力，能够在影视媒体与网络机构及企事业单位从事新闻报道、电视专题、电视文艺、电视纪录片与各类短片创作和文化项目创意的全媒体应用型高级专门人才。

## 三、培养规格基本要求及其实现矩阵

培养规格基本要求及其实现矩阵如表 2-23 所示。

表 2-23 培养规格基本要求及其实现矩阵

| 维度 | 培养规格基本要求 | 支撑课程（或主要培养措施） |
|---|---|---|
| 知识结构 | 基础知识：熟练掌握一门外语，具有计算技术基本知识，掌握文献检索、数据库应用等基本方法；具有文学基础知识和基本写作能力，具备一定文学素养和文化底蕴 | 大学英语、信息与网络技术基础、文献信息检索、影视文学写作基础、中国现当代文学名作鉴赏、外国文学经典鉴赏、中国古代文学经典鉴赏等 |
| | 核心知识：掌握新闻学、传播学、电影电视理论与历史，影视艺术相关的基本理论和基本知识；掌握网络技术与新媒体方面基础知识；具有较高的艺术修养，艺术鉴赏和艺术创造能力 | 广播电视学概论、传播学导论、艺术概论、中外影视史、视听语言等 |
| | 扩展知识：掌握广播电视传播的基本理论和基本知识；具有较深的文学修养和敏锐的洞察力；具有新闻学、艺术学、广播电视编导方面的科研能力 | 三维动画制作、电视综艺编导、影视美学、影视批评等 |

续表

| 维度 | 培养规格基本要求 | 支撑课程(或主要培养措施) |
|---|---|---|
| 能力结构 | 基础能力:具有一定的口头表达能力和社会交往能力;具有较强的沟通与协作能力;具有妥善处理人际关系、正确地开展社会交往、解决现实问题和矛盾的能力 | 创新思维、演讲与论辩、公共关系学、礼仪概论等 |
| | 核心职业能力:掌握广播电视传播的方法,具备创意、策划、采访、写作、摄录、编辑、评论、现场报道与主持、节目制播等专业能力;熟练掌握广播电视节目制作的创作方法和制作技能;具备广播和电视节目、栏目、频道等方面的管理能力;具备视听结合的思维与表达能力,同时掌握利用多媒体技术手段进行创作的能力 | 摄影、电视摄像、电视编辑、影视剧本创作、影视导演、纪录片创作、电视节目制作、影视照明、非线性编辑、电视包装、广告创意与策划等 |
| | 扩展能力:具有网络与新媒体制作、营销技能,进行信息整合传播和新媒体发布的能力;具有较强的获取信息知识的能力、创新能力和社会活动能力;具有一定的科学研究能力 | 网络技术、网页设计与制作、媒介经营管理、新媒体编辑策划、新媒体产业运营等 |
| 素质结构 | 思想政治素质:具有社会主义核心价值观;具有正确的世界观、人生观和价值观;具有坚定正确的政治方向和高尚的道德品质;遵纪守法,诚信友善;具有良好的职业道德和公共道德 | 思想道德修养与法律基础、中国近现代史纲要、马克思主义基本原理、毛泽东思想与中国特色社会主义理论体系概论、形势与政策、军事理论等 |
| | 身心素质:拥有健康的体魄;养成良好的体育锻炼习惯,具有1~2项体育技能;具备健康的心理素质和乐观的人生态度;具有抗挫折能力 | 军事技能、军事理论与国家安全、劳动教育、大学生心理健康、体育、课外文化体育活动等 |
| | 人文素质:具有较好的人文、艺术修养、审美情趣及文字语言表达能力,积极参加社会实践;对中国优秀的传统文化和思想有一定的了解;具有一定的艺术鉴赏能力;具有求真务实的科学素质;具备适应未来竞争机制、向更宽广的专业领域拓展和继续学习的素质和能力 | 经典阅读、艺术欣赏、批判性思维训练、学术讲座、课外活动、校外实践教育等 |
| | 职业素质:具有创新意识和开拓精神;具有吃苦耐劳的品质;具有创意、投资及运营管理的经营思维和管理基本能力;具有一定的自主创业的能力 | 学科专业相关课程、职业发展与就业指导、创新创业实践训练、顶岗实习、毕业实习、学术讲座等 |

## 四、课程体系总体设计

课程体系总体设计如表 2-24 所示。

表 2-24　课程体系总体设计

| 课程平台 | 课程类别 | 必修课程(学分) | 选修课程(学分) | 修读学分要求 | 学分比例 |
|---|---|---|---|---|---|
| 普通教育课程 | 思想政治 | ①思想政治理论课程(14);②形势与政策(2);③军事技能、军事理论与国家安全(5) | — | 21 | 45学分30% |
| | 语言文学艺术 | 大学英语(12) | — | 12 | |
| | 计算机基础 | 信息与网络技术基础(2) | — | 2 | |
| | 体育与心理 | ①体育(4);②大学生心理健康(2) | — | 6 | |
| | 职业发展指导 | ①大学生职业发展与就业指导(2);②创业基础(2) | — | 4 | |
| 学科专业核心课程 | 学科核心 | 学科平台课程 | — | 18 | 42学分28% |
| | 专业核心 | 专业主干课程 | — | 24 | |
| 分类培养课程 | 就业方向 | ①前沿专题课程(2~4);②毕业实习(4);③毕业设计(论文/创作/展演)(14) | ①企业顶岗实习课程;②定向就业企业项目化课程;③前沿专题课程;④学科专业选修课程 | 必修学分≥18选修学分≥36 | 48学分32% |
| | 创业方向 | ①前沿专题课程(2~4);②毕业实习(4);③毕业设计(论文/创作/展演)(14) | ①创业教育课程;②创业项目实训;③创业实践;④学科专业选修课程 | 必修学分≥18选修学分≥36 | |
| | 考研方向 | ①前沿专题课程(2~4);②毕业实习(4);③毕业设计(论文/创作/展演)(14) | ①升学教育课程;②学科理论综合课程;③综合技能实验实训;④学科专业选修课程 | 必修学分≥18选修学分≥36 | |
| 素质拓展课程 | 劳动教育 | ①劳动教育Ⅰ(0.5);②劳动教育Ⅱ(1.5) | — | 2 | 15学分10% |
| | 批判性思维与研究方法训练 | — | ①文献检索;②社会调研与研究方法;③试验与研究方法;④戏剧与影视学学科思维与专业研究方法;⑤新生研讨课等。其课程经学校教学指导委员会评审,教务科研处发布 | 选修学分≥3 | |

续表

| 课程平台 | 课程类别 | 必修课程(学分) | 选修课程(学分) | 修读学分要求 | 学分比例 |
|---|---|---|---|---|---|
| 素质拓展课程 | "五个一"工程 | — | ①经典阅读(2);②社会实践(2);③业余爱好;④专业技能;⑤综合作品。同时具备"五个一"方可毕业,其中①②分别记2学分,其他不单独记学分;③业余爱好,必须是专业之外的;④专业技能,可以"国家职业技能证书"置换;⑤综合作品,可以专业作品、毕业设计(论文/创作/展演)置换 | 选修学分:≥3 | 15学分 10% |
| | 公共选修课 | — | 课程经学校教学指导委员会评审,由教务科研处发布 | 选修学分:≥4 | |
| | 创新性选修课 | — | 其学分认定标准与实施办法,由教务科研处发布 | 选修学分:≥2 | |
| | 学部选修课 | — | 课程经学校教学指导委员会评审,由教学科研办公室发布 | 选修学分:≥4 | |
| 合计 | | | | 150 | 100% |

## 五、课程学分结构与毕业基本要求

课程学分结构与毕业基本要求如表 2-25 所示。

表 2-25　课程学分结构与毕业基本要求

| 课程平台 | 必修学分 | 选修学分 | 总学分 | 理论学分 | 实践学分 | 实践学分比例/% | 备注 |
|---|---|---|---|---|---|---|---|
| 普通教育课程 | 45 | 0 | 45 | 31 | 14 | 31 | |
| 学科专业核心课程 | 42 | 0 | 42 | 27 | 15 | 26 | |
| 分类培养课程 | 18 | 30 | 48 | 8 | 40 | 83 | |
| | 18 | 30 | | | | | |
| | 18 | 30 | | | | | |
| 素质拓展课程 | 2 | 13 | 15 | 7 | 8 | 53 | |
| 合计 | 107 | 43 | 毕业条件:不少于150学分 | 73 | 77 | 51 | |

## 六、课程设置与教学计划

### （一）普通教育课程

普通教育课程如表 2-26 所示。

表 2-26　普通教育课程

| 课程类别 | 课 程 名 称 | 课程代码 | 课程性质 | 课程学分 | | 课程学时 | | | 开课学期 |
|---|---|---|---|---|---|---|---|---|---|
| | | | | 学分 | 其中实践 | 学时 | 理论 | 实践 | |
| 思想政治类 | 思想道德修养与法律基础 | 1920319001 | 必修 | 3 | 1 | 48 | 32 | 16 | 1 |
| | 中国近现代史纲要 | 1920319002 | 必修 | 3 | 0 | 48 | 48 | 0 | 2 |
| | 马克思主义基本原理概论 | 1920319003 | 必修 | 3 | 0 | 48 | 48 | 0 | 4 |
| | 毛泽东思想和中国特色社会主义理论体系概论 | 1920319004 | 必修 | 5 | 1 | 80 | 64 | 16 | 3 |
| | 形势与政策Ⅰ | 1920319005 | 必修 | 0.5 | 0 | 14 | 14 | 0 | 1—2 |
| | 形势与政策Ⅱ | 1920319006 | 必修 | 0.5 | 0 | 14 | 14 | 0 | 3—4 |
| | 形势与政策Ⅲ | 1920319007 | 必修 | 0.5 | 0 | 14 | 14 | 0 | 5—6 |
| | 形势与政策Ⅳ | 1920319008 | 必修 | 0.5 | 0 | 14 | 14 | 0 | 7 |
| | 军事技能 | 2120559001 | 必修 | 2 | 2 | 0 | 0 | 2周 | 1 |
| | 军事理论与国家安全 | 2120559002 | 必修 | 3 | 0 | 48 | 48 | 0 | 1 |
| 语言文学艺术类 | 大学英语Ⅰ | 1920329001 | 必修 | 4 | 1 | 64 | 48 | 16 | 1 |
| | 大学英语Ⅱ | 1920329002 | 必修 | 4 | 1 | 64 | 48 | 16 | 2 |
| | 大学英语Ⅲ | 1920329003 | 必修 | 4 | 1 | 64 | 48 | 16 | 3 |
| 体育与心理类 | 体育Ⅰ | 1920539001 | 必修 | 1 | 1 | 32 | 0 | 32 | 1 |
| | 体育Ⅱ | 1920539002 | 必修 | 1 | 1 | 32 | 0 | 32 | 2 |
| | 体育Ⅲ | 1920539003 | 必修 | 1 | 1 | 32 | 0 | 32 | 3 |
| | 体育Ⅳ | 1920539004 | 必修 | 1 | 1 | 32 | 0 | 32 | 4 |
| | 大学生心理健康 | 1920749001 | 必修 | 2 | 0.5 | 32 | 24 | 8 | 1 |
| 职业发展指导类 | 大学生职业发展与就业指导Ⅰ | 1920569001 | 必修 | 1 | 0 | 20 | 16 | 4 | 1 |
| | 大学生职业发展与就业指导Ⅱ | 1920569002 | 必修 | 1 | 0.5 | 18 | 12 | 6 | 3—6 |
| | 创业基础 | 1920759001 | 必修 | 2 | 1 | 32 | 16 | 16 | 3 |
| 信息技术类 | 信息与网络技术基础 | 1920529001 | 必修 | 2 | 1 | 32 | 18 | 14 | 2 |
| 合计 | | | | 45 | 14 | 782 | 526 | 256 | |

**（二）学科专业核心课程**

学科专业核心课程如表 2-27 所示。

表 2-27　学科专业核心课程

| 课程类别 | 课程名称 | 课程代码 | 必修与选修 | 课程学分 | | | 课程学时 | | | 开课学期 |
|---|---|---|---|---|---|---|---|---|---|---|
| | | | | 学分 | 理论学分 | 实践学分 | 学时 | 理论学时 | 实践学时 | |
| 学科核心课程 | 文学经典鉴赏Ⅰ | 2322852101 | 必修 | 2 | 2 | 0 | 32 | 32 | 0 | 1 |
| | 影视文学写作基础 | 2322864102 | 必修 | 2 | 2 | 0 | 32 | 32 | 0 | 1 |
| | 视听语言 | 2322864103 | 必修 | 2 | 2 | 0 | 32 | 32 | 0 | 1 |
| | 摄像基础 | 2322864104 | 必修 | 2 | 1 | 1 | 32 | 16 | 16 | 2 |
| | 非线性编辑 | 2322864105 | 必修 | 2 | 1 | 1 | 32 | 16 | 16 | 2 |
| | 广播电视概论 | 2322864101 | 必修 | 2 | 2 | 0 | 32 | 32 | 0 | 2 |
| | 艺术概论 | 2322852106 | 必修 | 2 | 2 | 0 | 32 | 32 | 0 | 2 |
| | 电视节目制作 | 2322864108 | 必修 | 2 | 1 | 1 | 32 | 8 | 24 | 3 |
| | 中外电影史 | 2322864106 | 必修 | 2 | 2 | 0 | 32 | 32 | 0 | 4 |
| | 小计 | | | 18 | 15 | 3 | 288 | 232 | 56 | — |
| | 电视节目策划 | 2322864107 | 必修 | 4 | 2 | 2 | 64 | 32 | 32 | 3 |
| | 纪录片创作 | 2322864109 | 必修 | 2 | 1 | 1 | 32 | 16 | 16 | 3 |
| | 电视编辑 | 2322864110 | 必修 | 2 | 1 | 1 | 32 | 16 | 16 | 4 |
| | 微电影创作 | 2322864114 | 必修 | 2 | 1 | 1 | 32 | 16 | 16 | 4 |
| | 演播室节目制作 | 2322864112 | 必修 | 4 | 2 | 2 | 64 | 32 | 32 | 4 |
| | 影视包装 | 2322864113 | 必修 | 4 | 2 | 2 | 64 | 32 | 32 | 5 |
| | 影视导演 | 2322864111 | 必修 | 2 | 1 | 1 | 32 | 16 | 16 | 5 |
| | 数字电影制作 | 2322864115 | 必修 | 4 | 2 | 2 | 64 | 32 | 32 | 6 |
| | 小计 | | | 24 | 12 | 12 | 384 | 192 | 192 | — |
| 合计 | | | | 42 | 27 | 15 | 672 | 424 | 248 | |

**（三）分类培养课程**

1. 就业方向

至少修读 48 学分，其中必修课程不少于 18 学分，选修课程不少于 30 学分。

（1）必修课程

必修课程如表 2-28 所示。

表 2-28　必修课程

| 课程类别 | 课程名称 | 课程代码 | 课程学分 | | | 课程学时 | | | 开课学期 |
| --- | --- | --- | --- | --- | --- | --- | --- | --- | --- |
| | | | 学分 | 理论学分 | 实践学分 | 学时 | 理论学时 | 实践学时 | |
| 分类必修课程 | 毕业实习 | 2322864210 | 4 | 0 | 4 | 80 | 0 | 80 | 8 |
| | 毕业设计 | 2322864130 | 14 | 0 | 14 | 140 | 0 | 140 | 8 |
| 小计 | | | 18 | 0 | 18 | 220 | 0 | 220 | |

（2）选修课程

选修课程如表 2-29 所示。

表 2-29　选修课程（就业方向）

| 课程类别 | 课程名称 | 课程代码 | 课程学分 | | | 课程学时 | | | 开课学期 |
| --- | --- | --- | --- | --- | --- | --- | --- | --- | --- |
| | | | 学分 | 理论学分 | 实践学分 | 学时 | 理论学时 | 实践学时 | |
| 专业综合实训 | 专业实训项目 1 | 2322864211 | 2 | 0 | 2 | 32 | 0 | 32 | 4 |
| | 专业实训项目 2 | 2322864212 | 2 | 0 | 2 | 32 | 0 | 32 | 5 |
| | 专业实训项目 3 | 2322864213 | 2 | 0 | 2 | 32 | 0 | 32 | 6 |
| | 专业实训项目 4 | 2322864214 | 2 | 0 | 2 | 32 | 0 | 32 | 7 |
| 学科专业选修课程 | | | 28 | 10 | 18 | 448 | 160 | 288 | |

**2. 创业方向**

至少修读 48 学分,其中必修课程不少于 18 学分,选修课程不少于 30 学分。

（1）必修课程

必修课程同就业方向如表 2-28 所示。

（2）选修课程

选修课程如表 2-30 所示。

表 2-30　选修课程（创业方向）

| 课程类别 | 课程名称 | 课程代码 | 课程学分 | | | 课程学时 | | | 开课学期 |
| --- | --- | --- | --- | --- | --- | --- | --- | --- | --- |
| | | | 学分 | 理论学分 | 实践学分 | 学时 | 理论学时 | 实践学时 | |
| 创业教育课程 | 创业教育课程见全校公共选修课 | | | | | | | | |
| 专业综合实训 | 专业实训项目 1 | 2322864211 | 2 | 0 | 2 | 32 | 0 | 32 | 4 |
| | 专业实训项目 2 | 2322864212 | 2 | 0 | 2 | 32 | 0 | 32 | 5 |

续表

| 课程类别 | 课程名称 | 课程代码 | 课程学分 | | | 课程学时 | | | 开课学期 |
|---|---|---|---|---|---|---|---|---|---|
| | | | 学分 | 理论学分 | 实践学分 | 学时 | 理论学时 | 实践学时 | |
| 专业综合实训 | 专业实训项目 3 | 2322864213 | 2 | 0 | 2 | 32 | 0 | 32 | 6 |
| | 专业实训项目 4 | 2322864214 | 2 | 0 | 2 | 32 | 0 | 32 | 7 |
| 学科专业选修课程(略) | | | | | | | | | |

### 3. 升学方向

至少修读 48 学分,其中必修课程不少于 18 学分,选修课程不少于 30 学分。

(1) 必修课程

必修课程同就业方向如表 2-28 所示。

(2) 选修课程

选修课程如表 2-31 所示。

表 2-31　选修课程(升学方向)

| 课程类别 | | 课程名称 | 课程代码 | 课程学分 | | | 课程学时 | | | 开课学期 |
|---|---|---|---|---|---|---|---|---|---|---|
| | | | | 学分 | 理论学分 | 实践学分 | 学时 | 理论学时 | 实践学时 | |
| 升学教育课程 | | 大学英语Ⅳ | 1920329004 | 4 | 3 | 1 | 64 | 48 | 16 | 4 |
| | | 进阶英语Ⅰ | 19232GX019 | 4 | 4 | 0 | 64 | 64 | 0 | 5 |
| | | 进阶英语Ⅱ | 19232GX020 | 4 | 4 | 0 | 64 | 64 | 0 | 6 |
| | | 进阶英语Ⅲ | 19232GX021 | 4 | 4 | 0 | 64 | 64 | 0 | 暑期 |
| | | 进阶英语Ⅳ | 19232GX022 | 4 | 4 | 0 | 64 | 64 | 0 | 7 |
| | | 进阶政治Ⅰ | 19231GX005 | 3.5 | 56 | 0 | 56 | 56 | 0 | 5 |
| | | 进阶政治Ⅱ | 19231GX006 | 3.5 | 56 | 0 | 56 | 56 | 0 | 6 |
| | | 进阶政治Ⅲ | 19231GX007 | 3 | 48 | 0 | 48 | 48 | 0 | 7 |
| 学科理论综合课程 | 新闻传播学方向 | 中外新闻传播史 | 1922863207 | 2 | 2 | 0 | 32 | 32 | 0 | 5 |
| | | 新闻理论研究 | 1922863208 | 2 | 2 | 0 | 32 | 32 | 0 | 5 |
| | | 传播理论研究 | 1922863209 | 2 | 2 | 0 | 32 | 32 | 0 | 6 |
| | | 当代媒体前沿问题研究 | 1922863210 | 2 | 2 | 0 | 32 | 32 | 0 | 6 |
| | | 新闻实务综合训练 | 1922863211 | 2 | 1 | 1 | 32 | 16 | 16 | 7 |

续表

| 课程类别 | | 课程名称 | 课程代码 | 课程学分 | | | 课程学时 | | | 开课学期 |
|---|---|---|---|---|---|---|---|---|---|---|
| | | | | 学分 | 理论学分 | 实践学分 | 学时 | 理论学时 | 实践学时 | |
| 学科理论综合课程 | 艺术学方向 | 影视学术前沿 | 1922853205 | 2 | 2 | 0 | 32 | 32 | 0 | 5 |
| | | 影视美学 | 1922853225 | 2 | 2 | 0 | 32 | 32 | 0 | 6 |
| | | 中外影视史研究 | 1922864206 | 2 | 2 | 0 | 32 | 32 | 0 | 6 |
| | | 影视批评 | 1922853207 | 2 | 2 | 0 | 32 | 32 | 0 | 7 |
| | | 学生根据报考方向,任选其一升学方向即可 | | | | | | | | |
| 综合技能实验实训 | | 专业实训项目1 | 2322864211 | 2 | 0 | 2 | 32 | 0 | 32 | 4 |
| | | 专业实训项目2 | 2322864212 | 2 | 0 | 2 | 32 | 0 | 32 | 5 |
| | | 专业实训项目3 | 2322864213 | 2 | 0 | 2 | 32 | 0 | 32 | 6 |
| | | 专业实训项目4 | 2322864214 | 2 | 0 | 2 | 32 | 0 | 32 | 7 |
| 学科专业选修课程(略) | | | | | | | | | | |

注:进阶选修课程为增值服务模块,进阶选修课程不占总学分。

### (四)素质拓展课程

素质拓展课程如表 2-32 所示。

表 2-32　素质拓展课程

| 课程类别 | 课程名称 | 课程代码 | 必修与选修 | 课程学分 | | | 课程学时 | | | 开课学期 |
|---|---|---|---|---|---|---|---|---|---|---|
| | | | | 学分 | 理论学分 | 实践学分 | 学时 | 理论学时 | 实践学时 | |
| 劳动教育课 | 劳动教育Ⅰ | 2020239001 | 必修 | 0.5 | 0.5 | 0 | 8 | 8 | 0 | 1 |
| | 劳动教育Ⅱ | 2020239002 | 必修 | 1.5 | 0 | 1.5 | 24 | 0 | 24 | 2~7 |
| 批判性思维与研究方法训练 | 文献信息检索 | 5858211601 | 选修 | 1 | 0.5 | 0.5 | 18 | 8 | 10 | 6 |
| | 新生研讨课 | — | 选修 | 1 | 0 | 1 | 24 | 0 | 24 | 1~2 |
| | 社会调研与研究方法 | 0303211601 | 选修 | 2 | 2 | 0 | 24 | 24 | 0 | 春/秋 |
| | 统计方法与资料分析 | 3333211602 | 选修 | 2 | 2 | 0 | 39 | 39 | 0 | 春/秋 |
| | 社会科学方法论 | 0303211603 | 选修 | 1 | 1 | 0 | 20 | 20 | 0 | 春/秋 |
| | 创新思维训练 | 0505211604 | 选修 | 1 | 1 | 0 | 10 | 10 | 0 | 春/秋 |
| "五个一"工程 | 经典阅读 | — | 选修 | 2 | 2 | 0 | 42 | 42 | 0 | 1~8 |
| | 社会实践 | 2323211601 | 选修 | 2 | 0 | 2 | 30 | 0 | 30 | 3 |
| | 业余爱好 | | 选修 | — | | | | | | |
| | 专业技能 | | 选修 | — | | | | | | |
| | 综合作品 | | 选修 | — | | | | | | |

续表

| 课程类别 | 课程名称 | 课程代码 | 必修与选修 | 课程学分 | | | 课程学时 | | | 开课学期 |
|---|---|---|---|---|---|---|---|---|---|---|
| | | | | 学分 | 理论学分 | 实践学分 | 学时 | 理论学时 | 实践学时 | |
| | 公共选修课程 | | 选修 | 4 | | | | | | |
| | 创新性选修课程[1] | | 选修 | 2 | 0 | 2 | | | | |
| | 学部选修课程[2] | | 选修 | 4 | | | | | | |

注:1. 创新性选修课程学分认定实施办法,由学校统一制定。

2. 学部选修课程学分认定实施办法,由学部统一制定。

## 七、集中安排的实践教学环节

### (一)就业方向

就业方向的实践教学如表 2-33 所示。

表 2-33　就业方向的实践教学

| 实践环节名称 | 课程代码 | 学分 | 教学周数 | 折合教学时数 | 开课学期 | 起讫周数 | 实践教学方式 | 备注 |
|---|---|---|---|---|---|---|---|---|
| 军事技能 | 2120559001 | 2 | 2 | 0 | 1 | 1～2 | 集中 | |
| 社会实践 | 2323211601 | 2 | 10 | 30 | 3 | 6～15 | 集中 | |
| 专业实训项目 1 | 2322864211 | 2 | 10 | 32 | 4 | 6～15 | 集中 | |
| 专业实训项目 2 | 2322864212 | 2 | 10 | 32 | 5 | 6～15 | 集中 | |
| 专业实训项目 3 | 2322864213 | 2 | 10 | 32 | 6 | 6～15 | 集中 | |
| 专业实训项目 4 | 2322864214 | 2 | 10 | 32 | 7 | 6～15 | 集中 | |
| 毕业实习 | 2322864210 | 4 | 8 | 80 | 8 | 11～18 | 分散 | |
| 毕业设计 | 2322864130 | 14 | 14 | 140 | 8 | 1～14 | 分散 | |
| 合计 | | 30 | 74 | 378 | | | | |

### (二)创业方向

创业方向的实践教学如表 2-34 所示。

表 2-34　创业方向的实践教学

| 实践环节名称 | 课程代码 | 学分 | 教学周数 | 折合教学时数 | 开课学期 | 起讫周数 | 实践教学方式 | 备注 |
|---|---|---|---|---|---|---|---|---|
| 军事技能 | 2120559001 | 2 | 2 | 0 | 1 | 1～2 | 集中 | |
| 社会实践 | 2323211601 | 2 | 10 | 30 | 3 | 6～15 | 集中 | |

| 实践环节名称 | 课程代码 | 学分 | 教学周数 | 折合教学时数 | 开课学期 | 起讫周数 | 实践教学方式 | 备注 |
|---|---|---|---|---|---|---|---|---|
| 专业实训项目1 | 2322864211 | 2 | 10 | 32 | 4 | 6~15 | 集中 | |
| 专业实训项目2 | 2322864212 | 2 | 10 | 32 | 5 | 6~15 | 集中 | |
| 专业实训项目3 | 2322864213 | 2 | 10 | 32 | 6 | 6~15 | 集中 | |
| 专业实训项目4 | 2322864214 | 2 | 10 | 32 | 7 | 6~15 | 集中 | |
| 毕业实习 | 2322864210 | 4 | 8 | 80 | 8 | 11~18 | 分散 | |
| 毕业设计 | 2322864130 | 14 | 14 | 140 | 8 | 1~14 | 分散 | |
| 合计 | | 30 | 74 | 378 | | | | |

## （三）升学方向

升学方向的实践教学如表2-35所示。

**表2-35　升学方向的实践教学**

| 实践环节名称 | 课程代码 | 学分 | 教学周数 | 折合教学时数 | 开课学期 | 起讫周数 | 实践教学方式 | 备注 |
|---|---|---|---|---|---|---|---|---|
| 军事技能 | 2120559001 | 2 | 2 | 0 | 1 | 1~2 | 集中 | |
| 社会实践 | 2323211601 | 2 | 10 | 30 | 3 | 6~15 | 集中 | |
| 专业实训项目1 | 2322864211 | 2 | 10 | 32 | 4 | 6~15 | 集中 | |
| 专业实训项目2 | 2322864212 | 2 | 10 | 32 | 5 | 6~15 | 集中 | |
| 专业实训项目3 | 2322864213 | 2 | 10 | 32 | 6 | 6~15 | 集中 | |
| 专业实训项目4 | 2322864214 | 2 | 10 | 32 | 7 | 6~15 | 集中 | |
| 毕业实习 | 2322864210 | 4 | 8 | 80 | 8 | 11~18 | 分散 | |
| 毕业设计 | 2322864130 | 14 | 14 | 140 | 8 | 1~14 | 分散 | |
| 合计 | | 30 | 74 | 378 | | | | |

## 八、与专业相关的职业资格考试介绍

与专业相关的职业资格考试如表2-36所示。

表 2-36　与专业相关的职业资格考试

| 职业资格证书名称 | 级别 | 考试机构 | 发证机关 | 考试时间及频次 | 报考对象 | 备注 |
|---|---|---|---|---|---|---|
| 广播电视编辑记者资格证 | 国家级 | 国家新闻出版署 | 国家新闻出版署 | 每年 12 月每年一次 | 应届毕业生 | |
| 普通话等级证 | 国家级 | 国家语委 | 国家语委 | 自行组织 | 在校学生 | |
| 影视创作类专业及学科竞赛 | 省部级地厅级 | 省部/地厅相关部门 | 省部/地厅相关部门 | 按要求组织 | 在校学生 | |

## 九、选修课程一览表

### （一）专业选修课程一览表

专业选修课程一览表如表 2-37 所示。

表 2-37　专业选修课程一览表

| 课 程 名 称 | 课程代码 | 课程学分 | | | 课程学时 | | | 开课学期 |
|---|---|---|---|---|---|---|---|---|
| | | 学分 | 理论学分 | 实践学分 | 学时 | 理论学时 | 实践学时 | |
| 顶点课程 | 1922000213 | 2 | 0 | 2 | 32 | 0 | 32 | 1～7 |
| 摄影基础 | 2322864201 | 2 | 1 | 1 | 32 | 16 | 16 | 1 |
| 演讲与论辩 | 2322852201 | 2 | 1 | 1 | 32 | 16 | 16 | 1 |
| 传播学导论 | 2322865210 | 2 | 2 | 0 | 32 | 32 | 0 | 1 |
| 影视精品赏析 | 2322864204 | 2 | 2 | 0 | 32 | 32 | 0 | 2 |
| 网络与新媒体概论 | 2322865211 | 2 | 2 | 0 | 32 | 32 | 0 | 3 |
| 现代礼仪 | 2322852203 | 2 | 2 | 0 | 32 | 32 | 0 | 5 |
| 网络技术 | 2322864202 | 2 | 1 | 1 | 32 | 16 | 16 | 4 |
| 媒介经营管理 | 2322864203 | 2 | 2 | 0 | 32 | 32 | 0 | 4 |
| 短视频项目制作 | 2322864205 | 3 | 1 | 2 | 48 | 16 | 32 | 5 |
| 微电影创意和制作 | 2322864206 | 3 | 1 | 2 | 48 | 16 | 32 | 5 |
| 新媒体文案策划 | 2322852214 | 4 | 1 | 3 | 64 | 16 | 48 | 5 |
| 品牌类影视短片创意设计 | 2322864215 | 3 | 1 | 2 | 48 | 16 | 32 | 5 |
| 类型纪录片创意与制作 | 2322864216 | 3 | 1 | 2 | 48 | 16 | 32 | 5 |
| 申论 | 2322865201 | 3 | 1 | 2 | 48 | 16 | 32 | 5 |
| 融媒体产品创作与实践 | 2322865202 | 3 | 1 | 2 | 48 | 16 | 32 | 5 |

| 课程名称 | 课程代码 | 课程学分 | | | 课程学时 | | | 开课学期 |
|---|---|---|---|---|---|---|---|---|
| | | 学分 | 理论学分 | 实践学分 | 学时 | 理论学时 | 实践学时 | |
| 新媒体产品设计与管理 | 2322865203 | 3 | 1 | 2 | 48 | 16 | 32 | 5 |
| 短视频内容制作与账号运营 | 2322864207 | 3 | 1 | 2 | 48 | 16 | 32 | 6 |
| 媒体广告制作与营销 | 2322864208 | 3 | 1 | 2 | 48 | 16 | 32 | 6 |
| 影视特效项目制作 | 2322864217 | 3 | 1 | 2 | 48 | 16 | 32 | 6 |
| 影视光线创作 | 2322864218 | 3 | 1 | 2 | 48 | 16 | 32 | 6 |
| 数字影音艺术与实践 | 2322864219 | 3 | 1 | 2 | 48 | 16 | 32 | 6 |
| 影视摄像与实践 | 2322864220 | 3 | 1 | 2 | 48 | 16 | 32 | 6 |
| 电商直播策划与运营 | 2322865204 | 3 | 1 | 2 | 48 | 16 | 32 | 6 |
| 新媒体产品创意与制作 | 2322865206 | 3 | 1 | 2 | 48 | 16 | 32 | 6 |
| 艺术基础理论 | 2322852215 | 3 | 3 | 0 | 48 | 48 | 0 | 5 |
| 影视写作与评论 | 2322852216 | 3 | 3 | 0 | 48 | 48 | 0 | 6 |
| 中外电影史研究 | 2322864222 | 3 | 3 | 0 | 48 | 48 | 0 | 6 |
| 电视编辑研究 | 2322864223 | 3 | 3 | 0 | 48 | 48 | 0 | 7 |
| 影视项目制作 | 2322864209 | 6 | 1 | 5 | 96 | 16 | 80 | 7 |

注：本表按专业大类（或一级学科）列出戏剧影视学科专业选修课程一览表，主要目的在于打通学科专业壁垒，提供更多的选修课程。公共选修课程由学校教务科研处公布。

## （二）艺体学部选修课程一览表

艺体学部选修课程一览表如表 2-38 所示。

表 2-38 艺体学部选修课程一览表

| 课程名称 | 课程代码 | 课程学分 | | | 课程学时 | | | 开课学期 | 开课单位（科教中心） |
|---|---|---|---|---|---|---|---|---|---|
| | | 学分 | 理论学分 | 实践学分 | 学时 | 理论学时 | 实践学时 | | |
| 音乐素养 | 1922000201 | 1 | 0.5 | 0.5 | 16 | 8 | 8 | 春秋 | 音乐 |
| 影视作品鉴赏 | 1922000202 | 1 | 0.5 | 0.5 | 16 | 8 | 8 | 春秋 | 传媒 |
| 演讲与礼仪 | 1922000203 | 1 | 0.5 | 0.5 | 16 | 8 | 8 | 春秋 | 播音 |
| 应用写作 | 1922000204 | 1 | 0.5 | 0.5 | 16 | 8 | 8 | 春秋 | 公共艺术 |
| 形体塑造 | 1922000205 | 1 | 0.5 | 0.5 | 16 | 8 | 8 | 春秋 | 舞蹈 |

续表

| 课 程 名 称 | 课程代码 | 课程学分 | | | 课程学时 | | | 开课学期 | 开课单位（科教中心） |
|---|---|---|---|---|---|---|---|---|---|
| | | 学分 | 理论学分 | 实践学分 | 学时 | 理论学时 | 实践学时 | | |
| 河南非遗 | 1922000206 | 1 | 0.5 | 0.5 | 16 | 8 | 8 | 春秋 | 体育 |
| 手机摄影 | 1922000207 | 1 | 0.5 | 0.5 | 16 | 8 | 8 | 春秋 | 传媒 |
| 形象塑造 | 1922000208 | 1 | 0.5 | 0.5 | 16 | 8 | 8 | 春秋 | 艺术 |
| 公共卫生 | 1922000209 | 1 | 0.5 | 0.5 | 16 | 8 | 8 | 春秋 | 体育 |
| 中国传统文化 | 1922000210 | 1 | 0.5 | 0.5 | 16 | 8 | 8 | 春秋 | 传媒 |
| 中国传统养生 | 1922000211 | 1 | 0.5 | 0.5 | 16 | 8 | 8 | 春秋 | 体育 |
| 直播与抖音 | 1922000212 | 1 | 0.5 | 0.5 | 16 | 8 | 8 | 春秋 | 传媒 |

注：理论 8 学时教师集中进行讲授，实践 8 学时以学生自主实践、完成作业、报告等学习为主。

# 第 ③ 章

# 广播电视编导专业课程知识建模

## 3.1  项目化教学课程知识建模

实施项目化教学改革,是黄河科技学院导师制背景下课程体系构建的一个重要环节,是导师制"学业—实践—应用"阶段中的"实践"(大三)环节,同时支撑"应用"环节,基于工作岗位群需求开发的对接市场的综合性实践类专业课程,以课程形式实施项目化教学,接受实际项目的训练,开展真题真做。通过实施项目化教学,将实现以"教师"为中心转变为以"学生"为中心,以"课本"为中心转变为以"项目"为中心,以"课堂"为中心转变为以"工作场景"为中心,培养学生解决复杂综合问题的能力,无缝对接用人单位,经受市场检验,为学生高质量就业奠定了坚实的基础。

黄河科技学院特色项目化教学的核心是"化",它聚焦于实践环节,支撑应用环节,起到承上启下的作用。这一教学模式并非基于课程而是围绕岗位需求,根据市场动态开展真实项目。与传统的项目式课程教学改革有本质区别(传统项目式教学是基于课程的,是以项目的实际例子说明问题,如以案例说明原理、公式等)。黄河科技学院项目化教学是师生通过共同实施一个完整的实际项目工作,以此为核心进行的教学活动,这种教学模式以弹性课程形式出现,可开设为必修课,也可开设为选修课。其主要特点如下。

第一,实践性。项目的主题与真实世界密切联系,学生的学习更加具有针对性和实用性。项目强调"真实性",是从工程实践中来的,从工程应用中挖掘出来的。针对不同学生学习的能力、场地和实验设备的条件,以及指导教师的工程实践能力,可从及时性和延时性两个方面进行内容选取(及时性,即现在正在开展的真实项目;延时性,即过去完成的真实项目拿来给学生做)。

第二,独立性。项目化教学以项目化课程形式实施,是一门独立课程,自成体系,不依附于现有课程。

第三,发展性。开展的项目以长期项目和阶段项目(或短期项目)相结合。

第四,综合性。具有多课程、多知识点、跨学科交叉和综合能力运用的特点。

第五,开放性。体现在学生围绕主题所探索的方式、方法和展示、评价具有多样性和选择性。学习过程是弹性化的,学习形式、方法和时间安排由学生自主掌握,可以采取学期和学年制等多种形式相结合的方式。

项目化教学中充分发挥学生主体作用,通过项目化教学,学生实现三个层面目标的培养。其一,知识层面,学生通过边学习边实践,进一步强化前期"学业"阶段储备的基础知识和技能。其二,能力层面,通过实际工作场景来实现分析、判断、设计、实施解决实际问题的能力。其三,素质层面,学生通过项目实施,提升项目管理与团队协作能力等。

根据知识图谱法,教师能够更好地理解学生的学习特点和规律。通过这一方法,教师可以准确地把握学生的学习需求,进而制定出更符合学生实际情况的教学策略,以提高教学效果。在实践过程中,教师需要根据学生的具体情况,对知识图谱进行相应的调整和完善。这是激发学生学习兴趣和潜能、提高学习成绩和综合素质的关键。本节结合广播电视编导专业的项目化教学课程的改革及其绘制的知识图谱进行详细的论述。

### 3.1.1　短视频项目制作

短视频项目制作是一个涉及多个环节和技术的过程。在短视频项目制作课程中,广播电视编导专业的学生将学习如何从零开始策划、拍摄和剪辑一个短视频项目。课程内容涵盖创意构思、剧本撰写、摄影技巧、剪辑软件使用、音频处理、特效添加及后期制作等。通过学习,广播电视编导专业的学生将掌握短视频制作的全流程,能够独立完成短视频项目。

第一,创意策划是短视频项目的核心。一个好的创意能够吸引观众的注意力,并传达出独特的信息。在策划阶段,广播电视编导专业的学生需要确定项目的目标、主题、受众和传播渠道。

第二,剧本创作。剧本是短视频的灵魂,它提供了故事情节和角色设定。广播电视编导专业的学生需要编写一个有趣、紧凑的剧本,让观众在短时间内产生共鸣。

第三,拍摄是短视频项目的关键环节。广播电视编导专业的学生需要选择合适的拍摄设备、场地和拍摄时间。在拍摄过程中,需要注意光线、构图、音效等细节,以确保画面质量。

第四,剪辑是将拍摄素材转化为成品的重要步骤。广播电视编导专业的学生需要将拍摄的素材进行筛选、拼接、添加特效等处理,以呈现出一个连贯、流畅的短视频。

第五,音效和配乐。一个好的音效和配乐能够增强短视频的感染力。广播电视编导专业的学生需要选择合适的音效和配乐,与视频内容相得益彰,使观众沉浸其中。

总之,短视频项目制作是一个需要综合考虑多个因素的过程。从创意策划到后期制作,每一个环节都需要精心打磨,才能制作出优秀的短视频作品。

短视频项目制作课程知识建模图如图 3-1 所示。

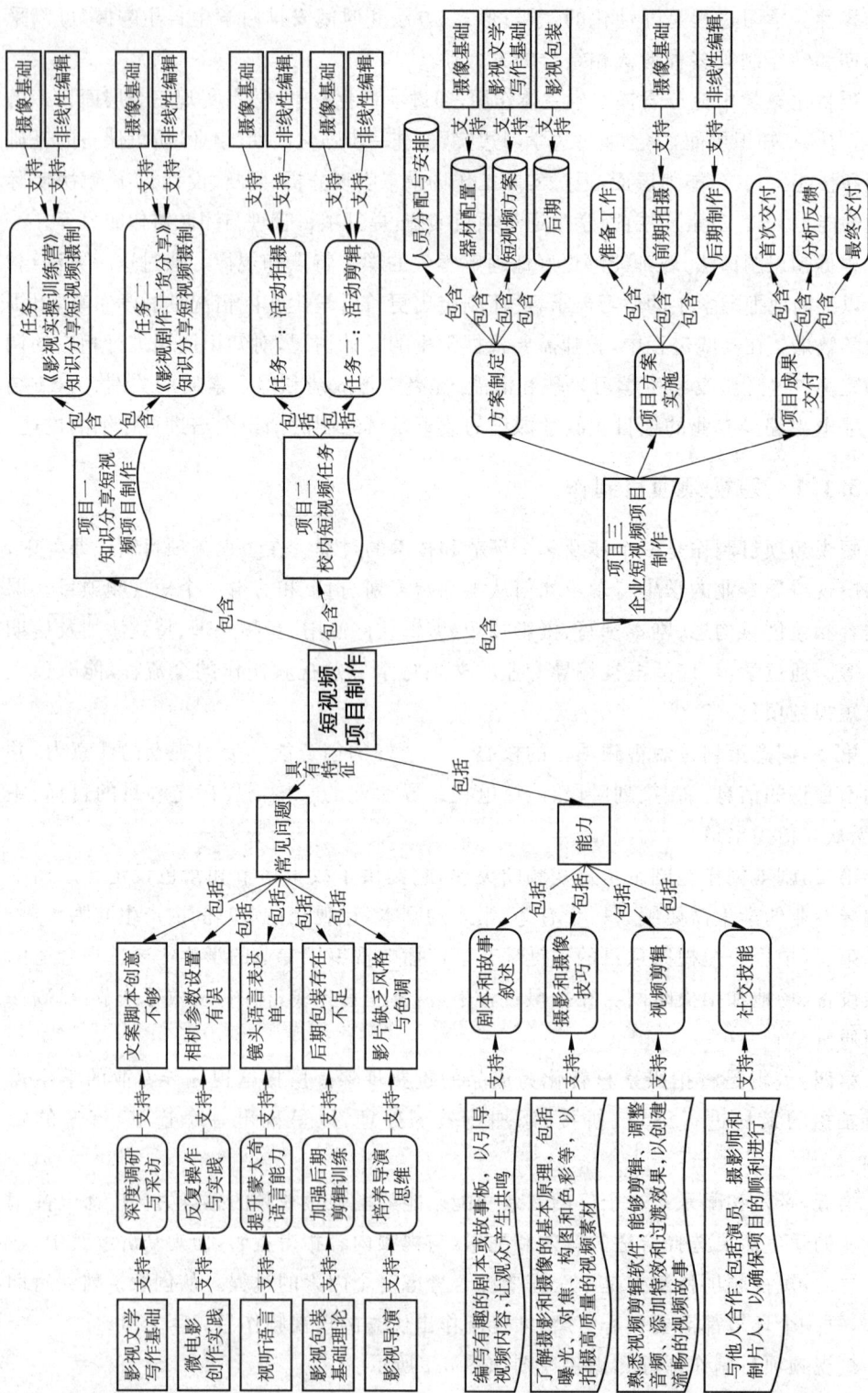

图 3-1 短视频项目制作课程知识建模图

### 3.1.2　品牌类影视短片创意设计

品牌类影视短片创意设计是一种通过短片形式来传达品牌理念、塑造品牌形象和吸引目标受众的创意设计方式。

品牌类影视短片创意设计课程将教授广播电视编导专业的学生如何根据品牌定位和市场需求,进行影视短片的创意设计。课程涉及创意构思、剧本创作、导演技巧、摄影技巧、剪辑技巧及后期制作等。广播电视编导专业的学生将学习如何运用影视语言传达品牌价值和故事,提升品牌形象。

第一,在品牌类影视短片创意设计中,需要明确品牌的核心价值和目标受众。这有助于确定短片的主题、风格和故事情节。

第二,故事情节的构思。一个好的故事情节能够吸引观众的注意力,并让他们产生共鸣。故事情节应该与品牌的核心价值和目标受众相关,同时也要有趣、紧凑,并有情感共鸣。

第三,在短片中,需要通过视觉、音效、配乐等手段来营造品牌的氛围,并塑造品牌形象。视觉元素包括场景、服装、道具等,这些需要与品牌形象相匹配;音效和配乐则能够增强短片的感染力和情感共鸣。

第四,短片的拍摄和制作也需要考虑很多细节。比如,镜头的运用、画面的构图、色调的搭配等,都需要与品牌形象和故事情节相匹配。

第五,品牌类影视短片创意设计还需要考虑传播渠道和推广策略。短片可以通过各种媒体渠道进行传播,如电视、网络、社交媒体等。因此,在创意设计中需要考虑如何让短片在不同的传播渠道中产生最大的影响力和效果。

总之,品牌类影视短片创意设计是一种综合性的创意设计方式,需要综合考虑品牌核心价值、目标受众、故事情节、视觉元素、拍摄制作及传播渠道等多个因素。通过这种方式,品牌能够更好地传达理念、塑造形象并吸引目标受众的关注和喜爱。

品牌类影视短片创意课程知识建模图如图 3-2 所示。

### 3.1.3　媒体广告制作与营销

媒体广告制作与营销是指通过各种媒体平台进行广告创意、制作、发布和监测的过程,旨在提高品牌知名度、吸引潜在客户,并促进产品销售。

媒体广告制作与营销课程将教授广播电视编导专业的学生如何策划、制作和推广一则媒体广告。课程内容涵盖广告创意、广告策划、摄影摄像、剪辑、音频处理、广告投

包含 → 高品质制作：符合产品调性，镜头细腻有张力，节奏突出，细节丰富

标准要求

包含 → 创新与创意，突出特色

包含 → 团队协作策略：导演能力、岗位阐述能力、合作素质

包含 → 根据客户要求更改设计方案

包含 → 抗压能力：执行项目素质

项目化教学

包含 → 品牌类影视短片创作

支持

企业项目执行

客户需求

包含 → 目标人群分析

包含 → 个性化 → 包含 → 客户个性化演示

项目规划

包含 → 负责人及分组

包含 → 交付规则

项目创意

包含 → 调研市场品牌创意主要类型

包含 → 根据市场调研创新模式

包含 → 品牌文案创意 → 包含 → 文学写作基础

项目实施

标题 → 支持 → 长短适宜，内容合理

标题类型：直言式、暗示式、新知式、"如何"式、提问式、命令式、目标导向式、见证式

品牌调性 → 支持 → 突出个人风格

六个要素：层级、节奏、配色、排版、素材、字体

项目制作

音乐节奏 → 支持 → 非线编—声音创作

根据广告目标制定节奏，利用音乐和音效调节节奏

景别 → 支持 → 摄影技术基础

远景、全景、中景、近景、特写

角度 → 支持 → 具象化镜头表达

正面、侧面、斜侧面、背面、平拍、仰拍、俯拍、鸟瞰

常见问题

作品主题表达 → 包含 → 不贴合脚本需求 → 支持 → 美术风格依据本旅拍的现场情感表现 → 支持 → 品牌广告与故事性相结合

拍摄设计 → 包含 → 缺少镜头感 → 支持 → 场景多样化，角度有张力，拍法合理 → 支持 → 广告摄影镜头要素

剪辑技能 → 包含 → 缺少时间感 → 支持 → 强化作品节奏感，剪辑流畅丝滑 → 支持 → 电视编辑技巧

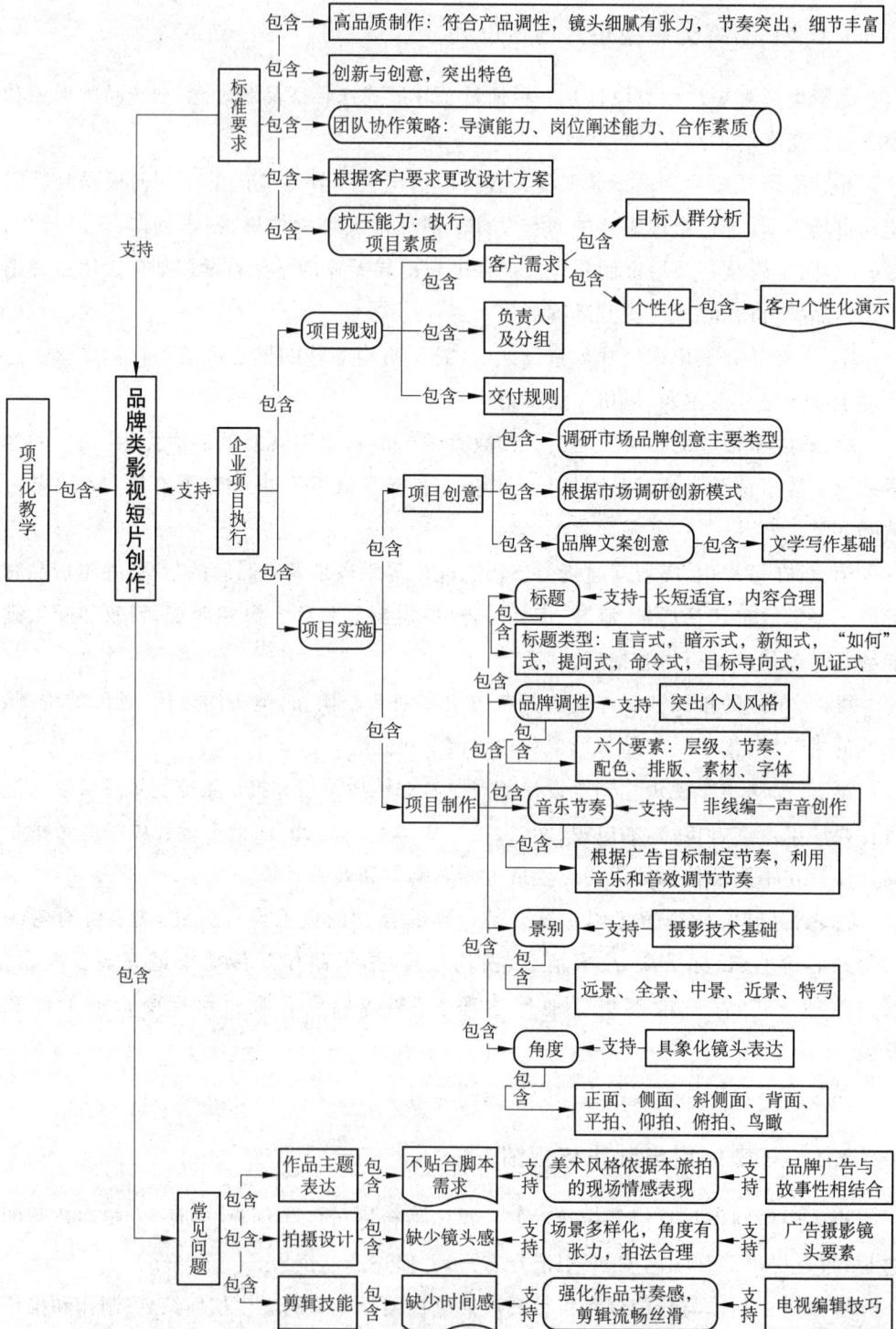

图 3-2 品牌类影视短片创意课程知识建模图

放及效果评估等。通过学习,广播电视编导专业的学生将掌握媒体广告制作的全方位技能,提高广告效果,实现品牌推广。

第一,在媒体广告制作与营销中,需要了解目标受众和市场需求,以确定广告的定位和目标。接着,需要进行广告创意设计,根据品牌形象、产品特点和目标受众的需求,制定具有吸引力和创意性的广告方案。

第二,在制作阶段,需要将广告方案转化为具体的视觉和声音元素,包括图像、文字、动画、音效等。同时,需要注意广告的构图、色彩、风格等视觉元素,以及广告的语言表达、声音效果等声音元素。

第三,在发布阶段,需要根据不同的媒体平台和渠道,制定相应的发布计划和策略。这包括选择合适的媒体平台、投放时间、投放位置、广告频次等,以实现广告的最大化曝光和传播效果。

第四,需要对广告效果进行监测和评估,以了解广告的受众反应、销售效果和投资回报率等指标。根据监测结果,可以对广告策略进行调整和优化,以提高广告的效果和价值。

总之,媒体广告制作与营销是一个综合性的过程,需要创意、制作、发布和监测等多个环节的协同合作。通过合理的广告策略和优秀的广告创意,可以有效地提高品牌知名度、吸引潜在客户,并促进产品销售。

媒体广告制作与营销课程知识建模图如图 3-3 所示。

### 3.1.4　影视光线创作

影视光线创作是影视制作中一个非常重要的环节,它涉及光线的运用和艺术表达。在影视作品中,光线的运用对于画面的构图、色彩、氛围及情感的传达,都起着至关重要的作用。

影视光线创作课程将教授广播电视编导专业的学生如何运用光线技巧拍摄出具有艺术感和视觉冲击力的影视作品。课程涉及光线原理、摄影灯具使用、光线布置、调色技巧等。广播电视编导专业的学生将学习如何通过光线创作出富有氛围和情感张力的画面,提升影视作品的整体质感。

首先,影视光线创作需要了解光线的性质和特点,包括光线的方向、强度、色温等。通过合理运用这些光线属性,可以营造出不同的视觉效果和氛围。其次,影视光线创作需要结合具体的场景和情节,进行有针对性的光线设计。例如,在拍摄外景时,可以利用自然光线的变化,营造出不同的时间和天气效果;在拍摄棚内场景时,可以通过人工光源的布置,创造出各种光影效果和氛围。再次,影视光线创作还需要考虑与摄影、

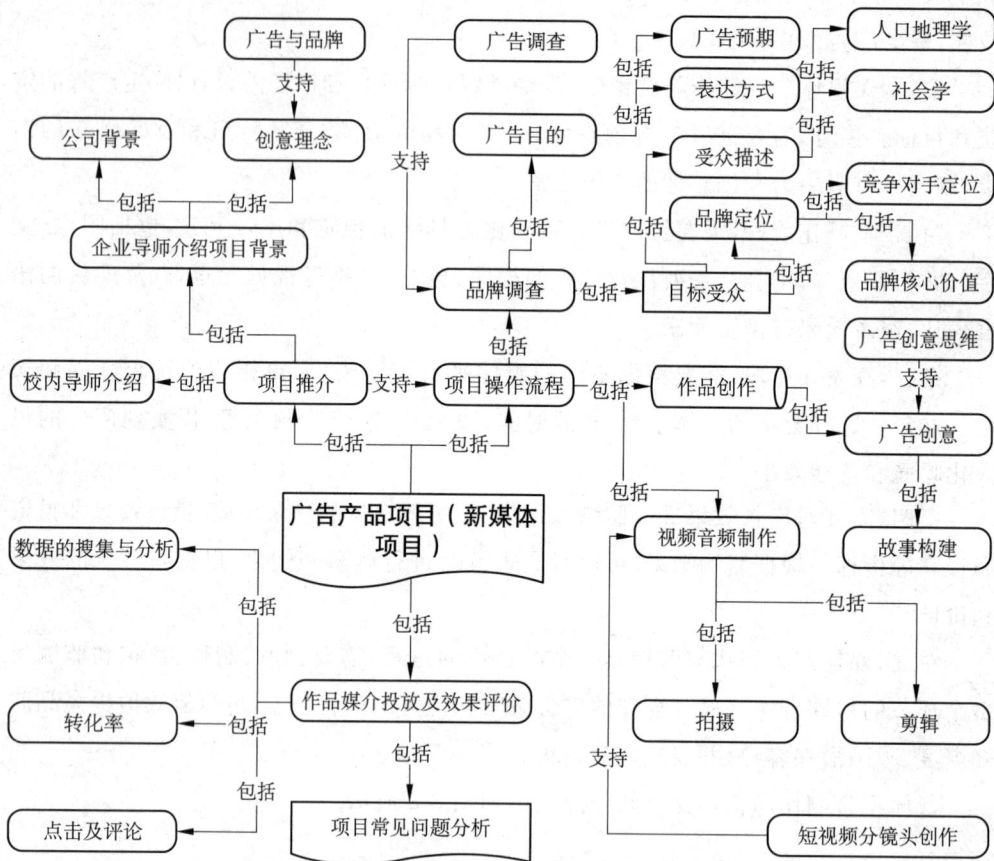

图 3-3　媒体广告制作与营销课程知识建模图

美术、服装等其他环节的配合。例如,摄影师需要根据光线的变化调整拍摄角度和构图,美术师需要根据光线的方向和强度进行场景布置和道具选择,服装师需要根据光线的色温和强度选择合适的服装色彩和材质。最后,影视光线创作需要不断创新和探索。随着科技的进步和观众审美的提高,对于光线的运用和艺术表达也在不断发展和变化。因此,创作者需要不断学习和尝试新的光线处理技巧和方法,以创作出更加生动、富有感染力的影视作品。

　　总之,影视光线创作是影视制作中一个非常重要的环节,它涉及光线的运用和艺术表达。通过合理运用光线属性、结合具体场景和情节进行有针对性的光线设计、与其他环节的配合,以及不断创新和探索,可以创作出更加生动、富有感染力的影视作品。

　　影视光线创作课程知识建模图如图 3-4 所示。

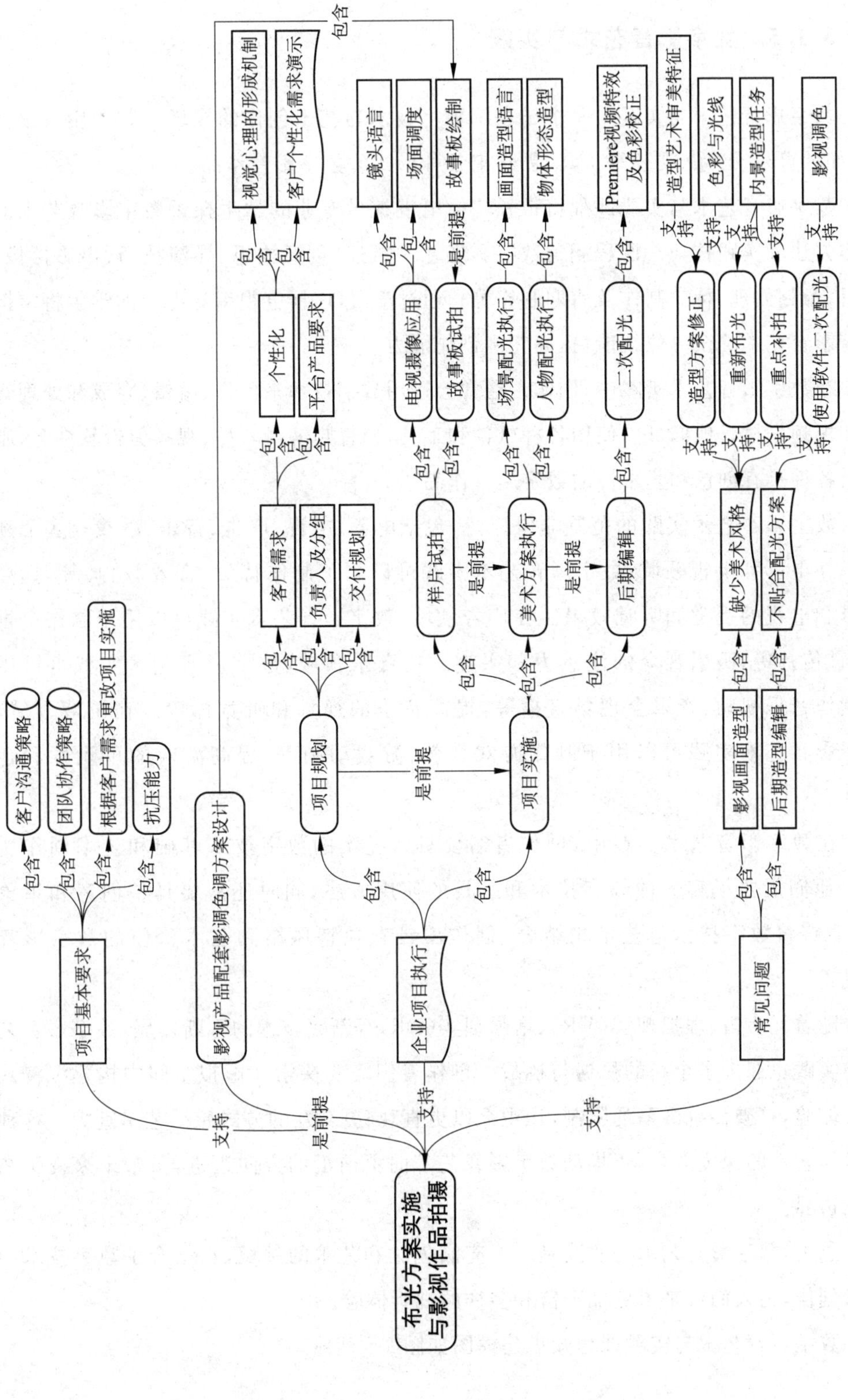

图 3-4 影视光线创作课程知识建模图

### 3.1.5　数字影音艺术与实践

数字影音艺术与实践是一个结合了数字技术与艺术创作的领域。它利用数字技术，如计算机、音频、视频等工具，创作出各种形式的数字影音作品。

数字影音艺术与实践课程将带领广播电视编导专业的学生探索数字影音艺术的创作方法和实践技巧。课程涵盖数字影音艺术概述、创意构思、导演技巧、摄影摄像、剪辑、音频处理、特效制作及后期制作等。通过学习，广播电视编导专业的学生将掌握数字影音艺术的全方位技能，提高艺术创作能力。

在数字影音艺术实践中，创作者通常会运用数字技术来创作、编辑、合成和处理音频和视频素材。他们可以使用各种软件和工具，如音频编辑软件、视频剪辑软件等，制作出各种具有创意和艺术性的数字影音作品。

数字影音艺术实践的范围非常广泛，包括电影、电视、广告、音乐、游戏等多个领域。在电影和电视领域，数字影音艺术实践可以用于制作特效、音效、动画等，提高电影和电视的视觉和听觉效果。在广告领域，数字影音艺术实践可以用于制作广告片、宣传片等，吸引观众的注意力和兴趣。在音乐领域，数字影音艺术实践可以用于制作音乐视频、音乐会现场直播等，提高音乐的视觉和听觉体验。在游戏领域，数字影音艺术实践可以用于制作游戏音效、游戏动画等，提高游戏的可玩性和趣味性。

在数字影音艺术实践中，创作者需要具备扎实的数字技术基础和艺术创作能力。他们需要了解各种数字技术和工具的使用方法，同时还需要具备创意和想象力，能够将数字技术与艺术相结合，创作出具有独特风格和艺术价值的数字影音作品。

随着元宇宙、虚拟现实（VR）、增强现实（AR）等新兴技术的不断发展，数字影音艺术与实践也迎来了全新的机遇与挑战。创作者们需要探索在虚拟空间中构建沉浸式影音体验，打破传统屏幕的限制，让观众以更直观、更交互的方式感受艺术魅力。这种技术与艺术的深度融合，正推动数字影音艺术向更前沿的方向迈进，重塑未来视听艺术的边界。

总之，数字影音艺术与实践是一个充满创意和艺术的领域，它结合了数字技术和艺术创作，为人们带来了更加丰富和多样的视听体验。

数字影音艺术与实践课程知识建模图如图 3-5 所示。

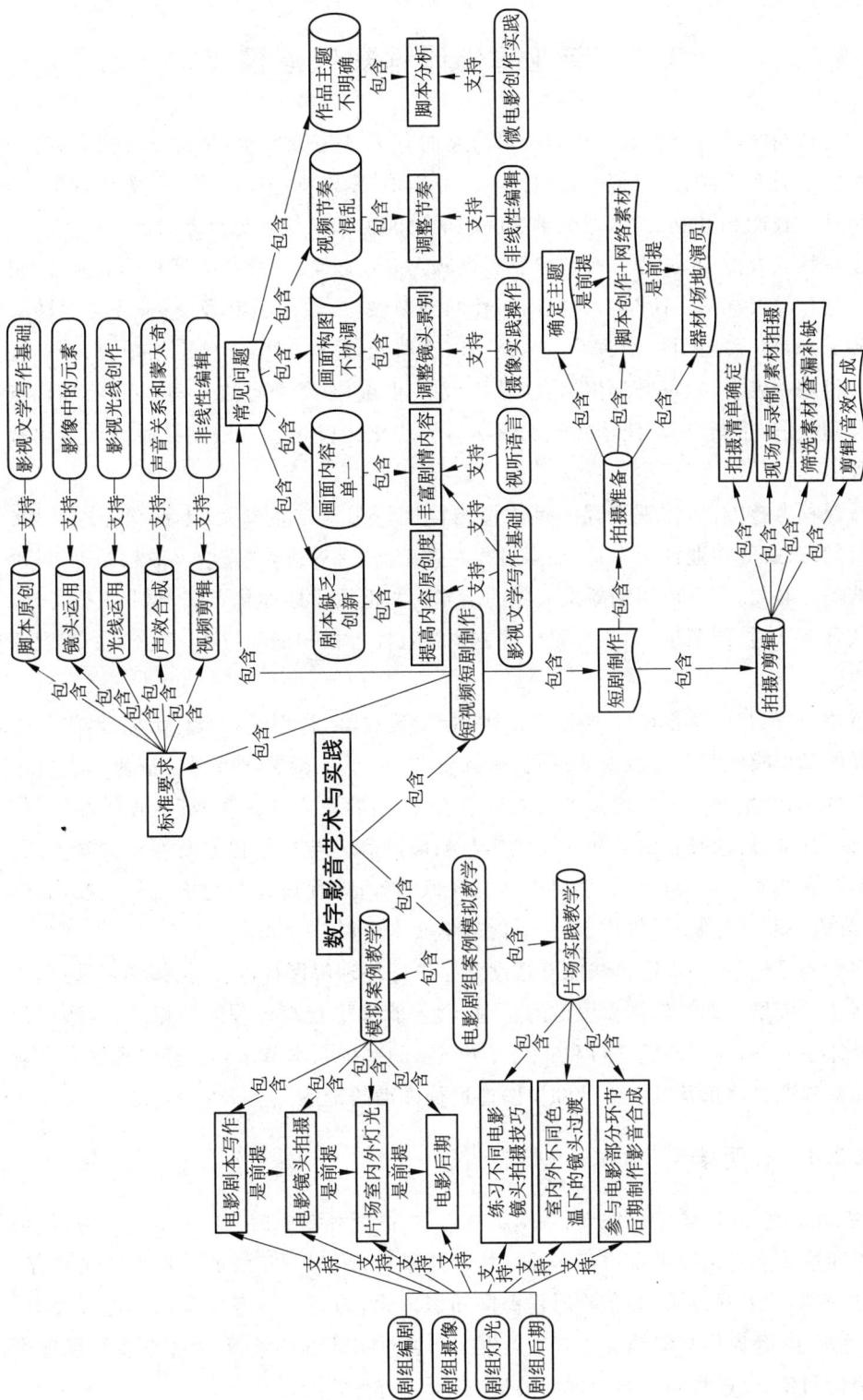

图 3-5　数字影音艺术与实践课程知识建模图

# 3.2 专业基础课程知识建模

黄河科技学院专业基础课致力于符合新时代人才培养要求,坚持立德树人,将知识、能力、素质有机融合,对接市场、行业、专业需求,紧密支撑后续项目化教学课程,培养学生基本技能和专业素养,训练学生问题解决能力和申辩式思维能力。

在课程内容方面,课程思政内容要有机融入专业教学,注重提升课程的高阶性、引导学生进行深层次的进阶学习。突出课程的创新性,反映学科专业、行业先进的核心理论和成果,聚焦新工科、新医科、新农科、新文科建设,体现多学科思维融合、产业技术与学科理论融合,以提升学生综合应用能力为重点,重塑现有的知识体系,将知识点进行详细分解、重新组合,使基础知识的学习模块化、具体化,有效支撑后续项目化教学的开展。

在课程考核方面,体现课程的挑战性与深度。考核方式多元,丰富探究式、论文式、报告答辩式等作业评价方式,加强过程性、综合性等评价,注重学习效果评价,评价手段恰当且必要,契合应用创新型人才的培养。积极探索标准化考试、职业资格考试、客观试题考试、技能测试、第三方评价等方式客观性考核知识和技能,建立一个客观评价标准。

整体而言,基础课程要以学生成果为导向制定科学、合理的客观评价标准,将学生需掌握的知识模块和基础技能条目化、可评价化,便于检验学习效果。搭建线上自主学习平台,向学生开放多样化和丰富的学习资源,内容更新和完善及时,提供测验、作业、考试、答疑、讨论等教学活动。在线学习响应度高。与项目化教改课程关联度高,通过本课程能够实现项目化教学课程相关知识储备;课程设计和教学流程标准化、规范化,形成一套可复制、可推广、可传承的教学文本资料。

在专业课程中,知识图谱法能够帮助学生更好地理解课程内容,把握学习重点,进而提高学习效果。通过对知识图谱的呈现,学生能够更直观地理解知识结构,形成系统化的知识体系,为未来的学习和实践打下坚实的基础。本节结合广播电视编导专业的专业基础课的改革及其绘制的知识图谱进行详细的论述。

## 3.2.1 视听语言

"视听语言"是广播电视编导、戏剧影视文学、摄影等专业的一门专业必修课程,是为培养和检验学生掌握影视语言而开设的专业基础课,为一年级的其他专业基础课,如"摄影基础""电视摄像"等实验课程提供知识理论,为高年级专业课,如"电视编辑""纪录片创作"等提供扎实镜头语言基础框架。通过本课程的学习,对于学生影视理论知识架构的建立、影视知识学习体系的形成,均具有重要的意义。

在师资储备方面,该课程团队成员共 5 人,设有副教授 2 名、讲师 2 名、助教 1 名,其中史昕雨、陆晓灿、杨金鹏三位老师分别来自广播电视编导专业和动画专业,主讲该课程多年,具有丰富的教学经验和教学案例,可以完善教学环节,优化教学活动的设计。汤涛老师的项目化教学课程为本专业基础课改革明确了更清晰的方向和反馈,从而做到跨专业协同,专业基础课间联动,项目化教学课程和专业基础课程互动的"三位一体"。

在教学设计方面,团队有三位主讲过该课程的老师,拥有 200 多条教学案例、近百个教学环节,并且师生互动的设计均在长期教学工作中打磨完善,2021 年学生评教满意度高达 98%,陆晓灿老师针对该课程出版书籍《经典电影理论与电影语言研究》(郑州大学出版社)。此外,该课程配有习题库、课程设计成果展示、教学辅助资源等,均使用翻转校园教学平台实行学习管理。

视听语言课程知识建模图如图 3-6～图 3-8 所示。

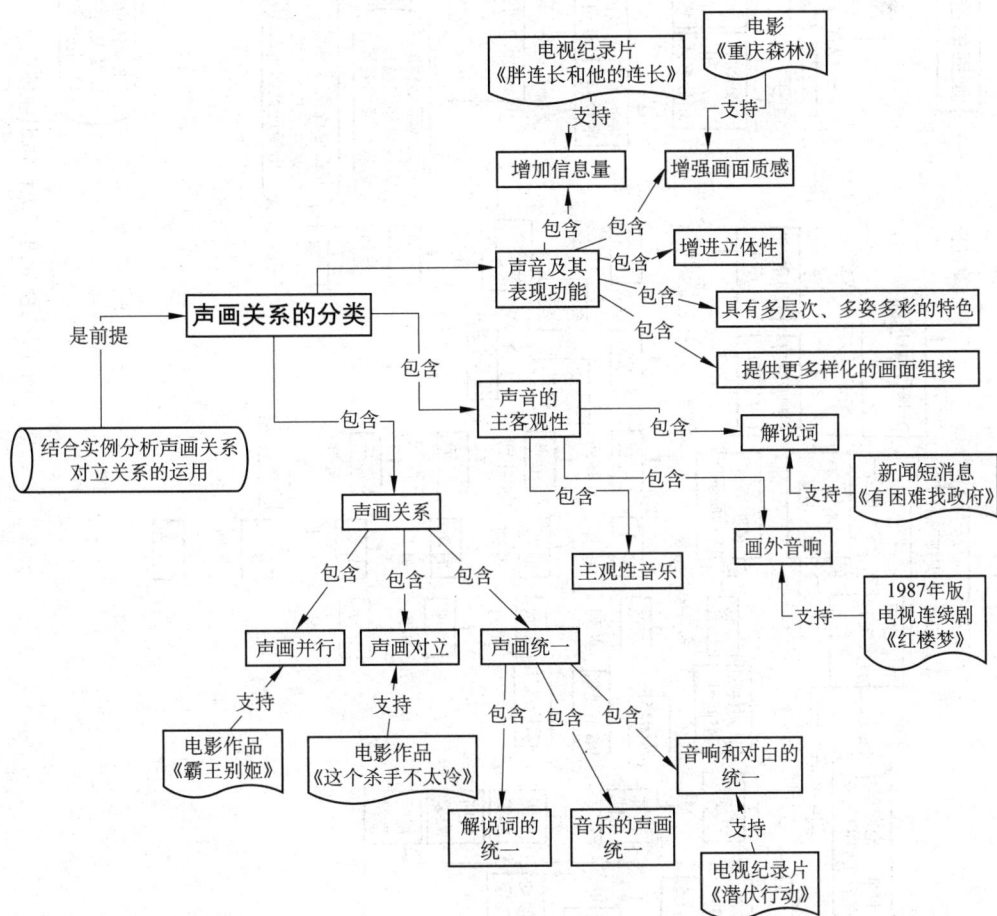

图 3-6　视听语言课程知识建模图 1

画面的造型语言 I

是前提 → 视听语言导论

**景别**
- 包含 景别的使用规则 —包含→ 全景和近景的比较 —并列→ 景别系列的剪辑规则 —支持→ 电影《银翼杀手2049》景别综合使用案例分析
- 包含 特写 —包含→ 特写的概念和划分方式 —并列→ 特写的作用 —支持→ 分析电影《辛德勒的名单》中辛德勒镜头的特写作用
- 包含 近景 —包含→ 近景的概念和划分方式 —并列→ 近景的作用 —支持→ 电影《末代皇帝》近景案例分析；分析电视剧《琅琊榜》男主角对话片段中近景的作用
- 包含 中景 —包含→ 中景的概念和划分方式 —并列→ 中景的作用 —支持→ 电影《西雅图夜未眠》中景案例分析；《匿角卡门》中景片段
- 包含 全景 —包含→ 全景的概念和划分方式 —并列→ 全景的作用 —支持→ 电影《听玲玉》全景案例分析；自主分析电影《三傻大闹宝莱坞》全景作用
- 包含 远景 —包含→ 远景的概念和划分方式 —并列→ 远景的作用 —支持→ 电影《断背山》远景案例分析
- 包含 大远景的使用 —支持→ 对比《琅琊榜》大远景和空镜头表现环境的效果；分析电视剧《琅琊榜》第一集男主角出场远景作用

**视听语言导论**
- 包含 视听语言的审美美 —包含→ 听觉 —包含→ 声音音调 —并列→ 音质 —并列→ 节奏
- 视觉 —包含→ 色彩运用；画面的构图 —包含→ 摄影技巧
- 包含 视听语言的媒介 —包含→ 电视 —并列→ 电影 —并列→ 广播 —并列→ 音乐 —并列→ 网络视频
- 包含 视听语言的物质基础 —包含→ 声音 —包含→ 音调 —并列→ 音量 —并列→ 节奏 —并列→ 音乐 —并列→ 音效
- 包含 视听语言的心理基础 —包含→ 视觉 —包含→ 颜色 —并列→ 形状 —并列→ 纹理 —并列→ 运动
- 表意性 —包含→ 时间性和空间性；纵深感 —包含→ 单眼线索；双眼线索
- 表意功能 —包含→ 视听意象；视听想象；视听思维
- 真实性 —包含→ 运动感 —包含→ 视觉暂留；似动现象

支持：
- 《长安十二时辰》片段数镜头练习
- 观看库里肖夫实验短片
- 课堂讨论库里肖夫实验的效应

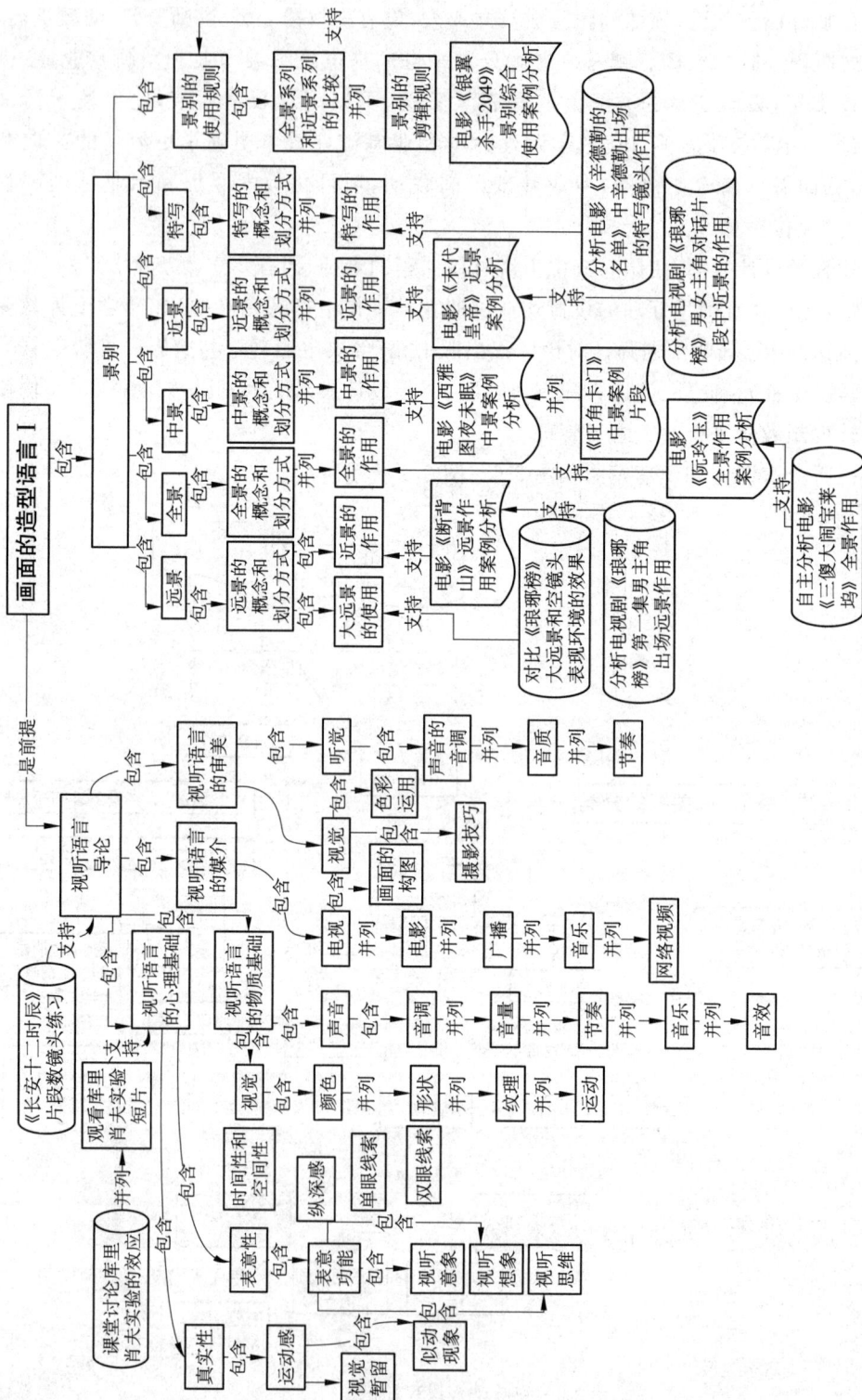

图 3-7　视听语言课程知识建模图 2

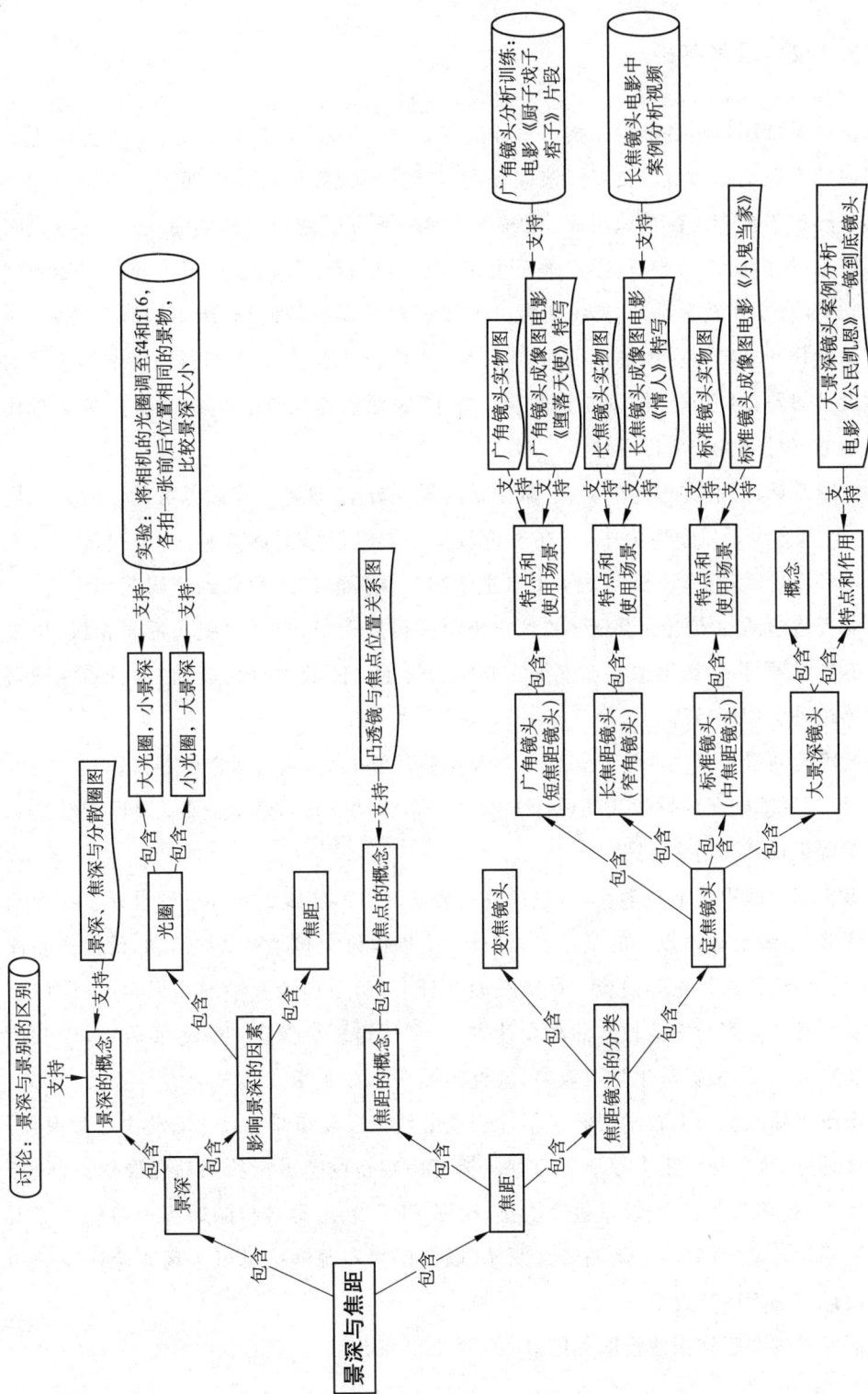

图 3-8　视听语言课程知识建模图 3

### 3.2.2　摄影基础

摄影基础课程是摄影摄像技术方面的基础教学课程,是广播电视编导专业学生必须掌握的专业基础知识与技能。该课程内容支撑短视频项目制作课程中摄影摄像技术部分知识与技能。在知识层面,理解并掌握一般摄影摄像器材的使用,包括感光曝光原理、影视画面构图技巧、影视画面用光技巧等课程主要核心知识内容。在能力层面,结合课程实践教学设计,熟练掌握一般摄影摄像器材的使用、维护等基本技术,具备根据操作环境熟练应用影视画面设计等。在综合素质层面,理解影视脚本的主题的美学设计思路,可以根据影视项目的制作要求,灵活熟练地使用摄影技巧,完成影视作品前期的素材准备和项目设计。

摄影基础课程为"理论＋实践"教学活动设计方案,理论与实践部分的学时分配均为 1∶1,课程设计以学生为中心,在理论教学中大量使用案例教学法,实践教学中使用实验和实训教学法,积极调动学生自主学习。从新闻传播学院到传媒艺术中心,始终对课程教学活动实施给予充分的教学资料和设施保障,包括单镜头反光相机、摄影灯具等教学器材,摄影摄像实训室等实验室和学生社团的"二课"活动,以及专业项目实训等校外实训项目等。

撰写全新摄影基础课程的课程大纲及实验教学大纲,明确课程培养目标与实施准则;设计摄影基础课程教学活动设计方案和教学活动安排进度表,保障课程能够准确按照课程设计开展与实施。

摄影基础课程线下教学设计,包括理论教学环节和实践教学环节的设计。在理论教学环节,在线上理论教学的基础上,进行学生创作讨论和课程设计活动,设计作品评阅、作品赏析、作品讨论等内容。在实践教学环节,结合理论教学的知识学习,设计具体的实践教学大纲与实验教学活动设计方案,利用摄影摄像实训室等实验室,以及户外开展实践教学,根据学生学习效果,调整实训环节安排等。

摄影基础课程线上教学资源包括课程线上授课视频和课上教学活动演示微视频,以及试题库等。同时,线上教学资源也包括利用翻转校园进行的课程资源建设,包括课程大纲、教学活动设计、教学进度安排、授课 PPT,新增翻转校园课程资源包括课下练习演示微视频的制作、全新测验试题库,以及课程资源链接可以实现的课程案例和课程设计案例库的建设等。

摄影基础课程知识建模图如图 3-9～图 3-11 所示。

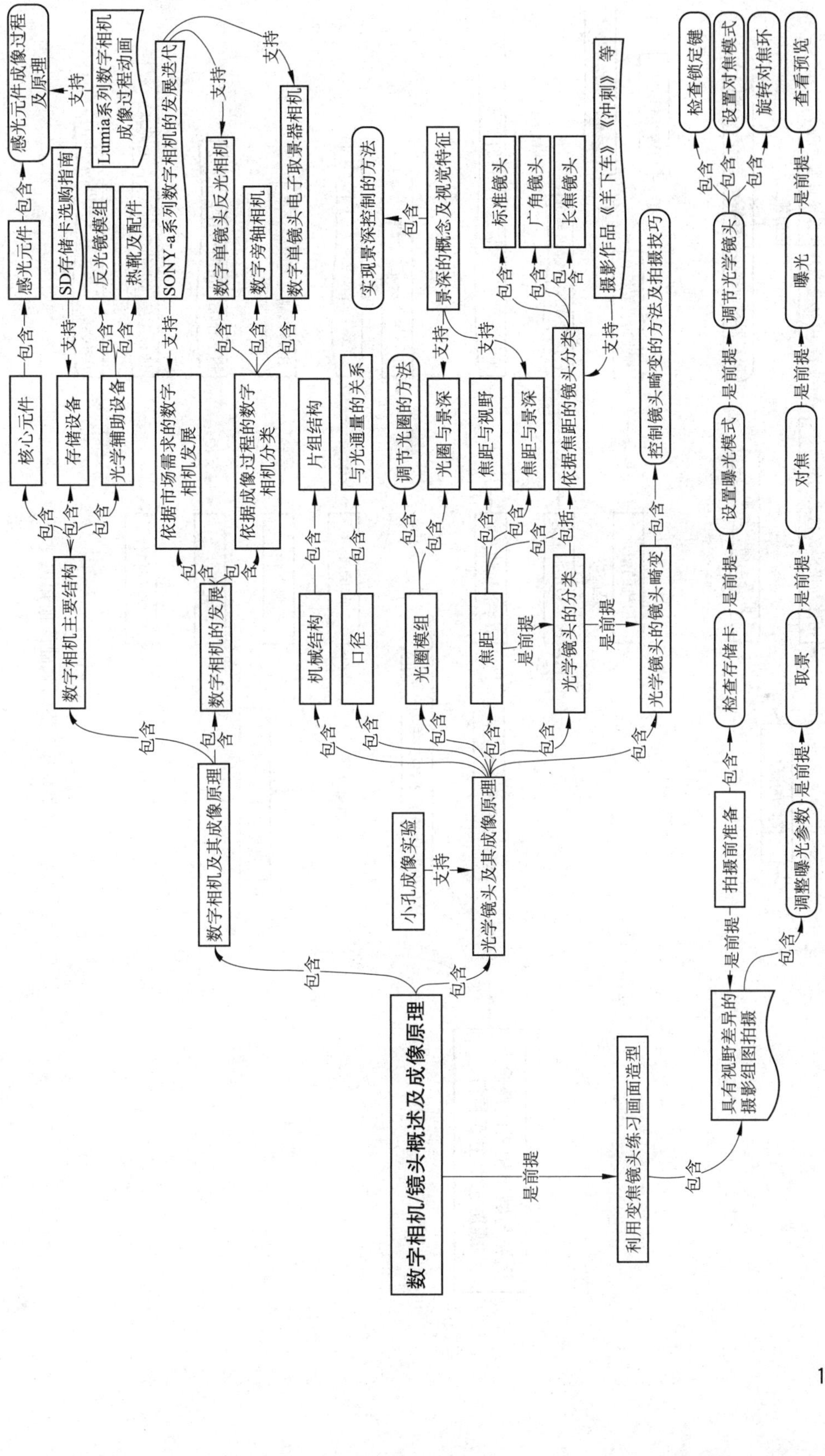

图 3-9　摄影基础课程知识建模图 1

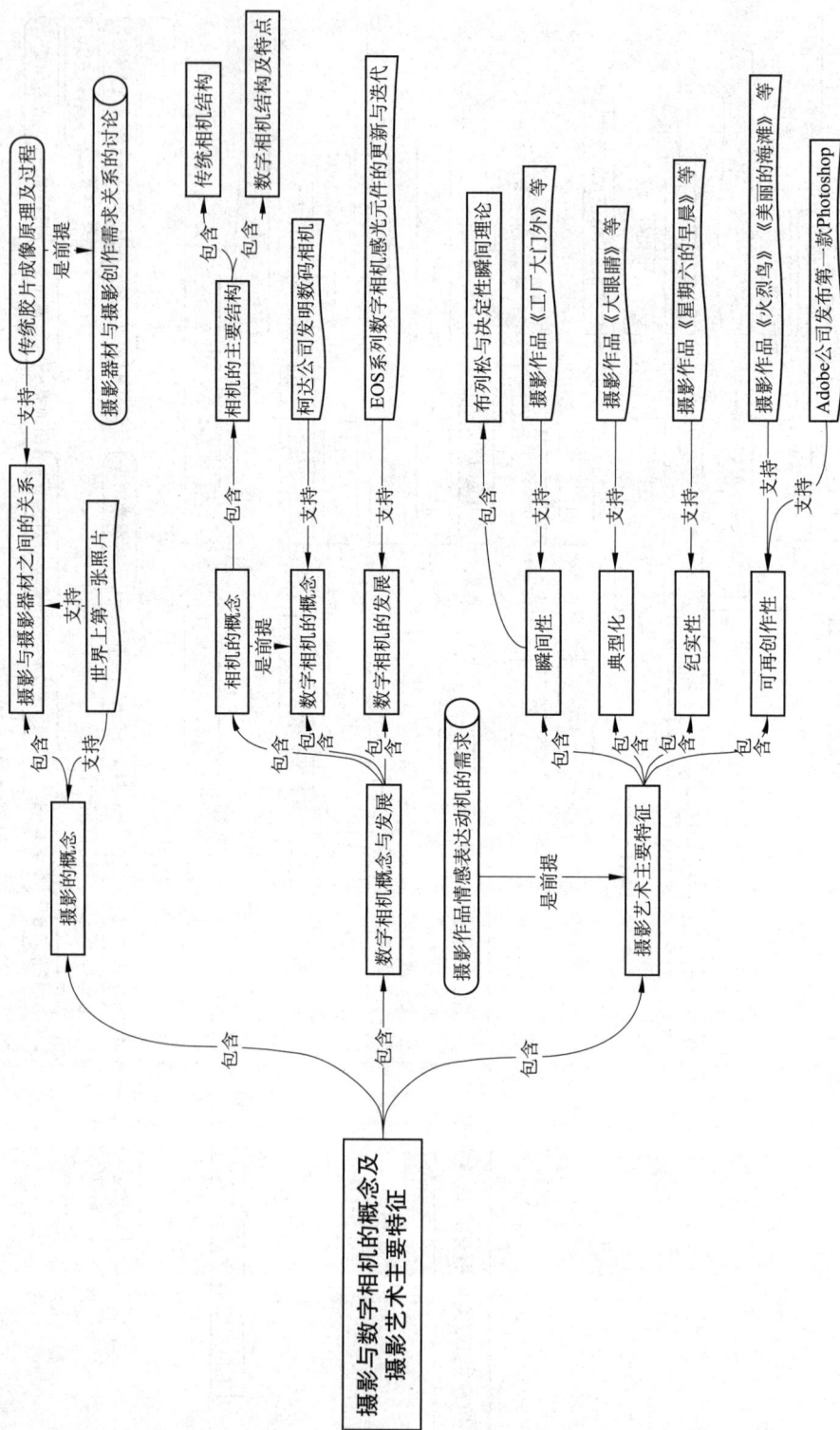

图 3-10　摄影基础课程知识建模图 2

图 3-11 摄影基础课程知识建模图 3

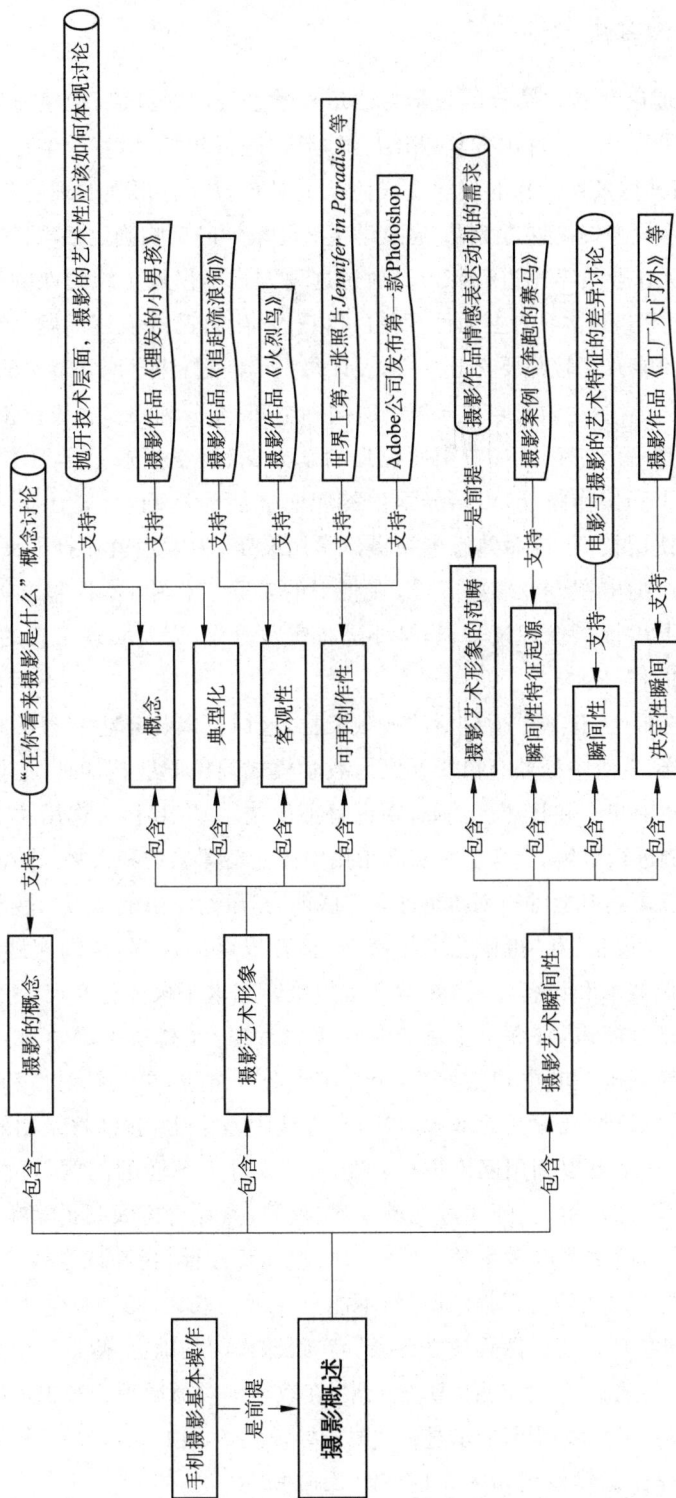

### 3.2.3　摄像基础

基础课采用理论和实践结合的教学方法培养学生的职业技能,构建完整的基础知识体系,以"翻转课堂"和"项目化教学"相结合的形式进行教学,培养学生在学习和实践中的兴趣,并提高其积极性。新的教学模式使学生对知识具有很强的理解和应用能力,采用多种方法和手段来提高课堂效果,通过学生对此教学的反响确定教学模式。在课后教师布置一些相关作业给学生进行练习。通过这种方式不仅从传统的课堂授课方式中解脱出来,充分发挥学生学习的主动性,而且可以让学生自己去发现问题、解决问题,培养学生自主学习的能力。教师要充分准备,设计每一个问题;注意课堂节奏的把握;注重课内和课外的联系,给学生留有自主学习的时间和空间;充分利用多媒体设备进行教学。

"摄像基础"是一门实践性和应用性较强的基础课程,学生通过学习本课程,掌握了摄像的基本知识和操作技能,以培养学生的职业技能为基础,首先让学生掌握摄像机的基本构架和使用技巧,进而熟悉电视摄像常用设备,为学生就业打下良好的基础。本课程主要是为广播电视专业学生开设,在将来的实际工作中,本课程学习是必不可少的。本课程既要讲授摄像理论知识,又要进行实践操作,完美实现二者的有效结合,就能创作出优质的作品。

在教学内容选择上,选取贴近生活的视频素材,这样可以让学生在理解和掌握理论知识的同时,体会到生活中处处有摄影元素。教学模式突出职业技能训练,学生会更重视并且学会摄像基础知识和技巧。例如,在讲解摄像技术基础时,可选用关于人物采访的小视频作为案例进行讲解,让学生在实际拍摄中体验新闻采访和人物采访的区别和联系。这样的教学模式培养学生的创新精神和实践能力,激发学生的学习兴趣和积极性。

将"摄像技术与设备"和"摄像艺术与审美"整合成新的课程,采用实践教学方法,使学生掌握了摄像技术和设备使用,并学会运用摄影艺术手段表达自己。通过课程设计将理论与实践结合起来,加深学生对专业知识的掌握,提高学生的学习兴趣和积极性。另外,将"摄像基础"和"电视摄像"两个知识点分开讲授,更具针对性和实用性。

在课堂上,学生根据视频及课本学习知识;在线上教学中,教师将录制好的视频上传至课程网站上,学生可以利用网络进行自主学习。对于不懂的问题,可以及时与教师沟通交流;在学习过程中,教师通过现场观察、提问、点评等方式帮助学生解决问题。实践证明,这种教学模式可以激发学生的学习兴趣和积极性,提高课堂效率。

"摄像基础"是一门实践性很强的课程,不能只在纸上谈兵,需要让学生通过学习掌握专业技能和拍摄技巧。这门课程建立在摄影实践课程的基础上,侧重于学生的技能训练。由于摄影是一门艺术,包含丰富的美学元素,在教学中对摄影理论知识也应该进行重构。我们准备开设线下实践拍摄活动,进行实时指导,使学生更好地理解知识、掌握知识。

摄像基础课程知识建模图如图 3-12～图 3-14 所示。

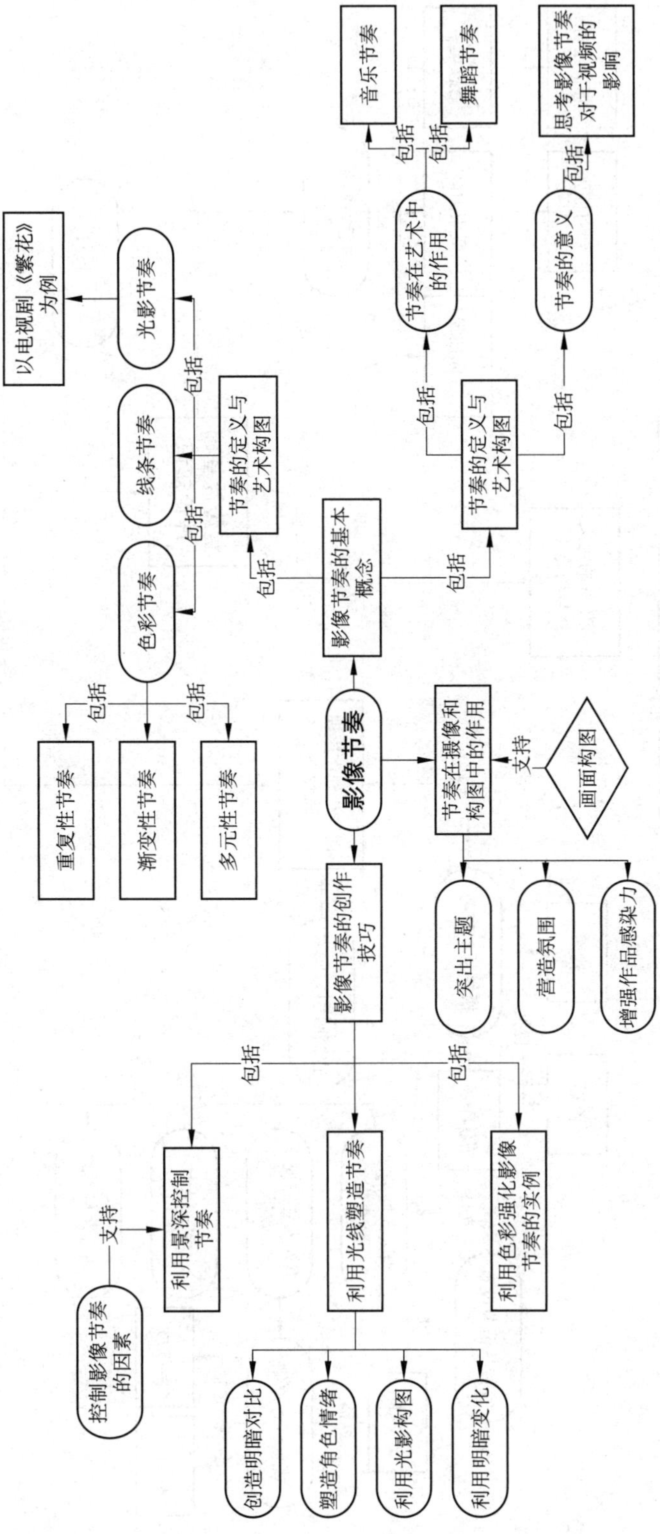

图 3-12　摄像基础课程知识建模图 1

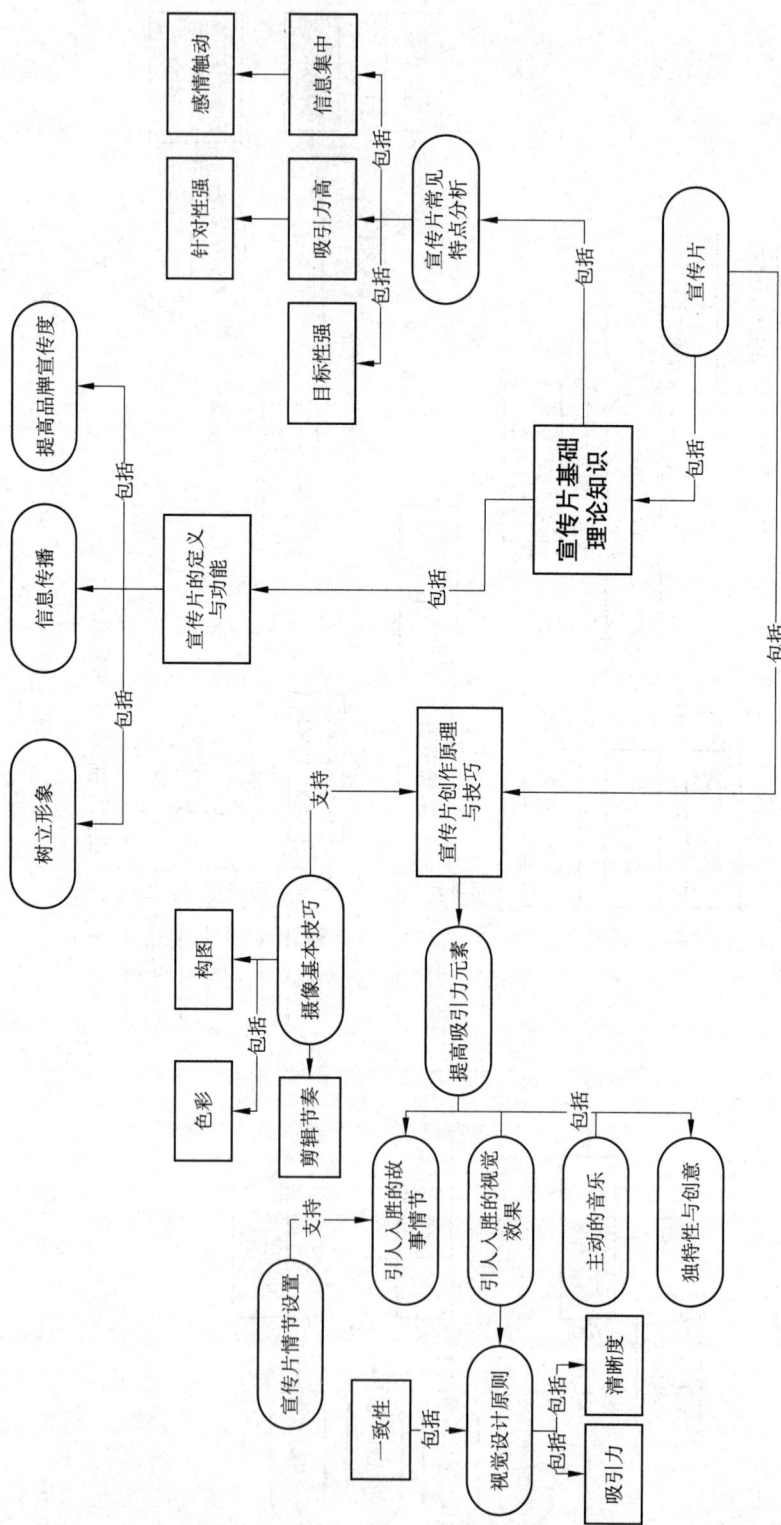

图 3-13　摄像基础课程知识建模图 2

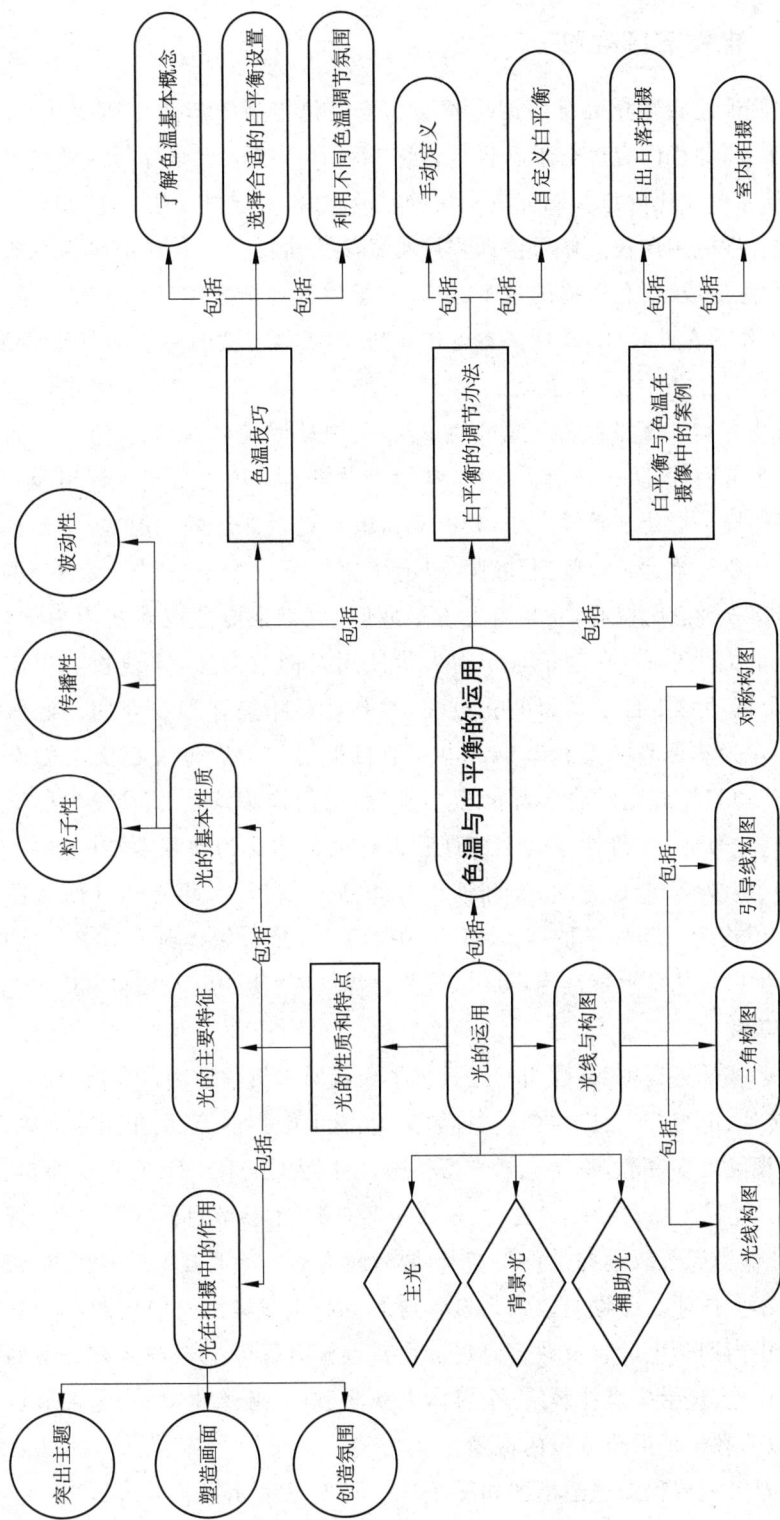

图 3-14 摄像基础课程知识建模图 3

### 3.2.4　电视节目策划

为了更好地适应媒介融合的深入发展和智能化传播的产业环境变化,课程组对"电视节目策划"课程内容进行重新设计。该课程是广播电视编导等专业的基础必修课,是学科体系中文化创意基础理论模块的重要支撑,是艺术、文学、传播学、心理学、营销学的融合性应用课程。修习该课程可帮助学生全面了解传统媒体及新媒体有关节目策划、创意生成、信息传播的基本原理,使学生具备全媒体环境中节目策划、文案写作、广告创作的专业技能,掌握基本创作技巧,为更高层次的专业学习和职业技能培养奠定基础。

师资力量充实。该课程团队成员共 4 人,其中教授 1 名、副教授 3 人。教学团队成员教学特色鲜明,团队成员涵盖面广,教学经验丰富。项目负责人汤涛及项目主要参与人陆晓灿均长期处于教学一线,具有丰富的理论授课经验。赵昱、王崇彬均具有十几年媒体从业经验,为"双师型"教师,具有丰富的节目策划与创作实践经验。课程设计以学校课改理念为核心,立足行业发展实际,以增强专业就业能力为导向,以培养学生专业能力为中心,在理论教学中大量使用案例教学法,实践教学中使用实训教学法,充分调动学生自主学习的积极性、参与性。相关课程在前期已经取得明显教学成效。作为本课程的融合基础,"电视节目策划""融媒体视频文案创作""广告策划与创意"均坚持理论结合实际的教学理念,三门课程均已形成较为科学成熟的教学体系和教学成效评价体系。三门课程以作品创作作为课程考核的主要内容,每年生产文案、短视频、策划方案、新闻稿件等作品近 200 件,并有部分作品在各级比赛中获得奖项奖励。例如,《护林人》获得"中国梦"青年影像盛典一等奖;《娃哈哈》获得全国大学生广告艺术大赛河南赛区二等奖;《优衣库》获得全国大学生广告艺术大赛河南赛区三等奖。

在前期的教学过程中,课程组已经积累了大量课程教学案例,内容包括电视节目、短视频、宣传片、电视广告、广播广告、视频文案、微电影脚本等;利用网络资源,课程组整理了相关视频教学资源,平台包括学习强国、中国大学 MOOC、网易云课堂、中国纪录片网、B 站、优酷土豆、抖音、二更、大象新闻客户端、市县节目共享平台等,视频内容较为丰富,能够为课程教学提供重要参考,同时能为学生课下自主学习提供帮助;教师参与案例及学生作业。课程组教师亲自参与的行业实践案例及前期教学中学生所完成的作业可供当期学生课堂及课下研讨。设备设施有保障。学校具有完备的课程教学实验实训设施,包括多媒体教室、全媒体电视演播厅、融媒体中心、电视节目编辑实训室等,可以给教学提供全方位的保障。

电视节目策划课程知识建模图如图 3-15～图 3-17 所示。

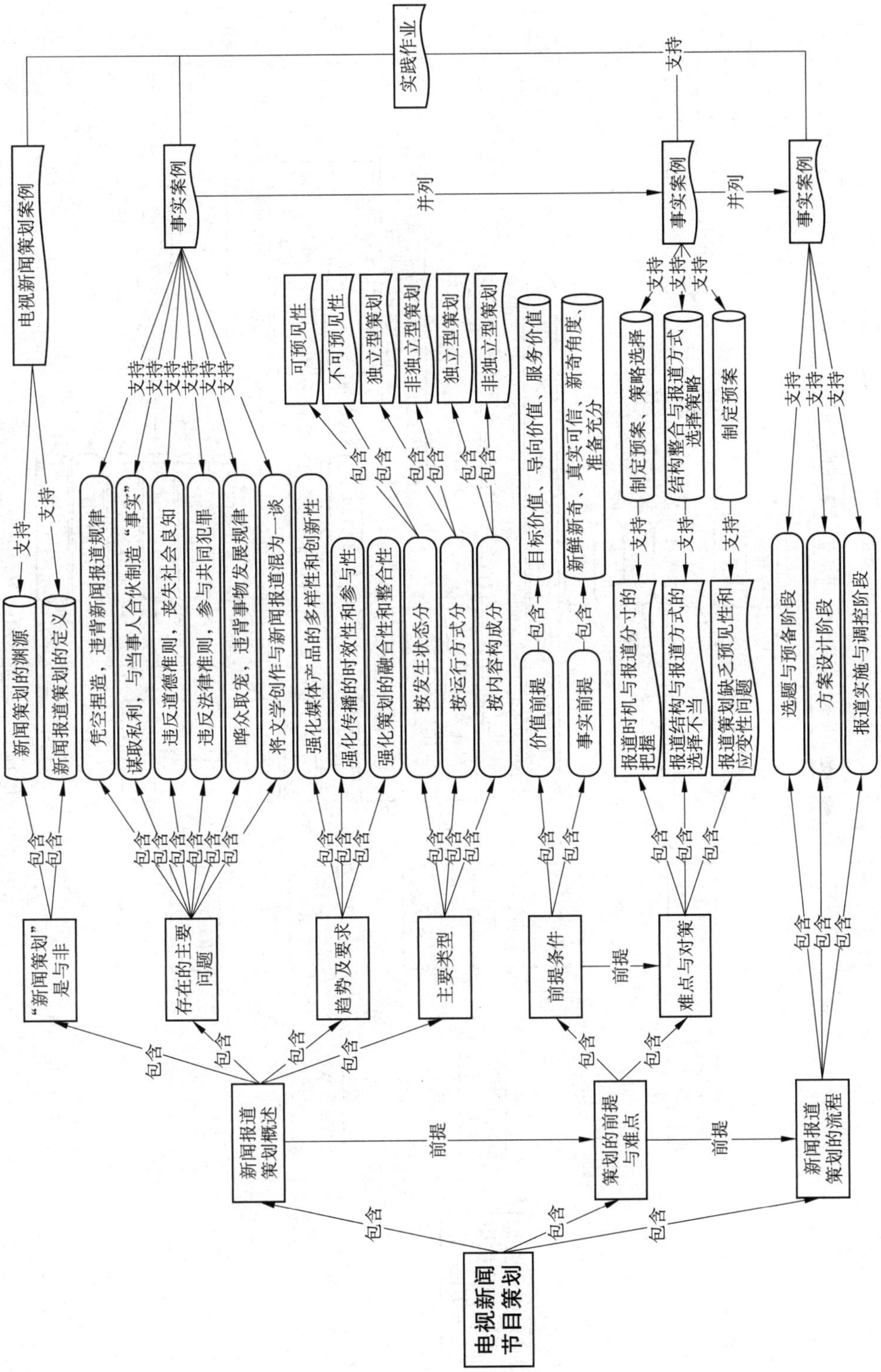

图 3-15　电视节目策划课程知识建模图 1

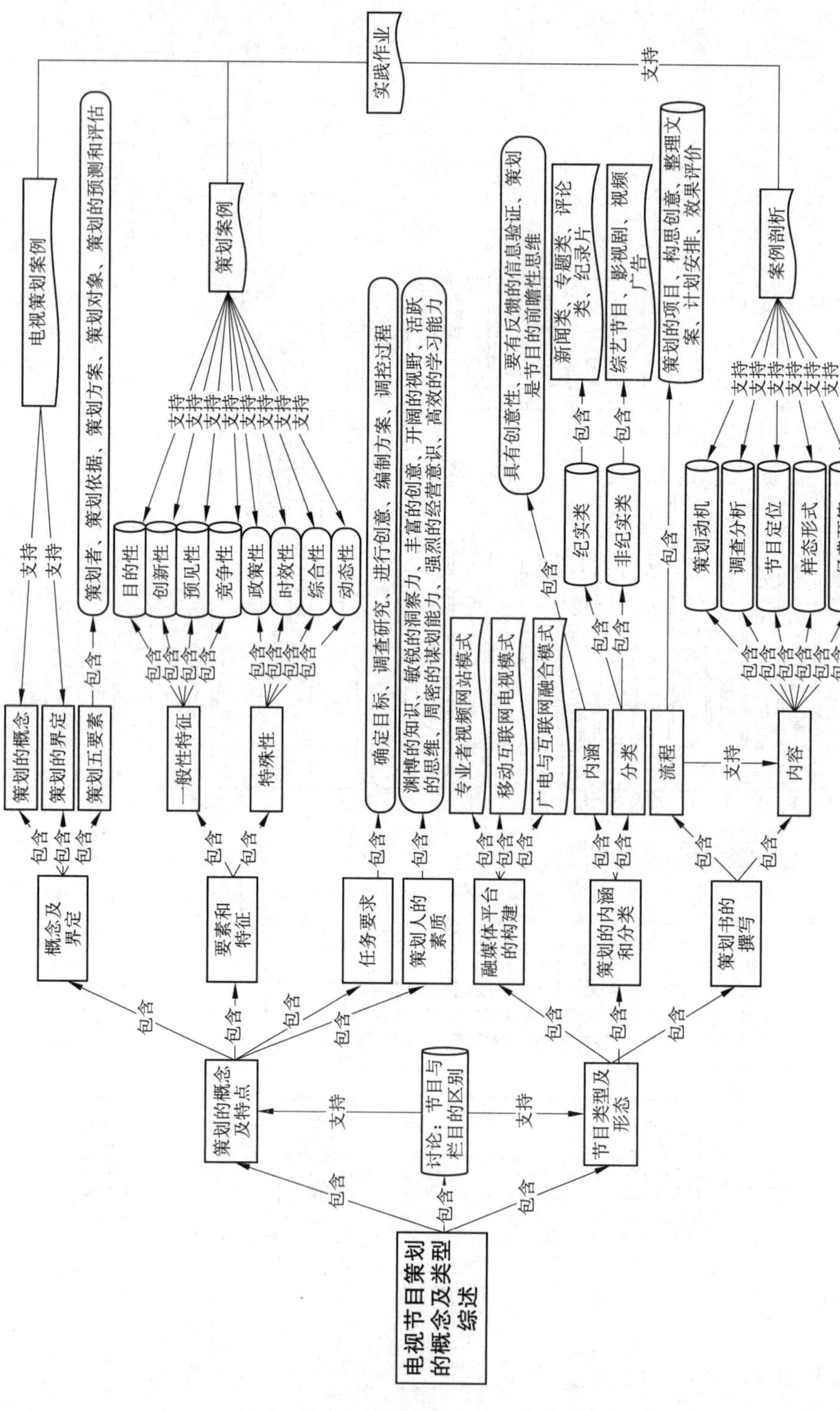

图 3-16　电视节目策划课程知识建模图 2

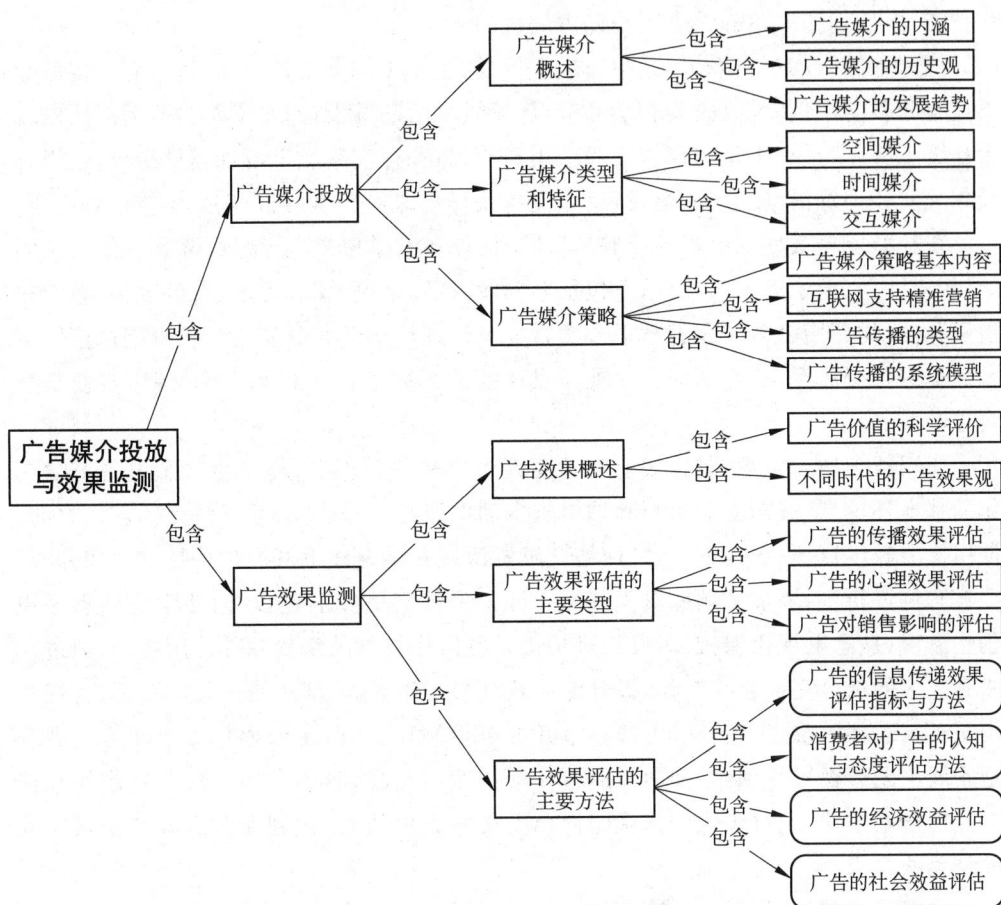

图 3-17　电视节目策划课程知识建模图 3

### 3.2.5　电视节目制作

"电视节目制作"课程是广播电视编导专业学生的专业必修课。通过学习,学生能够了解电视节目制作基本原理,掌握电视摄像、编辑的基本原理及方法,掌握电视节目制作技术的发展动向及电视栏目制作流程,能够完成电视演播室栏目制作和影视短片创作。该课程内容支撑"短视频项目制作""微电影创意与制作""短视频制作与账号运营""广告创意策划与制作"及升学方向项目中所需要的电视摄像及编辑制作所需要的专业基本理论和技能。

"电视节目制作"课程是技术理论＋艺术创作＋社会实践课程,结合后续项目化课程教学需求,对教学内容进行了模块化调整。在教学理念上解决从以"教"为中心,逐步向以"学"为中心转变。通过课堂理论知识的学习、实验室专业训练和社会实践三个途径,实现以学生课程产出为目标,达到提升学生电视节目制作基本理论知识、设备操作技能、主题创作表达等综合制作能力的目的。

　　该课程团队成员共 3 人,其中王进军教授、张伟杰讲师主讲该课程,具有丰富的教学经验和教学案例,可以完善教学环节,优化教学活动的设计;张文军为河南广播电视台高级工程师,具有丰富的媒体实践应用经验,为课程实践教学设计提供指导,组织开展相关实践训练活动。团队建设目标:支撑项目化课程教学,结合未来媒体市场应用。

　　在教学资料方面,"电视节目制作"课程已储备教学资源 30 余项,除常规的教学大纲、教学计划、电子教案与课件,还包括案例库、视频案例、课程习题、自编教材、教学拓展资源等,均使用翻转校园教学平台实施学习管理。平时充分利用翻转校园讨论区进行课程深度交流互动,定期向学生推介媒体前沿视频案例资料和学术文献,方便学生自主学习。

　　使用线上教学资源,制作线上教学视频内容和试题库等;使学生熟悉电视节目制作的基本理论,掌握短视频策划和拍摄脚本创作能力,明确符合时代特点的创作方向,使用线上教学资源(含视频资源、网络文献资源),并结合线下开展现场技术原理分析、经典案例评析等,增加试题库巩固练习和课程设计案例库的建设等;使学生熟悉影视创作流程,熟悉电视摄像机、单反相机拍摄设备操作技能及编辑软件使用技巧,通过技术和艺术的结合完成影片制作,提升专业技能与媒体素养,使用线上教学资源(含视频资源、影视文献资源),结合线下演播室开展节目制作、项目化课程任务及实习实训基地开展主题影视短片创作;使学生通过社会实践的实战训练,掌握电视节目制作和纪录片创作基本功,通过实践创作认同社会主义核心价值观,达到课程思政与全媒体人才培养的要求。

　　电视节目制作课程知识建模图如图 3-18～图 3-20 所示。

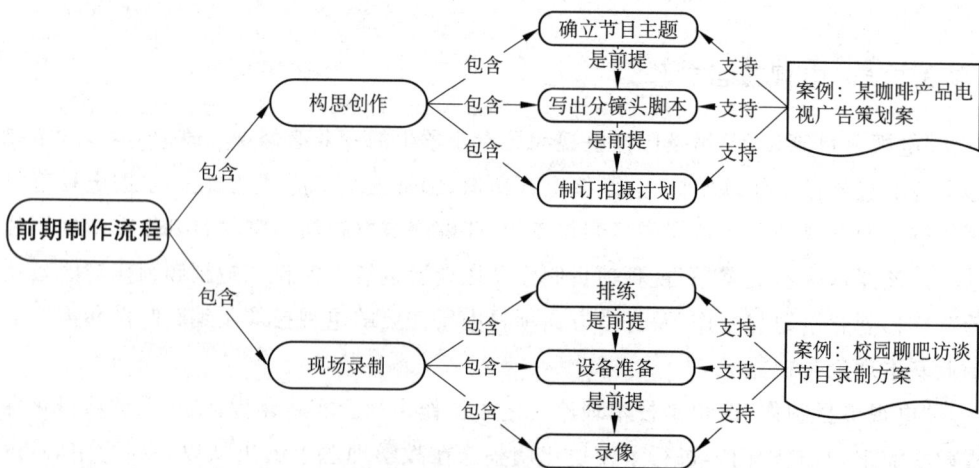

图 3-18　电视节目制作课程知识建模图 1

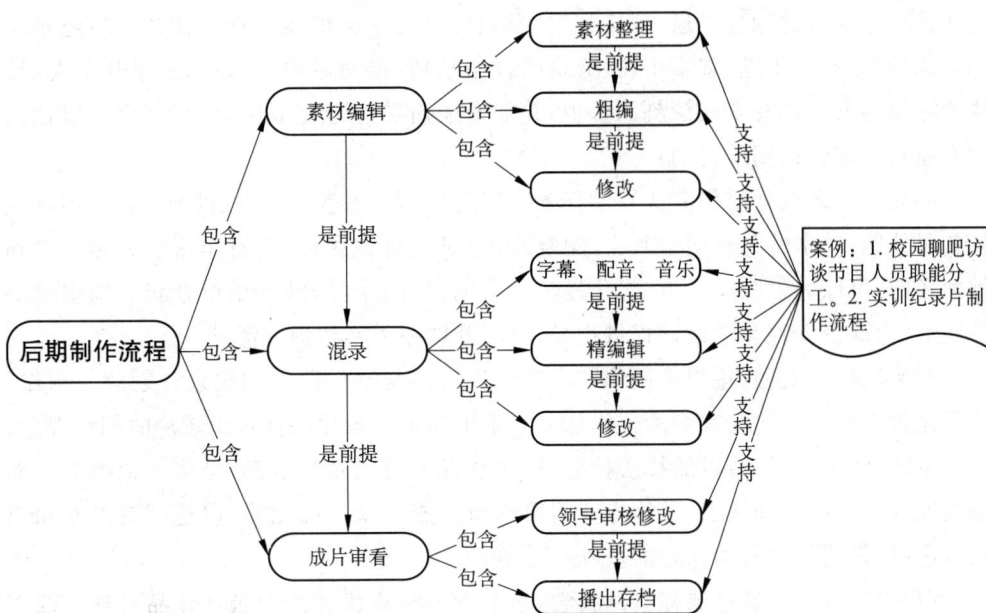

图 3-19  电视节目制作课程知识建模图 2

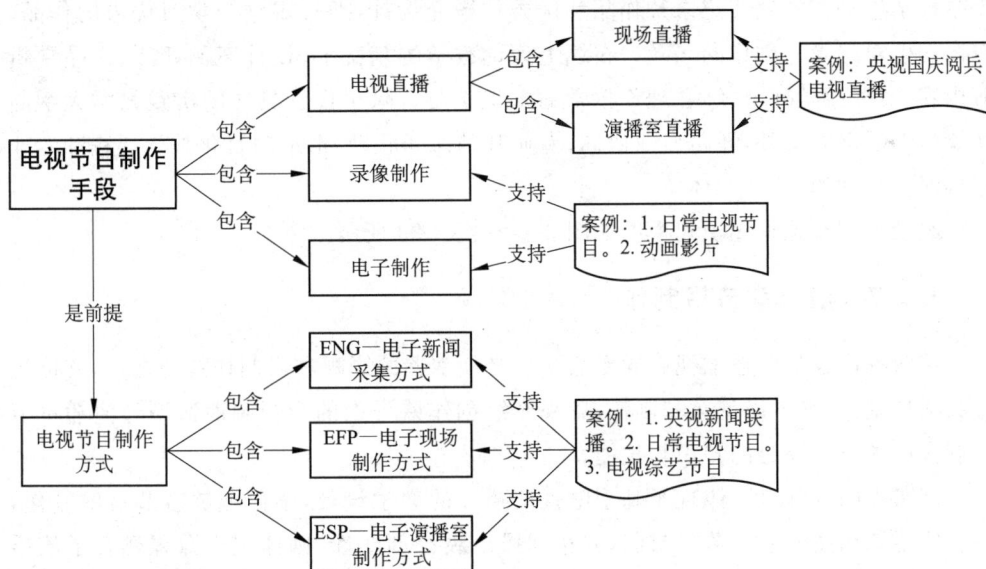

图 3-20  电视节目制作课程知识建模图 3

## 3.2.6  纪录片创作

"纪录片创作"课程 2023 年 2 月校级立项,2022—2023 学年第二学期开课,是广播电视编导专业学生的专业基础必修课,是一门专门研究纪录片发展历程与创作规律的艺术与技术相结合的学科,在专业课程学习中占据极为重要的地位。本课程是对专业相关理论课程的融会贯通,理论与实践结合,具有很强的操作性。使学生对纪录片的创作观念、确定主题、叙事手段、剪辑的技法技巧、撰写解说词,以及纪录片节奏、结构的把握等方面都有全面深刻的认识,并能专业而熟练地完成纪录片的创作,以达到对专业知识综合运用的目的。

课程组 4 名教师协作完成教学任务,有教授 1 名、副教授 1 名、讲师 2 名。团队成员各司其职,教学特色鲜明。其中,纪晓峰、赵昱主讲该课程,具有丰富的教学经验和教学案例,可以完善教学环节,优化教学活动的设计;李坤、陆晓灿配合相关知识模块的联动,为课程实践教学设计提供指导,组织开展相关实践训练活动。

该课程内容支撑"短视频制作""影视广告策划与制作""类型纪录片创意与制作"项目化教学课程中的纪实短片创作部分。学生通过纪录片课程对纪录片的创作观念、确定主题、叙事手段、剪辑的技法技巧、撰写解说词及纪录片节奏、结构的把握等方面都应该有全面深刻的认识,并能专业而熟练地完成纪录片的创作,以达到对专业知识综合运用,是项目化教学课程的基础。

理论教学环节,通过课程案例教学,学生学习观摩优秀的纪录片作品对学生的创作具有一定的指导意义,案例引入大型纪录片作品片段赏析,微纪实作品的赏析,尤其是本校学生创作的获奖纪录片作品和优秀的毕业设计,通过观摩与学习优秀的作品,提高学生对纪录片创作的兴趣。在线上理论教学的基础上,设计案例评阅、作品赏析等内容,实践教学环节,结合理论教学的知识学习。除了设计具体的实践教学大纲与实验教学活动方案外,还跨专业协同,专业基础课间联动,形成项目化教学课程和专业基础课程互动的"三位一体"。

纪录片创作课程知识建模图如图 3-21～图 3-23 所示。

### 3.2.7 演播室节目制作

该课程内容是广播电视编导专业学生必须掌握的影视项目制作技巧之一,支撑短视频项目制作、微电影创意和制作、影视光线创作课程中的影视画面造型与演播室节目制作技术技巧部分的知识与技能。

该课程的"高阶性"体现于基于电视演播厅的教学设计,学生能够就节目的制作,综合使用知识技能开展节目摄制,并达到播出级;"创新性"则体现于课程融合了演播厅 ESP 与影视照明 ENG 制作方式,融合美术、场景布光等内容,将中小型演播室的应用场景拓展至网络直播、微电影制作等节目内容;学生制作团队将就虚拟影视节目项目,根据项目要求完成具有侧重的节目制作,具有较强的"挑战度"。

理解并掌握中小演播室内电视节目制作的相关理论知识,包括演播室系统、设备使用规范、制作流程,画面造型等知识内容。熟练掌握中小演播室系统使用、维护等基本技术,具备根据操作环境熟练应用影视画面造型设计等。

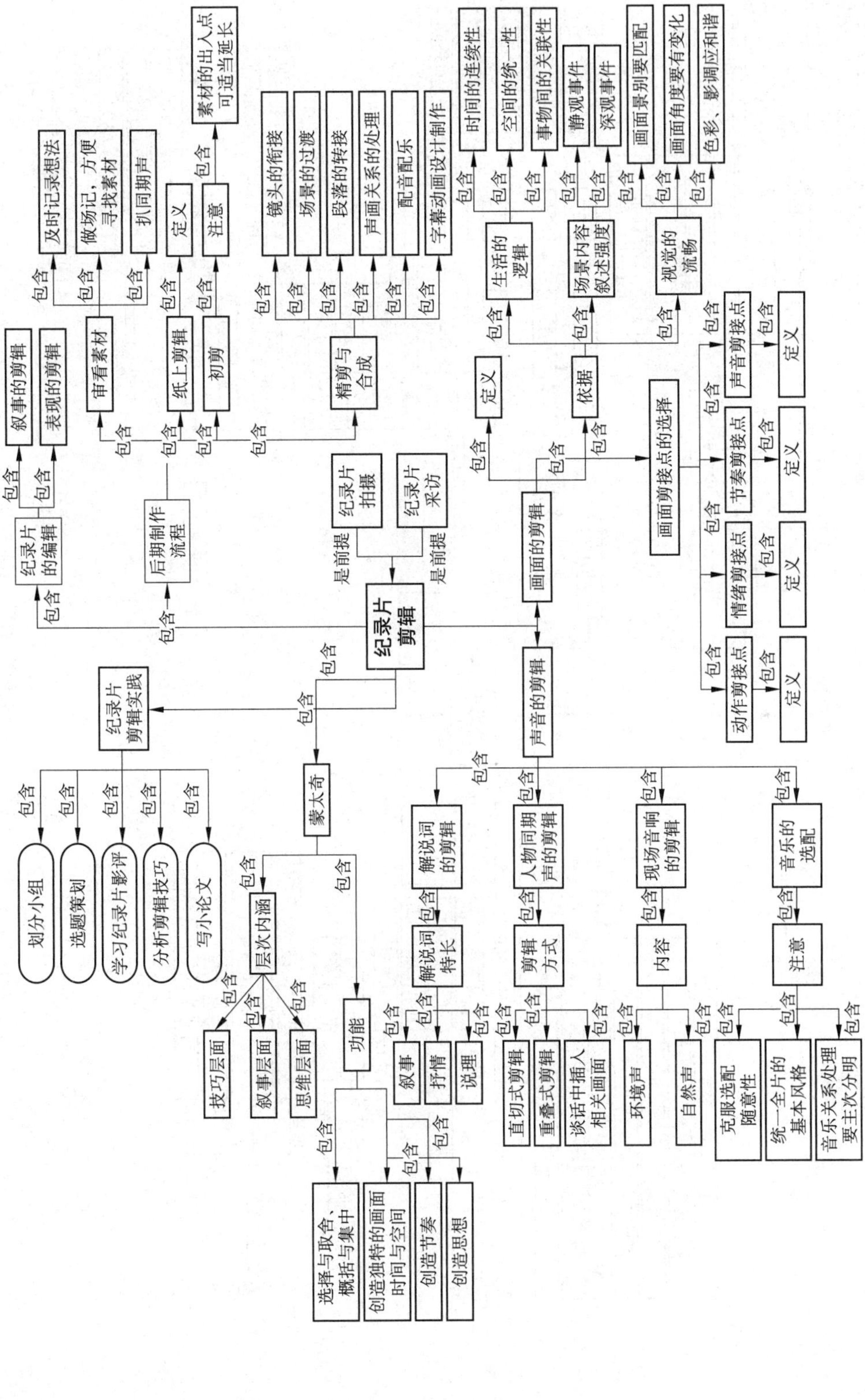

图 3-21 纪录片创作课程知识建模图 1

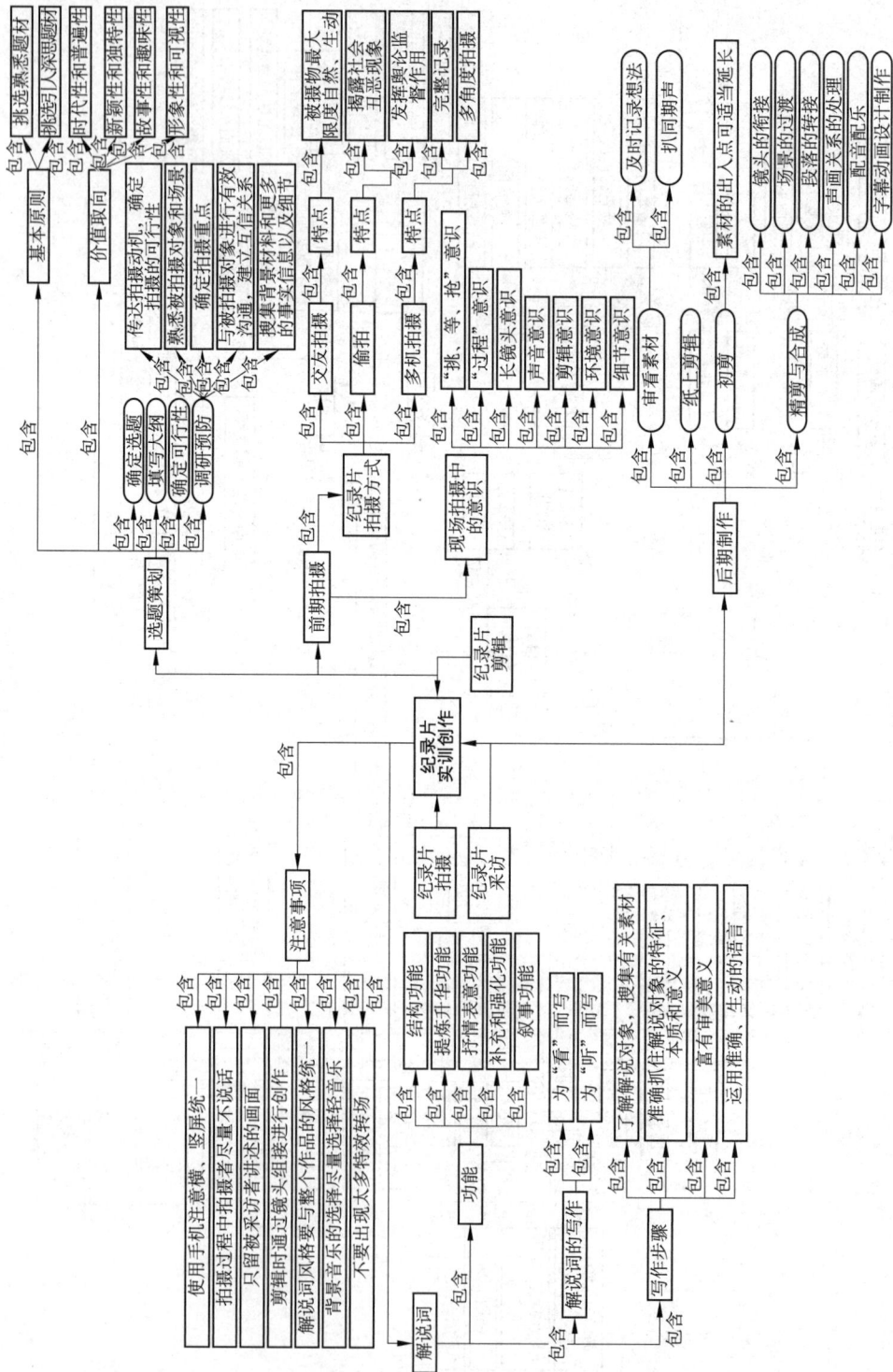

图 3-22 纪录片创作课程知识建模图 2

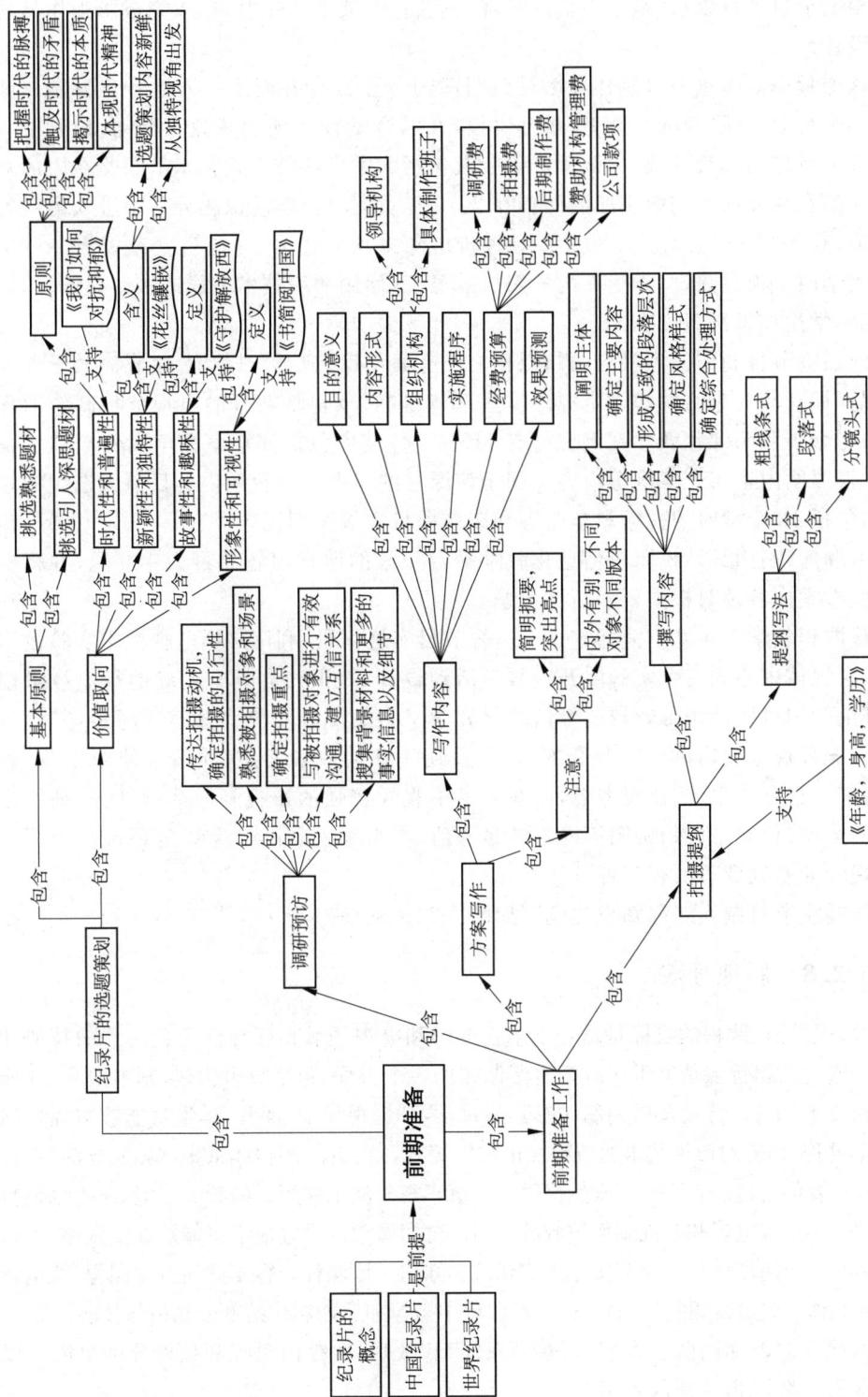

图 3-23 纪录片创作课程知识建模图 3

根据节目项目要求,基于演播厅环境,创新性开展节目摄制,创作完成影视作品的项目设计。

该课程由演播室节目制作和影视照明两门专业课合并而来。演播室节目制作课程常年由行业一线"双师双能型"教师讲授,并结合学校各项创新教育活动,积累了一批影视节目作品和教学成果,课程产出荣获包括大学生科技文化艺术节获奖在内的众多高规格竞赛奖项等。影视照明课程在2019年黄河科技学院课程评估中进入最终答辩环节,获评"A-"级别。该课程督导评价历年来均为优秀,并通过立项校级专业实训类教学改革项目建设,学生课内学习成效显著,使用照明技术完成诸多影视项目,评价较高,学生评教满意度在95%以上。

演播室节目制作课程融合两门课程之现有案例库、视频、习题库、多媒体教学课件等,课程拥有较为丰富的教学资源。演播室节目制作(包括共享的电视节目制作课程案例)与影视照明课程教学案例现已有110余项,其中包括演播室教学案例与项目案例,影视照明内景布光案例等内容。用于该课程的线上教学视频内容目前为选用视频内容,包括12个学时的视频教学内容和诸多项目实战案例视频等。

习题库:利用翻转校园等信息化教学平台积累的课程习题总量为180题,并将根据实践教学内容及时根据要求新增习题。

该课程教学内容基于演播室这一影视节目实施场景,利用广播电视艺术实验教学中心、融媒体中心的三个实验室开展教学活动设计,知识内容具有明确的行业技术规范,理论知识可以使用翻转校园等信息化教学平台的测验功能完成客观评价,其他考核包括课程规范与出勤。在分组安排下,使用工作验收表参照《演播室使用规范》和《演播室节目制作手册》比对考核,而在艺术主观性较强的影视画面造型部分,则给出具体的影调、色调、景深、构图等内容的参考值、参考案例,计入"完成度评价",力图充分体现专业基础课程的客观评价。

演播室节目制作课程知识建模图如图3-24～图3-26所示。

### 3.2.8 影视导演

"影视导演"课程的目标是培养学生在电影和电视领域担任导演角色所需的技能和知识。这门课程旨在帮助学生理解电影制作的各个方面,包括故事构建、剧本撰写、导演语言和技术、摄影、音效及后期制作等。通过学习"影视导演"课程,学生将能够掌握导演的创作过程,培养对影视艺术的独特视角和审美观。在新的课程体系中,"影视导演"课程扮演着重要的角色。它不仅为学生提供了从事影视导演工作所需的核心技能,还为他们打开了进一步探索电影和电视制作领域的大门。这门课程的设置使学生能够在实践中学习,通过参与电影制作项目和导演实习来实践所学知识。该课程内容支撑项目化课程"微电影创意和制作"和"短视频制作与账号运营"课程中摄像和后期制作的部分知识与技能。

影视导演教师团队中大多为"双师双能型"教师,由校内教师和校外导师组成。以下是课程团队承担课程内容情况。

影视配光技术基础

包含 → 光色设计原理
是前提 → 影视配光任务

影视配光任务
包含 → 影视配光概念
包含 → 影响影视配光因素
包含 → 影视配光特性
包含 → 影视配光工作范畴

配电安全
场景有效范围
镜头焦距
影调设计 → 支持 → 影视配光方案案例
拍摄现场配光
后期二次配光

影视照明灯具配光属性
包含 → 常见影视照明灯具
包含 → LED与轻量化灯具

聚光光源 → 支持 → 聚光灯配光属性案例
泛光光源 → 支持 → 泛光灯配光属性案例

影视照明灯具造型效果
包含 → 聚光灯造型效果
包含 → 泛光灯造型效果
包含 → 混合光源造型效果

聚光灯造型效果 → 支持 → 《长安十二时辰》自然光模拟造型案例
泛光灯造型效果 → 支持 → 《我和我的祖国》自然光模拟造型案例
混合光源造型逻辑推导影视配光 → 支持 → 混合光源造型逻辑推导影视配光
混合光源造型效果 → 支持 → 《芳华》自然光模拟造型案例

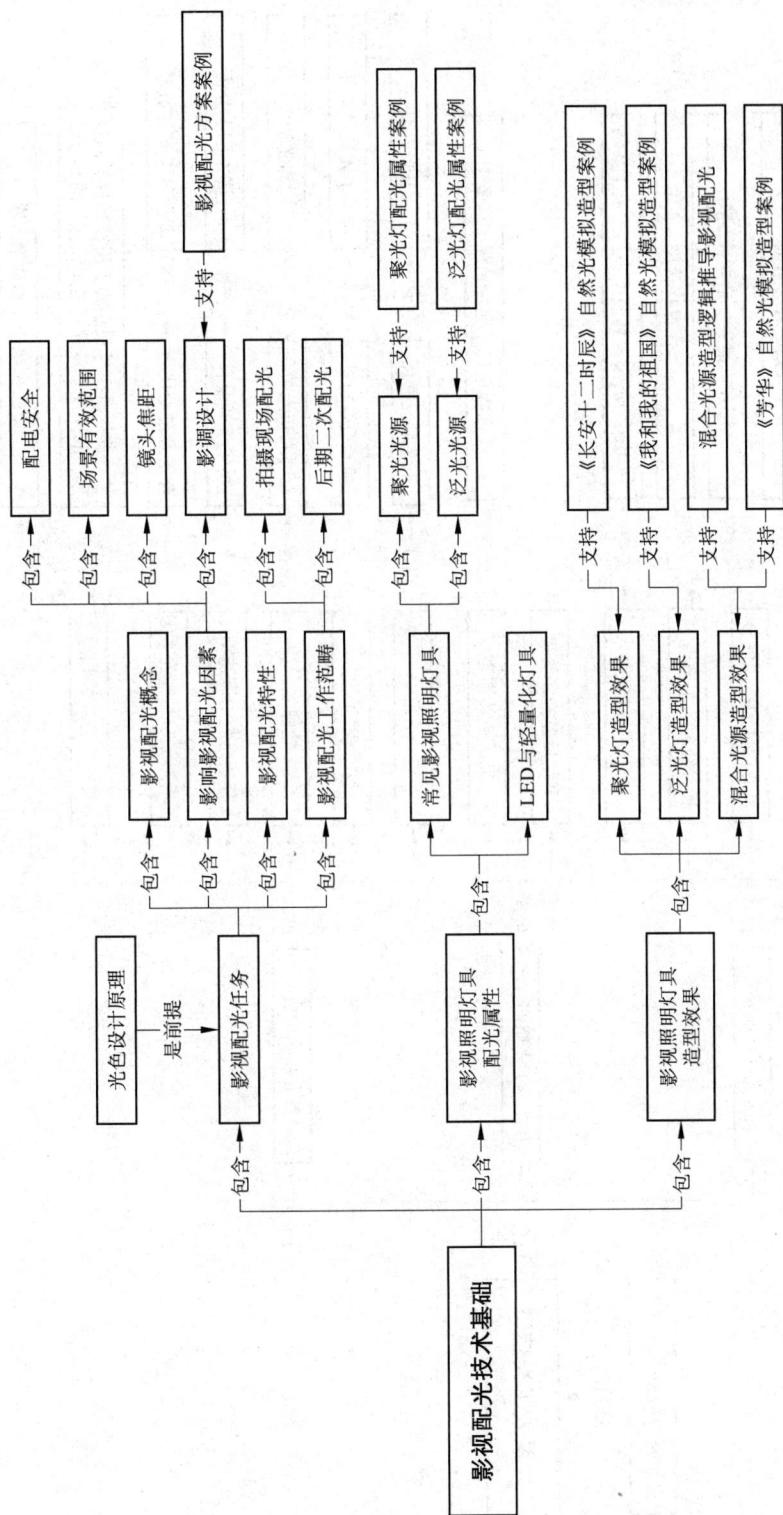

图 3-24 演播室节目制作课程知识建模图 1

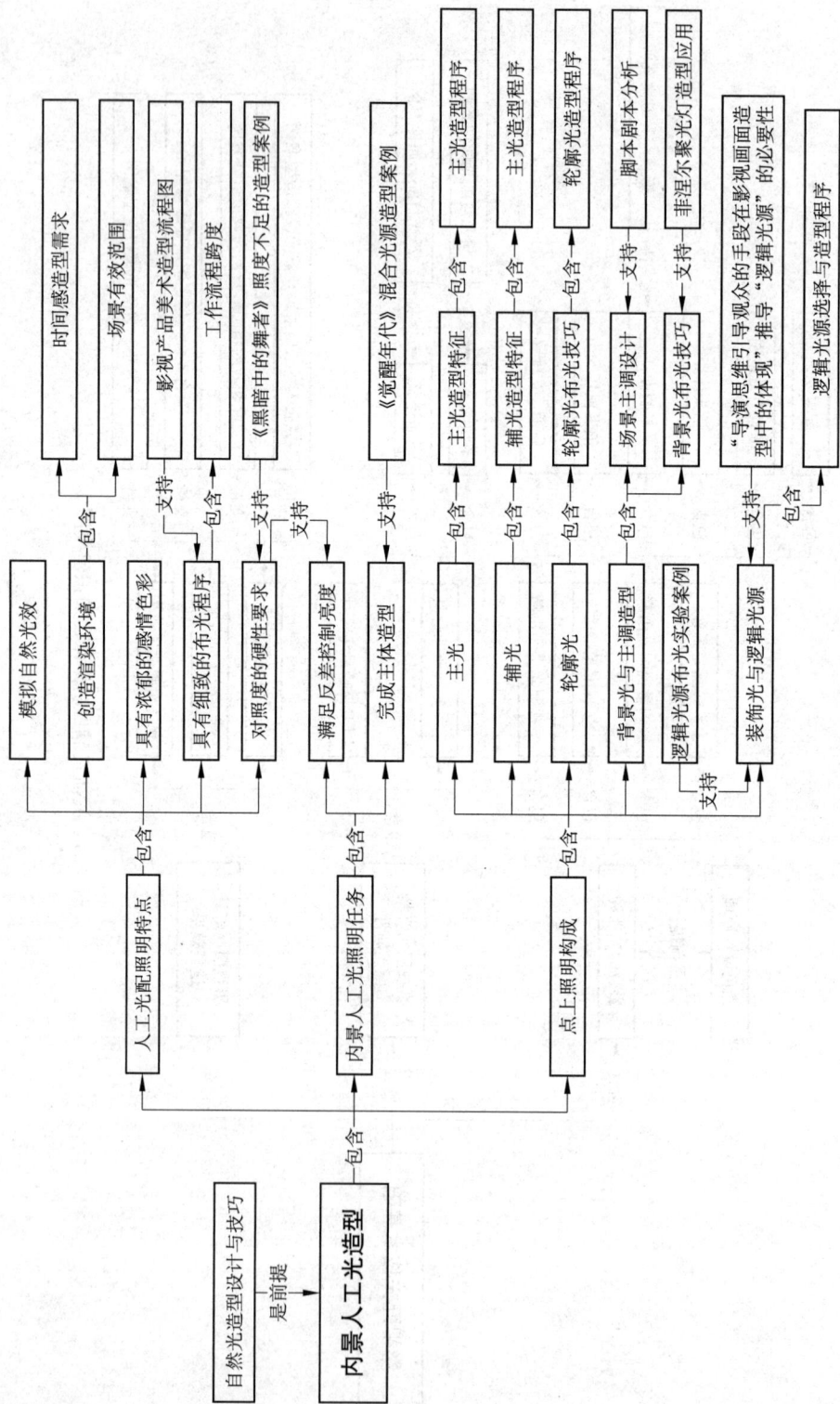

图 3-25  演播室节目制作课程知识建模图 2

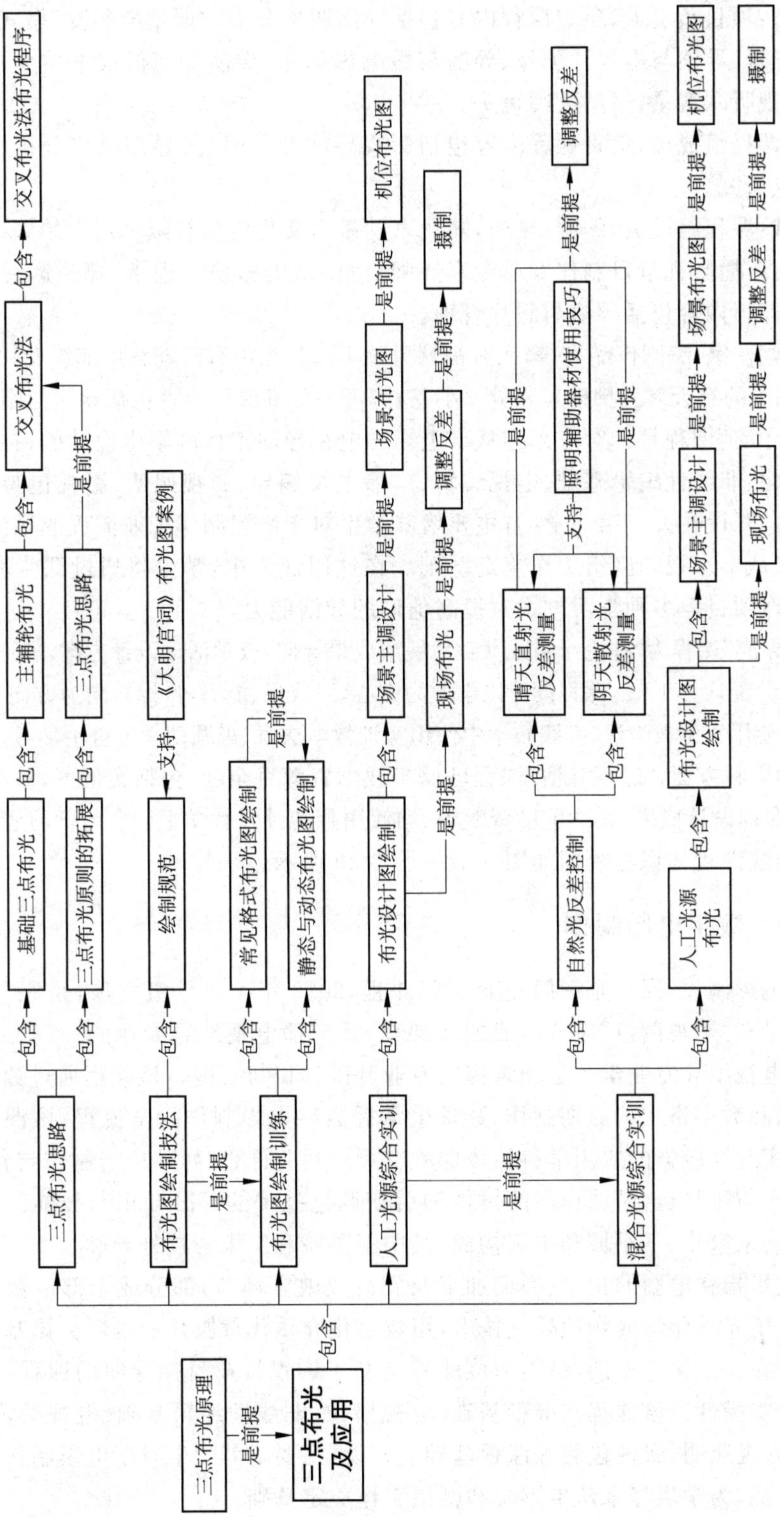

图 3-26  演播室节目制作课程知识建模图 3

张伟杰：项目负责人，负责课程内容包括导演职责分类、"课堂电影院"模式中的导演地位和职责、导演与电视片创作、导演与微电影创作、导演如何低成本拍大片、电影的源代码、视听六变量、了解大师镜头。

李坤：课程组成员，负责课程内容包括影视导演特点研究、导演风格分析、中外导演风格特点研究。

王军城：课程组成员，编剧、导演，郑州东胜傲来文化传播有限公司创始人，郑州工程技术学院广播影视节目制作专业专家导师，河南微电影协会理事，郑州影视家协会理事，负责课程内容包括导演与制片管理。

王宋：剧作家，编剧作品有《笨人有福》《男孩小海》《相声有江湖》《牛郎织女》《我们的十八岁》《鸽子的春天》《三拂袖》《风骨》《小苍娃》等。负责课程内容包括导演与剧作。

"影视导演"课程是针对有兴趣从事电影和电视导演工作的学生设计的，在摄影基础、电视摄像、非线性编辑基础、电视编辑、广播电视编导、影视照明、影视包装等课程基础上开设，开设在大三第一学期，主要培养学生对于影视制作工业流程的导演能力，为学生将来从事影视和剧组工作奠定基础。在这门课程中，学生将通过课堂教学、案例研究、实践项目等多种学习方式来提高他们的导演能力。

"影视导演"课程为"理论＋实践"（影片展演成果导向）教学活动设计方案，理论与实践部分的学时分配均为1∶2，课程设计以学生为中心，以成果、能力、目标导向为方向，在理论教学中大量使用案例教学法，实践教学中使用实训教学法，积极调动学生自主学习。

在教学资料方面，"影视导演"课程已储备教学资源百余项，包括案例库、教学视频、课程习题、课程设计成果、教学辅助资源等，均使用翻转校园教学平台实行学习管理。

影视导演课程知识建模图如图3-27～图3-29所示。

### 3.2.9　数字电影制作

"数字电影制作"课程是一门专业基础课程，2023年4月校级立项，是原"数字电影制作技术"和"影视调色"融合而成的新课程，是广播电视编导专业的一门专业必修课，是广播电视编导专业学生必须掌握的专业基础知识与技能。该课程通过数字电影设备的拍摄和数字格式的后期制作，让学生掌握数字电影制作的全流程，该课程是一门综合性、实践性较强的应用学科。该课程支撑项目化课程"媒体广告制作与营销"和"短视频制作与账号运营"课程中的摄像和后期调色技术的部分知识与技能。课程团队由张伟杰、朱家华、王军城和王宋构成，其中王军城和王宋为校外导师。

数字电影指在电影的拍摄、后期加工及发行放映等环节，部分或全部以数字处理技术代替传统光学化学或物理处理技术，用数字化介质代替胶片的电影。该基础课程之所以开设在大三第二学期，是因为该课程是基于影视行业目标导向的课程，具有一定行业综合实操性。该课程在摄影基础、电视摄像、非线性编辑基础、电视编辑、广播电视编导、影视照明、影视包装等课程基础上开设，主要培养学生对于电影制作工业流程的专业技能，为学生将来从事影视和剧组工作奠定基础。

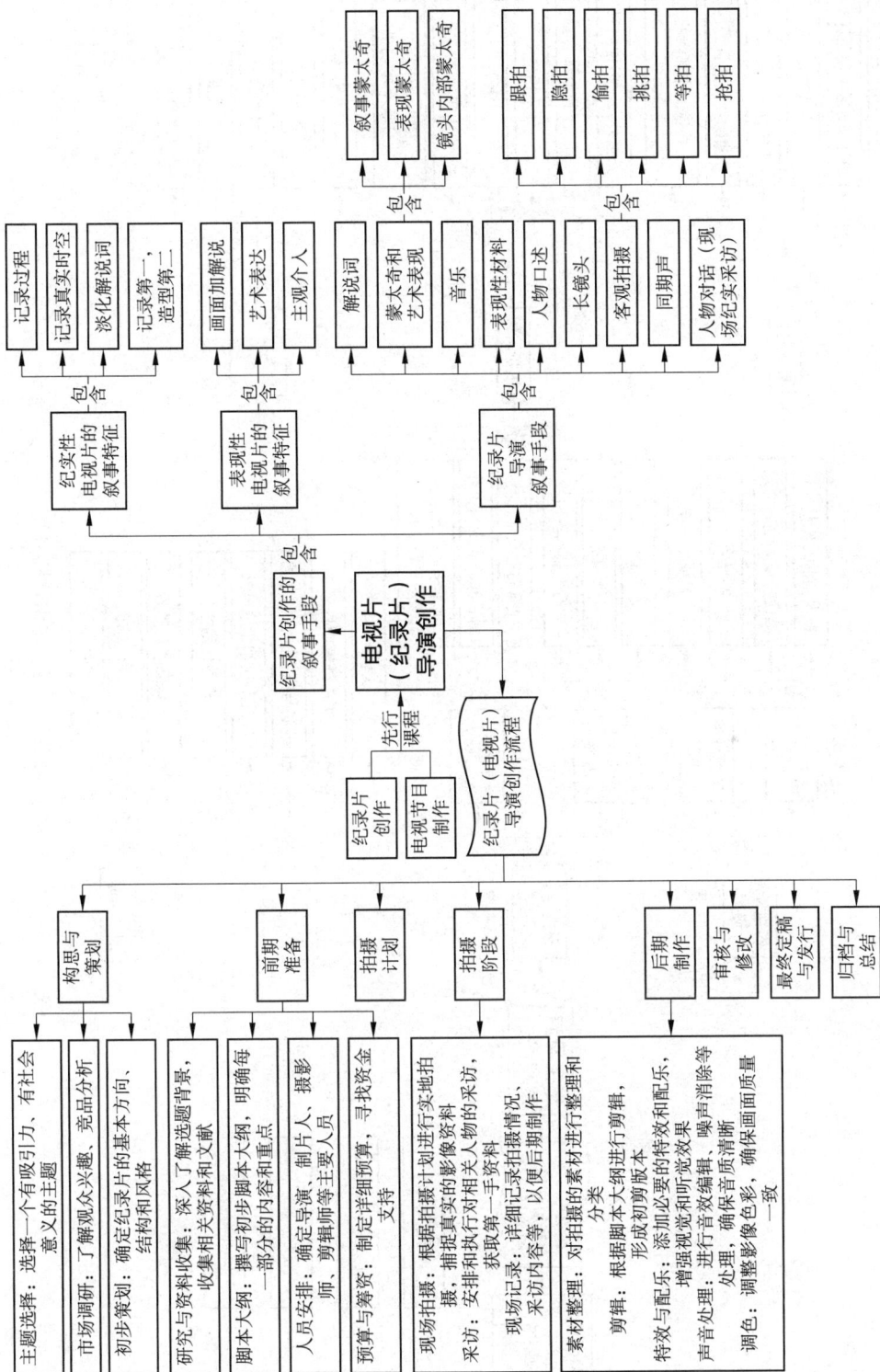

图 3-27 影视导演课程知识建模图 1

## 筹备阶段

- 确定并研究剧本
- 确立剧组主创班底
- 遴选演员
- 选外景与内景加工
- 导演的案头准备工作
- 指导各创作部门的准备工作

## 拍摄阶段

- 先拍外景，后拍内景
- 先易后难
- 外景拍摄
- 空镜头
- 内景拍摄
- 即兴创作与按分镜头本拍摄

## 后期制作阶段

- 剪辑
- 录制对白
- 录制音乐
- 声画混录
- 印制标准复制

---

### 影视导演培养（包含）

- 影视导演的成长途径
- 影视导演的培养方法

### 影视导演类型（包含）

- 再现型导演
- 表现型导演

### 影视剧的创作流程（包含）

- 筹备阶段
- 拍摄阶段
- 后期制作阶段

### 导演的基本职责（包含）

- 导演的职责与工作
- 副导演的职责与工作
- 助理导演、场记的职责与工作

### 导演创作与剧作（包含）

- 认识剧本
- 国内外编剧程序
- 导演与编剧的合作方式
- 导演向编剧索取什么
- 分析剧作的方法

### 导演与演员关系（包含）

- 表演艺术的特性
- 演员的魅力和局限
- 导演与演员的合作

---

### 影视导演漫谈（包含）

### 影视导演工作（包含）

---

## 影视导演课程概述

（包含）

- 影视导演漫谈
- 影视导演工作
- 导演创作与剧作
- 导演与演员关系

是前提

- 摄像基础
- 电视节目制作
- 影视文学写作基础
- 非线性编辑

"课堂电影周"影视短剧项目路演与答辩

归档材料包含：影视剧本，导演阐述

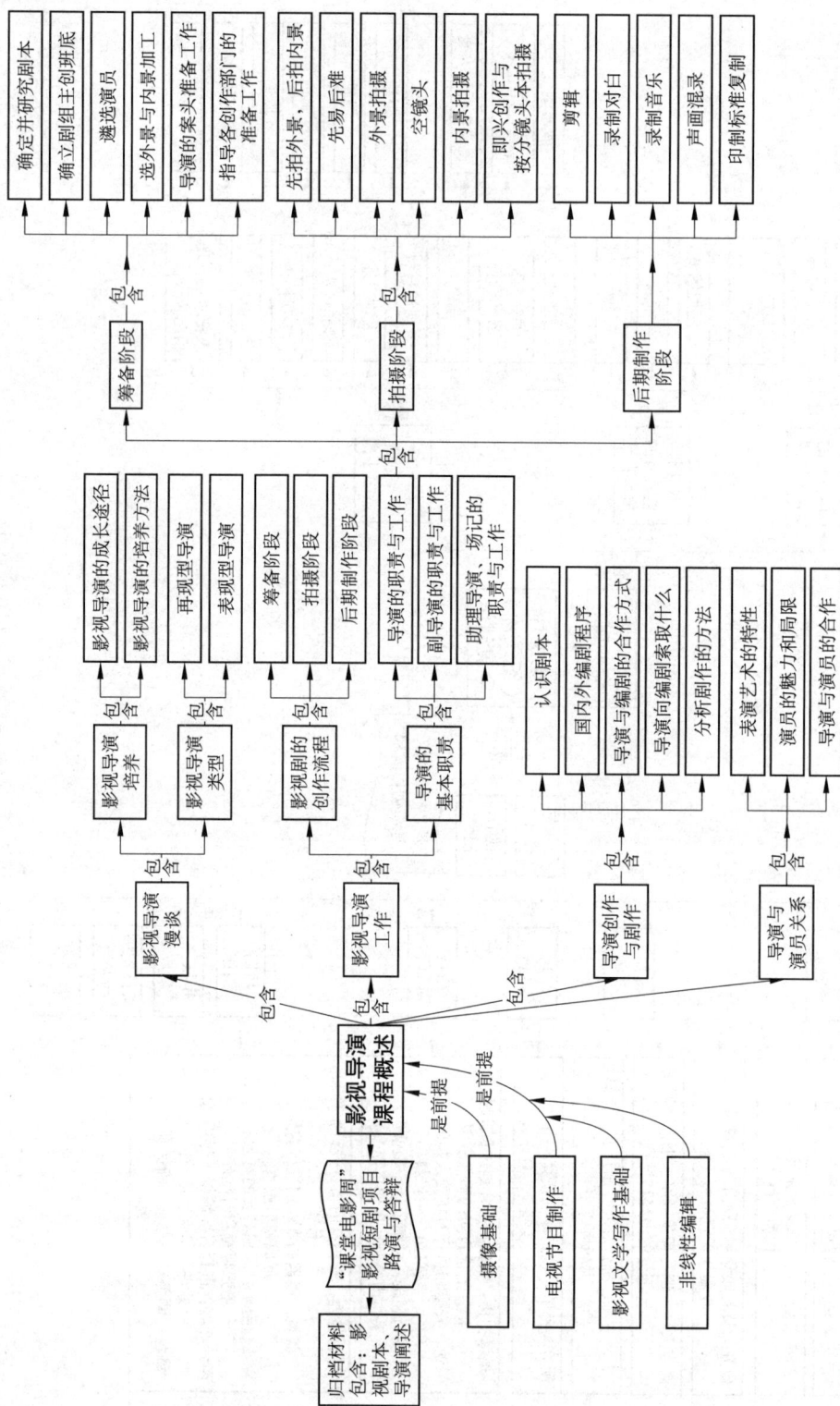

图 3-28　影视导演课程知识建模图 2

微电影概念及特征

微电影准则历史追溯

微电影的产生背景（含）
- 网络视频平台竞争的推动
- 微时代电影受众需要
- 广告营销的需要
- 内容为王,创意制胜

微电影的发展方向（含）
- 确保质量,避免过度商业化
- 丰富微电影类型,培养微电影人才
- 扩大传播效果
- 敢于尝试,大胆创新

微电影拉片训练

极拍大赛微电影创作解析（含）
- 青岛国际微电影节
- 亚青展
- 科鲁航拍大赛

商业微电影解析
- MV《江南北国 北国江南》案例
- 《唤醒》案例

其他微电影赏析
- 《人有三急》案例
- 《桃子》案例

微电影及案例解析（含）
- 《离场》案例
- 《师梦人》案例

微电影导演作品评析（含）

微电影导演创作 ← 先行课程 ← 微电影创作

微电影导演创作流程（含）

导演职责

构思与剧本创作（含）
- 构思:导演首先需要确定微电影的主题、风格和故事框架
- 剧本创作:根据构思,与编剧或独自撰写详细的剧本,包括对白、场景描述和叙事结构

前期准备（含）
- 预算与筹资:制定预算,寻找资金来源,赞助或众筹投资
- 选角与组建团队:进行演员选角,组建制作团队,包括摄影师、灯光师、音效师、化妆师等
- 选址与美术设计:确定拍摄地点和场景布置,进行美术和道具准备

拍摄
- 导演拍摄:按照剧本进行拍摄,指导演员表演,协调各部门工作,确保拍摄顺利进行
- 现场管理:解决现场出现的问题,调整拍摄计划,确保拍摄进度和质量

后期制作
- 剪辑:与剪辑师合作,选择最佳镜头,进行剪辑,调整节奏和叙事结构
- 音效与音乐:添加音效和音乐,增强情感效果
- 视觉特效:如果需要,添加视觉特效

发行与推广

创意控制:负责微电影的整体创意构思和艺术风格,确保影片的主题和叙事一致

剧本把关:审核和修改剧本,确保剧本符合预期效果,并具备可操作性

演员指导:指导演员表演,帮助演员理解角色和情感,通过排练和现场指导提升表演效果

场面调度:设计场景和调度,规划镜头语言,叙事效果,确保画面的美感和叙事效果

技术协调:与摄影、灯光、音效等技术团队紧密合作,确保技术细节达到预期标准

后期监督:参与剪辑、音效、音乐等后期制作环节,确保最终成片质量

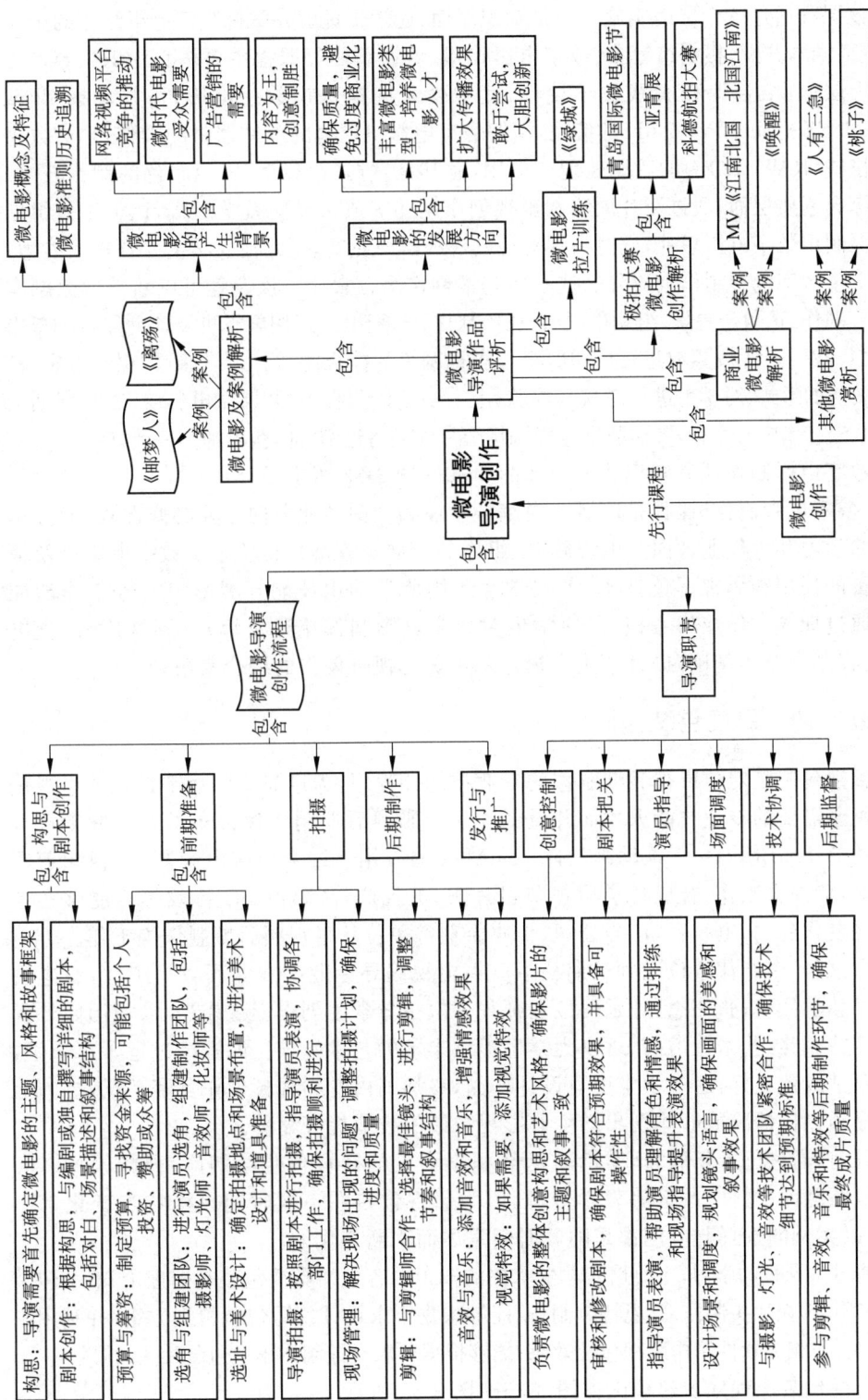

图3-29 影视导演课程知识建模图3

　　该课程通过三个层面实施。一是知识层面,让学生理解并掌握数字电影制作的全流程,包括剧本开发、摄制组筹备、数字电影拍摄、后期制作等课程主要核心知识内容。二是能力层面,结合课程实践教学设计,使学生系统地认识数字电影机,并掌握 Black Magic URSA Mini Pro 4.6K 的使用,了解数字电影机配套的辅助器材的操作,学会数字电影格式(RAW、LOG)的后期处理与应用,尤其是掌握"达芬奇"影视调色的制作技术。三是综合素质层面,通过影片展演和影视创作阐述的成果导向教学形式,让学生分组创作并摄制出数字电影短片,同时参加对应的专业学科竞赛,以此检验学生综合素质能力,提升学生数字电影制作全流程的技术和艺术创作综合素质。该课程可以培养学生剧本选择与创作、选角与置景、组建摄制组、现场制片、导演调度、运用电影机及辅助器材拍摄影像、对 RAW 或 LOG 素材进行后期剪辑与影视调色的综合能力。最终通过"课堂电影院"影片展演的形式,对学生进行考核与检验,上一学期该课程中的"课堂电影院"影片展演活动在学校艺术中心举行,展演数字电影剧情短片作品将近 20 部,获得师生一致好评。

　　数字电影制作课程知识建模图如图 3-30～图 3-32 所示。

　　"数字电影制作"课程是广播电视编导专业的一门就业方向专业必修课程,通过本课程的学习和大作业("课堂电影院"剧组作品影展及答辩),检验学生数字电影机及辅助设备的使用和影视调色技术,考查学生运用所学知识技能开展影视业务工作的能力。通过期末大作业的考核,促使学生对数字电影制作流程及短片(影视广告、微电影)内容制作夯实基础,提升学生影视艺术审美与视听创作的综合素质。

### 3.2.10　影视包装

　　影视包装是定位影视后期制作的专业技能课程,是为培养适应数字媒体及影视传媒行业所需要的专业技能人才而开设的。学习影视后期制作理论知识并掌握影视合成软件 After Effects、三维动画软件 3ds Max 的应用。结合数字电影制作、视频剪辑等技术,能独立制作、合成各类影视节目片头、电视广告、影视 CG 特效等。能够在各类影视制作公司、电视台、广告公司、传媒企业等单位从事视频后期制作等工作。

　　朱家华、李红伟两位老师长期从事广播电视编导专业实践课程教学工作,有丰富的实践教学经验;张伟杰、陈娟两位老师曾多次指导学生创作影视作品,参加国内外各类竞赛并获奖,艺术造诣高,可以为学生提供丰富的艺术指导。课程经过近十年教学,前期教学成效良好,通过学生毕业设计作品,参加国内各类视频创作竞赛情况,校内活动的视频创作情况能够体现出学生对影视包装的技能提升显著。

　　目前,通过近十年的教学过程,已经积累大量的影视包装案例库、视频素材、200余道习题题库、课件、教案等教学资源,因为影视包装在不同时期风格特点变化都很大,所以案例的选择与应用都是随着时间发展而不断变化的。

　　通过本课程的学习,主要培养学生掌握的知识内容包括影视包装基础理论知识、包装软件应用、影视片头制作、影视特效制作,能够根据要求设计撰写包装策划方案,并利用影视后期制作相关软件制作影视包装效果;能够根据要求设计制作影视包装片头、特效。

　　影视包装课程知识建模图如图 3-33～图 3-35 所示。

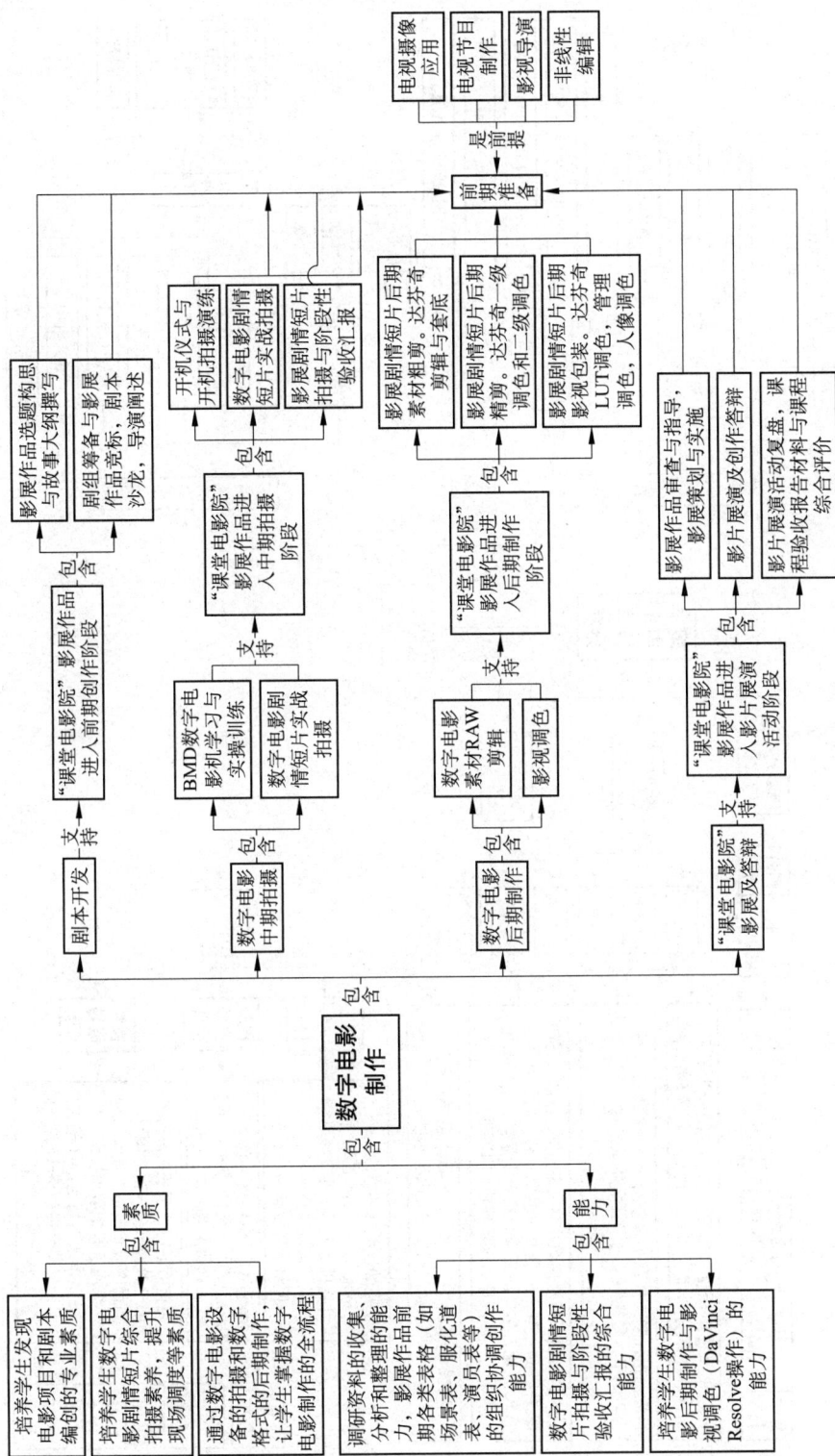

图 3-30 数字电影制作课程知识建模图 1

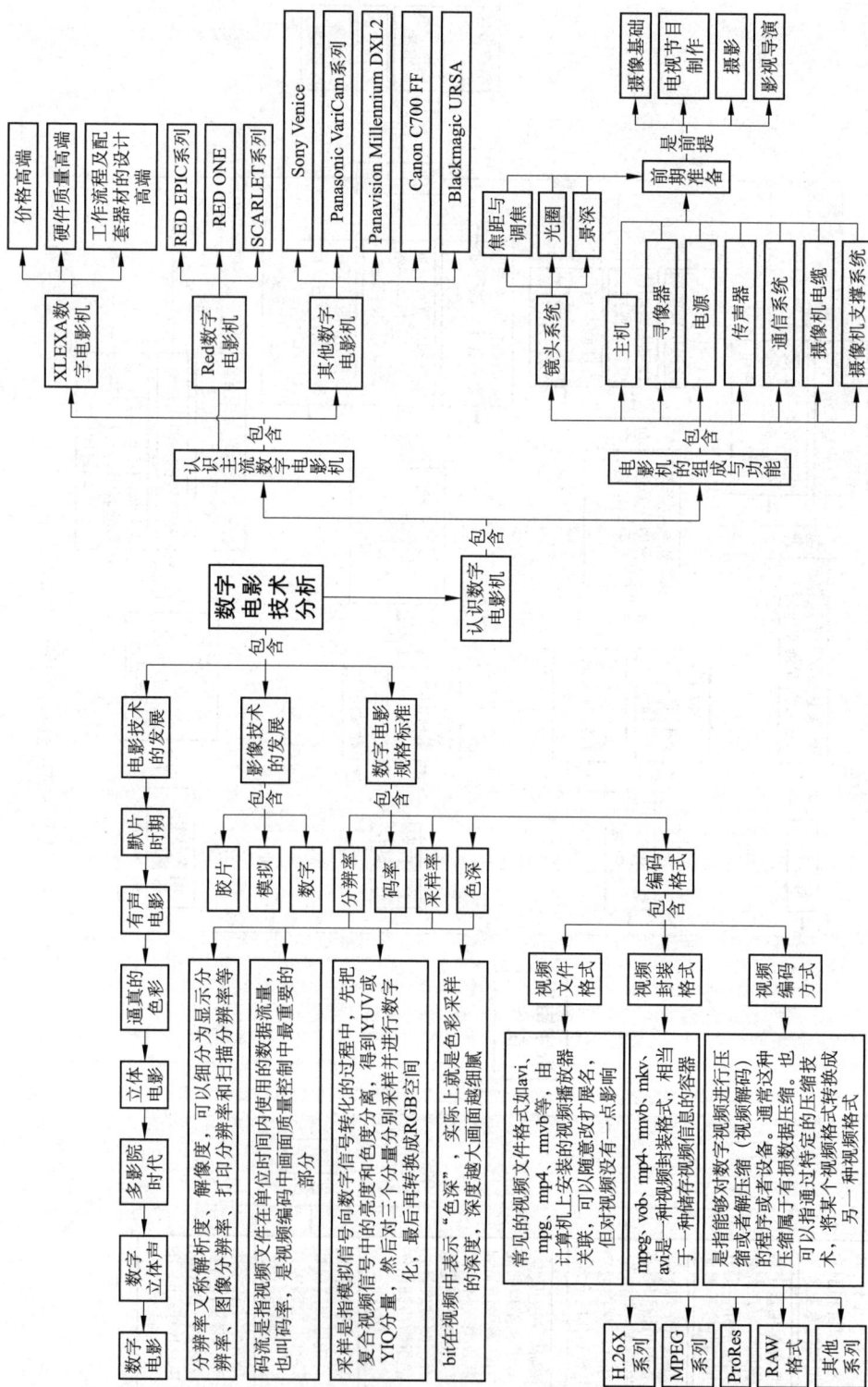

图 3-31　数字电影制作课程知识建模图 2

**BMD 数字电影机操作**

包含：前期准备、数字电影拍摄阶段实操流程

**前期准备** 包含：
- 数字电影规格标准
- 摄像基础
- 影视导演
- 影视照明应用
- 电视摄像应用
- 微电影创作
- 影视剧创作

**数字电影规格标准** 包含：
- 分辨率
- 码流
- 采样率
- 色深
- 编码格式

**编码格式** 含：
- 视频文件格式
- 视频封装格式
- 视频编码方式

**视频编码方式：**
- H.26X 系列
- MPEG 系列
- ProRes 系列
- RAW 格式

---

**认证 BMD URSA Mini Pro 电影机** 包含：
- URSA Mini 4K
- URSA Mini 4.6K
- URSA Mini Pro 4.6K
- URSA Mini Pro 4.6K G2

**BMD URSA Mini Pro 4.6K 基础操作** 含：
1. 安装 EF 卡接口
2. 开启电影机
3. 储存介质
4. 记录
5. 选择帧率
6. 播放
7. 电影机各项对外接口

BMD URSA Mini Pro 4.6K 基础操作

领取机器、电池、三脚架

领取镜头：24、35、50、85、135 定焦；18~50、50~100 变焦

填写设备出入库登记

实践操作与拍摄

---

**BMD URSA 电影机外部控制操作** 包含：
一、BMD URSA 前方控制面板
二、符合人体工程学的控制面板
三、内部控制面板

BMD URSA Mini Pro 4.6K 外部控件操作与实践

BMD URSA Mini Pro 4.6K 内部控件操作与实践

**BMD URSA 电影机在摄状态下的 LED 触摸屏功能操作** 包含：
1. 触摸屏及功能
2. LCD 监看屏设置
3. 中性密度滤镜
4. 每秒帧数
5. 快门
6. 光圈
7. 焦距显示
8. ISO
9. 白平衡
10. 电源
11. 直方图
12. 记录按钮

**BMD URSA 主菜单（MENU）的参数设置及底层功能** 包含：
一、记录
二、监看屏
三、音频
四、初始设置
五、预设
六、LUTS 选项卡

记录 含：
1. 编码格式和质量
2. 分辨率
3. 动态范围
4. 编好使用的存储卡
5. 同期拍摄
6. 细节锐化

BMD URSA Mini Pro 4.6K 菜单操作与实践

---

实践训练课程使用 URSA 电影机拍摄固定镜头组

使用 BMD URSA PRO 4.6K 电影机及定焦镜头拍摄要求

使用 BMD URSA PRO 4.6K 电影机、变焦镜头拍摄要求

1. 运用三脚架拍摄：使用同景别的 8~10 个固定镜头，不同景别的 8~10 个固定镜头，运用推马焦。
2. 注意构图拍摄：直方图辅助曝光，尽量做到机位固定再画面进行画面主体运动叙事、色构图。
3. 运用无剪辑拍摄思维自然地连接画面，形成无须后期剪辑而拍摄完成的连续性片段叙事，突显表现主题。
4. 成功镜头与拍摄镜头大比例不得超过 1:1，镜头最多允许多拍 10 个发镜头。成功镜头要求拍摄 422 拍摄 prores 422 KDCI 2 048×1 080，动态范围 Video，项目帧率 24 帧画面。
5. 设置参数要求。

1. 拍摄 6~10 个镜头，成片时长不超过 3 分钟。
2. 注意短镜头与镜头之间衔接自然流畅，片子需要突出一个主题。
3. 运用"无剪辑拍摄"思维表现出画面，使镜头与镜头匹配衔接的画面。后期配上匹配的影视镜头，画面音乐进行表现。
4. 在 6~10 个镜头之中，需要有 1~2 个高速摄影镜头，后期要求在要有 2 个高速摄影镜头。
5. 要求拍摄的每个镜头的拍摄参数记录，如电影机的拍摄参数设置、帧率等参数的要求。期剪辑时用文字形式在画面上标注对应的镜头参数信息。

PRORES 444
2K 16:9 2 048×1 152
ISO 800
SHUTTER 180
WB 5 400K
ND6 (INTERNAL)
SIGMA 18~35
项目帧率：24
非同步帧率：60 FPS

---

**数字电影拍摄阶段实操流程** 含：
- 准备工作
- 摄影团队和设备
- 拍摄准备
- 拍摄过程
- 特效和后期制作
- 总结和整理
- 准备工作

准备工作：确定拍摄地点，根据剧本和场景需要选择合适的实际拍摄地点，拍摄合适的实际拍摄地点或搭建场景，确定需要的角色和道具准备，以及演员等。

摄影团队和人员：配置摄影团队，确定导演、摄影师、灯光师、摄影助理等人员，准备摄影设备，包括摄像机、镜头、灯光等设备等。

拍摄准备：制定拍摄计划：根据剧本制定具体的拍摄日程和场景，视觉参考和故事板：参考故事板和预先设定的视觉风格等。

拍摄过程：实拍和虚拟拍摄：根据需要进行实际拍摄或者使用绿幕场景等进行虚拟拍摄。如果涉及角色动作捕捉，可能会进行动作捕捉，现场监视和调整：导演和摄影师监视现场，根据需要调整镜头、角度和光线等。

特效和后期制作：虚拟场景合成：将实拍素材与需要的镜头完成特效合成，特效制作进行合成，色彩校正和调色：调整画面色调、亮度和对比度，音频处理：添加音效、音乐和背景音乐等。

总结和整理：审查拍摄素材：确保所有的镜头和素材都拍摄完整，确认后期制作团队确认后期制作。

准备工作：确定拍摄地点，根据剧本和场景需要选择合适的实际拍摄地点，拍摄合适的实际拍摄地点，确定需要的角色和道具准备，以及演员等，以及道具等处理。

图 3-32　数字电影制作课程课程知识建模图 3

215

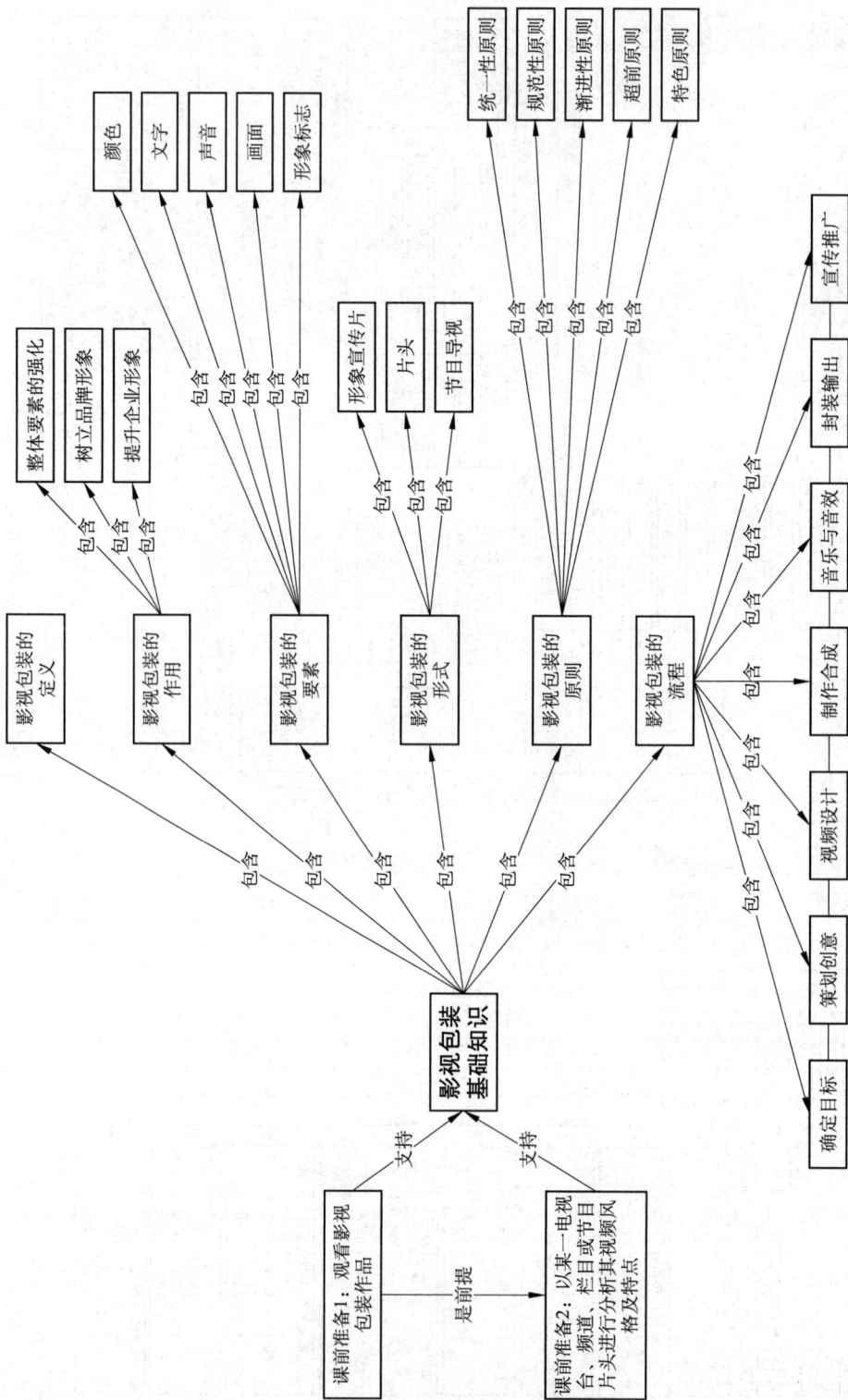

图 3-33 影视包装课程知识建模图 1

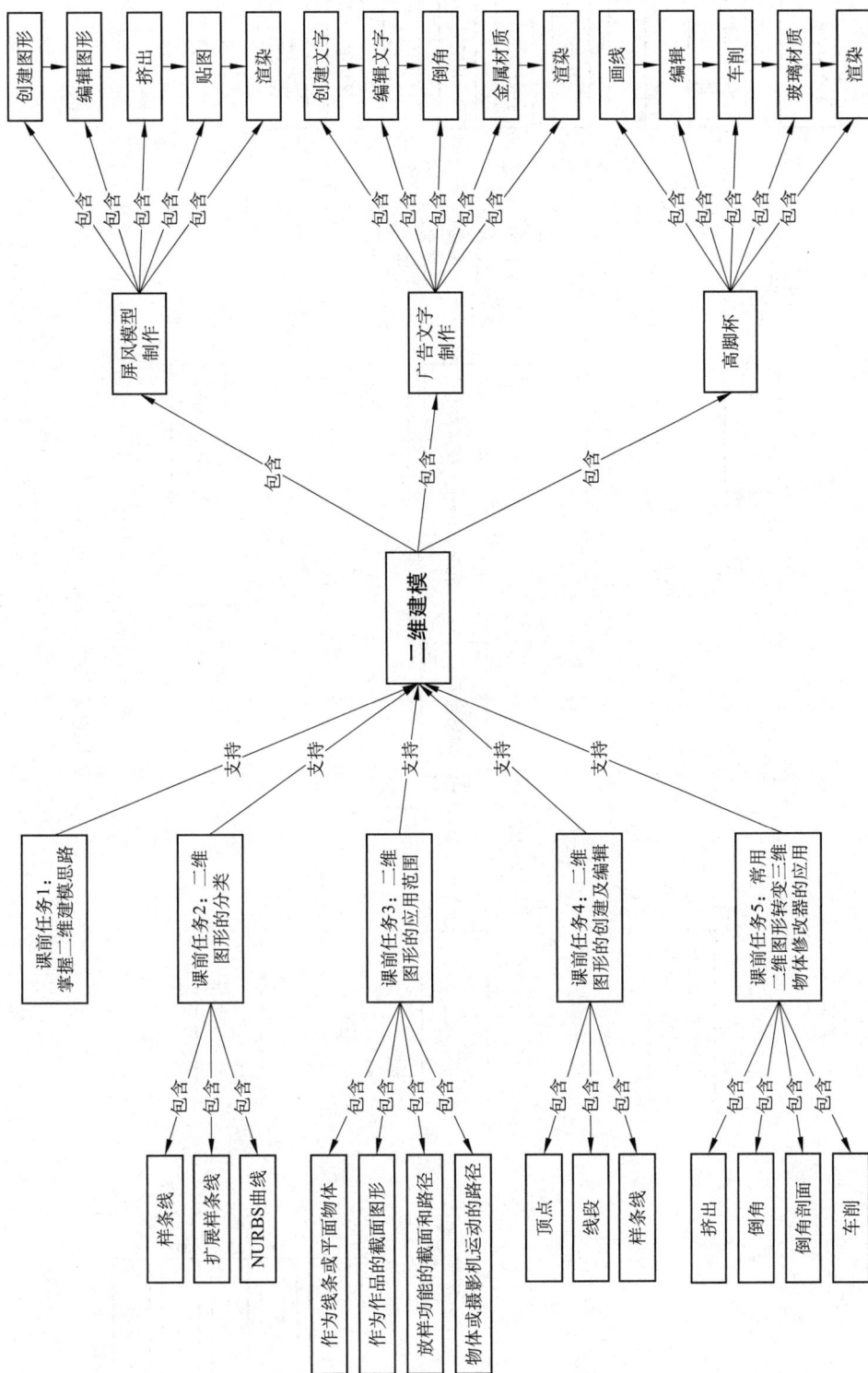

图 3-34　影视包装课程知识建模图 2

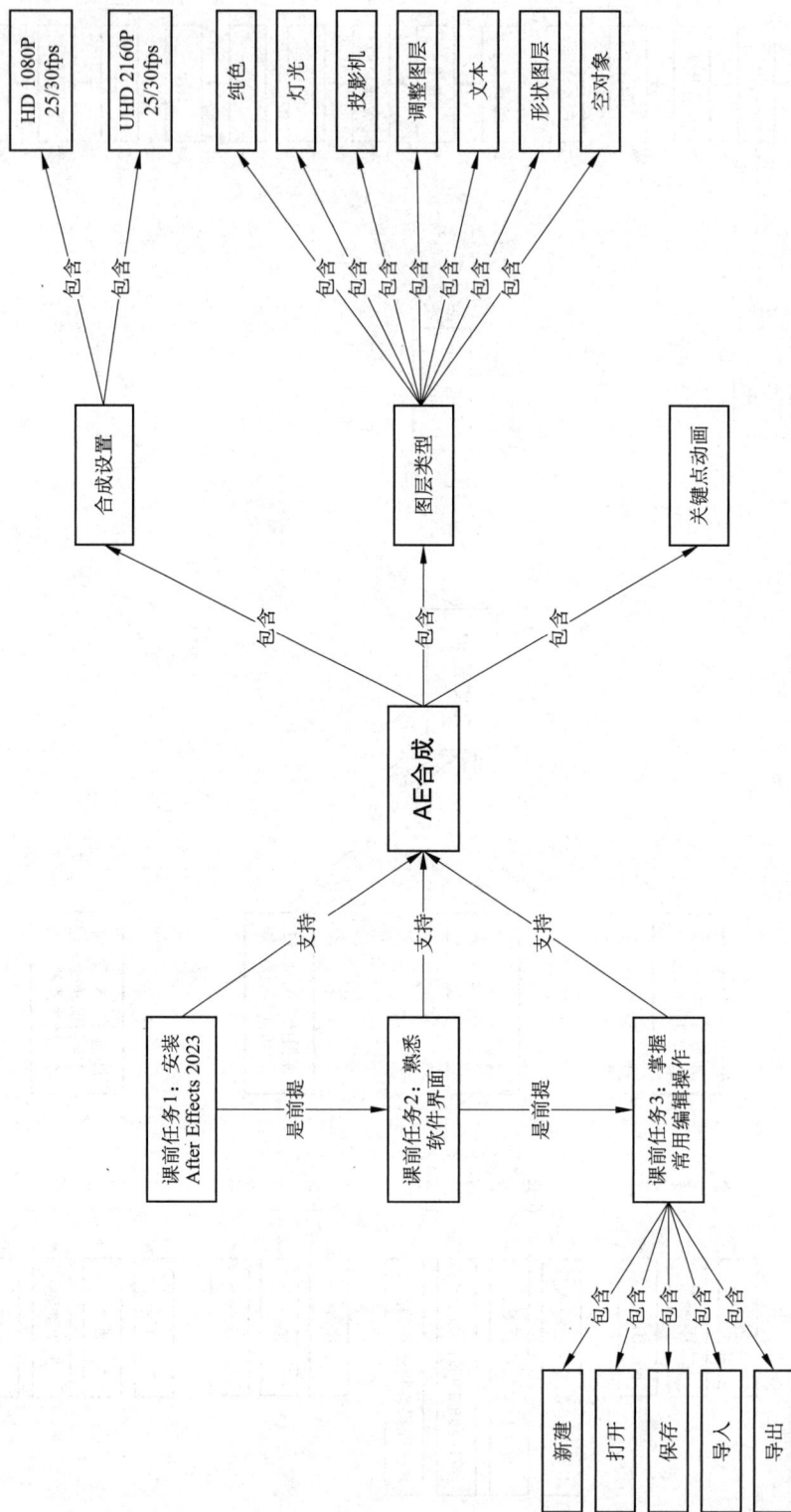

图 3-35 影视包装课程知识建模图 3

# 第 4 章

# 基于 OBE 理念的教学设计

## 4.1 以项目化教学为核心的教学设计思路

以项目化教学为核心的教学设计思路是学校基于 OBE 理念的教学设计,以市场需求为目标,通过倒逼教学设计,完成应用型人才培养的教学设计,进而推出"2+1+1"的人才培养改革模式。

项目式教学是指师生通过共同实施一个"项目"而进行的教学活动,项目本身是以生产一件产品或提供一项服务为目的的任务。其指导思想是将一个相对独立的任务项目交予学生独立完成,从信息的收集、方案的设计与实施到完成后的评价,都由学生具体负责。通过一个个项目的实施,学生能够了解和把握完成项目的每一环节的基本要求与整个过程的重点和难点。教师在教学过程中起到咨询、指导与解答疑难的作用。

"项目化教学"强调的是"化",并不是简单教学设计的变化,更重要的是学生和教师的双重改变。项目化教学课程强调的是"化",既不是项目,也不是教学。与传统案例教学课程或项目式课程有三个核心区别:第一,真正的项目化教学没有答案,或者说没有标准答案,因为它来源于实际市场,市场中任何一个项目都有做成或做不成的可能性。项目式教学、案例教学往往是把已经成功的项目作为教学内容,有标准答案。第二,真正的项目化教学因市场的多变而具有很大的不确定性,而案例教学或者项目式教学是基于已经发生的项目来进行的,不存在不确定性。第三,市场验证的标准不同。项目化教学来源于实际市场,其检验标准既严格又复杂,且会随着项目的不断调整具有不确定性,受成本等各方面因素的影响较大,是一种非常综合的评价标准,而案例教学或者项目式教学的验证标准是以最终能否做成来衡量的,具有确定性。

项目化教学模式,顾名思义,是一种以项目为依托,指导学生通过实际操作进而掌握相关专业技能的授课方式。教师在开展教学过程中首先要进行角色转换,不再仅是知识的传授者,而是转变为项目的引导者与辅助者。在教学过程中,学生也要进行角色转换,以项目承包人及实际工作人员的身份,全身心投入项目中。在进行角色转换之后,学生以小组的形式独立完成教师设计的项目,教师在项目运行之初要最大限度地培养学生自主学习、主动研究的能力。在布置任务之后,学生独立查找相关操作方法、相关数据,整理需要工具及素材等。在课堂上通过成果展示、项目组代表阐述、项目组之间互评讨论、教师点评等形式达到教学目标,转变以往教师和学生之间单向传播的形式,扭转教师在台上口若悬河讲授、学生亦步亦趋模仿的传统教学模式的弊端,学生在项目化教学模式的学习过程中变被动的"要我学"为主动揣摩、研究、掌握的"我要学"。项目化教学模式仿真模拟了专业一线实际工作的情况,使学生在项目化教学中了解掌握工作流程、独立担任实际工作、牢固掌握学科技能、真正实现在校学习与实际工作岗位无缝对接。

作为一种创新性的教学模式,项目化教学模式越来越受到重视,而且在教学的过程中也具有很强的针对性和系统性,对于培养学生综合素质至关重要。本书对项目化教学模式在广播电视编导专业教学中的应用进行了研究和探讨,在分析其应用价值的基础上,重点就广播电视编导专业应用项目化教学模式存在的问题进行了深入分析,并就如何更有效、更科学、更系统地应用项目化教学模式提出了有针对性的优化策略。在开展广播电视编导专业教学的过程中,应当更加重视培养学生的综合素质,特别是要切实发挥学生的主观能动性,进一步优化和完善教学机制,使广播电视编导专业教学能够更具有针对性、特色化和效能性,应当积极探索科学化的教学方法和教学策略。作为一种科学性和创新性的教学模式,项目化教学模式可以广泛应用于广播电视编导专业教学当中,这对于促进广播电视编导专业教学向纵深发展并取得更好的效果具有十分重要的支撑作用。这就需要在开展广播电视编导专业教学的过程中,深刻认识到应用项目化教学模式的重要价值,并采取切实、有效措施,认真加以优化和完善,特别是要着眼于解决项目化教学模式在应用过程中存在的问题,积极探索有效的实施路径,努力使广播电视编导专业在应用项目化教学模式方面取得更大的突破。

项目化教学改革实践中存在的问题:项目化教学模式不健全。广播电视节目策划与编导课程是广播电视学专业中的基础性课程,但是部分高校在项目化教学中存在教学模式不健全的问题,不仅较少应用高校信息化资源开展教学,而且在项目化教学中活动形式单一现象也十分明显。部分学生没有机会参与项目合作中的采访、拍摄等项目内容和其他实践环节。这极大打击了学生对项目化课程的学习积极性,实践教学环节较为薄弱。当前,在部分高校广播电视节目策划与编导课程教学中,项目化实践教学环节实施不足,高校在课程设置中未增加相应实践课程课时和核心实践课程,也未与其他相关基础课程进行有效对接,使得项目化课程安排相对独立。另外,由于项目实训课程也是教学任务中的一个环节,因此学生在项目教学活动参与中的表现、日常学习进度也会成为该课程考核的指标,但是部分学校课程考核机制制定得不够健全,项目阶段性考核流于形式,不利于高校项目化人才培养方案的开展,教学内容与社会发展不相适应。为了适应新时代媒体发展要求,高校广播电视节目策划与编导课程亟须顺应时代潮流进行改革。部分高校虽然已经调整专业课程,开展了电视媒体企业化教育,期望培养和输送高素质电视节目策划与制作人才,但这一举措从根本教育形式上未发生变化,因此也难以发挥长效教学作用。而且如今新媒体、大数据的出现使得当前电视节目制作公司的选择更加多元,有的节目制作公司甚至不再将电视台作为首选播出平台,这从某种程度而言,极大地冲击了电视媒体行业和教育领域,导致电视广播节目策划教学与社会不相适应。

项目化教学改革实践探索的对策。在广播电视节目策划与编导课程改革与实践过程中,融入项目化教学模式是高校根据教学发展现实情况与社会未来发展方向提出的科学创新方式,对新时期高校广播电视类专业学生发展具有重要作用。创新项目化课堂教学模式。项目化课程教学中融入高校教育改革是必然趋势。教师在今后广播电视教学中,具体可根据教材所需组织多样化的项目活动。例如,可按照“广播电视策划理论讲解—节目编导实训教学—策划与编导技术讨论—学生指导”这一项目流程组织项目模块教学,完善项目化教学形式,还可以定期组织电视广播线上策划展会、节目编导沙龙、节目编导竞赛、企业实训等方式,为每一位学生提供发展空间。另外,高校教师还可借助多媒体、互联网等教学设备,为学生开展校内网络节目策划与编导指导、线上自拟节目策划练习等主题项目形式,构建个性化、多元化教学体系,整合项目化实践教学环节。教师通过运用项目化实践教学法,能够为学生构建广播电视节目策划与编导课程教学的实训思路,以基础性实训项目、综合性实训项目及创新性实训项目为主,以授课教师、项目指导教师相结合的方式,集中指导学生培养策划及编导能力,强化实践教学效果;不断充实项目化课程内容。如今,新媒体的不断发展对电视广播媒体造成了极大冲击,因此高校需借助项目化教学模式充实课程内容,及时更新学生的学习思维与实践基础技能。具体而言,教师可在项目化模块中适当融入新媒体节目策划内容,将新媒体策划与传统媒体策划在内容、制作方式、节目风格上做对比,要求学生及时总结电视广播媒体的不足及改进方向,做好内容渗透教育。同时,教师还可在项目化教学中增加模拟真人秀节目形式的教学活动,以教学内容为主题,安排学生自由选择节目所需的主持人、编导等角色,对真人秀节目进行模拟编导,从实践中寻找知识规律。

分层次实践教学项目化运作模式探索。统筹不同专业实践课程,细化实践教学项目由学院牵头,艺术与传媒实验教学中心与各专业系室进行了充分沟通,对实践教学环节进行梳理,规范实践教学项目化。该模式总共分为基础型、综合型、创新型三个类型。以广播电视编导专业为例,基础型实验教学项目主要是对完整专业创作进行拆解,由专业指导老师负责,对学生的某一项或某几项专业技能进行有针对性的实践教学指导,如电视摄像机操作、剪辑软件入门等实验项目。综合型实验教学项目是在学生通过基础型实践之后,由本专业多名教师负责指导不同方面进行完整作品的创作,如电视栏目包装、电视新闻节目拍摄等实验项目。创新型实验教学项目是学生在满足综合型实验教学项目的培养要求后,进行跨专业的大型艺术创作,如微电影创作、电视节目制作等,结合广播电视编导、艺术设计、表演、播音等专业学生与指导老师,并引入业界公司,共同合作进行。通过逐步层级递进的培养方式,学生从基础到创新有一个完整的学习过程,基础问题由基础专业指导教师负责指导解决,同时参与创新型大型创作,又可以将自己置身于规范化流程化的专业项目团队,这对学生进入业界参加工作及优化师资配置都是有积极意义的。

坚持以人为本。在广播电视编导专业教学中应用项目化教学模式，一定要坚持以人为本，从学生的实际情况入手，着眼于促进学生综合素质的提升，对项目进行科学设计和组织实施，努力使项目化教学模式的应用更具有实效性。在具体的实施过程中，教师应当进一步提升项目设计的科学性，切实加大对学生学习情况、能力素质等诸多方面的调研研究和分析论证，找出薄弱环节，有针对性地进行设计，进而才能使项目化教学模式的应用取得更大突破。坚持以人为本，也要进一步强化学生的主观能动性，如在项目实施的过程中，应当进一步强化民主氛围，积极引导学生发表自己的看法和意见，使学生在实施项目的过程中持续培养自身发现问题、分析问题、解决问题的能力。着眼于培养学生创新能力、应用能力、操作能力、组织协调能力、思考能力，在项目设计的过程中进一步强化问题导向，并且要构建更加科学和完善的项目设计、组织、实施、落实体系，最大限度提升项目化教学模式的积极作用，强化综合功能项目化教学模式具有综合性的特点，能够有效培养学生综合素质，因此应当进一步强化项目化教学模式的综合功能。在具体的实施过程中，教师应当正确处理好"教"与"学"之间的关系，找准自身定位，更加重视对学生的指导与服务，如在项目具体实施过程中，教师应当强化对学生的指导，对于学生遇到的困难和问题，应当引导他们发挥自身积极作用去探究、去互动、去解决。只有这样，才能使项目化教学模式的功能得到有效发挥。强化项目化教学模式综合功能，也要进一步强化项目化教学的系统性，如在项目设计与组织实施的过程中，应当思想政治、职业素养、职业道德、专业水平、创新能力、创造意识等相关内容，既要培养学生的专业能力，同时也要培养学生的综合素质。只有这样，才能使项目化教学模式朝着良性的方向发展。强化项目化教学模式综合功能，还要针对学生学习过程中的薄弱环节，更加重视项目化教学模式应用的针对性和特色化，突出全面系统项目化教学模式具有系统性的特点。因此，应当构建"闭环"系统，使项目化教学模式的应用能够具有持续性、稳定性和规范化。在具体的实施过程中，除了要对项目设计、实施、落实等做出具体的设计与科学的安排，更为重要的就是要建立项目设计、项目计划、项目检查、项目实施、项目评价、项目总结机制，使各个方面、各个环节具有紧密相连的特点，进而才能使项目化教学模式的应用体系更加完善。与此同时，还要对各个环节进行细化与分解，并且制定相应的实施方案，如在项目评价方面，应当建立专家评价、教师评价、学生自评、学生互评机制。通过进一步拓展评价主体，使学生在落实项目的过程中发现自身存在的问题并有针对性地进行整改。突出项目化教学模式全面性和系统性，还要更加高度重视项目化教学模式与其他教学方法的有效融合，如将项目化教学模式与小组合作学习、探究式学习、对分课堂等进行有效结合，既要发挥教师的指导性作用，也要发挥学生的主体性作用，最大限度地提升项目化教学模式的应用效果。通过构建项目为中心的创新创业人才培养模式的确立，将形成"打通式"综合理论学习的模式，激发学生的学习自主性和创新性。通过课程专业一体化的学习方式，学生能够加深了解项目化学习的重要性和必要性，提高项目实践的能力，并且能够培养敦促广播电视编导专业创新创业人才模式的开发与推进，进一步加快融媒体背景下基于"项目化"的广播电视编导专业教学模式架构的创立与建设。

项目化教学模式具有很强的综合性和系统性,将其应用于广播电视编导专业教学当中,不仅有利于推动广播电视编导专业教学改革与创新,而且也能够在培养学生综合素质方面发挥积极作用,应当成为广播电视编导专业教学的重要方法和策略。在具体的实施过程中,应当深刻认识到项目化教学模式在广播电视编导专业教学中的应用价值,并坚持问题导向和系统思维,着眼于解决项目化教学模式在广播电视编导专业教学中的科学应用和有效应用,重点在坚持以人为本、强化综合功能、突出全面系统等方面努力,推动项目化教学模式在广播电视编导专业教学中的应用取得更大的突破,努力在培养学生综合素质、促进学生全面发展、强化学生主观能动性等诸多方面发挥积极作用。

# 4.2　项目化教学课程教学设计实例

## 4.2.1　课程简介

1."短视频项目制作"课程简介

"短视频项目制作"课程于 2021 年 10 月校级立项,目前开课已有两个学期。该项目化教学课程建设针对岗位群中的文案、摄像、剪辑、运营等岗位需求,开设短视频脚本创作、拍摄、灯光与剪辑、账号运营等课程。课程组授课成员以校内专业教师和校外行业专家构成,授课形式为线下授课。课上学时为 32 学时,理论 8 学时,实践 24 学时,课下学时为 96 学时,已按照课程建设要求顺利结课。课上学时每周授课 4 学时,包括专业理论和实践课程。课下学时每周 12 学时,以学生接受项目任务并自主工作为主要内容,项目来源分为两个部分:第一部分项目来源是学校、学部下达的拍摄与制作任务,此部分的子项目完成有 16 项;第二部分项目来源是社会项目,主要是郑州市妇联、河南省应急管理厅、橡视频、抖星探直播的社会项目,此部分子项目完成有 7 项。

短视频项目制作课程,以短视频内容制作和运营团队的组建为总体课程任务导向,以完成适应主流线上媒体平台的传播内容制作、政务及商务等短视频项目运营、短视频行业职业人才培养为课程目标。以传统课程融合和强化高年级学生实践能力培养为总体设计理念,包含知识、能力、综合素质三个培养层面。

课程团队有张伟杰、刘灼、朱家华、常亚飞、汪灿、曹迪、梁昆、王军城、张宪利等。其中,常亚飞、汪灿、曹迪、梁昆、王军城、张宪利为校外导师。

从三个层面分析该课程:其一,知识层面,融合数字电影制作技术、影视照明、数字调色技术及影视声音制作等高阶专业课程理论知识,使学生在真实短视频项目中完成知识和技能的理解和运用;其二,能力层面,结合教师工作室和校企合作单位,在真实短视频项目中完成项目的策划、设计、拍摄、剪辑、包装、运营等一系列项目组成环节,使学生团队能够独立完成一般政务、商务等短视频项目制作及一般运营;其三,综合素质层面,以完成短视频项目团队建设为目标,提升学生在影视行业中组建和管理基本创业团队的能力。

"短视频项目制作"课程产出须具备较高的作品质量和思想性,并能够适应于市场需求,具有较强的实际应用价值。课程预期成果主要包含课程建设成果、教学团队建设成果和课程产出三个部分。通过项目化教学课程的建设,以短视频项目制作为核心,发挥专业课程融合优势的传统,总结出一套具有可推广性的传媒类项目化教学团队建设的经验,为广播电视编导专业教师团队赋能。

在专业教师工作室和校企合作单位的有效支持下,完成该课程项目化教学所有既定基础成果数量:预期完成 2 个短视频账号的系列内容数十条,独立短视频项目 5 部,并完成所承接的学校短视频制作任务等。

（1）教学目标

①抖音短视频账号运营、投流和内容制作,重点在知识付费类账号上的内容创作,打造广播电视编导专业实用性技能课程,如摄像、剪辑、视听语言、编讲故事等课程包。②TikTok 视频账号运营、投流和内容制作,重点在好物分享类账号的搭建和内容生产,目标 1 万粉丝起步。③学校、学部下达的多项拍摄任务,从文案到拍摄,再到后期剪辑,形成一套项目化制作流程。④来自社会的接单任务。

（2）知识目标

①熟悉短视频的发展历程、基本概念和变现方法。②掌握短视频选题的策划和脚本的撰写方法。③掌握短视频的发布方法。④掌握 Vlog 短视频、美食短视频、生活技能短视频的拍摄和剪辑方法。⑤掌握 VUE App、Premiere、剪映 App 等视频剪辑软件的主要功能和操作方法。⑥掌握情景短视频、萌宠短视频的拍摄与制作方法。⑦掌握快影 App、快剪辑 App 等视频剪辑软件的主要功能和操作方法。

（3）能力目标

①能够分辨不同短视频平台的优势,根据实际制作需要选择短视频的类型和平台。②能够根据制作需要,使用数码相机和智能手机拍摄出美观且主题突出的短视频画面。③能够使用多种视频剪辑软件对视频进行剪辑、创意制作。④能够制作 Vlog、美食、生活技能、情景短剧、逗趣萌宠等不同主题类型的短视频。⑤能够将制作好的短视频发布到各个平台中。

（4）素养目标

①培养对短视频制作的全局统筹能力和对短视频节奏的把控能力。②培养为集体奉献的精神,养成团队合作的观念。

2."短视频内容制作与账号运营"课程简介

"短视频内容制作与账号运营"课程于 2022 年 4 月校级立项,目前开课已有两个学期。该项目化课程建设针对岗位群中的文案、摄像、剪辑、运营等岗位需求,开设短视频脚本创作、拍摄、灯光与剪辑、账号运营等课程。课程组授课成员以校内专业教师和校外行业专家构成,授课形式为线下授课。课上学时为 32 学时,理论 8 学时,实践 24 学时,课下学时为 96 学时。课上学时每周授课 4 学时,包括专业理论和实践课程。课下学时每周 12 学时,以学生接受项目任务并自主工作为主要内容,项目来源主要是橡视频"在线课程 PPT 设计与录制"、抖星探短视频电商直播、上玄月(餐饮行业)短视频账号内容制作、知识分享类短视频内容制作与账号运营等。

## 4.2.2　教学大纲

"短视频内容制作与账号运营"课程教学大纲如表 4-1、表 4-2 所示。

表 4-1　"短视频内容制作与账号运营"课程教学大纲

| 课程代码 | kg2022xm29 | | 课程名称 | | 短视频内容制作与账号运营 | | |
|---|---|---|---|---|---|---|---|
| 授课教师 | 校内教师:张伟杰、刘灼、朱家华、孟宪堃<br>校外专家:曹迪、梁昆、景博琳、王宋等 | | | | | | |
| 课程性质 | 选修 | 学时 | 48 | 学分 | 3 | 授课对象 | 21 编导、戏文 |
| 项目来源 | 岗位典型任务和研发类项目相结合 | | | | | | |
| 课程目标 | (基于人才培养目标,从了解理解掌握运用等层次说明学生通过本次课的学习能够到达的知识与技能、过程与方法、情感态度价值观目标)<br>该项目化教学课程建设针对岗位群中的文案、摄像、剪辑、运营等岗位需求,开设短视频脚本创作、拍摄、灯光与剪辑、账号运营等课程。课程组授课成员以校内专业教师和校外行业专家构成,授课形式为线下授课。课上学时为 32 学时,理论 8 学时,实践 24 学时,课下学时为 96 学时。课上学时每周授课 4 学时,包括专业理论和实践课程。课下学时每周 12 学时,以学生接受项目任务并自主工作为主要内容,项目来源主要是橡视频在线课程 PPT 设计与录制、"抖星探"短视频电商直播、"译片丹心"短视频账号内容制作、知识分享类短视频内容制作与账号运营等。<br>"短视频内容制作与账号运营"课程主要针对目前市场上较火的抖音、视频号、快手、小红书等短视频平台,解析什么类型的账号火、什么类型的账号稀缺、什么类型的账号有潜质,教授学生如何运营全媒体账号的同时进行短视频内容制作,其内容的制作环节为该课程重点,包括选题、脚本、拍摄、剪辑、标题、话题、发布等。<br>该课程以短视频内容制作和运营团队的组建为总体课程任务导向,重点培养学生能够独立自主经营短视频账号并持续有效地创作出优质短视频内容,提升学生短视频制作能力和流量变现价值,以短视频行业职业人才培养为课程目标 | | | | | | |
| 课程内容 | 1. 项目化教学课程概括<br>2. 企业真实项目引入与实施<br>(1)"教育类短视频账号运营与内容制作"项目<br>(2)"电商类短视频账号运营与内容制作"项目<br>(3)"情感类短视频账号运营与内容制作"项目<br>(4)"校园安全类短视频账号运营与内容制作"项目<br>3. 项目团队课程结项汇报与答辩,提交课程验收报告、任务工单、过程材料、新闻稿、工作照及项目内容(作品)等 | | | | | | |
| 教学方法<br>(或学习<br>方法) | ☑讲授　☑小组讨论　☑答疑　☑实验　☑实训　☑自主学习　☑其他(请填写)<br>　　颁发项目奖学金　　项目答辩 | | | | | | |
| 先修课程 | 专业基础课程:摄像基础、摄影基础、非线性编辑、电视节目制作、影视文学写作基础等 | | | | | | |

| 后衔接课程 | 短视频内容制作与账号运营 |
|---|---|
| 课程资源 | 自主设计(选择相应选项即可,如有补充请填写内容):<br>☐教材 ☐教辅用书 ☐拓展书目 ☐教具 ☐实验室 ☑网络平台 ☐图片<br>☐音频 ☑视频 ☐软件 ☐学科专家、科学家、企业家等社会人士 ☑实地/现场<br>☐图书馆、博物馆等社会场所 ☐期刊 ☑教学过程中生成性资源(如教学活动中提出的问题、学生的作品/作业、课堂实录等) ☐其他(请填写)_____<br><br>现成资源(选择相应选项即可,如有补充请填写内容):<br>☑教材 ☐教辅用书 ☐拓展书目 ☐教具 ☑实验室 ☐图片 ☐音频 ☑视频<br>☑软件 ☑学科专家、科学家、企业家等社会人士 ☑实地/现场 ☐图书馆、博物馆等场所 ☐期刊 ☑教学过程中生成性资源 ☐其他(请填写)_____ |
| 课程评价方式 | "短视频项目制作"课程评价主体主要包含客户评价(市场反馈)、教师评价和项目答辩三个方面<br>1. 客户评价及市场反馈(占总评分数的60%)<br>客户评价及市场反馈包括产品价值和项目成效等部分。<br>2. 教师评价(占总评分数的20%)<br>教师评价主要包括学生团队建设评价、项目实施时效评价、项目质量评价等三个主要部分。<br>3. 项目答辩(占总评分数的20%) |

| 团队课程总评(100分) | | | | | |
|---|---|---|---|---|---|
| 学号 | 姓名 | 客户评价<br>(60分) | 教师评价<br>(20分) | 项目答辩<br>(20分) | 课程总评 |
|  |  |  |  |  |  |
|  |  |  |  |  |  |
|  |  |  |  |  |  |
|  |  |  |  |  |  |

表4-2 "短视频内容制作与账号运营"课程教学进度表

| 周次 | 课 上 | | | 课 下 | | 备注 |
|---|---|---|---|---|---|---|
|  | 课程<br>主题内容 | 教学<br>场所 | 计划<br>学时 | 学习<br>主题内容 | 学生<br>用时 |  |
| 3 | 课程概述:校企合作项目解析,创作团队分组并接单 | 新北407、新南216 | 4 | 课下任务一:学生分组,熟悉课程项目资料和案例。计划用时1小时<br>课下任务二:短视频账号内容选题与策划。计划用时3小时<br>课下任务三:撰写短视频账号竞标策划案和台账草案。计划用时4小时 | 8 |  |

续表

| 周次 | 课　上 | | | 课　下 | | 备注 |
|---|---|---|---|---|---|---|
| | 课程<br>主题内容 | 教学<br>场所 | 计划<br>学时 | 学习<br>主题内容 | 学生<br>用时 | |
| 4~6 | 教育类短视频账号运营与内容制作:在线课程设计与视频制作——精品在线课程 PPT 设计实务 | 新北 407、新南 216 | 12 | 课下任务一:制作自我介绍 PPT,计划用时 4 小时<br>课下任务二:党政风格 PPT 案例模仿,计划用时 2 小时<br>课下任务三:商务风格 PPT 综合案例模仿,计划用时 2 小时<br>课下任务四:PPT 排版案例模仿,计划用时 2 小时<br>课下任务五:PPT 配色案例模仿,计划用时 2 小时<br>课下任务六:PPT 综合案例模仿,计划用时 4 小时<br>课下任务七:外语项目实操,计划用时 5 小时<br>课下任务八:与客户沟通,商业精品在线课程 PPT 设计与制作,计划用时 3 小时 | 24 | |
| 7~8 | 教育类短视频账号运营与内容制作:在线课程设计与视频制作——精品在线课程摄制实务 | 新北 407、新南 216 | 8 | 课下任务一:人物抠像,计划用时 1 小时<br>课下任务二:视频包装练习,计划用时 2 小时<br>课下任务三:字幕制作及合成,计划用时 1 小时<br>课下任务四:分组制作一节完整教育类短视频,计划用时 4 小时<br>课下任务五:知识分享类短视频内容制作,计划用时 4 小时<br>课下任务六:知识分享类短视频直播与话术,计划用时 4 小时 | 16 | |
| 9~10 | 电商类视频账号运营与内容制作:电商直播引流短视频制作 | 新北 407,豫鼎大厦 14 楼 | 8 | 课下任务一:抖音电商直播引流短视频内容制作,计划用时 2 小时<br>课下任务二:车仆系列短视频内容制作,计划用时 3 小时<br>课下任务三:金丝猴系列短视频内容制作,计划用时 3 小时 | 16 | |

续表

| 周次 | 课　　上 | | | 课　　下 | | 备注 |
|---|---|---|---|---|---|---|
| | 课程主题内容 | 教学场所 | 计划学时 | 学习主题内容 | 学生用时 | |
| 11 | 电商类短视频账号运营与内容制作:本地生活类短视频制作 | 新北407 | 4 | 课下任务一:餐饮短视频内容文案设计与拍摄,计划用时4小时<br>课下任务二:餐饮短视频内容制作,计划用时4小时 | 8 | |
| 12~13 | 情感类短视频账号运营与内容制作:如何进行校园安全类、情感类内容创作,热门案例分析 | 新北407 | 8 | 课下任务一:校园安全类、情感类账号文案与内容制作,计划用时4小时<br>课下任务二:校园安全类、情感类账号直播与话术设计,计划用时4小时 | 16 | |
| 14 | 短视频项目验收评价:学生团队结项宣讲 | 新北407 | 4 | 课下任务一:项目验收报告,任务工单,计划用时4小时<br>课下任务二:与客户沟通,第N波商业短视频项目修改、交付,计划用时2小时<br>课下任务三:结项汇报演练,计划用时2小时 | 8 | |
| | 合计 | | 48 | 合计 | 96 | |

### 4.2.3　教学设计

"短视频项目制作"课程教学内容的课上部分包括短视频项目课程概述、校企合作项目解析、任务拆解、分组交流、真实案例的选题策划分析、真实视频项目案例策划与运营分析、短视频账号流量变现、短视频项目拍摄技巧与灯光照明、短视频后期剪辑与交付、短视频实例解析等内容,通过学习这门课程,学生能够了解短视频项目制作的商业流程。该课程是一门综合性、实践性较强的应用学科。

1. 理论教学环节

理论教学环节共16学时,占总教学进度的三分之一。该环节采取统一授课模式,分组完成课上教学活动、课下练习等环节。主要授课内容涉及电影制作技术、影视照明、数字调色技术及影视声音制作四门专业课程的理论,包含短视频文本影视化、高清视频素材采集、影视画面美术造型、影视声音造型等方面的专业知识内容。

首先,通过专业教师工作室真实短视频项目案例,讲授项目策划、设计、拍摄、剪辑、包装等项目全过程环节,分组完成项目案例分析、讨论等,组织在已有真实项目案例中完成短视频项目的二次策划和设计,制订实施方案。

其次,结合成熟政务、商务流媒体账号的案例,完成短视频项目全阶段、各环节工作内容策划和设计,分组完成固定周期短视频项目台账及项目进度安排表。

最后,由教学团队中不同教师针对短视频项目实施过程中出现过的真实问题,分组制定解决方案,另模拟项目运营中可能出现的突发情况,分组制订解决方案。

2. 实践教学环节

实践教学环节共 32 学时,占总教学进度的三分之二。该环节采取分组授课指导的模式,分组完成课上教学活动、课下项目制作实施等环节。

首先,政务宣传及公益、科普类短视频项目制作。主要项目来源于政务流媒体账号短视频项目分销、学校和学部宣传所需的短视频项目和艺术团承接短视频项目及科普影视基地承接项目等。

教师在课上完成影视项目制作过程中涉及的专业知识和技术技巧指导,学生利用课下时间按设计进度完成短视频项目。承接短视频项目制作任务,应按照学生项目团队实际能力由指导教师分派,依照项目制作进度和具体工作难度,每组由3~6人完成,每学期承接 2 项以上(每项业务短视频数量一般由 2~10 个短视频组成)。

其次,商务类短视频项目制作。主要项目来源于新视界工作室(专业教师工作室),以及河南译片丹心影视文化传媒有限公司所承接的短视频项目。教师除了在课上完成影视项目制作过程中涉及的专业知识和技术技巧指导外,还须在市场需求、影像流行风格、商业推广方向和项目运营技巧及实施等方面,给予学生详尽的市场化运作指导。指导教师分派商务短视频项目活动和系列短视频项目,依照项目制作周期和具体工作难度,每组由不超过 8 人的学生团队完成,每学期至少承接1 项。

教学方法以讲授法、讨论法、直观演示法、练习法、任务驱动法等进行,通过专业教师工作室真实短视频项目案例,讲授项目策划、设计、拍摄、剪辑及包装等项目全过程环节,分组完成项目案例分析、讨论等,组织在已有真实项目案例中完成短视频项目的二次策划和设计,制定实施方案。

结合成熟政务、商务流媒体账号的案例,完成短视频项目全阶段、各环节工作内容策划和设计,分组完成固定周期短视频项目台账及项目进度安排表。

由教学团队中不同教师针对短视频项目实施过程中出现过的真实问题,分组制定解决方案,另模拟项目运营中可能出现的突发情况,分组制订解决方案。

学员分组表如表 4-3 所示。其中,20 级广播电视编导 1~4 班、戏剧影视文学 1~2班、广播电视学 1~2 班。

表 4-3 学员分组表

| 分组 | 姓名 | 学号 | 班级 | 备注 |
|---|---|---|---|---|
| 第 1 组 | 尹萌 | 2001270108 | 编导二班 | 组长 |
| | 申美琪 | 2001270015 | 编导一班 | 学委 |
| | 孙畅 | 2001270024 | 编导一班 | |
| 第 2 组 | 余楚雅 | 2001250065 | 广电一班 | 组长（新闻宣传员） |
| | 张鸿雁 | 2001250046 | 广电二班 | 新闻宣传员 |
| | 田晨曦 | 2001250028 | 广电二班 | 新闻宣传员 |
| 第 3 组 | 王淼 | 2001250049 | 广电一班 | 组长（新闻宣传员） |
| | 宋飞飞 | 2001250017 | 广电一班 | |
| | 范艺胧 | 2001250023 | 广电一班 | |
| 第 4 组 | 马圣凯 | 2001270093 | 编导三班 | 组长（副班长） |
| | 吕淑亚 | 2001270106 | 编导三班 | |
| | 王思雅 | 2001270068 | 编导三班 | |
| 第 5 组 | 徐文圣 | 2001891038 | 戏文一班 | 组长（纪律委员） |
| | 张弘扬 | 2001891036 | 戏文二班 | |
| | 白晓凤 | 2001897039 | 戏文二班 | 新闻宣传员 |
| 第 6 组 | 陈昊 | 2001891029 | 戏文二班 | 组长（新闻宣传员） |
| | 陈涛 | 2001891003 | 戏文二班 | |
| | 闫勇鑫 | 2001891070 | 戏文二班 | |
| 第 7 组 | 李俊豪 | 2001891056 | 戏文一班 | 组长（新闻宣传员） |
| | 李豪 | 2081891047 | 戏文一班 | 组长 |
| | 郝勤轩 | 2001270050 | 编导四班 | |
| 第 8 组 | 刘哲 | 2001250052 | 广电二班 | 组长 |
| | 耿家龙 | 2001270019 | 编导二班 | |
| | 熊昊冉 | 2001270046 | 编导四班 | |
| | 徐如如 | 2001270020 | 编导一班 | |
| 第 9 组 | 马圣佳 | 2001270013 | 编导四班 | 班长 |
| | 刘明宇 | 2001270028 | 编导四班 | |
| | 孙永达 | 2001270102 | 编导四班 | 组长 |
| | 李岩昊 | 2001270123 | 编导四班 | |

续表

| 分组 | 姓名 | 学　号 | 班　级 | 备　注 |
|---|---|---|---|---|
| 第 10 组 | 朱洪举 | 2001270120 | 编导三班 | 组长 |
| | 王旋 | 2001270042 | 编导三班 | |
| | 陈锦梓 | 1801270081 | 编导三班 | |
| 第 11 组 | 陈明海 | 2001270110 | 编导四班 | 组长 |
| | 文欣怡 | 2001270119 | 编导四班 | |
| | 张钦雨 | 2001270128 | 编导四班 | |
| 第 12 组 | 许轶然 | 2001270086 | 编导二班 | 学委 |
| | 王彬洁 | 2001250016 | 广电一班 | 宣传委员 |
| | 苏钰恒 | 2001270073 | 编导二班 | |
| | 邢王鑫 | 2001250008 | 广电一班 | 新闻宣传员 |

### 4.2.4　实施过程

以 2022—2023 学年第一学期为例,短视频项目制作课程的选修学生共 30 人,每 3 人为一组,共分 10 组。以 2021—2022 学年第一学期第 6 周开课至 13 周结课为例,除了完成课上授课内容外,共接受校内、校外共 12 项短视频真实项目。这 12 项短视频项目分别是第六届全国民办高校优秀辅导员评选的短视频制作、体育美育浸润计划的短片拍摄与制作、军事理论课程的拍摄与制作、延时服务推广视频的制作、"中华民族一家亲,同心共铸中国梦"演讲比赛视频的录制、花溪路小学纪录片录制、柴郭小学纪录片录制、抖音摄像剪辑的引流微课制作、抖星探项目制作、《血路之殇》安全警示片后期制作、防性侵儿童微电影《唤醒》压缩剪辑、《南阳喷爆事故警示片》后期制作。

项目来源无论是校内还是社会,评价标准都是采取百分制,采用综合评价体系完成课程学习评价。期末项目完结之后,每个学生团队根据全学期的项目制作实施,完成短视频项目制作记录表和答辩 PPT,分组进行集中汇报展示。通过项目制作过程和短视频成果展示,实现学生团队间的成果经验交流,旨在提升团队负责人的宣讲能力、管理能力,以及团队成员间的协作能力。校内、校外项目教师组建课程评委团,针对 10 组的学生进行现场课程评价。课程评价主要包含客户评价、教师评价及学生团队互评三个方面。客户评价包括产品价值和项目成效等部分,该部分占最终评价分值的 60%。教师评价主要包括学生团队建设评价、项目实施时效评价和项目质量评价三个主要部分,该部分占最终评价分值的 20%。学生团队互评包括学生的项目宣讲和项目的质量评价,该部分结合学生平时出勤情况,占最终评价分值的 20%。通过短视频项目制作课程评价表的综合评分,学生项目化成果评价处于优良水平。

在短视频项目制作课程教学过程中,还通过短视频账号体系、内容体系和运营体系的设计,打造短视频个人 IP 的设计与训练,鼓励学生开设自己的短视频账号,并真实实践开展账号运营。

1. 课程实施实录一

2022 年 9 月 23 日下午,传媒艺术科教中心的项目化教学课程"短视频项目制作"于线上正式开讲,课程第一讲主讲人是该项目化教学课程的负责人张伟杰老师,2020级广播电视编导专业、广播电视学专业及戏剧影视文学专业的 40 名学生参加了课程的学习。

张伟杰通过"课程概述""校企合作项目解析"和"课程分组验收报告解析"三个部分向学生讲述了关于"短视频项目制作"课程的内容设计与未来规划。第一部分"课程概述"为大家介绍了该课程项目化教学的项目依据、项目基本信息、项目实施和项目评价细则,让学生对该项目化课程的教学设计、实施和考核情况有了深入了解。在第二部分"校企合作项目解析"中,张伟杰介绍了引入课堂的真实企业项目,其中重点介绍了橡视频 App 的"在线开放课程建设与视频制作"项目,通过张伟杰讲授,让学生了解在线课程的教学设计和视频制作流程。第三部分"课程分组验收报告解析",张伟杰以上一学期学生的分组验收报告为案例,为学生展示并解析各短视频小组从事的真实项目案例及积累的支撑材料与总结。学生纷纷表示对本学期可能开展的诸多短视频项目颇感兴趣,尤其是针对微电影、企业宣传片、安全警示片、广告片、纪录片等不同类型的短视频项目更有兴致。

本次开设的"短视频项目制作"课程除了校内"双师型"教师开设的"真实案例的选题策划分析""短视频实用照明案例解析""短视频后期剪辑调色与交付实战训练"等课程外,校外企业导师也是一大亮点,分别来自四家企业的四位业界专家将为学生带来"精品在线课程 PPT 设计事务""精品在线课程摄制实务""网络小说热门题材与人设拆解""影视行业最缺的两个岗位——剧作与制片行业现状分析"等课程。

通过该项目化教学的实施,旨在培养学生独立运营短视频项目并持续有效地创作出优质短视频内容,提升学生短视频制作能力和商业变现的能力。并且以短视频行业职业人才培养为教学重点,培养适应社会主义现代化建设需要的传媒业各类节目编导、编剧、摄像、制作和媒介推广的人才。

2. 课程实施实录二

2022 年 10 月 14 日下午,项目化课程"短视频项目制作"在新北 409 教室开展教学,导入课程内容"短视频选题策划与文案撰写"。由戏剧影视文学专业教师马海艳主讲,2020 级广播电视编导专业、广播电视学专业及戏剧影视文学专业共 40 名学生参加课程学习。

"短视频选题策划和文案撰写"课程内容从短视频构成、短视频赛道和选题、短视频文案创作等环节展开教学。主要通过讲解优质短视频的关键构成因素和优质抖音账号特征,旨在引导大家掌握不同短视频赛道的要求。结合赛道、领域关键词、热点等学习对标账号,围绕用户心理等进行选题策划。通过对真实账号和短视频文案拆解,让学生了解并掌握短视频账号名称、账号简介、标题文案、内容简介、脚本创作、评论互动和吸粉文案的撰写方法。

课程结合真实项目,重点剖析四种常用短视频标题、短视频文案的五种开头和五种结尾,以及优质文案的三种结构与三个公式。短视频的文案金句有助于学生切实把握短视频内容策划,掌握文案撰写的方法和技巧。马海艳老师指出,在整个短视频制作中,策划和撰写短视频文案是必要的第一步,需要学生认真对待。

在案例教学环节,课程引入企业实操项目,导入川贝玉竹百合秋梨膏、紫苏膏、美白淡斑膏三款产品,介绍其产品特点、展示产品实物及剖析客户验收要求。马海燕老师以真实项目为教学内容,重点分析企业项目产品的前期策划、短视频文案撰写及拍摄制作过程。学生以小组形式阐述其创作想法,分组讨论,对短视频实操制作、推广有了更具针对性的创意和想法。

项目化课程"短视频项目制作"之选题策划和文案撰写版块,要求学生开展短视频项目创作和运营实践,不仅让学生熟悉短视频的生态特点和职业要求,重点培养学生独立完成短视频项目制作及运营能力,提高学生作品质量。

3. 课程实施实录三

2022 年 11 月 11 日下午,项目化课程"短视频项目制作"特邀茫种文化集团旗下叶轩书院运营总监,以及多平台签约作家、十方教育小说课程 IP 讲师煎蛋卷(笔名)作为企业导师,线上讲述"人物形象写作干货:如何塑造完整的小说人设?"2020 级广播电视编导专业、广播电视学专业及戏剧影视文学专业共 40 名学生参加课程学习。

课程内容主要从小说人设的基本概念、新人塑造小说人设的基本方法和经典人设分析例证三大版块展开教学。针对小说人设基本概念,煎蛋卷(笔名)以爆款热播剧《请君》中的陆炎为例,简单解释人设的基本含义,人物设定主要包括姓名、性别、社会背景、外貌特征、基本性格、兴趣爱好等。煎蛋卷(笔名)强调指出,武侠剧中的武力值、绝招等描写都是人设的附加值。

关于新人塑造小说人设的基本方法,煎蛋卷(笔名)以自创作品为例,将教学内容细分为脸谱画法和特征法,其中特征法包括特殊动作、金句梗和口头禅。所谓脸谱画法,主要是指在小说创作、剧本创作中刻画人物具有公式化倾向,脸谱画后的角色形象相对鲜明,角色性格更容易被突出,在特定情节中更容易把握。课程教学引入教师自创作品,向同学们详细展示脸谱画法与特征法在人物塑造上的运用,具体可感,生动性强。同时,煎蛋卷(笔名)根据课程内容指出问题,强调脸谱画法容易使角色缺乏灵气,并对此提出解决办法。例如,为角色人为制造小缺陷或特殊癖好,这也是对特征法的具体运用。

"短视频项目与制作"之小说人物形象塑造版块通过对一系列经典影视人物形象的详细人设分析,有助于学生更好地了解、学习与使用人设塑造方法,强化人物形象写作技巧,开拓思维,创作喜闻乐见的小说人物形象。

4. 课程实施实录四

2022年11月25日下午,项目化课程"短视频项目与制作"之电影剧作与制片版块于腾讯会议线上开讲,特邀河南本土电影人王军城主讲,深入剖析电影编剧的"秘密"。2020级广播电视编导专业、广播电视学专业及戏剧影视文学专业共40名学生参加课程学习。

课程内容主要从剧作观念、基本剧作知识、剧本诞生、编剧的自我修养、超低成本电影等多角度展开教学。剧作观念是编剧关于剧本创作的观点、看法、思维和方式,它是编剧进行剧本创作的世界观。剧本不是小说,编剧要考虑实际拍摄中能否实现剧作想法,把好的故事内容转化为可视化形式,摆脱对语言的依赖,培养视听思维,才能有好的剧本诞生。

针对如何创作剧本与当好编剧,教学内容主要从好莱坞"三幕式"、八序列剧作法、香港电影"九宫格"、救猫咪"十五个节拍"四个方法展开介绍,明确剧本创作要用一句话确定故事核心创意,梳理故事核心,展开撰写人物小传,才能理清剧作线索,进行更好的创作。同时,王军城结合《中原人家》《当天使来敲门》等电影的创作过程与经验,并引入导演黑泽明访谈,强调指出:"编剧做的是'从0到1'的工作,应多关注社会新闻,观察生活,多看剧本,多积累,多思考,多写。编剧是理性与感性的结合体,不仅要写好故事,更要有耐心与信心,才能拍出好电影。"

"短视频项目制作"之电影剧作与制片版块,通过对大量经典作品的详细分析,让学生对剧本创作与编剧有了更深刻的认识,有效规避创作盲点,明确改进措施,启发创作思维,提升学生的剧本创作能力。

5. 课程实施实录五

2022年12月9日下午,"短视频项目制作"项目化教学课程在线上开展。本次课程内容为"项目化学员项目验收汇报与答辩",课程负责人张伟杰、广播电视编导教研室负责人刘灼、河南卓然星河信息科技有限公司副总经理梁昆、郑州标普广告设计有限公司创办人曹迪担任课程评委,2020级广播电视编导专业、广播电视学专业及戏剧影视文学专业共40名学生在线进行了项目成果汇报和答辩活动。"短视频项目制作"课程的学生共分为12组,每组3~4人,汇报时各组成员均要出镜,围绕个人参与的校内外真实和虚拟项目进行总结与汇报,并回答评委提问。

在课程考核开始前,张伟杰老师为学生讲解了该课程的项目评价内容与标准。张伟杰指出,短视频项目制作课程评价采取百分制,采用综合评价体系完成课程学习评价。评价内容包括短视频项目团队评价、短视频项目时效评价、短视频项目质量评价和短视频项目价值评价。"短视频项目制作"课程总体评价包括客户评价(60%)、教师评价(20%)和团队互评(20%)三部分来检验项目化教学成果。

在项目成果宣讲中,各小组按照顺序,由一人或多人进行汇报。通过 PPT、验收报告等形式,围绕本学期参与的校内外真实项目和实训实践任务进行宣讲,开展课程小结。每个小组汇报完毕后,小组成员需要接受校内外老师的提问,进行答辩。张伟杰和刘灼作为教师评价主体,对各组同学在校内实训项目进行提问;曹迪和梁昆作为客户评价主体,对各组同学参与的校外项目进行现场反馈,并提问答疑。

通过验收报告和综合考评,张伟杰表示可以看出每组团队对于自己参与的校内外真实项目都下了很大功夫,也取得了一定的成绩,希望同学们以后再接再厉,把课程实践实训中学到的专业技能和经验教训运用到以后的工作和创作中去。他同时对参与该课程的四家企业导师的辛勤付出和后续将会提供的服务表示感谢。

刘灼对本次课堂活动进行了总结。他首先肯定了本学期短视频项目化教学取得的一系列成果,并且恭喜同学们顺利完成了本课程的学习。接着,他指出,锻炼学生对核心知识的理解、运用和迁移是项目化教学最重要的教学活动。最后,刘灼为学生送出了美好的祝愿。短视频项目化课程虽然是选修课,但它具有很强的实践性。对同学们大四的规划、就业的准备、行业的变化等都会有或多或少的帮助。希望同学们能够调整好心态,迎接和面对挑战。

### 4.2.5　教学评价

"短视频项目制作"课程是一门项目化教学课程,通过短视频项目课程概述、校企合作项目解析、任务拆解、分组交流、真实案例的选题策划分析、真实视频项目案例策划与运营分析、短视频账号流量变现、短视频项目拍摄与后期剪辑与交付、实例解析等课程,学生能够了解短视频项目制作的商业流程。该课程是一门综合性、实践性较强的应用学科,考试以客户评价、教师评价和团队互评的形式进行考核。

通过客户评价、教师评价及学生团队互评形式进行考核,通过期末课程成绩登记表和试卷分析可以发现学生对"短视频项目制作"这门课程实践实战情况良好,从成绩等级评分中可以看出,学生参与的专业项目基本获得了客户的一致好评,也获得指导教师的肯定,各项目组组长通过现场述职与答辩,现场课题组五位评委综合评价,学生成绩基本集中在良好与优秀水平,说明学生专业技术实操性整体处于良好水准。

1. 项目来源稳定性不足

项目来源不够持续和稳定,尤其是社会项目来源具有不确定性,会呈现业务中断的局面,只能通过布置实践作业进行补充。也有时项目突然会很多,例如学校突然集中布置了多个拍摄任务,多点项目会让学生忙个不停。因此,需要建立一个稳定、均匀、持久的项目岗位群。

**2. 课程的覆盖学生数偏少**

"短视频项目制作"课程是在传媒艺术科教中心和播音艺术科教中心打造的选修课程,面向两个专业遴选了 40 名学生参与,该课程在广播电视编导专业和戏剧影视文学专业两个专业里参与人数占比较小,覆盖面不大,能够获得项目化教学收益的学生有限,因此在双选的过程中,教师只能舍弃一些有意向的学生,不能实现较大范围覆盖学生群体。

**3. 教师分工的有效性不够强**

教师承担的教学课程量不等,项目组有的教师专业课程较多,本身工作压力就大,还要进行项目化教学,故不能全身心投入项目化教学中来,这就导致项目化教学中有的教师要承担更多的教学任务和指导任务。

**4. 课程实践比重还不够大**

该课程在教学设计与教学过程中,应当加大引进商业项目的实操演练,增加课程实践教学,邀请业内专家走入课堂,加大专业技术实操及真实训练的力度。在客户评价方面,更趋于市场化、规律化的评价标准。通过应用性与创新性教学引导,提升学生作品的创造性与思想性。

# 4.3　专业基础课程教学设计实例

## 4.3.1　课程简介

广播电视编导专业的基础课程主要开设于大一与大二阶段,主要涉及的知识模块用于支撑开设在高年级的项目化教学课程。

**1. "视听语言"课程简介**

"视听语言"课程于 2022 年上半年立项,是专业基础课改革课程,立项后于 2022 年秋季开课,自校级立项起至 2023 年秋季学期,已实际开课两学期。课程团队成员共5 人,设有副教授 2 名、讲师 3 名。其中,项目负责人史昕雨、陆晓灿、杨金鹏三位教师主讲该课程多年,具有丰富教学经验和教学案例,他们逐步完善教学环节,优化教学活动的设计。"摄影基础"为大一专业基础课,配合相关知识模块的联动,使整个专业基础课架构更有序、严谨。项目化教学课程"媒体广告制作与营销"为本专业基础课改革明确了更清晰的方向和反馈。为后期项目化课程"媒体广告制作与营销""微电影创意和制作""短视频项目制作"提供视觉镜头语言基础性、语法性的知识模块,培养学生由文字化意境思维向镜头化具象思维的转变能力。

**2. "摄影基础"课程简介**

"摄影基础"专业基础课课程改革于 2022 年上半年立项,2022—2023 学年第一学期开始进行授课,同期开展教学相关资源积累与制作。项目课程组成员主要包括摄影专业王彬彬、赵亚红及实验教学中心谈正言,包括项目负责人在内的所有专任教师均为"双师型"教师,另有不固定企业导师参与实践教学活动。课程项目是摄影摄像技术方面的基础教学课程,是广播电视编导专业学生必须掌握的专业基础知识与技能。该课程内容支撑项目化"短视频项目制作"课程、"微电影创意和制作"课程与专业基础课"演播室节目制作"课程,支撑影视制作类助理摄像岗位需求。

### 4.3.2　教学大纲

**1. 视听语言课程教学大纲**

视听语言课程教学大纲如表 4-4 所示。

**表 4-4　视听语言课程教学大纲**

| 课程代码 | kg2022jc17 | | 课程名称 | | 视听语言 | |
|---|---|---|---|---|---|---|
| 授课教师 | 史昕雨 | | | | | |
| 课程性质 | 必修 | 学时 | 32 | 学分 | 2 | 授课对象 | 2023级广播电视编导专业,2023级戏剧影视文学专业 |
| 课程目标 | "视听语言"是为培养和检验学生掌握影视语言而开设的专业基础课,为其他专业基础课"摄影基础""电视摄像"等提供知识理论,为高年级专业基础课"电视编辑""纪录片创作"等提供扎实的镜头语言基础框架。通过本课程的学习,掌握影视艺术创作中声画系统的基本概念和重要规律;建立起影视广播电视编导专业学习的脉络和结构,了解各门专业课程间的内在联系;建立起视听思维即影像化思维,能运用视听语言方式进行表达 | | | | | |
| 学习成果 | 原创短视频,影视作品分镜头拉片,电影分析 PPT,电影剪辑视频,期末开放式考查试卷 | | | | | |
| 教学方法 | ☑讲授　☑小组讨论　☑答疑　□实验　☑实训　☑自主学习　□其他(请填写)_____ | | | | | |
| 先修课程 | 专业基础课程:无<br>项目化课程:无 | | | | | |
| 后衔接课程 | 专业基础课"电视编辑""纪录片创作""电视节目制作"等<br>项目化课程"微电影创意和制作""类型纪录片创意与制作""短视频项目制作" | | | | | |
| 课程资源 | 自主设计(选择相应选项即可,如有补充请填写内容):<br>□教材　□教辅用书　□拓展书目　□教具　□实验室　☑网络平台　□图片　□音频　□视频　□软件　□学科专家、科学家、企业家等社会人士　□实地/现场　□图书馆、博物馆等社会场所　□期刊　☑教学过程中生成性资源(如教学活动中提出的问题、学生的作品/作业、课堂实录等)　□其他_____<br><br>现成资源(选择相应选项即可,如有补充请填写内容):<br>☑教材　□教辅用书　□拓展书目　□教具　□实验室　☑图片　□音频　☑视频　□软件　□学科专家、科学家、企业家等社会人士　☑实地/现场　□图书馆、博物馆等场所　☑期刊　□教学过程中生成性资源　□其他_____ | | | | | |

| | 该课程总成绩合理化分配,由平时(含实践)和期末两部分组成。其中,平时成绩占总成绩40%,结合线下作业、课堂问答与学习中心平台试题库三部分,对学习过程及质量进行综合评价;期末成绩占总成绩的60%,采用开卷笔试考试方式,考试时间为100分钟,考试题型采用创作题和论述题两类。 |
|---|---|

| 考核项目 | 分值 | 优秀 | 良好 | 中等 | 合格 | 不合格 |
|---|---|---|---|---|---|---|
| 基础知识和基本技能 | 30% | 能很好地掌握视听语言各个要素,并熟练运用视听语言进行分析、创作 | 能较好地掌握视听语言各个要素,并熟练运用视听语言进行分析、创作 | 能够掌握视听语言各个要素,并熟练运用视听语言进行分析、创作 | 基本掌握视听语言的各个要素,并熟练运用视听语言进行分析、创作 | 不能掌握视听语言各个要素,并熟练运用视听语言进行分析、创作 |
| 创新能力 | 10% | 能很好地运用所学知识,将理论研究运用到作业实践当中,具有很强的创新意识 | 能较好地运用所学知识,将理论研究运用到作业实践当中,具有较强的创新意识 | 能够运用所学知识,将理论研究运用到作业实践当中,具有一定的创新意识 | 能够运用所学知识,将理论研究运用到作业实践当中,具有初步的创新意识 | 不能运用所学知识,不具备创新意识 |
| 课堂训练与作业 | 50% | 能很好地按课题要求完成课堂训练,能够独立完成影视脚本的编写,内容新颖,格式标准,视听语言运用合理 | 能较好地按课题要求完成课堂训练,能够独立完成影视脚本的编写,内容新颖,格式标准,视听语言运用合理 | 能够按课题要求完成课堂训练,能够独立完成影视脚本的编写,格式标准,视听语言运用较为合理 | 基本能按课题要求完成课堂训练,能够独立完成影视脚本的编写 | 不能按课题要求完成课堂训练,不能够独立完成影视脚本的编写 |
| 学习态度 | 10% | 有很强的学习积极性和主动性,态度很认真、踏实,出勤率很高 | 有较强的学习积极性和主动性,态度较认真、踏实,出勤率较高 | 学习积极性和主动性强,态度认真、踏实,出勤率高 | 学习积极性和主动性一般,态度较一般,出勤率一般 | 学习积极性和主动性较差,态度不认真,不踏实,出勤率低 |
| 总评成绩 | 100% | 90~100分 | 80~89分 | 70~79分 | 61~69分 | 60分及以下 |

课程评价方式

### 2. 摄影基础课程教学大纲

摄影基础课程教学大纲如表 4-5 所示。

**表 4-5　摄影基础课程教学大纲**

| 一、课程大纲 | | | | | | |
|---|---|---|---|---|---|---|
| 课程代码 | kg2022jc11 | | 课程名称 | | 摄影基础 | |
| 授课教师 | 刘灼 | | | | | |
| 课程性质 | 必修 | 学时 | 32 | 学分 | 2 | 授课对象 | 一年级 |

续表

一、课程大纲

| 课程目标 | 摄影基础课程是摄影摄像技术方面的基础教学课程,是广播电视编导专业学生必须掌握的专业基础知识与技能。该课程内容支撑短视频项目制作课程中的摄影摄像技术部分知识与技能。在知识层面,理解并掌握一般摄影摄像器材的使用,包括感光曝光原理、影视画面构图技巧、影视画面用光技巧等课程主要核心知识内容;在能力层面,结合课程实践教学设计,熟练掌握一般摄影摄像器材的使用、维护等基本技术,具备根据操作环境熟练应用影视画面设计等;在综合素质层面,理解影视脚本的主题的美学设计思路,可以根据影视项目的制作要求,灵活熟练地使用摄影技巧,完成影视作品前期的素材准备和项目设计 |
|---|---|
| 学习成果 | 摄影图片:平时作业、期末摄影组图创作 |
| 教学方法(或学习方法) | ☑讲授　☑小组讨论　☑答疑　☑实验　☑实训　☑自主学习　☑其他(请填写)案例分析演示 |
| 先修课程 | 专业基础课程:无<br>项目化课程:无 |
| 后衔接课程 | 项目化课程:短视频项目制作、品牌类影视短片创意设计、影视光线创作 |
| 课程资源 | 自主设计(选择相应选项即可,如有补充请填写内容):<br>☐教材　☐教辅用书　☐拓展书目　☐教具　☑实验室　☐网络平台　☑图片<br>☐音频　☑视频　☐软件　☐学科专家、科学家、企业家等社会人士　☑实地/现场<br>☐图书馆、博物馆等社会场所　☐期刊　☑教学过程中生成性资源(如教学活动中提出的问题、学生的作品/作业、课堂实录等)　☐其他(请填写)_____<br><br>现成资源(选择相应选项即可,如有补充请填写内容):<br>☐教材　☐教辅用书　☑拓展书目　☑教具　☑实验室　☑图片　☐音频　☑视频<br>☐软件　☐学科专家、科学家、企业家等社会人士　☑实地/现场　☐图书馆、博物馆等场所　☑期刊　☑教学过程中生成性资源　☐其他(请填写)_____ |
| 课程评价方式 | 理论知识考核:学习中心测验题<br>技术能力考核:面试、课程作业 |

二、课程教学进度表

| 周次 | 课上 | | | 课下 | | 备注 |
|---|---|---|---|---|---|---|
| | 课程主题内容 | 教学场所 | 计划学时 | 学习主题内容 | 学生用时 | |
| 3 | 摄影概论 | 教室 | 1 | — | — | |
| | 认识数字相机 | 教室 | 1 | — | — | |
| 4 | 认识相机光学镜头 | 教室 | 2 | — | — | |
| 6 | 曝光量与曝光技术 | 教室 | 1 | 曝光量与曝光三要素自主学习 | 1学时约50分钟 | |
| | 摄影曝光应用 | 教室 | 1 | 相机基本操作与拍摄练习 | 7学时约350分钟 | |

续表

二、课程教学进度表

| 周次 | 课 上 | | | 课 下 | | 备注 |
|---|---|---|---|---|---|---|
| | 课程主题内容 | 教学场所 | 计划学时 | 学习主题内容 | 学生用时 | |
| 7 | 焦距控制景深实验 | 室外 | 2 | 曝光量自主学习与焦距控制景深训练 | 6学时 约300分钟 | |
| 8 | 手动曝光实验 | 室外 | 2 | 手动曝光训练 | 4学时 约200分钟 | |
| 9 | 曝光模式实验 | 室外 | 2 | 快速与慢速曝光实训 | 5学时 约250分钟 | |
| | 画面影调控制 | 教室 | 2 | 十种影调自主学习 | 1学时 约50分钟 | |
| 10 | 影调控制实验 | 室外 | 2 | 影调控制实训 | 6学时 约300分钟 | |
| 11 | 摄影用光六要素 | 教室 | 2 | 自然光造型摄影技巧及有效光训练 | 3学时 约150分钟 | |
| | 人工光造型实验 | 实验室 | 2 | 人工光造型训练 | 6学时 约300分钟 | |
| 12 | 摄影构图训练 | 室外 | 2 | 摄影构图训练 | 4学时 约200分钟 | |
| 13 | 摄影构图原则及要求 | 教室 | 2 | 摄影构图形式法自主学习 | 3学时 约150分钟 | |
| | 人像摄影创作实验 | 室外 | 4 | 人像摄影创作技巧 | 1学时 约50分钟 | |
| 14 | — | — | — | 人像摄影创作训练 | 8学时 约400分钟 | |
| 15 | 纪实摄影创作实训 | 室外 | 4 | 纪实摄影创作技巧 | 1学时 约50分钟 | |
| 16 | — | — | — | 纪实摄影创作训练 | 8学时 约400分钟 | |
| 合计 | | | 32 | 合计 | 64学时 约3 200分钟 | |

## 4.3.3 教学设计

1. 视听语言课程教学设计

（1）教学模块设计

视听语言课程是通过理论联系实践的方法,采取线上教学讲授法、演示法与线下实践教学练习法相结合开展的混合式教学,理论知识采用线上教学,课程实践采用线下教学的形式开展。理论教学环节在线上理论教学的基础上,设计案例评阅、作品赏析等内容;实践教学环节结合理论教学的知识学习,除了设计具体的实践教学大纲与实验教学活动设计方案外,还跨专业协同,专业基础课间联动,项目化教学课程和专业基础课程互动的"三位一体"。

总学时为 32 学时,线上教学 16 学时,线下教学 16 学时。

(2)教学进度安排

视听语言课程教学进度表如表 4-6 所示。

表 4-6　视听语言课程教学进度表

| 周次 | 课　上 | | | 课　下 | | 备注 |
|---|---|---|---|---|---|---|
| | 课程<br>主题内容 | 教学<br>场所 | 计划<br>学时 | 学习<br>主题内容 | 学生<br>用时 | |
| 1 | 视听语言导论<br>① 视觉心理的形成机制:人的视听感知特性在影视中的运用<br>② 视听语言的特点 | 教室 | 2 | 课下任务一:从知乎、B 站上了解卢米埃尔兄弟和爱迪生,并比较他们对视听语言发展的贡献<br>课下任务二:在 B 站上观看《火车进站》《月球旅行记》《火车大劫案》,比较里面视听语言的变化 | 2 | |
| 2~3 | 画面造型语言Ⅰ<br>① 景别与角度<br>② 焦距与景深 | 教室 | 4 | 课下任务一:拍摄远、全、中、近、特五张不同景别的图片<br>课下任务二:找出影视剧中广角镜头,长焦镜头使用案例,并分析导演使用的原因<br>课下任务三:观看电影《公民凯恩》和《辛德勒的名单》全片 | 8 | |
| 4~5 | 画面造型语言Ⅱ<br>① 色彩与光线<br>② 构图 | 教室 | 4 | 课下任务一:找出《大红灯笼高高挂》对称性构图,象征性构图,并分析张艺谋构图处理的原因<br>课下任务二:观看《霸王别姬》,找出光线对于人物形象刻画的画面,并分析该人物的性格和形象 | 8 | |
| 6 | 画面造型语言的练习模仿影视作品中的一个片段,体现景别、景深、焦距、色彩、光线、构图的使用 | 户外/校园 | 2 | 课下任务:联合课程摄影基础,拍摄大景深+构图五张,小景深+景别近景/景别特写+光线五张 | 4 | |
| 7 | 镜头语言<br>① 镜头的概念和定义<br>② 镜头的运动 | 教室 | 2 | 课下任务:在任意影视剧中,找出固定镜头、推拉镜头、摇镜头、移动镜头的案例各一,剪成片段 | 4 | |

续表

| 周次 | 课上 | | | 课下 | | 备注 |
|---|---|---|---|---|---|---|
| | 课程<br>主题内容 | 教学<br>场所 | 计划<br>学时 | 学习<br>主题内容 | 学生<br>用时 | |
| 8 | 场面调度<br>① 场面调度<br>② 长镜头 | 教室 | 2 | 课下任务:观看《长安十二时辰》第一集,观看《公民凯恩》开头部分 | 4 | |
| 9 | 场面调度的练习<br>提供若干影视片段,组织学生观摩后,在影片中找到长镜头或场面调度的片段进行分析 | 户外/<br>校园 | 2 | 拍摄一个主题为"遇见"的一镜到底的场面调度镜头,时长不超过30秒 | 4 | |
| 10 | 运动镜头拍摄的练习<br>利用固定镜头、运动镜头、长镜头、场面调度等镜头语言,拍摄一段关于"镜子"的片段 | 户外/<br>校园 | 2 | 课下任务:完成影像中元素的所有知识点梳理,并画出思维导图<br>课下任务:观看导演侯孝贤作品一部 | 6 | |
| 11 | 影视中的声音<br>① 声音有哪些元素<br>② 声音的时空属性<br>③ 声音在影视中的作用 | 教室 | 2 | 课下任务:观看《肖申克的救赎》,找出里面的对白、旁白、独白 | 4 | |
| 12 | 声画关系的分类<br>① 声画同步<br>② 声画对位<br>③ 声画分离 | 教室 | 2 | 课下任务:从《阳光灿烂的日子》《太阳照常升起》两部电影中找出声画关系分类的案例各一个,剪辑成视频 | 4 | |
| 13 | 声画关系的练习<br>模仿电影《大独裁者》中经典的声画对位,拍摄一段表现声音和画面的视频 | 教室 | 2 | 课下任务:观看电影《大独裁者》 | 4 | |
| 14 | 蒙太奇<br>① 蒙太奇概念<br>② 蒙太奇基本原则 | 教室 | 2 | 课下任务:观看电影《党同伐异》和《盗梦空间》 | 6 | |
| 15 | 蒙太奇剪辑练习<br>实践教学:利用蒙太奇理论,剪辑一段关于"最后一分钟营救"的片段 | 教室 | 2 | 课下任务:从电视剧《觉醒年代》第一集、《隐秘的角落》第二集、电影《超体》开头,找出表现蒙太奇的使用 | 6 | |
| 16 | 拉片训练<br>完成电影《辛德勒的名单》前30分钟的拉片 | 教室 | 2 | 课下任务:完成全部课程知识梳理,画出视听语言知识思维导图 | 2 | |
| | 合计 | | 32 | 合计 | 64 | |

（3）知识建模图

视听语言课程知识建模图如图 4-1～图 4-3 所示。

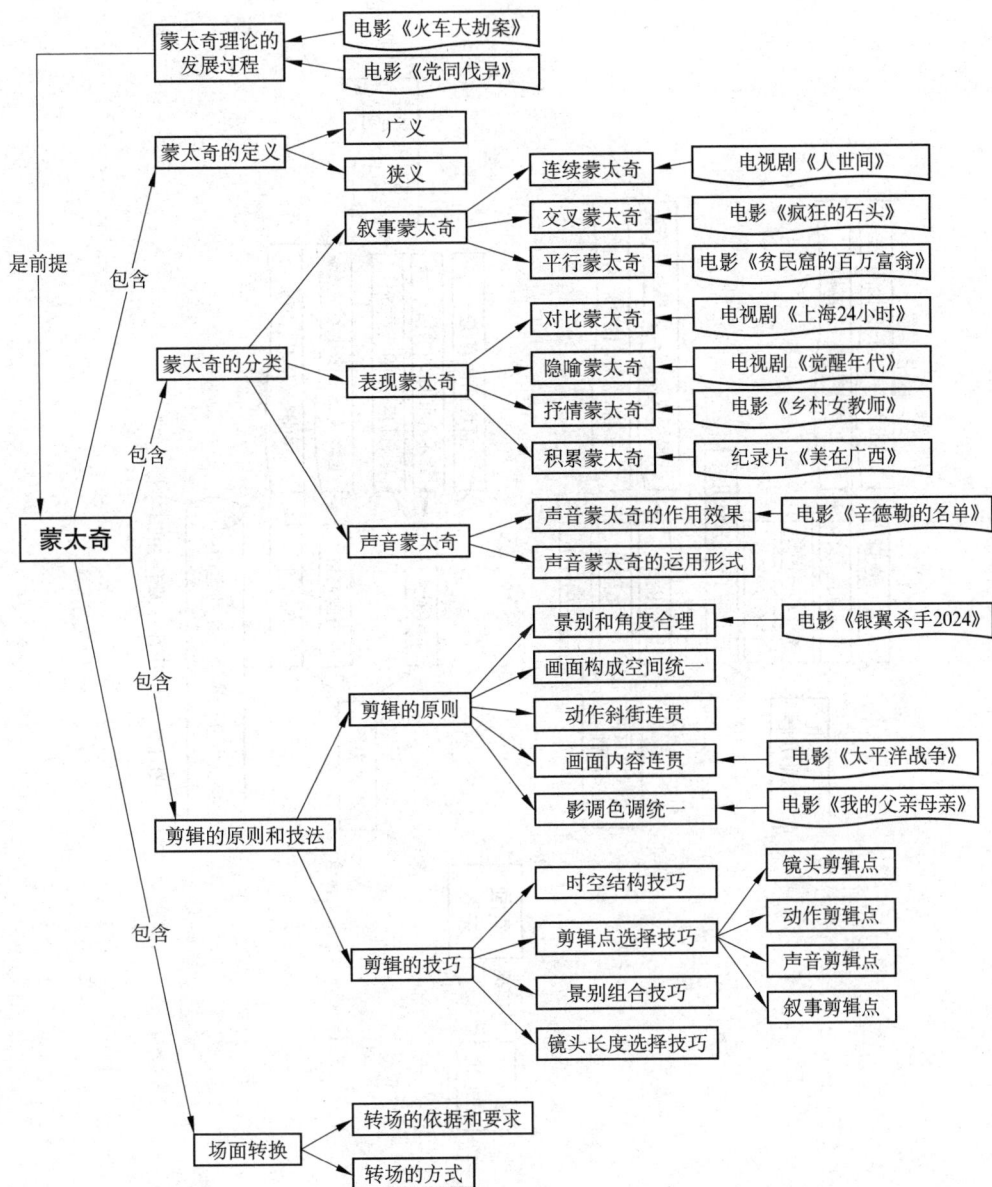

图 4-1　视听语言课程知识建模图 1

纪录片《胖连长和他的连长》
电影《重庆森林》

新闻短视频《有困难找政府》
电视剧《红楼梦》87版

电视纪录片《潜伏行动》

电影《这个杀手不太冷》
电影《霸王别姬》

增加信息量
增强画面质感
增进立体感
具有层次感
提供多样化画面画面组接

解说词
画外音
主观性音乐

解说词内容统一
音乐和画面的情绪统一
音响和对白的节奏统一

声画及其表现功能
影视声音的主客观性
声画关系
结合实例分析声画关系的运用

声画统一
声画对立
声画并行

包含　包含　包含　包含

声画关系

是前提

蒙太奇的原理

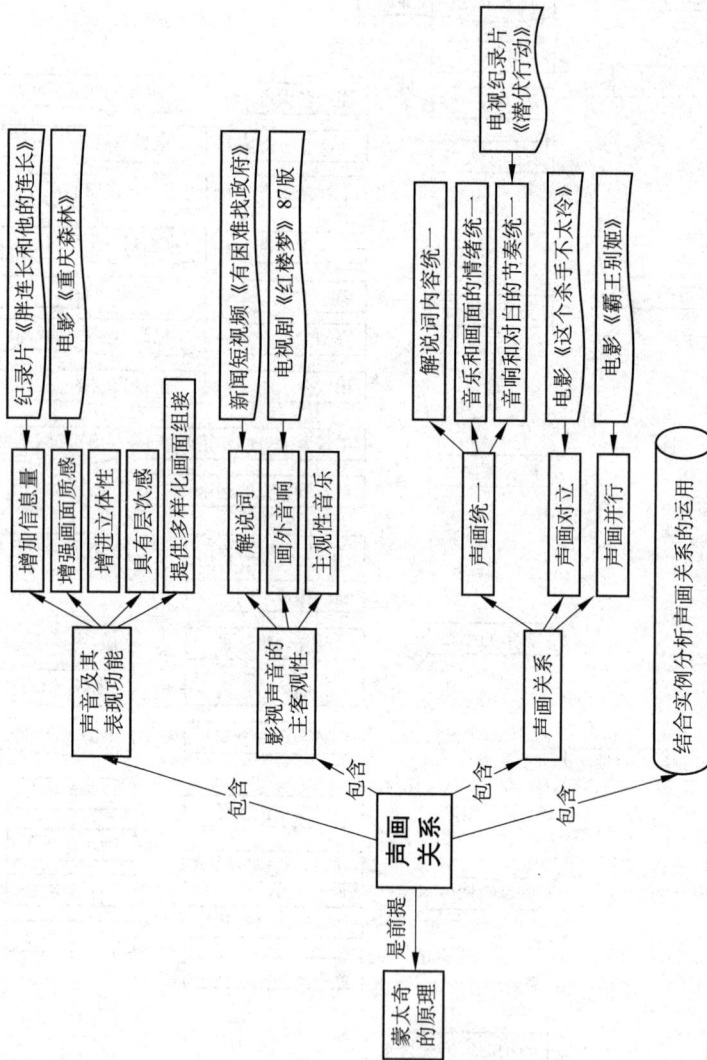

图4-2　视听语言课程知识建模图2

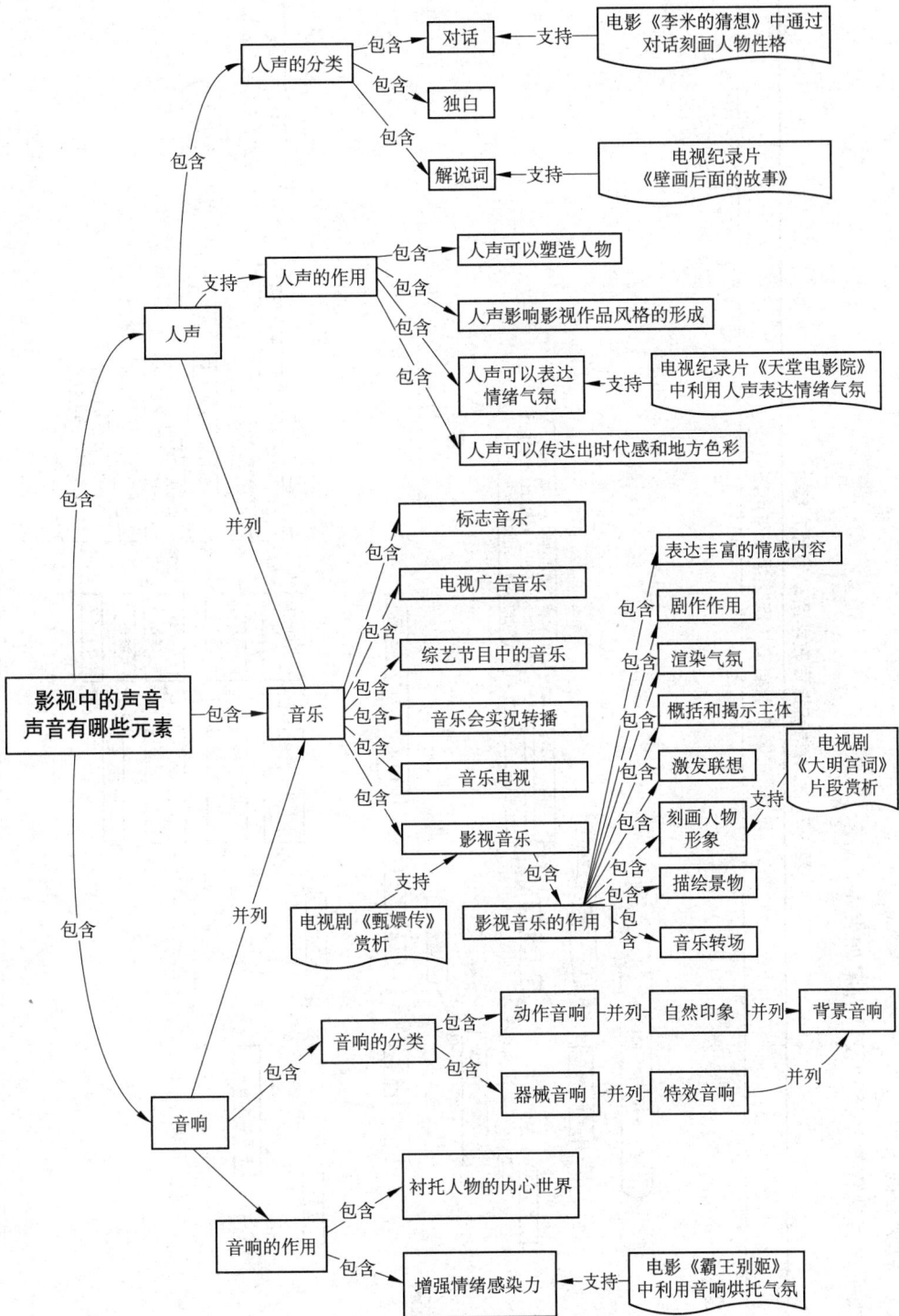

图 4-3　视听语言课程知识建模图 3

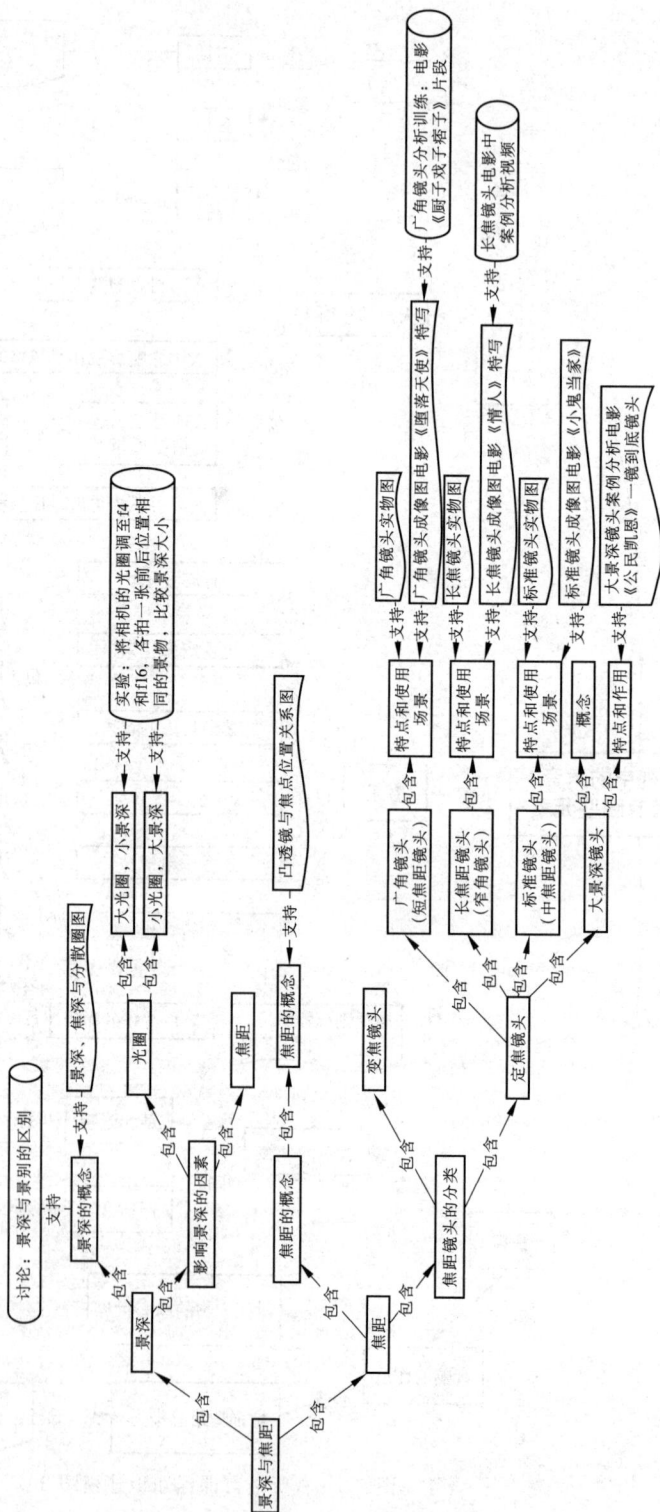

（4）教案节选

视听语言课程教学活动设计方案如表4-7所示。

**表4-7　视听语言课程教学活动设计方案**

2023—2024 年第一学期第 3 周　景深与焦距

知识建模图：

讨论：景深与景别的区别

景深与景别的区别 —支持→ 景深 —包含→ 景深的概念

景深 —包含→ 影响景深的因素

影响景深的因素 —包含→ 光圈

光圈 —包含→ 大光圈，小景深／小光圈，大景深 —支持→ 景深、焦圈分散图

光圈 —支持→ 实验：将相机的光圈调至f4和f16，各拍一张前后位置相同的景物，比较景深大小

影响景深的因素 —包含→ 焦距

景深与焦距 —包含→ 景深／焦距

焦距 —包含→ 焦距的概念 —支持→ 凸透镜与焦点位置关系图

焦距 —包含→ 焦距的分类 —包含→ 变焦镜头／定焦镜头

定焦镜头 —包含→ 广角镜头（短焦距镜头）／长焦距镜头（窄角镜头）／标准镜头（中焦距镜头）／大景深镜头

广角镜头（短焦距镜头） —包含→ 特点和使用场景 —支持→ 广角镜头实物图／广角镜头成像图 —特写→ 电影《堕落天使》

长焦距镜头（窄角镜头） —包含→ 特点和使用场景 —支持→ 长焦镜头实物图／长焦镜头成像图 —特写→ 电影《情人》

标准镜头（中焦距镜头） —包含→ 特点和使用场景 —支持→ 标准镜头成像图 —特写→ 电影《小鬼当家》

大景深镜头 —包含→ 概念／特点和作用 —支持→ 大景深镜头案例分析电影《公民凯恩》—镜到底镜头

广角镜头分析训练：电影《厨子戏子痞子》片段

长焦镜头中案例分析视频

续表

| | 知识点（学习水平） | 素质目标（课程思政点） |
|---|---|---|
| 学习目标 | ① 理解景深的概念，辨析景别的区别；<br>② 掌握影响景深大小的因素，学会运用光圈控制景深大小；<br>③ 理解焦距、焦点的概念，掌握定焦镜头的种类；<br>④ 记忆广角镜头的成像效果，掌握在影视剧中的使用方式；<br>⑤ 记忆长焦镜头的成像效果，掌握在影视剧中的使用方式；<br>⑥ 记忆标准镜头的成像效果，掌握在影视剧中的使用方式；<br>⑦ 掌握大景深镜头的概念和在影视剧中的作用 | ① 知识点④影视案例中涉及革命情节，引导学生激发爱国主义情怀；<br>② 具备正确的艺术审美能力 |
| 学习先决知识技能 | ① 熟练使用单反相机，完成光圈的调摄能力；<br>② 熟练判断画面中景别的能力 | |

| | 知识点（学习水平） | |
|---|---|---|
| 课上资源 | ① 教材：王松林的《视听语言》(河南大学出版社)；李.R. 波布克的《电影的元素》(中国电影出版社)；<br>② 文字部分：课件 PPT、模块知识建模图、教案；<br>③ 视频、电影《公民凯恩》；<br>④ 图片案例：电影《公民凯恩》广角镜头搭子戏子搭子广角镜头片段、长焦镜头电影案例分析；<br>⑤ 实物图、广角镜头成像图电影《情人》特写、标准镜头实物图、长焦镜头、景深、焦深与分散圈电影《堕落天使》特写、长焦镜头实物图、凸透镜与焦点位置关系图、广角镜头成像图电影《小鬼当家》、标准成像图 | 课下资源<br>① 文件：10套常用数码相机用户手册；<br>② 工具：数码相机；<br>③ 电影《公民凯恩》 |

| | | | |
|---|---|---|---|
| 课上时间 | 100分钟 | | 课下时间 200分钟 |

| 活动序列 | 任务的学习目标 | | 学习资源 |
|---|---|---|---|
| | | 地点 | |
| | | 课上 | 课下 |
| | | 35 分钟 | 40 分钟 |

| 活动 1 | ① 理解景深的概念、掌握景深和焦深的成像关系、辨析景别，学会运用光圈控制景深大小的区别；<br>② 掌握影响景深大小的因素，学会运用光圈控制景深大小 | 课件 PPT、单反相机、景深、焦深与分散圈图、10套常用数码相机用户手册 |
|---|---|---|

续表

| 活动序列 | 任务的学习目标 | 地点 | 时间 | 学习资源 |
|---|---|---|---|---|
| 活动 2 | ① 理解焦距、焦点的概念，理解焦距镜头的种类——变焦镜头、定焦镜头；<br>② 记忆广角镜头的成像效果，掌握在影视剧中的使用方式；<br>③ 记忆长焦镜头的成像效果，掌握在影视剧中的使用方式；<br>④ 记忆标准镜头的成像效果，掌握在影视剧中的使用方式；<br>⑤ 掌握大景深镜头的概念和在影视剧中的作用 | 课上 | 65 分钟 | 课件 PPT，凸透镜实物图，广角镜头与焦点位置关系图，广角镜头成像图电影《堕落天使》特写，电影《厨子戏子痞子》广角镜头片段，电影《情人》特写，长焦镜头实物图，长焦镜头案例镜头片段，长焦镜头实物图，标准镜头成像图分析视频《小鬼当家》，电影《公民凯恩》，标准镜头电影《公民凯恩》一镜到底镜头片段 |
| | | 课下 | 160 分钟 | 电影《公民凯恩》 |

活动 1 知识建模图（课上、课下）

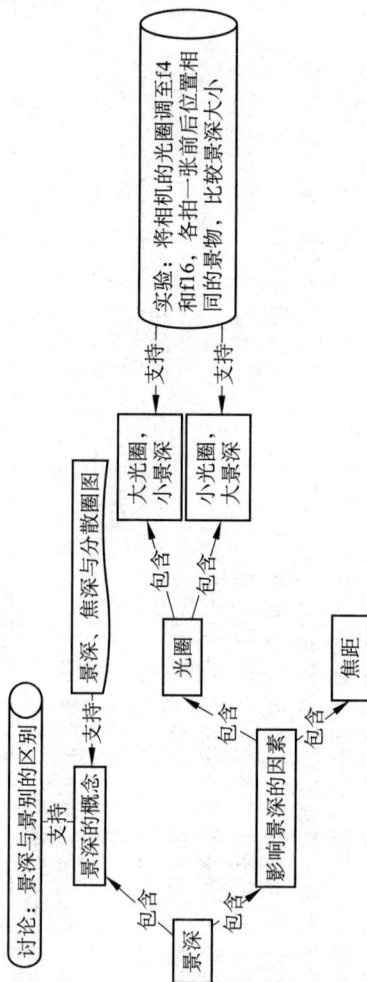

| 活动目标 | ① 理解景深的概念，掌握景深和焦深的成像关系，辨析景深和景别的区别；<br>② 掌握影响景深大小的因素，学会运用光圈控制景深大小； |
|---|---|

续表

| 师生交互过程 | 活动任务序列(导入任务描述) |
|---|---|
| | 教师:同学们,上节课我们学习了景别,今天我们要讲另一个画面造型元素——景深。<br>学生:景别?名字好像,他们是一个东西吗?<br>教师:他们是一个东西,还是两种不同的事物?这就是我们下面学习的内容 |

活动任务序列(任务一)

任务一知识组块:

讨论:景深与景别的区别

支持

景深的概念 —支持→ 景深、焦深与分散圈图

| | 任务描述 | 采用讲授景深概念和演示景深与焦深关系图的教学方法,达到掌握景深的成像原理目标;组织小组讨论他与景别的教学方法,辨别景深和景别的不同 |
|---|---|---|
| | 任务时长 | 15 分钟 |
| | 学习地点 | 教室 |

| 教学策略(或学习策略) | ☑讲授　☑小组讨论　☑提问　☑实验　☑演示　□自主学习　□翻转课堂　□案例分析 |
|---|---|
| 师生交互过程 | 教师讲授景深的概念;<br>教师演示景深、焦深与分散圈关系图,并模拟场景,提问景深大小的判别;<br>学生完成对不同景深的判别;<br>教师组织小组讨论,提出问题:景深和景别的区别;<br>学生通过小组头脑风暴,得出结果;<br>教师对各组讨论结果评判 |
| 学习资源 | 课件 PPT、景深、焦深与分散圈图 |
| 学习成果及评价标准 | ①景深大小判别考核:在模拟场景中,完成景深大小的判别。<br>评价标准:判断正确为达到教学目标,反之则未达标;<br>②辨别景深和景别的不同考核:得出"景别是二维平面从二维平面上识别人物位置和空间关系,景深是从纵深的画面空间上识别人物位置和空间关系"相关结论为达到教学目标,反之未达标 |
| 备注 | |

续表

## 活动任务序列(任务二)

| 任务描述 | ① 讲授影响景深的两个元素,光圈和焦距,演示通过调节相机的光圈控制景深的操作,达到理解光圈可以控制景深的教学目标;<br>② 采用实验法,通过指导学生使用不同光圈完成指定场景拍摄,达到运用景深控制光圈的实操能力 |
|---|---|
| 任务时长 | 20 分钟 |
| 学习地点 | 教室 |

任务二知识组块:

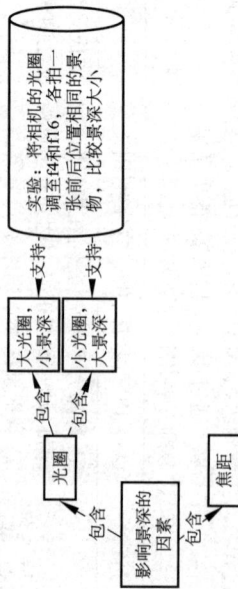

| 教学策略<br>(或学习策略) | ☑讲授　□小组讨论　□提问　☑实验　☑演示　□自主学习　□翻转课堂　□案例分析 |
|---|---|
| 师生交互<br>过程 | 教师讲授影响景深的两个元素是光圈和焦距,讲授光圈的概念;<br>教师演示通过调节相机的光圈控制景深的操作;<br>学生记忆操作路径;<br>教师指定情景,组织实验拍摄,指导学生操作单反相机光圈调节,指导学生操作单反相机光圈下的景深;<br>学生完成实验拍摄,并比较不同光圈下的景深;<br>教师对拍摄图片予以评判 |
| 学习资源 | 课件 PPT、单反相机 |
| 学习成果及<br>评价标准 | 大景深,小景深图片各一张<br>评价标准:<br>优秀:光圈控制得当,大小景深差异明显,并加上构图,景别等其他画面造型元素;<br>良好:光圈控制得当,大小景深差异明显;<br>不及格:无法控制光圈,大小景深无明显差异 |
| 备注 | |

活动 2 知识建模图（课上，课下）

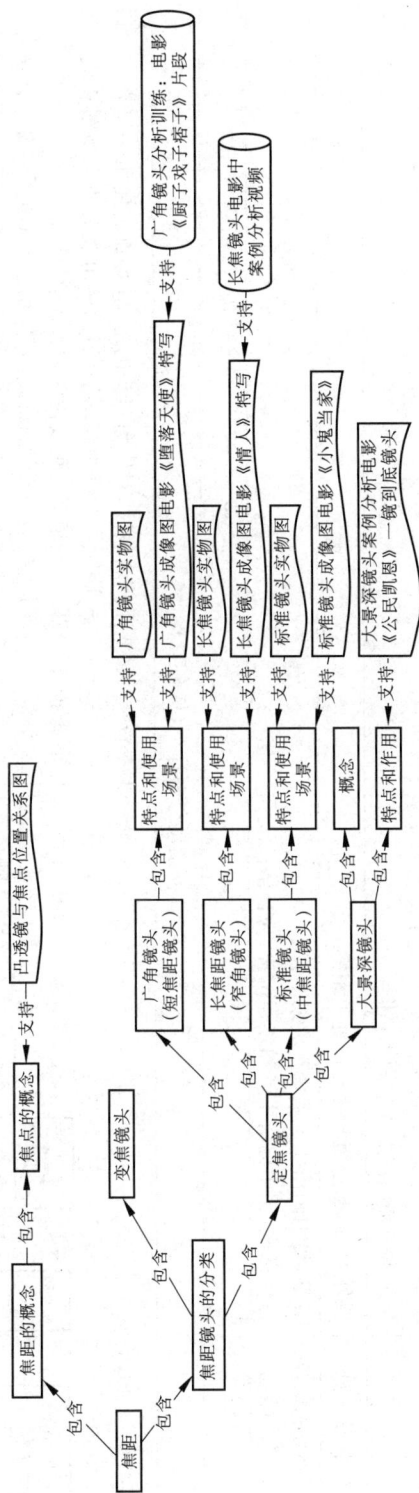

| 活动目标 | ① 理解焦距、焦点的概念，理解焦距镜头的种类——变焦镜头、定焦镜头；<br>② 记忆广角镜头的成像效果、掌握在影视剧中的使用方式；<br>③ 记忆长焦镜头的成像效果、掌握在影视剧中的使用方式；<br>④ 记忆标准镜头的成像效果、掌握在影视剧中的使用方式；<br>⑤ 掌握大景深镜头的概念和在影视剧中的作用 |
|---|---|
| | 活动任务序列（导入任务描述） |
| 师生交互过程 | 教师：刚才大家感受了光圈对景深的控制力了吧？<br>学生：是的。<br>教师：下面我们来说对景深控制的第二个"神器"——焦距 |

251

续表

**任务一知识组块：**

**活动任务序列(任务一)**

| | | |
|---|---|---|
| 任务描述 | 采用讲授法，对焦距、焦点等概念性知识做理论导入，达到初步理解焦距和定焦镜头类型的教学目标 | |
| 任务时长 | 10分钟 | |
| 学习地点 | 教室 | |
| 教学策略(或学习策略) | ☑讲授　□小组讨论　□提问　□实验　□演示　□自主学习　□翻转课堂　□案例分析 | |
| 师生交互过程 | 教师讲授焦距、焦点的概念性知识；教师演示凸透镜与焦点位置关系图，引导学生思考焦点和焦距的关系；学生理解调节焦距后焦点镜头的成像效果；教师讲授焦距镜头的分类、变焦镜头、定焦镜头等概念知识；学生模拟画出焦点和焦距关系图 | |
| 学习资源 | 课件PPT，凸透镜与焦点位置关系图 | |
| 学习成果及评价标准 | 成果：模拟画出焦点和焦距关系图；评价标准：图中标清主点和焦距位置，为合格；反之不合格 | |
| 备注 | | |

**任务二知识组块：**

**活动任务序列(任务二)**

| | | |
|---|---|---|
| 任务描述 | 采用讲授法，对广角镜头的定义、特点和使用等概念性知识做理论导入，采用记忆广角镜头、展示广角镜头的教学目标；采用演示法，达到记忆广角镜头、展示广角成像效果和成像效果，采用演示法，展示影视片段中广角镜头的使用，配合小组讨论法完成广角镜头分析任务中掌握任意在影视剧中的使用方式的使用方法的教学目标 | |
| 任务时长 | 15分钟 | |
| 学习地点 | 教室 | |

续表

| 教学策略<br>（或学习策略） | ☑讲授　☑小组讨论　☑提问　☑演示　□实验　☑自主学习　□翻转课堂　☑案例分析 |
| --- | --- |
| 师生交互<br>过程 | 教师讲授广角镜头的定义等概念性知识，并演示"广角镜头实物图；<br>学生理解广角镜头为短焦镜头；<br>教师讲授广角镜头的特点和使用场景等概念性知识，并演示案例电影《堕落天使》特写图，引导学生观察其景深和空间延展性；<br>学生回答"景深大、视角范围大"，达到教学目标；<br>教师演示电影《厨子戏子痞子》广角镜头片段，并要求数清片段中广角镜头的数量；<br>学生观看此片段两遍，完成广角镜头数量统计；<br>教师组织小组讨论，引导学生思考本段使用广角镜头的原因；<br>学生小组讨论完成后，回答"广角镜头能够延伸空间，适合容纳多关系同时表现；广角镜头变形近处人物，符合剧中夸张性的戏剧情节"达到教学目标 |
| 学习资源 | 课件 PPT，广角镜头实物图《堕落天使》广角特写图 |
| 学习成果及<br>评价标准 | ① 观察案例电影《堕落天使》广角镜头成像图电影《堕落天使》广角特写图<br>评价标准：回答"景深大、富有层次、视角范围大"，达到教学目标；反之，未达标；<br>② 完成广角镜头分析训练<br>评价标准：<br>优秀——能够准确数清广角镜头数量，准确陈述广角镜头的全部作用；<br>良好——能够准确数清广角镜头数量，能够陈述广角镜头的部分作用；<br>及格——能够准确数清广角镜头数量，但不能掌握广角镜头作用；<br>不及格——不能准确数清广角镜头数量，不能掌握广角镜头作用 |
| 备注 | |

续表

活动任务序列（任务三）

任务三知识组块：

长焦距镜头 —包含→ 特点和使用 —支持→ 长焦镜头实物图
（窄角镜头）　　　　场景 　　　　支持→ 长焦镜头成像图电影《情人》特写
　　　　　　　　　　　　　　　　　支持→ 长焦镜头电影中案例分析视频

| 任务描述 | ① 采用讲授法，对长焦镜头的定义、特点和使用等概念性知识做理论导入，采用演示法，展示长焦镜头的实物图和成像效果，达到记忆长焦镜头成像效果的教学目标；<br>② 采用案例分析法引导学生观察长焦镜头成像图电影《情人》特写图的长焦镜头的使用，采用演示法，展示影视片段中长焦镜头的使用，达到掌握在影视剧中长焦镜头的使用方式的教学目标 |
|---|---|
| 任务时长 | 15 分钟 |
| 学习地点 | 教室 |

| 教学策略<br>（或学习策略） | ☑讲授　☑小组讨论　☑提问　☑演示　☑实验　☑自主学习　☑翻转课堂　☑案例分析 |
|---|---|
| 师生交互过程 | 教师讲授长焦镜头的定义等概念性知识，并演示长焦镜头实物图；<br>学生理解长焦镜头可以拍摄远处的主体；<br>教师讲授长焦镜头的特点和使用场景等概念性知识，引导学生对标"窄角镜头"，达到教学目标；<br>学生回答，能突出主体、视角范围小；<br>教师案例分析长焦镜头成像图电影《情人》特写图，引导学生比较相同景别下，长焦镜头和广角镜头成像的区别；<br>学生回答"长焦镜头景深大背景深，广角镜头景深小背景空间压缩，广角镜头景深大背景空间延展"达到教学目标；<br>教师演示长焦镜头电影案例分析视频，并要求以此再找出其他电影作品中长焦镜头的使用的作业；<br>学生完成作业 |
| 学习资源 | 课件 PPT、长焦镜头实物图、长焦镜头成像图电影《情人》特写图、长焦镜头电影案例分析视频 |
| 学习成果及评价标准 | 长焦镜头在其他电影中的使用；<br>评价标准：参考答案，以及电影《毕业生》《这个杀手不太冷》《我的父亲母亲》等 |

续表

**活动任务序列（任务四）**

任务四知识组块：

标准镜头（中焦距镜头）—包含—┌ 特点和使用
                                └ 场景

标准镜头—支持—标准镜头实物图
标准镜头—支持—标准镜头成像图电影《小鬼当家》

| | 任务描述 | 采用讲授法，对标准镜头的定义、特点和使用等概念性知识做理论导入，采用演示法，展示标准镜头的实物图和成像效果，达到记忆标准镜头使用方式的教学目标 |
|---|---|---|
| | 任务时长 | 10 分钟 |
| | 学习地点 | 教室 |

| 教学策略（或学习策略） | ☑讲授 □小组讨论 □实验 ☑演示 □自主学习 ☑提问 □翻转课堂 □案例分析 |
|---|---|
| 师生交互过程 | 教师讲授标准镜头的定义等概念性知识，并演示标准镜头；<br>学生理解标准镜头的定义是最自然来近感的定焦镜头；<br>教师讲授标准镜头的特点和使用概念性知识，并演示标准镜头成像图电影《小鬼当家》中景图，引导学生总结标准镜头的作用；<br>学生回答"还原真人对空间的透视感受，空间既不压缩，也不压缩、也不延伸"达到教学目标 |
| 学习资源 | 课件 PPT，标准镜头实物图，标准镜头成像图电影《小鬼当家》 |
| 学习成果及评价标准 | 观察标准镜头成像图电影《小鬼当家》，思考它的使用方式；<br>评价标准：回答"普通人像、普通风景、抓拍等摄影场合使用"，达到教学目标，反之未达标 |
| 备注 | |

**活动任务序列（任务五）**

任务五知识组块：

大景深镜头—包含—概念
大景深镜头—包含—特点和作用

大景深镜头案例分析电影《公民凯恩》—支持—一镜到底镜头

| | 任务描述 | ①采用讲授法，对大景深镜头的定义、特点和作用等概念性知识做理论导入，达到学生掌握大景深镜头的概念的教学目标；<br>②采用案例分析法和提问法，引导学生分析《公民凯恩》大景深镜头中的人物关系，达到学生掌握大景深镜头的任务影视剧作用的表现作用的教学目标 |
|---|---|---|
| | 任务时长 | 15 分钟 |
| | 学习地点 | 教室 |

续表

| 教学策略<br>（或学习策略） | ☑讲授　☑小组讨论　☑提问　□实验　□演示　□自主学习　□翻转课堂　☑案例分析 | | | | |
|---|---|---|---|---|---|
| 师生交互<br>过程 | 教师讲授大景深的定义等概念性知识；<br>学生理解大景深镜头可以在一个镜头中表现多个景别；<br>教师讲授标准大景深镜头的特点和作用等概念性知识；<br>学生掌握大景深镜头"塑造空间的连续性，展示和人物微妙关系有很好的表现力"达到教学目标；<br>教师案例分析电影《公民凯恩》—镜到底镜头片段，引导学生思考，在这一镜到底的场面调度中，人物所处的位置关系；<br>学生观看案例片段，回答"公民凯恩"人物在大景深镜头中的所处位置，代表了在事件中的主导权问题；<br>教师布置课下作业，学生完成课下作业 | | | | |
| 学习资源 | 课件PPT，电影《公民凯恩》—镜到底镜头片段 | | | | |

① 学习中心测试题，客观判断题，需要达到8分以上（满分10分）；
② 根据广角镜头、长焦镜头、标准镜头、大景深镜头，找出四部影视作品中的片段案例，要求每个镜头找出一个，并将四个片段剪辑到一个视频中。

| 序号 | 评价内容 | 评分标准 | 单项分值 | 总项分值 | 分值 |
|---|---|---|---|---|---|
| 1 | 课堂表现 | 提前做好课堂准备，课堂主动互动、主动承担工作任务 | 20 | 20 | |
| 2 | 课后作业 | 紧扣以下镜头定义要求：<br>广角镜头（15分）<br>长焦镜头（15分）<br>标准镜头（15分）<br>大景深镜头（15分） | 15 | 60 | |
| | | 画面清晰，剪辑流畅（10分）<br>镜头寻找有特色且有搭配的音乐（10分） | 10 | 20 | |
| | | 最终得分 | | | |

| 备注 | |
|---|---|

256

**2. 摄影基础课程教学设计（表 4-8）**

摄影基础课程教学活动设计方案如表 4-8 所示。

**表 4-8　摄影基础课程教学活动设计方案**

2023—2024 学年第一学期第 3 周

知识建模图：

续表

| | 知识点（学习水平） | 素质目标（课程思政点） |
|---|---|---|
| 学习目标 | 摄影技术发展简史（记忆）；摄影瞬间性艺术特征（记忆、理解）；常见数码相机机械结构（记忆）；数码相机成像原理（理解）；数码相机镜头（记忆、理解、运用） | 该教学单元涉及教学资源案例，包括"新华社《执行神舟十三号载人飞行任务乘组确定》"在内的航天员乘组案例，利用摄影艺术瞬间性的艺术特征，开展爱国主义教育 |
| 学习先行知识技能 | 手机摄影基本操作（运用） | |
| 课上资源 | ① 教材：路长传的《摄影基础教程》（中国传媒大学出版社）；<br>② 摄影案例：往届摄影课程优秀学生作业；《追赶流浪狗》；John Knoll Jennifer in Paradise；《奔跑的赛马》；卡蒂埃布勒松的系列纪实摄影作品；新华社《执行神舟十三号载人飞行任务乘组确定》；<br>③ 视频：传统胶片冲洗过程；<br>④ 工具：数码单镜头反光相机；<br>⑤ 测试题 | **课下资源**<br>① 布列松摄影作品图集：https://www.bilibili.com/video/BV1s4411g78q? vd_source=5f2796b79 4ce49b014c53722e2b090b2；<br>② 马格南图片社摄影作品合集 https://www.bilibili.com/video/BV18f411f7q3? vd_source=5f2796b79 4ce49b014c53722e2b090b2；<br>③ 自学教学幻灯片；<br>④ 测试题 |

| 课上时间 | 50分钟 | | 课下时间 | 0分钟 | |
|---|---|---|---|---|---|

| 活动序列 | 活动的学习目标 | 地点 | 时间 | 学习资源 |
|---|---|---|---|---|
| 活动1 | 通过早期摄影作品创作动机和日常手机摄影创作过程，引出摄影的概念 | 课上 | 10分钟 | 摄影案例：往届摄影课程优秀学生作业 |
| | | 课下 | — | — |
| 活动2 | 通过摄影作品分析，理解视觉元素如何构成被摄对象的摄影艺术性表达 | 课上 | 10分钟 | 摄影案例：佚名《理发的小男孩》、佚名《追赶流浪狗》、John Knoll Jennifer in Paradise |
| | | 课下 | — | — |

续表

| 活动序列 | 活动的学习目标 | 地点 | 时间 | 学习资源 |
|---|---|---|---|---|
| 活动 3 | 通过摄影艺术经典理论分析，理解摄影艺术的瞬间性特征 | 课上 | 20 分钟 | 摄影案例：E. 迈布里奇《奔跑的赛马》，包括《星期日早晨》在内的卡蒂埃·布勒松的系列纪实摄影作品，亨利·卡蒂埃·布列松摄影作品图集，佚名《母亲》，新华社《执行神舟十三号载人飞行任务的航天员乘组确定》 |
| | | 课下 | — | — |
| 活动 4 | 通过传统摄影技术案例，理解摄影技术发展的基本脉络 | 课上 | 10 分钟 | 工具：数字单镜头反光相机；摄影案例：达盖尔《景物》（盐银）；视频：传统胶片冲洗过程 |
| | | 课下 | — | — |

活动 1 知识建模图（课上）

摄影的概念 ——支持——→ "在你看来摄影是什么"概念讨论

活动任务序列（导入任务描述）

| 活动目标 | 通过学生手机相册中自己最爱的照片，阐释学习摄影课程的意义；通过早期摄影作品创作动机和日常手机摄影创作过程，引出摄影的概念 |
|---|---|
| 师生交互过程 | 教师：每个人的手机相册中都有自己最爱的照片，作为创作者，喜欢它的原因是什么？<br>学生：美好的回忆，形式美，重要的瞬间等。<br>教师：那么我们是否能带着这样的动机学习摄影基础课程呢，为了更好地记录重要的瞬间，又或是体现拍摄对象的形式美呢？那么就从摄影基础课的第一节课开始尝试，慢慢体会摄影创作的过程、意义 |

续表

活动任务序列（任务一）

任务一 知识组块：

摄影的概念 ——支持—→ "在你看来摄影是什么"概念讨论

| | 任务描述 | 通过早期摄影作品创作动机和日常手机摄影创作过程，讨论，理解摄影的概念 |
|---|---|---|
| | 任务时长 | 10分钟 |
| | 学习地点 | 课上 |
| 教学方法 | | ☑讲授　☑小组讨论　□答疑　□实验　□实训　□案例分析　□演示 |
| 师生具体行为 | | 教师提问，在未介绍教材内容之前，配合往届"摄影基础"课程优秀学生作业，开展课堂讨论："在你看来摄影是什么？"<br>学生回答，可能答案一：过程性技术描述，如"拍照片""用摄影器材记录光影瞬间"等；可能答案二：创作性艺术描述，如"创作美的欣赏""创作艺术形象"；<br>教师陈述，结合可能答案一、陈述课本知识点，讲解课本中的摄影概念 |
| 学习资源 | | 摄影案例：往届摄影基础课程优秀学生作业 |
| 学习成果及评价标准 | | 学习成果：报告<br>评价标准：报告，学生报告，能够形成认知，摄影，拍照等词汇的关联与区别。准确理解摄影的概念，教师引导总结。通过测试题，准确选择正确答案 |
| 备注 | | |

活动2 知识建模图（课上）

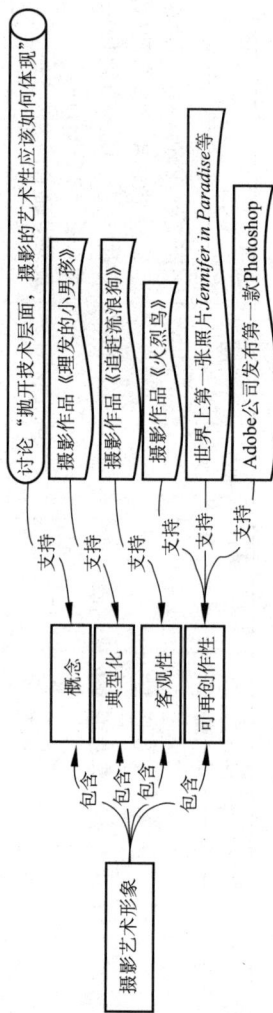

摄影艺术形象 —包含→ 概念、典型化、客观性、可再创作性

讨论"抛开技术层面，摄影的艺术性应该如何体现"

摄影作品《理发的小男孩》——支持—→ 概念
摄影作品《追逐流浪狗》——支持—→ 典型化
摄影作品《火烈鸟》——支持—→ 客观性
世界上第一张照片 Jennifer in Paradise ——支持—→ 可再创作性
Adobe公司发布第一款Photoshop ——支持—→ 可再创作性

续表

| 活动目标 | 通过摄影作品分析，理解视觉元素如何构成被摄对象的摄影艺术性表达 | | |
|---|---|---|---|
| | 活动任务序列（导入任务描述） | | |
| 师生交互过程 | 教师：既然说摄影的概念是技术手段上的描述，那么是不是一开始我们对于美好事物的拍摄动机的否定呢？<br>学生：不是。<br>教师：没错，很明显答案是否定的，其实那种创作的热情，是来自艺术形象的创作。今天我如果留下作业，要求拍摄 ×× 同学（随机挑选课上的某位学生），其实我们第一反应并不会是给他/她，而是某一瞬间的他/她，某一个情绪的他/她，对吗？其实是通过摄影这位同学这个定语，一个描述，那么我们的创作目标是什么呢？一起学习一下摄影艺术形象 | | |

活动任务序列（任务一）

任务一知识组块：

摄影艺术形象 —包含→ 概念 —支持→ 讨论"抛开技术层面，摄影的艺术性应该如何体现"

| 任务描述 | 通过对摄影的艺术性体现的讨论，理解摄影艺术形象的概念 | |
|---|---|---|
| | 任务时长 | 2 分钟 |
| | 学习地点 | 课上 |
| 教学方法 | ☑讲授　□小组讨论　□答疑　□实验　□实训　□自主学习　☑案例分析 | |
| 师生具体行为 | 教师提问，结合上一课堂互动，"除了技术层面，摄影的艺术性应该如何体现"。在学生作答之后，分析"摄影艺术形象"的概念<br>结合学生上一活动可能答案二：创作性艺术描述，如"创作美的欣赏，如'创作艺术形象'"的概念 | |
| 学习资源 | — | |
| 学习成果及评价标准 | 学习成果：笔记<br>评价标准：能理解摄影艺术形象，记录于教材，教师引导总结。通过测试题，准确选择正确答案 | |
| 备注 | | |

续表

**任务二知识组块:**

摄影艺术形象 —包含→ 典型化 —支持→ 摄影作品《理发的小男孩》

**活动任务序列(任务二):**

| 任务描述 | 通过案例分析,理解摄影艺术典型化特征 |
|---|---|
| 任务时长 | 3分钟 |
| 学习地点 | 课上 |
| | □自主学习　☑案例分析 |

| 教学方法 | ☑讲授　□小组讨论　□答疑　□实验　□实训 |
|---|---|
| 师生具体行为 | 教师陈述:结合互动讲解展示经典摄影作品案例;教师引导学生分析案例:新华社《执行神舟十三号载人飞行任务的航天乘组确定》;佚名《理发的小男孩》通过观察照片中的主体(小男孩)和陪体(母亲和理发师)的情绪对比,理解摄影艺术理论中的典型化特征 |
| 学习资源 | 摄影案例:佚名《理发的小男孩》、新华社《执行神舟十三号载人飞行任务的航天乘组确定》 |
| 学习成果及评价标准 | 学习成果:笔记、学生报告<br>评价标准:能够发掘案例中引人入胜的视觉信息,并总结其典型化特征;能快速表达给出案例的摄影典型化特征,教师引导总结。通过测试题,准确选择正确答案 |
| 备注 | |

**任务三知识组块:**

摄影艺术形象 —包含→ 客观性 —支持→ 摄影作品《追赶流浪狗》

**活动任务序列(任务三):**

| 任务描述 | 通过案例分析,理解摄影艺术的纪实生动性 |
|---|---|
| 任务时长 | 2分钟 |
| 学习地点 | 课上 |
| | □自主学习　☑案例分析 |

| 教学方法 | ☑讲授　□小组讨论　□答疑　□实验　□实训 |
|---|---|
| 师生具体行为 | 教师结合摄影案例《追赶流浪狗》知识点陈述:使得一张照片极具生动感和现场气氛,须抓住最能体现照片主题的瞬间创造艺术形象。从自然现象中选择,突出最能反映其本质特征的瞬间,最能说明主题的艺术形象 |
| 学习资源 | 摄影案例:佚名《追赶流浪狗》 |

续表

| 学习成果及评价标准 | 学习成果：学生报告<br>评价标准：能够发掘案例中的摄影纪实生动性特征，能快速表达给出案例的摄影纪实生动性特征，教师引导引导总结。通过测试题，准确选择正确答案 |
| --- | --- |
| 备注 | |

活动任务序列（任务四）

| | |
| --- | --- |
| 任务描述 | 通过案例分析，理解摄影艺术的可再创性 |
| 任务时长 | 3 分钟 |
| 学习地点 | 课上 |

任务四知识组块：

| 教学方法 | ☑讲授　□小组讨论　□答疑　□实验　□实训　□自主学习　☑案例分析 |
| --- | --- |
| 师生具体行为 | 教师引导学生分析案例：John Knoll *Jennifer in Paradise*（人类历史上第一张被 PS 过的数码照片，佚名《火烈鸟》。学生结合教材和案例分析，得出结论：摄影作品的独特艺术形式使二次创作成为可能，拍摄完成一张照片不等于结束创作，并在课本中标记 |
| 学习资源 | 摄影案例：世界上第一张数码照片 John Knoll *Jennifer in Paradise* 和佚名《火烈鸟》 |
| 学习成果及评价标准 | 学习成果：笔记、学生报告。<br>评价标准：能够发掘案例中引人入胜的视觉信息，能快速理解摄影的二次创作性，记录于教材，教师引导引导总结。通过测试题，准确选择正确答案 |
| 备注 | |

续表

**活动3 知识建模图（课上）**

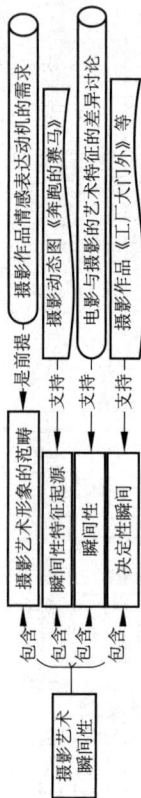

[知识建模图]
摄影艺术瞬间性 —包含→ 摄影艺术形象的范畴 · 瞬间性特征溯源 · 瞬间性 · 决定性瞬间

- 摄影艺术形象的范畴 —包含→ 瞬间性特征范畴 —是前提→ 摄影作品情感表达动机的需求 —支持→ 摄影作品情感表达动机的需求
- 瞬间性特征溯源 —支持→ 摄影动态图《奔跑的赛马》
- 瞬间性 —支持→ 电影与摄影的艺术特征的差异讨论
- 决定性瞬间 —支持→ 摄影作品《工厂大门外》等

| 活动目标 | 通过摄影艺术经典理论分析，理解摄影艺术的瞬间性特征 |
|---|---|
| 师生交互过程 | 教师：我们刚才一起学习了关于摄影艺术形象的几个明显特征，如典型化的情绪、信息，客观性的观察、记录，甚至可通过技术手段进行照片处理，谁不喜欢自己"九头一身"呢？（调动气氛），但是显然这都没有涉及这一切发生的起点，也就是我们按下快门的那一刻发生的事，接下来，我们来聊一聊摄影之所以称为摄影的这件事——瞬间性 |

**活动任务序列（导入任务描述）**

任务一知识组块：

[图] 摄影艺术瞬间性 —包含→ 摄影艺术形象的范畴 —是前提→ 摄影作品情感表达动机的需求

**活动任务序列（任务一）**

| | |
|---|---|
| 任务描述 | 通过"情感表达动机需求"的讨论，理解艺术特征范畴 |
| 任务时长 | 4分钟 |
| 学习地点 | 课上 |
| 教学方法 | ☑讲授　☑小组讨论　☑答疑　☑实验　☑自主学习　☑案例分析 |
| 师生具体行为 | 教师结合摄影案例：往届摄影基础课程优秀学生作业，向学生提出课堂讨论议题：摄影作品是不是以情感和信息表达需求为前提的？<br>学生讨论给出结论，并结合案例进行说明。<br>教师总结摄影艺术形象的范畴，包括画面中的所有视觉信息，用以画面造型的所有视觉因素都有其目的，所以在摄影作品创作过程中，要格外注意画面画面中的视觉信息是否有益于表达主题，也就是有益于塑造摄影艺术形象。<br>学生在教材中记录、圈涂，完成课堂测验 |
| 学习资源 | 摄影案例：往届摄影基础课程优秀学生作业 |

续表

### 活动任务序列(任务一)

| 学习成果及评价标准 | 学习成果:笔记、学生报告。评价标准:通过测试题,准确选择正确答案 |
|---|---|
| 备注 | |

任务一知识组块:

摄影艺术瞬间性 —包含→ 瞬间性特征起源 —支持→ 摄影动态图《奔跑的赛马》

### 活动任务序列(任务二)

| 任务描述 | 通过案例分析,认识摄影艺术瞬间性理论的起源 |
|---|---|
| 任务时长 | 2 分钟 |
| 学习地点 | 课上 |

| 教学方法 | ☑讲授　□小组讨论　□答疑　☑实训　□实验　□自主学习　☑案例分析 |
|---|---|
| 师生具体行为 | 教师展示案例 1,教师引导学生分析经典摄影案例。案例 1,E.迈布里奇《奔跑的赛马》,教师带领学生分析案例,"摄影师经过五年的努力,在 1877 年成功地拍摄了奔马的系列动作,使人们清楚地认识到,摄影不仅比绘画通真,同时还具有绘画没有的瞬间性,这就是摄影瞬间性理论的首次讨论"。学生在教材中记录、圈涂,完成课堂测验 |
| 学习资源 | 摄影案例:E.迈布里奇《奔跑的赛马》 |
| 学习成果及评价标准 | 学习成果:笔记、学生报告。评价标准:明晰理论知识点,通过测试题,准确选择正确答案 |
| 备注 | |

任务三知识组块:

摄影艺术瞬间性 —包含→ 瞬间性 —支持→ 电影与摄影的艺术特征的差异讨论

### 活动任务序列(任务三)

| 任务描述 | 通过课堂讨论,认识摄影艺术特征的瞬间性 |
|---|---|
| 任务时长 | 4 分钟 |
| 学习地点 | 课上 |

续表

## 活动任务序列（任务三）

| 教学方法 | ☑讲授　☑小组讨论　□答疑　□实验　□实训　□自主学习　□案例分析 |
| --- | --- |
| 师生具体行为 | 教师提问："摄影艺术和电影艺术呈现的最大艺术特征差别是什么？"<br>学生回答，可能答案一：摄影艺术是静态的，电影艺术是动态的；可能答案二：摄影艺术是通过静态视觉信息传递情绪的，电影艺术术包含了声音、蒙太奇等等其他组成部分。学生未作答部分，教师引导。<br>教师根据讨论结果，分析不同瞬间性差异，并结合教材讲授摄影艺术特征的瞬间性就是将客观事物运动过程中某个特定瞬间形象记录于感光材料上，具有一定概括力和表现力。<br>学生在教材中记录，圈涂，完成课堂测验 |
| 学习资源 | — |
| 学习成果及评价标准 | 学习成果：笔记、学生报告。<br>评价标准：明晰理论知识点，通过测试题，准确选择正确答案 |
| 备注 | |

## 活动任务序列（任务四）

任务四知识组块：

摄影艺术瞬间性 —包含→ 决定性瞬间 —支持→ 摄影作品《火车站外》等

| 任务描述 | 通过案例分析，理解决定性瞬间理论 |
| --- | --- |
| 任务时长 | 10 分钟 |
| 学习地点 | 课上 |

| 教学方法 | ☑讲授　☑小组讨论　□答疑　□实验　□实训　□自主学习　☑案例分析 |
| --- | --- |
| 师生具体行为 | 教师展示案例：卡蒂埃·布勒松系列摄影作品，并结合经典作品讲授布勒松提出"决定性瞬间"理论。<br>案例分析：瞬间性、决定性瞬间案例中的体现，教师提问，学生作答。并通过分析与教师共同总结。<br>学生案例"在决定性瞬间"，也就是一件事在可预见结果的最前提下，决定性瞬间又发生之前的最后刻按下快门。<br>教师引导学生在"决定性瞬间"理论下，分析后续案例的艺术表现形式。<br>教师展示案例：卡蒂埃·布勒松《星期日的早晨》，讲授："20世纪的知名摄影师大多追逐创作反映现实世界真实影像瞬间的纪实摄影作品，为摄影艺术的独立做出巨大的贡献，摄影逐来越趋明显地区别于传统绘画过于主观创作的特点。"<br>学生在教材中记录，完成课堂测验 |

续表

| 活动任务序列（任务四） | |
|---|---|
| 学习资源 | 包括《星期日早晨》在内的卡蒂埃·布勒松的系列纪实摄影作品<br>卡蒂埃·布列松摄影作品图集（共 1987 张摄影作品集，课下选读） |
| 学习成果及评价标准 | 学习成果：学生报告。<br>评价标准：回答问题，能快速表达给出案例的摄影瞬间特征，能够敏锐觉察到摄影案例的决定性瞬间构成。通过测试题，准确选择正确答案 |
| 备注 | |

活动 4　知识建模图（课上）

| 活动目标 | 通过传统摄影技术案例，理解摄影技术发展的基本脉络 |
|---|---|
| 师生交互过程 | 教师：所以，有没有发现，一切又回到了技术层面，摄影艺术要依靠瞬间捕捉，那么照片的好坏是不是直接取决于手机/相机的好坏呢？<br>学生：是/否/不一定。<br>教师：不管答案是什么，我们带着这个问题，一起来聊聊摄影技术和摄影艺术的关系吧 |

活动任务序列（导入任务描述）

摄影技术发展脉络及动因
— 包含 → 感光元件与光学镜头的技术进步推动摄影技术发展 — 支持 → 摄影案例《静物》等
— 支持 → 传统胶片成像原理及过程
— 包含 → 摄影艺术推动摄影技术发展 — 支持 → 摄影器材与摄影创作需求关系的讨论

活动任务序列（任务一）

| 任务描述 | 通过传统摄影技术案例，理解摄影技术发展的基本脉络 |
|---|---|
| 任务时长 | 10 分钟 |
| 学习地点 | 课上 |

任务—知识组块：

摄影技术发展脉络 — 包含 → 感光元件与光学镜头的技术进步推动摄影技术发展 — 支持 → 摄影案例《静物》等
— 支持 → 传统胶片成像原理及过程

续表

| 项目 | 内容 |
|---|---|
| 教学方法 | ☑讲授　☑小组讨论　□答疑　□实验　□实训　□自主学习　☑案例分析 |
| 师生具体行为 | 教师演示早期摄影术摄影作品《静物》、经典摄影理论下影响的经典摄影作品，以及传统摄影术暗房技术视频，并最后现场展示数字单镜头反光相机，演示机身结构（没有胶片仓）。学生观察，并在教师的引导下回答下列问题："现阶段，手机摄影与数码相机摄影是否不再需要传统暗房技术？"可能答案：是/否。教师根据学生回答引出知识点内容："摄影术的发展脉络是感光元件功能的变化促进了摄影艺术的发展。" |
| 学习资源 | 视频：传统胶片冲洗过程。工具：数字单镜头反光相机。摄影案例：达盖尔《静物》（盐银）。 |
| 学习成果及评价标准 | 学习成果：学生报告。评价标准：能够准确说出摄影技术的发展受到摄影艺术需求进步的影响，且具有决定性。通过测试题，准确选择正确答案 |
| 备注 | |

任务一—知识组块：

摄影技术发展动因 —包含→ 摄影艺术推动摄影术发展 —支持→ 摄影器材与摄影创作需求关系的讨论

活动任务序列（任务二）

| 任务描述 | 通过传统摄影技术案例，理解摄影技术发展的基本脉络 |
|---|---|
| 任务时长 | 10分钟 |
| 学习地点 | 课上 |

| 项目 | 内容 |
|---|---|
| 教学方法 | ☑讲授　☑小组讨论　□答疑　□实验　□实训　□自主学习　☑案例分析 |
| 师生具体行为 | 教师提出论题："摄影技术与摄影艺术的进步与发展，谁是动因？"学生回答问题，可能答案：摄影技术推动摄影艺术发展或摄影艺术发展或摄影艺术创作需求推动摄影技术发展。教师给出结论，摄影艺术创作推动摄影技术进步，其主要体现在光学镜头与感光元件的发展。学生记录，完成课堂测验 |
| 学习资源 | 学习成果：学生报告。 |
| 学习成果及评价标准 | 评价标准：能够准确说出摄影技术的发展受到摄影艺术需求进步的影响，且具有决定性。通过测试题，准确选择正确答案 |
| 备注 | |

### 4.3.4　实施过程

1."视听语言"课程实施过程

(1)教学资源储备情况

在师资储备方面,该课程团队成员共 5 人,设有副教授 2 名、讲师 2 名、助教 1 名,其中史昕雨、陆晓灿、杨金鹏三位老师分别来自广播电视编导专业和动画专业,主讲该课程多年,具有丰富的教学经验和教学案例,可以完善教学环节,优化教学活动的设计。刘灼老师的"摄影基础"同为大一专业基础课,配合相关知识模块的联动,使整个专业基础课架构更有序、严谨。汤涛老师的项目化教学课程为本专业基础课改革明确了更清晰的方向和反馈,从而做到跨专业协同、专业基础课间联动、项目化教学课程和专业基础课程互动的"三位一体"。

在教学设计方面,团队有三位主讲过该课程的老师,拥有 200 多条教学案例、近百个教学环节,并且师生互动的设计均通过长期教学工作中打磨完善,2021 年学生评教满意度高达 98％,陆晓灿老师针对该课程出版书籍《经典电影理论与电影语言研究》(郑州大学出版社)。此外,该课程配有习题库、课程设计成果展示、教学辅助资源等,均使用翻转校园教学平台实施学习管理。

(2)教学内容及对应教学资源

"视听语言"课程采用理论联系实践的方法,采取线上教学讲授法、演示法与线下实践教学练习法相结合开展混合式教学,理论知识采用线上教学,课程实践采用线下教学形式开展。总学时为 32 学时,线上教学 16 学时,线下教学 16 学时。开设于广播电视编导专业、戏剧影视文学专业等一年级的第一学期,课程主要包含四个主要知识模块。

模块一:影像的造型语言,包括景别划分与选取;不同景深的画面造型特点;构图在叙事、表意和象征三大任务上的重要作用;角度的叙事表现功能;色彩和光线的情绪暗示;视点的分类及其功能。该部分内容虽是视听语言课程的重点章节,与同专业基础课"摄影基础"的知识内容上有重合,为优化教学内容设置,配合知识模块的联动,只完成线上理论知识的教学,由刘灼老师配合具体线下实践部分,并将该部分实践成绩两门课同享。

模块二:镜头语言,包含固定镜头,运动镜头及其运动形式;长镜头的分类;场面调度包括人物调度、镜头调度及综合调度。通过影视片段进行案例示范,并设置线下教学训练,以此考查学生对线上教学理论的理解情况。

模块三:影视声音及声画关系,包括影视作品中声音的分类,声音在叙事和抒情上的作用;不同类型声音的作用;声画四对关系的概念等。该部分内容会建立全新测验试题库,以及课程资源链接,实现课程案例和课程设计案例库的建设。

模块四:蒙太奇及视听语言叙事系统,包括蒙太奇的分类,以及对于时空的省略和延滞作用;传统线性叙事结构与非线性结构;影片中主题、情节(情节点)、冲突与悬念的作用等。本部分除了案例示范外,在设置线下教学时,陆晓灿老师从"电视编辑"课程的角度,线下演示"片子不是拍出来的,而是剪出来的"。

2."摄影基础"课程实施过程

首先,教学 PPT,由课程组成员重新设计编排,按照主要知识点进行细分设计,每个知识模块形成独立文件,配合线上学习清单方便学生线上学习调用。

其次,知识点微视频,按照知识点拍摄系列微视频,共 20 个视频,每个视频时间为 3~8 分钟,但受到各种原因影响,拍摄质量不够理想,暂时使用现有校外资源进行线上教学。

最后,课程设计案例,采用优秀学生课程设计和作业(见图 4-4),结合原有课程案例库,使用翻转校园课程资源的链接功能,帮助学生理解知识点,计划课程设计案例库和教学案例库总数量达到 150 项。

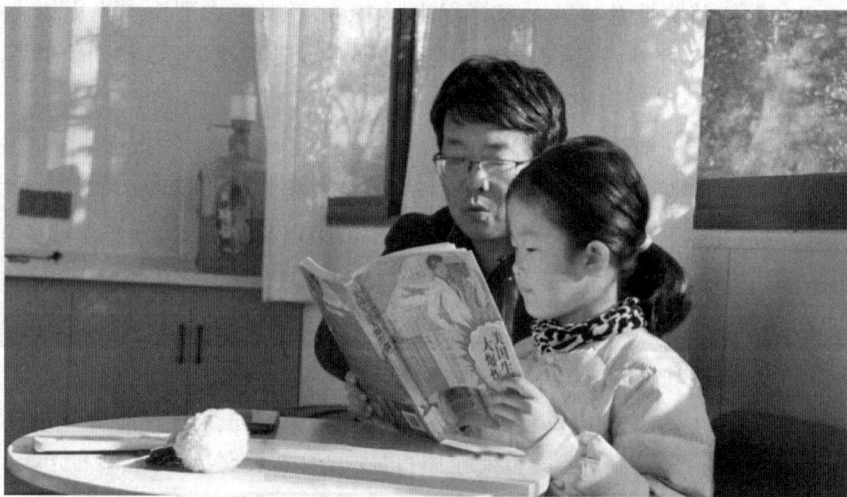

图 4-4　摄影基础课程优秀学生作品案例图

### 4.3.5　教学评价

1."视听语言"教学评价

该课程实施客观性评价标准,总成绩合理化分配,由平时(含实践)和期末两部分组成。其中平时成绩占总成绩的 40%,结合线下练习,信息技术与翻转校园平台对学习过程及质量进行综合评价;期末成绩占总成绩的 60%,采用开卷笔试考试方式,考试时间为 100 分钟,考试题型采用创作题和论述题两类,详细评价标准与权重如表 4-9 所示。

表 4-9　视听语言课程教学评价表

| 考核项目 | 分值 | 优秀 | 良好 | 中等 | 合格 | 不合格 |
|---|---|---|---|---|---|---|
| 基础知识和基本技能 | 30% | 能很好地掌握视听语言各个要素,并熟练运用视听语言进行分析、创作 | 能较好地掌握视听语言各个要素,并熟练运用视听语言进行分析、创作 | 能够掌握视听语言各个要素,并熟练运用视听语言进行分析、创作 | 基本掌握视听语言的各个要素,并熟练运用视听语言进行分析、创作 | 不能掌握视听语言各个要素,并熟练运用视听语言进行分析、创作 |
| 创新能力 | 10% | 能很好地运用所学知识,将理论研究运用到作业实践当中,具有很强的创新意识 | 能较好地运用所学知识,将理论研究运用到作业实践当中,具有较强的创新意识 | 能够运用所学知识,将理论研究运用到作业实践当中,具有一定的创新意识 | 能够运用所学知识,将理论研究运用到作业实践当中,具有初步的创新意识 | 不能运用所学知识,不具备创新意识 |
| 课堂训练与作业 | 50% | 能很好地按课题要求完成课堂训练,能够独立完成影视脚本的编写,内容新颖,格式标准,视听语言运用合理 | 能较好地按课题要求完成课堂训练,能够独立完成影视脚本的编写,内容新颖,格式标准,视听语言运用合理 | 能够按课题要求完成课堂训练,能够独立完成影视脚本的编写,格式标准,视听语言运用较为合理 | 基本能按课题要求完成课堂训练,能够独立完成影视脚本的编写 | 不能按课题要求完成课堂训练,不能够独立完成影视脚本的编写 |
| 学习态度 | 10% | 有很强的学习积极性和主动性,态度很认真,踏实,出勤率很高 | 有较强的学习积极性和主动性,态度较认真,踏实,出勤率较高 | 学习积极性和主动性强,态度认真,踏实,出勤率高 | 学习积极性和主动性一般,态度较一般,出勤率一般 | 学习积极性和主动性较差,态度不认真,不踏实,出勤率低 |
| 总评成绩 | 100% | 90～100 分 | 80～89 分 | 70～79 分 | 61～69 分 | 60 分及以下 |

2.“摄影基础”教学评价

(1)课程考核标准

课程评价包括自动评价和人工评价两个部分,自动评价使用翻转校园等教学平台,通过测验题自动给出得分,人工评价则由教学团队成员和学生盲选互评两个部分组成,参照原劳动部摄影师资格认证标准进行客观性评价。详情如表 4-10、表 4-11 所示。

表 4-10　摄影基础课程考核评价表

| 考核内容 | 权重 | 详情 | | | |
|---|---|---|---|---|---|
| 理论知识 | 20% | 使用学习中心线上测验,共 50 题,包括识记内容和综合应用内容习题 | | | |
| 作业 | 50% | 平时作业 | 评价等级 | 评价标准 | 折算分值 |
| | | | A | 摄影作品主题表达、焦点、曝光、用光、构图均合格,且具有表现力和创新力 | A＝95 分,B＝85 分,C＝75 分,D＝65 分,E＝0 分,如遇不能准确评判者,则以"＋""－"做上下 5 分的浮动,如"A＋"＝100 分,"B－"＝80 分 |
| | | | B | 摄影作品主题表达、焦点、曝光、用光、构图均合格 | |
| | | | C | 摄影作品焦点、曝光合格,主题表达、用光、构图中有 1～2 项不合格 | |
| | | | D | 摄影作品焦点合格,曝光不合格、主题表达、用光、构图中有 1 项不合格 | |
| | | | E | 摄影作品焦点不合格,其他观测点不予判定 | |
| | 30% | 期末作业 | 评价观测点 | 观测点详情 | 分值 |
| | | | 主题表达 | 使用摄影技法准确表达主题,可以塑造艺术形象 | 20 分 |
| | | | 曝光技术 | 曝光正确,能够根据被摄对象使用恰当的曝光量 | 20 分 |
| | | | 造型手段 | 影调控制,能够准确表现画面主体的细节;构图,有效突出主体,构图元素丰富;用光事宜,能够熟练使用现场光造型(人工光表达主体准确) | 40 分 |
| | | | 艺术表现 | 具有艺术造型美,感情表达充分 | 20 分 |
| 出勤 | 出勤次数不进入课程考核,但 3 次无故不出勤,则平时成绩记为 0 分 | | | | 0 分 |

注:本课程采用多次提交判定,即可以刷分,如学生对某次成绩不满意,则可以重新拍摄提交该次作业,取最好成绩记录。

由于学习中心缺少附件预览及批量归类下载功能,使用线下电子照片进行按班级上交,教师通过微信向学生反馈作业成绩。

表 4-11　摄影基础课程知识点考核关键词概念说明表

| 序号 | 关键词 | 判定 | 概念说明 | 备注 |
|---|---|---|---|---|
| 1 | 主题表达 | 合格 | 能够使用影调和色调控制、对比和照应等技巧,清晰直观地表达信息内容和情感 | 基本观测点 |
| | | 不合格 | 画面视觉信息杂乱,不能够直观表达创作初衷,不能准确表达信息内容,不能直观传递情感 | |

| 序号 | 关键词 | 判定 | 概 念 说 明 | 备注 |
|---|---|---|---|---|
| 2 | 焦点 | 合格 | 主体结构清晰,人物面部五官清晰 | 决定性观测点 |
| | | 不合格 | 对焦与主体外的其他视觉信息之上,而没有对焦于主体 | |
| | | | 曝光时间低于安全快门,抖动导致焦点虚焦 | |
| 3 | 曝光正确 | 合格 | 影调层次丰富,主体面部曝光准确,即没有明显的曝光过度和曝光不足 | 基本观测点 |
| | | 不合格 | 人物面部缺少中间层影调细节,曝光不足 | |
| | | | 人物面部缺少中间层影调细节,曝光过度 | |
| 4 | 用光 | 合格 | 能够结合曝光组合,使用自然光或人工光完成主体的三维造型和表面质感体现 | 基本观测点 |
| | | | 光影参与非主体造型时,不影响主体的清晰 | |
| | | | 影调关系明确,主体与背景有明显的影调差异或画面整体影调统一 | |
| | | 不合格 | 被摄主体因光线不足导致立体感和表面质感缺失,画面信噪比低 | |
| | | | 光影混乱,影调关系不明确,主体不能突出 | |
| 5 | 构图合理 | 合格 | 主体在画面中的位置处于几何、视觉或趣味中心,且没有多余视觉信息干扰主体突出 | 基本观测点 |
| | | | 有摄影主线的图片符合黄金分割构图,且不干扰被摄主体 | |
| | | | 摄影组图有明确景别差异 | |
| | | | 有前景或背景的图片主体不受陪体和环境干扰,主体突出 | |
| | | 不合格 | 主体受到其他视觉信息干扰,不突出 | |
| | | | 不能根据主题选择合适的前景与背景 | |
| | | | 画面中大量出现干扰主体和重要视觉信息的线条 | |
| | | | 摄影组图没有明确的景别差异 | |
| 6 | 表现力 | 有 | 能够对主体进行典型化特征抓取,如人物表情肢体,其他视觉信息的色调与影调能够凸显出照片的艺术形象塑造 | 加分观测点 |
| 7 | 创新性 | 有 | 创新使用影调控制、曝光技巧、用光、构图等完成主体表达,根据被摄对象灵活打破摄影创作常见造型技巧的要求,凸显艺术形象典型化特征或主题 | 加分观测点 |

注:依据国家劳动和社会保障部认定的"初级摄影师资格证"(已于 2016 年停止颁发)考试相关要求,制定以上课程考核内容标准。

（2）课程教学成果与课程评价目标

学生对"摄影基础"课程的学习,应达成以下学习效果,以通过课程评价。①基础理论应能完成课程理论客观题的合格水平,正确率应达到80%。未能完成通过率者,加做习题,重新测验,以达到最终80%的教学成果要求。②课程产出质量,满足短视频项目制作课程所需的所有摄影基础技术技能,学生均根据要求创作完成摄影作品,人工评价部分由教师团队进行二次审核,如依旧不能达到通过标准,则需要重新拍摄创作,最终达到教学活动设计要求。③课程产出数量,教学期间,完成摄影作品人均10幅/套。④学生基础理论应能完成课程理论客观题的合格水平,正确率应达到80%。未能完成通过率者,加做习题,重新测验,以达到最终80%的教学成果要求。⑤课程产出质量,满足短视频项目制作课程所需的所有摄影基础技术技能,学生均根据要求创作完成摄影作品,人工评价部分由教师团队进行二次审核,如依旧不能达到通过标准,则需要重新拍摄创作,最终达到教学活动设计要求。课程产出数量,教学学期期间,完成摄影作品人均10幅/套。学生学习满意度95%以上。督导评价应达到优秀等级。

# 结　语

深厚的人文传统与鲜明的广播电视行业发展背景,共同铺就了包括黄河科技学院在内的全国众多广播电视编导专业的早期发展之路。这一历程大体可以概括为以电视媒介为核心,视听艺术为导向,侧重于技术发展的专业工种从业人才的培养。在经历了我国经济、文化快速发展的四十余年,媒介发生了翻天覆地的变化,行业与市场对广播电视编导人才的能力与素质需求,已经随新媒体、新视听的广泛普及有了更加多元的需求。

黄河科技学院广播电视编导专业基于其办学定位,始终追随着市场与行业的发展趋势,从传统电视人才的培养,到服务于广播电视与新媒体行业,再到定位引领融合媒介,致力于培养复合型、应用型、创新型人才,在历经近三十载的不懈探索与积淀中,积累了丰富的办学经验。运用最新人才培养理念和课程建设手段,不断自我革新,紧盯行业发展趋势,并力争使每一位毕业生都能站在社会需求的前沿。

黄河科技学院广播电视编导专业始终站在行业前沿,紧密跟随市场与行业的发展趋势。从传统电视人才的培养,到服务于广播电视与新媒体行业,再到引领融合媒介的发展,本专业始终致力于培养复合型、应用型、创新型人才。这种转变不仅体现在教学理念的更新上,更体现在课程体系的重构和实践教学的强化上。

新的人才培养方案紧密围绕"本科学历教育与职业技能培养相结合"的核心指导思想,强化了实践教学环节,确保实践课时占总学时的 40% 以上。这种重视实践教学的做法,显著提升了学生的实际操作能力。同时,构建模块化课程体系,以项目化教学课程与应用性课程为核心,全面提升了学生的专业素养和实践能力。这种课程体系的设计不仅符合行业发展的需求,也符合学生个人成长的需要。

在专业发展方面,黄河科技学院广播电视编导专业积极开拓新的实训基地,合作开展丰富多彩的专业实践活动,为学生创造了以实践为中心的影视创作环境。这种以实践为中心的教学方式,不仅提高了学生的学习兴趣和实践能力,也为学生未来的职业发展打下了坚实的基础。

在教师团队建设方面,黄河科技学院广播电视编导专业也做出了积极的努力。他们不仅完善了教师培养培训制度,针对中青年教师的培养,还积极引进具有行业经验和海外留学背景的高素质、高学历编导人才,丰富了专业教师团队的构成。这种教师团队的建设不仅提高了教学质量,也为学生提供了更多元的学习资源和视角。

在教学管理方面,本专业依托学部构建了一套科学、严谨的教学质量保障体系。这种保障体系不仅确保了教学质量的稳定和提升,也为学生提供了更加优质的学习体验。同时,专业竞赛和创新创业项目也被视为检验人才培养成效的重要手段。近年来,本专业共获得各类各级学科竞赛奖项 90 项,立项"大学生创新创业训练计划项目" 29 项,其中校级项目 14 项,省级项目 8 项。这些成绩不仅展示了学生的才华和实力,也证明了本专业在人才培养方面的卓越成果。

展望未来,黄河科技学院广播电视编导专业将继续突破传统教育教学手段,打破传统专业人才培养目标定位限制和学科知识能力区隔的束缚与课程知识壁垒的限制。本专业将在应用型人才培养的指引下,进一步推动专业的良好发展与创新建设,为行业的发展提供有力的人才保障,为培养更多优秀的传媒人才而努力奋斗。这种前瞻性的发展思路不仅符合行业发展的趋势,也符合国家对高等教育的要求和期望。

总之,黄河科技学院广播电视编导专业的发展历程和未来展望,充分体现了我国高等教育在适应行业需求、培养创新型人才方面的积极探索和实践。这种探索和实践不仅为行业的发展提供了有力的人才保障,也为我国高等教育的改革和发展提供了有益的借鉴和参考。

# 参 考 文 献

[1] 韩露．基于项目化的教学改革与实践：以广播电视节目策划与编导课程为例[J]．教育信息化论坛，2021(1)：91-92．

[2] 王珊珊．论信息化社会中编导行业的未来发展形势[J]．新闻研究导刊，2015,6(20)：220-221．

[3] 杜方伟．论广电传媒应用型人才培养模式的创新[J]．新闻研究导刊，2015,6(17)：198．

[4] 肖义军．项目教学法在数字电子技术课程教学中的应用[J]．现代职业教育，2016(32)：120．

[5] 谢金．基于能力本位的高职电视节目制作专业课程体系研究[D]．长沙：湖南大学，2013．

[6] 郭晓娜，闫春生．大学生创新训练项目对高等医学院校人才培养的影响研究：以黄河科技学院为例[J]．中国卫生产业，2018,15(2)：93-94．

[7] 张营，王伟，李晓芹．基于创新实验室的应用创新型人才培养探索[J]．济宁学院学报，2021,42(2)：98-102．

[8] 王景．新时期广播媒体运行模式创新对策研究[J]．新闻研究导刊，2017,8(17)：297．

[9] 张刚．广播电视编导专业人才培养现状、存在问题与对策[J]．卫星电视与宽带多媒体，2020(8)：247-248．

[10] 周玉宏，孙磊，李珊珊．基于OBE理念的校企协同双创育人模式探索与实践[J]．河北农业大学学报(社会科学版)，2019,21(6)：20-24．

[11] 丁秦，蔡悦．新媒介语境下诸葛亮形象构建的创新研究[J]．北京文化创意，2022(4)：24-30．

[12] 杨保成．数字化转型背景下地方应用型本科高校的教育创新与实践[J]．高等教育研究，2020,41(4)：44-45．

[13] 田硕，顾贤光．应用型本科院校创新创业人才培养模式改革的路径[J]．学校党建与思想教育，2012(15)：77-78．

[14] 熊思语．成果导向教育理念下广播电视编导专业艺术概论课程教学改革探究[J]．西部广播电视，2022,43(12)：56-58＋65．

[15] 张安军，王维新，左小燕．坚持科学发展观构建高校本科教学评估建设长效机制[J]．评价与管理，2006,4(4)：30-33．

[16] 曹根基．全人格育人理念在高职专业课程教学改革中的创新与实践[J]．教育与职业，2019(10)：88-94．

# 附录 知识建模法

## 一、知识建模法简介

### （一）概念及应用

知识建模法应用非常广泛，是一个复杂的过程，涉及多个步骤和方法。它旨在创建一个专业知识建模图，为培养新型人才搭建坚实的知识体系基础。

知识建模法将知识域可视化或映射为地图。通过可视化技术，理解知识与知识之间的关系。知识建模法是以图的形式表示知识，其中节点代表实体，如人物、地点或事物；线则代表实体之间的关系。知识建模法在操作中通常需要借助 Microsoft Visio 软件。

### （二）作用

知识建模法可以将传统的学科知识体系和企业的实践知识体系用一个逻辑联系起来，形成统一的人才培养的知识点数据库；可实时动态更新"有用"的教学知识、企业任务知识等。知识建模法不仅在技术领域发挥着重要的作用，而且在教育教学领域也带来了革命性的变化，其主要作用体现在以下三个方面。

第一，帮助教师进行课程先后序列的排布。

第二，帮助教师进行每课教学任务的分解。

第三，检查专业的人才培养目标与课程结构之间的对应性，以及课程目标与其知识结构的对应性是否清晰、合理。

## 二、准备工作

在进行知识建模前，教师需提前做好以下准备工作。

（1）每个专业以一门项目化教学课程及其对应的专业基础课为分析单位。

（2）本专业参与项目化教学课程及其对应的专业基础课的所有教师。

（3）项目化教学课程相关的所有资料：教材、企业任务说明书、企业任务工单、视频学习资料、其他资料等。

（4）所有教师携带笔记本电脑，提前安装好 Microsoft Visio 软件。

（5）以 2 至 3 位教师为一组，合作一个模块的知识建模，可以按照模块内容或者章节内容进行分工。

### 三、方法与规则

#### （一）罗列知识点

罗列专业基础课中要讲授的所有专业知识点，要注意以下事项。

（1）知识点应该是某种学习的结果。

（2）列出不属于教学资料的先决知识。

（3）有些知识点不在教学材料中，但需要学生掌握。

（4）对于无法确定的知识点，只要团队达成共识，就可以罗列进去。

（5）有可能不能完全将知识点罗列出来，后续还可以进一步补充。

以"中国近代史"课程中的"鸦片战争"章节为例，提取出的知识点包括鸦片战争、半殖民地半封建社会、鸦片战争前的中国、马嘎尔尼使团礼仪之争、林则徐虎门销烟、《南京条约》。

#### （二）确定知识的类型

知识的类型包括：陈述性知识、事实范例、程序性知识和认知策略。

（1）陈述性知识，又称描述性知识，是关于"是什么""为什么""怎么样"的知识，用字母"DK"表示，在知识建模图中用 ☐ 表示。

（2）从本质上讲，事实范例也是一种陈述性知识，如方案、产品、现象、事实、问题、案例、例子，以及命题的推导过程和论证过程，这类知识代表着特定的现实及知识的运用，用字母"FC"表示，在知识建模图中用 ☐ 表示。

（3）程序性知识，又称操作性知识，是关于"怎么做"的知识，这种知识表达的是实物的运动过程或者某种操作的步骤序列，用字母"PK"表示，在知识建模图中用 ⬭ 表示。

（4）从本质上讲，认知策略也是一种程序性知识，但由于其非常特殊，因此单独归类，包括问题解决策略、学习方法、信息加工策略等，用字母"CS"表示，在知识建模图中用 ⬭ 表示。仍以"鸦片战争"章节为例，陈述性知识是近代中国、半殖民地半封建社会、鸦片战争前的中国；事实范例是鸦片战争、马嘎尔尼使团礼仪之争、林则徐虎门销烟、《南京条约》。

#### （三）绘制知识建模图

使用上述不同类型知识的图例，在 Microsoft Visio 软件中按照知识建模法绘制知识建模图。绘图时，必须标出所有知识点之间的关系，即九种语义关系：各类包含；组成或构成；是一种；具有属性；具有特征；定义；并列；是前提；支持。

绘制知识建模图时，需注意以下事项。

（1）"具有属性""组成或构成"两种关系必须标在最上位概念节点上；"是一种"关

系不能跨越概念层级。

（2）原则上禁止出现孤立节点。

（3）最终的知识建模图是共创和共识的结果。

（4）对知识建模图进行优化与定稿。

每位教师绘制好知识建模图后，交由另外 1 至 2 位教师进行检查，直到达成共识。该课程的知识建模图绘制完毕后，汇总并输出文档。

## 参考文献

[1] 杨开城,以学习活动为中心的教学设计实训指南[M].北京:电子工业出版社,2016.

[2] 杨开城,陈洁,张慧慧.能力建模:课程能力目标表征的新方法[J].现代远程教育研究, 2022,34(2):57-63,84.

[3] 杨开城,孙双.一项基于知识建模的课程分析个案研究[J].现代教育技术,2010,20(12): 20-25.

# 郑 重 声 明

本书属于黄河科技学院教学改革系列成果之一,著作权属于黄河科技学院,作者享有署名权。

任何未经许可的复制、销售行为均违反《中华人民共和国著作权法》,其行为人将承担相应的法律责任。为了维护市场秩序,保护读者的合法权益,避免读者误用盗版书造成不良后果,我社将配合行政执法部门和司法机关对违法犯罪的单位和个人进行严厉打击。社会各界人士如发现上述侵权行为,希望及时举报,我社将奖励举报有功人员。